5편 길신과 흉살　235

제1장 길신　237
제2장 흉살　254
제3장 천간과 지지의 생과 사　281

6편 일주론　329

제1장 일주의 구성과 해석　331
갑자 331 / 을축 332 / 병인 334
정묘 336 / 무진 338 / 기사 339
경오 340 / 신미 342 / 임신 343
계유 345 / 갑술 346 / 을해 347
병자 348 / 정축 350 / 무인 352
기묘 353 / 경진 355 / 신사 356
임오 357 / 계미 359 / 갑신 360
을유 361 / 병술 362 / 정해 363
무자 365 / 기축 366 / 경인 367
신묘 368 / 임진 369 / 계사 370
갑오 371 / 을미 372 / 병신 373
정유 374 / 무술 375 / 기해 377
경자 378 / 신축 379 / 임인 380
계묘 382 / 갑진 383 / 을사 384
병오 385 / 정미 386 / 무신 387
기유 387 / 경술 389 / 신해 390
임자 391 / 계축 392 / 갑인 393
을묘 394 / 병진 395 / 정사 396
무오 397 / 기미 398 / 경신 399
신유 400 / 임술 401 / 계해 402

제7편 일주강약 판단과 생극제화　403

제1장 일주강약의 판단과 이해　405
제2장 오행의 생극제화와 희기　416

제8편 격국용신 1　433

제1장 격국의 구분　435
제2장 격국의 종류　441
제3장 용신의 의의와 종류　446

제9편 격국용신 2　459

제1장 내격과 외격　461

제10편 사주 해석과 판단 요결　561

제1장 육친의 작용과 해석　563
제2장 사주통변론　568

● 마치며 600
● 찾아보기 605

쉽게 시작하는 **사주명리**

저자 태인(太仁) 손서후

학력   한양대학교융합산업대학원 동양문화학과
           졸업(풍수지리전공)
           한양대학교일반대학원 건축설계학과
           박사과정(건축설계전공)

경력   前 Net-Media Entertainment 대표
           前 공정뉴스 '명리야 놀자' 칼럼 연재
           前 의회신문, 브레이크 뉴스, 한국증권신문
             칼럼 연재
           現 태인동양철학심리연구소 대표
           現 대진대학교 평생교육원
             교수(사주명리&풍수지리)
           現 사주명리/풍수지리/육임/매화역수
             /육효/성명학/타로 강의
           現 국제최면상담사/명리상담사/풍수설계상담사
             /작명상담사/타로마스터

쉽게 시작하는 사주명리

- 초판 2024년 4월 5일
- 저자 손서후　　■ 발행인 윤상철
- 편집 이연실　　■ 표지 윤여진　　■ 마케팅 위세웅, 정서윤
- 교정 교열　박승호, 선 향, 이지영
- 발행처 대유학당　■ 출판등록 1993년 8월 2일 제 1-1561호
- 주소 서울 성동구 아차산로17길 48 SK V1 센터 1동 814호
- 전화 02-2249-5630, 010-9727-5630
- 블로그 http://blog.naver.com/daeyoudang
- 유튜브 대유학당 TV
- 여러분이 지불하신 책값은 좋은 책을 만드는 데 쓰입니다.
- ISBN 978-89-6369-157-2
- 값 45,000원

쉽게 시작하는 **사주명리**

☆ 추천사

글로벌사이버대학교 학장 박영창

『쉽게 시작하는 사주명리』는 명리학의 제반 이론을 초보자도 알기 쉽게 이해하고 상담에 활용할 수 있도록 체계적으로 서술한 책이다. 본서의 저자 손서후님은 글로벌사이버대학교 동양학과 재학시절 학생회 임원으로 활동하면서 성실하게 명리학 연구를 병행하였고 졸업 후에도 쉬지 않고 명리학을 연구하고 명리이론을 정리하여 이번에 본서 『쉽게 시작하는 사주명리』을 세상에 내놓게 되었다.

본서의 목차만 보아도 명리학의 기초적 개념을 알기 쉽게 정리한 것을 알 수가 있고, 명리학을 처음 공부하는 분들에게 유익한 내용이 암축되어 있는 것을 알 수 있다. 본서의 목차를 통해서 명리학 이론을 잘 정리한 좋은 내용인 것을 알 수 있었다.

본서는 음양론, 오행론, 천간론, 지지론, 십신론, 격국론, 용신론, 일주론, 형충파해론, 십이운성론, 육친론 등, 명리학을 구성하는 제반 이론을 누구나 이해하기 쉽도록 일목요연하게 잘 설명하고 있다. 본서는 일반 명리학 이론을 종합해서 체계적으로 정리한 내용을 담고 있다.

명리학은 인간이 생존하는 동안 겪게 되는 여러 가지 상황을 음양오행의 이치에 따라 이론적으로 추산하여 인간이 생존해 있는 동안의 부귀빈천과 길흉화복을 파악하는 학문으로, 사후세계와 영계는 명리학의 연구 대상이 아니며, 명리학은 음양오행론에 기반한 독립적 학문체계이다.

본서는 명리학의 중요 이론을 이해하기 쉽게 정리해서 설명하고 있다. 그러므로 본서를 정독하면 명리학의 기초이론에 대한 정립과 상담 실무에 많은 도움이 될 것이라 믿고, 명리학을 처음 공부하시는 분들과 체계적 정리가 필요한 명리학도들에게 일독을 권한다.

2024년 봄에 글로벌사이버대학교 동양학대학
학장 박영창 근배

★ 추천사

원광디지털대학교 동양학과 이수동

인간이 미래의 운명을 알고자 하는 노력은 매우 오래되었다. 아마도 인류가 존재하는 순간부터 시작되었을 것이다. 불확실한 인간의 운명을 알고 싶어 하는 것은 누구나 마찬가지일 것이기 때문이다.

역사서에 의하면, 고려시대 및 조선시대에는 인간의 운명을 알고자 하는 '명리학'을 국가에서 규정하고 장려하였다. 특히 현대와 비교적 가까운 조선시대의 규정을 살펴보면, 명리학이 국가적인 차원에서 장려하는 학문이었다는 흥미로운 사실을 발견할 수 있다.

조선초기에 제정된 조선의 헌법이라 할 수 있는 『경국대전』에는, 국립관청인 '관상감'에서 명리학에 관심이 있는 학생을 선발해서 전공자를 양성하라는 기록이 보이고, 음양과(陰陽科)라는 국가고시로 명리학에 정통한 관원을 3년마다 선발하라는 규정이 보이기 때문이다.

『경국대전』의 규정과 같이 명리학이 국가적 차원에서 장려됨으로써, 왕후의 간택을 비롯한 왕실의 대소사에 관상감의 관원이 동원되었다. 국립관청인 관상감이 조선시대 500여 년간 지속되면서, 왕실은 물론이고 민간으로 명리학이 확대되어 민간풍속으로 정착되는 데에 기여하였다. 그러므로 명리학을 장려했던 조선이 멸망한 뒤에도 민간에서 활발하게 연구되었던 것이다.

『쉽게 시작하는 사주명리』의 원고를 읽어 보았더니, 시판되어 있는 명리책 보다 쉽고 짜임새 있음을 발견할 수 있었다. 사실에 입각하여 진리를 탐구함으로써, 눈으로 보고 귀로 듣고 손으로 만져 보는 것과 같은 실험과 연구를 거쳐 만든 책이라는 것이다.

특히 내용을 한글화함으로써, 한문을 전혀 몰라도 누구나 쉽게 사주명리를 공부할 수 있도록, 입문자의 눈높이에 맞는 구성을 갖추었다는 것은 명리학의 획기적인 발전을 가져올 것이다.

또한 사주명리에서 사용하는 고유 용어를 해당 페이지 하단에 각주로 설명함으로써, 용어를 아는 사람은 시간을 절약하며 그냥 넘어가고, 모르는 사람은 곧바로 용어를 쉽게 이해하고 해석하는데 문제가 없게 했다. 독자에 대한 배려가 눈에 돋보이는 점이다.

이 책의 저자인 손서후 선생은 인생 상담 경험이 풍부하고 오래되었다. 그는 인생 상담이라는 실험 도구를 통해, 사주풀이를 객관화 하고 통계화 함으로써 정확한 판단과 해답을 얻고자 노력하였고, 상담을 통해 확인한 이론을 바탕으로 수년째 명리학 강의를 함으로써 명리학을 체계화 하고 학생들에게 쉽게 전달하는 노하우를 키워왔다. 『쉽게 시작하는 사주명리』에, 상담과 강의를 통해 얻은 이러한 결과물이 녹아들어 있음을 느낄 수 있었다.

이 책은 사주 명리에 관심이 있는 초보자는 물론이고, 이미 공부를 하였고 또 세속에서 상담을 하고 있는 분들에게 희소식이 아닐 수 없다. 아무쪼록 이 책이 그분들에게 명리 공부와 인생 상담에 큰 도움이 되리라 여겨져서 흔쾌히 추천사를 쓴다.

원광디지털대학교 동양학과 외래교수 문학박사 이수동

⭐ 추천의 말

국립강릉원주대학교 철학과 강의전담교수 오일훈

사주명리는 전통적인 동양사상의 한 분야입니다. 그 역사가 유구함에도 불구하고, 흔히 점술로 취급되어 오락이나 사이비과학의 한 형태로 간주되는 경향이 있습니다. 그러나 사주명리는 동아시아의 지적 전통에서 유래한 고유의 사상적 전통입니다. 그 체계는 다양하고 풍부하며, 동아시아의 문화적, 종교적, 역사적 맥락을 담고 있는 것입니다. 특히, 인간의 생년월일을 바탕으로 운명과 성격을 해석하며, 이를 통해 개인의 장단점을 파악하는 인간학이자, 미래를 예측하는 미래학으로서 새롭게 주목받고 있는 것입니다. 이러한 현실은 동아시아의 사상적 전통이 갖고 있는 독창성과 우수성을 방증하는 것이라고 할 수 있습니다.

오늘날은 프로그램에 의해서 누구나 손쉽게 사주를 산출해 낼 수 있습니다. 그러나 사주를 해석할 수 있으려면 많은 공부가 필요합니다. 천간과 지지에 대한 이해는 물론, 동양철학의 기본적인 개념이라고 할 수 있는 음양오행에 대한 체계적인 학습이 필요하며, 주역과 동양천문학에 대한 기본적인 소양도 요구됩니다. 게다가, 사주명리의 구조를 전체적으로 파악하고 유기적으로 연결할 수 있는 내공과 안목은 쉽게 습득될 수 있는 것이 아닙니다. 사주명리에 대한 관심으로 시중에는 많은 관련 서적들이 출간되었습니다. 그러나 독자들의 요구를 충족시킬 수 있는 책을 찾기는 쉽지 않은 일입니다.

저는 사주명리를 배우고자 하는 분들에게 매우 유용한 길라잡이가 될 수 있는 도서를 추천해 드리고자 합니다. 태인 손서후 선생님이 저술한 『쉽게 시작하는 사주명리』는, 사주명리에 대한 전체적인 구조를 이해하는 데에 있어 탁월한 책입니다. 저자는 사주명리의 복잡한 구조를 알기 쉽게 분석하여 설명하고 있으며, 주요한 개념과 기법을 체계적으로 나누어 모든 수준의 독자에게 맞춤형 지식을 제공하고 있습니다.

특히 이 책의 독특한 장점은, 초보자가 기본 원리를 이해하는 데 편리한 도움을 받을 수 있다는 것, 그리고 더 많은 경험을 가진 독자들에게도 가치 있는 통찰력을 제공한다는 점입니다.

사주명리가 무엇인지 알고자 하는 입문자들은 물론이고, 보다 깊이 있는 사주명리의 세계에 빠져들고자 하는 분들에게도 이 책을 강력히 추천합니다. 사주명리에 대한 접근성과 명료성 그리고 포괄적인 내용을 담고 있는 이 책은, 어떤 수준의 독자에게도 필수적인 지침서라고 생각합니다. 여러분이 사주명리를 탐구함에 있어서, 이 책을 귀중한 동반자로 함께 한다면, 사주명리의 심오한 세계를 알아가는 데에 있어 더할 나위 없는 도움을 받을 수 있으리라 확신합니다.

⭐ 들어가며

　사주명리학이란 운명 의식에 내재하고 있는 인간의 경험적 가치체계를 역학의 다양한 어조로 재구성하는 고도의 인문 철학이다. 음양오행으로 정량화된 운명 인식의 한계를 후천의 의지와 통찰력으로 극복하려는 구체적 믿음의 방법론이자 진실한 욕망의 해석학으로도 볼 수 있다.

　태초에 인간은 하늘로부터 부여받은 태동의 기적을 시작으로 피할 수 없는 다양한 운명의 결정과 직면하게 된다. 탄생과 종말, 그리고 생장과 소멸로 정의되는 대자연의 원칙은 인간의 언어와 문자에 고스란히 배이며, 운명 판단의 기초 명식이라 할 수 있는 년·월·일·시의 네 기둥을 구성하기에 이른다. 이것이 바로 흔히 말하는 사주라는 것이며, 그 구성이 모두 여덟 글자로 이루어져 있기에 사주팔자라고 부르는 것이다.

　『조선왕조실록』에는 고려 말부터 서운관이라 하여 천문학·지리학과 함께 명과학이라는 학문과 이를 전담하는 부서를 두었다는 기록이 있다. 실제로 명과학에서는 30여 명 안팎의 인재들을 등용해 관련 학문을 연구했다는 기록이 있다. 그리고 국가의 운명과 왕실의 안위에 관해 점지했다는 기록도 함께 전해지고 있다. 조선 세조 대에 편찬을 시작으로 성종 대에 완성된『경국대전』의 기록을 살펴보면, 중인계급이 응시하는 전문 기술직인 잡과 가운데 음양과가 있었다. 음양과는 천지인 삼재의 전문가를 선발하는 과거였다. 이를 세분하면 천문학·지리학·명과학으로 나누고 초시와 복시의 과정을 거쳐 총 2차에 걸쳐 시험을 보았다. 그리고 3년마다 초시에서 천문학 10명, 지리학과 명과학은 각각 4명을 선발하고, 최종 단계인 복시에서 5명, 2명, 2명을 선발하였는데, 특히 지리학은 풍수지리, 명과학은 사주팔자에 능통한 사람을 선발하였다.

한편 명과학의 시험과목은 [원천강], [서자평][1], [응천가], [범위수], [극택통서], [경국대전] 등이 있었다. 가장 대표적인 과목은 서자평의 [연해자평]이었다. 서자평의 명리학은 왕실과 소수 귀족 사이에서 유통되는 비밀스러운 학문이었다. 특히 명과학의 교수는 왕자의 사주팔자를 모두 알고 있어 대권의 향방에 관한 일급 정보를 갖추었던 탓에, 어의와 더불어 역모에 관련되는 일이 많았다. 따라서 매우 위험한 직책 중 하나로 여겨지기도 하였다.

사주 명리는 오랜 기간에 걸쳐 운명을 읽는 부호로 인식되며

---

1) 서자평 과목은 관상감에 보관되어 있는 「자평삼명통변연원」일 가능성이 높다(김만태 논문참조)

민중들의 삶에 적잖은 해답을 제시해 왔다. 이는 곧 사주 명리가 특정 계층(왕족이나 귀족)의 전유물로 여겨지지만은 않았다는 것을 의미하는 것이다. 민간에서는 혼인할 때, 신랑이 될 사람의 사주가 적힌 사주단자를 한지에 적어 신부가 될 사람의 집에 보내는 풍습이 있었다. 이를 사성이라고 하는데, 신랑과 신부의 사주에 살이 있으면 불길하다고 하여 반드시 궁합을 본 것이다. 이러한 관습은 한민족의 고유한 전통문화이자 서민문화로 평가할 수 있으며, 기층문화 형성에 매우 유의미한 사례 중 하나로 손꼽을 수 있다.

사주 명리는 미래에 관한 불확실성을 줄이고 본연의 한계를 극복하려는 운명 미학으로서의 의미와 가치를 지닌 민중문화이다. 아울러 삶의 비교우위를 좀 더 적극적으로 실현하고 숙고할 수 있는 현실적 수단이라고 말할 수 있다.

더욱이 정량화되지 않은 인간의 다양한 운명을 분석하고, 그 운명에 관한 이해의 폭을 넓힐 수 있는 합리적 대안이자 하나의 방법론이기도 하다. 따라서 사주 명리의 논리와 그 특징을 바르게 이해하고 이에 대한 공감 능력을 충분히 갖추게 된다면, 급박한 사회적 변화와 변수에 대해 좀 더 유연하게 대처할 수 있는 능력과 자질을 갖추게 될 것이다. 적어도 미래의 불확실성을 극복하기 위한 마땅한 현실적 대안이 없다면 말이다.

본 저서는 어렵고 난해한 역학의 이론체계를 과감히 벗어던 졌다. 누구나 쉽게 이해할 수 있도록 현학적 사고의 표현이나 그에 따른 구성도 최대한 지양하였다. 또한 역의 세계를 처음 접하는 독자들이 명리학의 신묘함과 신비로움에 현혹되지 않도록 검증되지 않은 비과학적 이론이나 내용을 철저히 배제하였다. 그리고 음양오행의 정통성을 갖춘 기본 상식과 이론에 근거하여 남녀노소 누구나 이해하기 쉽게 서술하였다. 바라건대 본 저서를 통해 진정한 삶의 의미와 가치를 고민해 보고, 인생의 참뜻을 헤아려 볼 수 있는 소중한 계기가 되기를 바란다.

청룡지세 입춘에 포천 일화당에서

⭐ 일러두기

① 이 책은, 사주 명리의 고전이라 할 수 있는 『삼명통회』, 『연해자평』, 『자평진전』, 『적천수』, 『궁통보감』 등을 근본으로 삼았다. 10년간 강의를 통해 고전이 한자로 되어 어렵다는 학생들의 말을 말을 감안하여서, 한글화 한 용어로 명리학적 이론체계를 재구성하여 초보자도 쉽게 접근하도록 하였다.

② 이 책은 총 10편으로 구성되어 있다. 1~5편은 초급과정이며, 6~10편은 중급과정이다. 고급과정은 임상을 거친 실제 통변 과정을 엮어 추후 집필할 예정이다.

③ 1편에서는 음양 오행과 10간 12지의 기본 성향에 대해 해설하였다. 2편에서는 사주를 뽑는 방법과 오행의 상생상극, 지지의 암장, 천간의 합충 파해 원진을 다루었다.

④ 3편에서는 육친(십신)의 개념을 밝히고, 통변하는 예제를 넣었다. 4편에서는 십이운성, 납음오행, 십이신살을 다루었다. 십이운성과 십이신살은 연월일시에서 어떻게 발현되는지 밝혀 초보자가 찾아볼 수 있도록 하였다.

⑤ 5편에서는 길신 12가지와 흉살 17가지에 대해 예제를 넣어

설명하였다. 예제마다 해설을 달아 길신과 흉살이 어떻게 작용하는지 알게 하였다. 3장에는 천간 지지의 생과 사를 넣어 천간과의 관계를 설명하였다.

⑥ 6편에는 60간지의 일반적인 일주론을 넣었다. 일주론은 겉으로 보기에는 간단한데, 월주나 격국, 합충에 의해 성질이 바뀔 수도 있으므로 절대적이지는 않다. 하지만 이 정도의 개념을 가지고 공부를 시작하는 데는 무리가 없다고 생각한다.

⑦ 7편에는 일주의 강약과 오행의 생극제화에 대해 설명하면서, 오행의 균형이 깨진 경우를 예를 들어 설명하였다.

⑧ 8편과 9편에서는 격국과 용신에 대해 폭넓게 다루었다. 격을 정하는 방법, 격국의 종류, 용신의 종류, 내격, 외격 등 예제를 모두 두었으므로, 찬찬히 여러번 익히면 좋겠다.

⑨ 10편은 사주 해석과 판단 방법으로, 선조덕, 부모덕, 형제덕, 배우자, 자손덕, 부자사주, 빈천한 사주, 오행으로 직업판단하는 법, 장수명, 단명사주, 미인, 대운 판단하는 방법 등을 실었다.

⑩ 어려운 낱말을 각주로 설명을 하였고, 맨 뒤에 찾아보기를 두어 궁금한 단어를 쉽게 찾아 공부할 수 있도록 하였다.

목차

추천사 (박영창 교수)	5
추천사 (이수동 교수)	7
추천의 말 (오일훈 교수)	10
들어가며 12 / 일러두기	16

제1편 음양과 오행 — 21

제1장 음과 양	23
제2장 오행의 근원	39
제3장 오행의 성정	43
제4장 오행의 응용	47
제5장 오행의 해석	51

제2편 사주구성법 — 69

제1장 사주의 구성	71
제2장 사주 구성의 실례	82
제3장 오행의 상생과 상극	88
제4장 지지 암장법	102
제5장 천간과 지지의 합과 충	111
제6장 합화법	135
제7장 형살과 파·해·원진	137

제3편 육친의 이해 — 145

제1장 육친	147
제2장 성별에 따른 육친의 관계	172

제4편 십이운성의 이해   175

    제1장 십이운성   177
    제2장 납음오행   209
    제3장 십이신살   213

제5편 길신과 흉살   235

    제1장 길신   237
    제2장 흉살   254
    제3장 천간과 지지의 생과 사   281

제6편 일주론   329

    제1장 일주의 구성과 해석   331
    갑자일주 331 / 을축일주 332 / 병인일주 334
    정묘일주 336 / 무진일주 338 / 기사일주 339
    경오일주 340 / 신미일주 342 / 임신일주 343
    계유일주 345 / 갑술일주 346 / 을해일주 347
    병자일주 348 / 정축일주 350 / 무인일주 352
    기묘일주 353 / 경진일주 355 / 신사일주 356
    임오일주 357 / 계미일주 359 / 갑신일주 360
    을유일주 361 / 병술일주 362 / 정해일주 363
    무자일주 365 / 기축일주 366 / 경인일주 367
    신묘일주 368 / 임진일주 369 / 계사일주 370
    갑오일주 371 / 을미일주 372 / 병신일주 373
    정유일주 374 / 무술일주 375 / 기해일주 377
    경자일주 378 / 신축일주 379 / 임인일주 380
    계묘일주 382 / 갑진일주 383 / 을사일주 384

병오일주 385 / 정미일주 386 / 무신일주 387
기유일주 387 / 경술일주 389 / 신해일주 390
임자일주 391 / 계축일주 392 / 갑인일주 393
을묘일주 394 / 병진일주 395 / 정사일주 396
무오일주 397 / 기미일주 398 / 경신일주 399
신유일주 400 / 임술일주 401 / 계해일주 402

제7편 일주강약 판단과 생극제화   403

제1장 일주강약의 판단과 이해   405
제2장 오행의 생극제화와 희기   416

제8편 격국용신 1   433

제1장 격국의 구분   435
제2장 격국의 종류   441
제3장 용신의 의의와 종류   446

제9편 격국용신 2   459

제1장 내격과 외격   461

제10편 사주 해석과 판단 요결   561

제1장 육친의 작용과 해석   563
제2장 사주통변론   568

마치며 600   찾아보기 605

제1편 음양과 오행

제1장 음과 양

1. 음과 양의 이해

    중국 북송의 유학자였던 주돈이의 『태극도설』에는 "무극이태극"이라는 기록이 있다. 이는 "무극이 태극이요 태극은 곧 무극이니 무에서 유가 비롯되었으며, 유로 말미암아 다시 무로 회귀한다."라는 의미로 해석할 수 있다.

    만물의 탄생 배경이자 근원의 해법이 되는 무극과 태극은 변화와 불변의 현상을 거치며 우주의 순환 법칙에 따라 양의라는 음양을 낳게 되는데, 이는 곧 균형과 상대성을 의미하는 음양대대의 인식 작용으로 연결된다. 따라서 음양은 만물 생성의 원리이자 근원으로, 삼라만상을 이루는 전제적 개념과 절대적 가치를 동시에 담고 있는 셈이 된다.

    음양은 서로 극을 하는 관계이다. 그래서 공존의 개념 원칙에 위배 된다고 생각할 수 있으나, 어느 한쪽이 없어진다면 결국 존재 자체가 없어지고 만다. 그 이유는 겉은 속에서 비롯되고, 마름은 젖음에서 시작되며, 밝음은 어둠 속에서 그 가치를 찾을 수 있기 때문이다. 즉 음양은 만물의 존재정위에 따른 원칙과 천지의 변화를 산출하는 판단의 기준이 됨으로써 어느 하나만이 독단적으로 존재할 수 있는 것이 아니다. 그러므로 때와 장소 및 시간을 막론하고 대자연의 모든 근본원리로 통용되는 것이다.

　음양은 항상 붙어 다니고 또한 함께 짝을 이루기도 한다. 홀로 존재할 수 없기에 항시 유기적인 관계를 유지하면서도 끊임없이 변화하고 대립하면서 동시에 화해의 방법을 모색하기도 한다. 또한 공생관계를 통해 무언가를 쉼 없이 이루고 또 무언가를 쉼 없이 만들어 내기도 한다. 이러한 음양은 개별적 개념이 아닌 상대적 개념으로 인식해야 좀 더 정확히 이해할 수가 있다. 그 이유는 시간의 계기적 현상에 따른 것으로 우리가 음양을 인식하는 찰나의 순간, 그 변화는 이미 진행이 되고 있기 때문이다.

　혼돈의 카오스로 불리는 무극을 시작으로 창조의 태동이 시작되는 태극을 지나 역동적 움직임의 변화로 탄생하게 되는 음양은, 이윽고 오행과 연계의 과정을 거치며 대자연의 이치를 완성해 나간다. 이것이 바로 우리가 공부하게 될 사주명리학의 기본 운영 체계가 되는 것이며, 인간은 이러한 삼라만상의 이치를 겸허히 받아들임으로써 진정한 공생의 의미와 가치를 깨닫게 되는 것이다.

2. 음과 양의 구분

시간과 공간을 통해 발생하는 주변의 모든 현상은 모두 음양의 개념에서 비롯된다. 앞서 밝힌 바와 같이 음양은 만물의 존재정위에 따른 원칙과 천지의 변화를 이끄는 중심이 된다. 서로 극을 하면서도 서로 공존하기 위해 끊임없이 변화하고 대립하며 화해의 방법을 모색한다. 이처럼 음양의 오묘한 성정을 각 기준에 따라 분류하면 다음과 같다.

〈 음양의 기준별 구분 〉

구 분 \ 음 양	양	음
관계적 기준	아버지	어머니
계절적 기준	여름	겨울
양적인 기준	많다	적다
위치적 기준	높다	얕다
방향적 기준	왼쪽	오른쪽
지리적 기준	동양	서양
명리학적 기준	천간	지지
성적인 기준	남	여
신체적 기준	정신	육체
힘적인 기준	당기다	밀다
수학적 기준	더하기	빼기
명암적 기준	밝다	어둡다
무형적 기준	기쁘다	슬프다

3. 외양·내음과 외음·내양

외양·내음이란 겉은 양이고, 속은 음이라는 의미이다. 이를 자연의 계절적 이치로 해석한다면, 여름은 뜨거워 양의 기운이 강하지만 그 속은 음산한 음기가 지배하고 있다. 비록 덥지만, 습한 기운이 머물러 있다는 것이다.

남자는 양의 기운을 가진 인간이다. 이를 외양·내음의 이치에 접목하면 겉은 강한 남자이나, 그 속은 마음이 여린 여인의 성품을 지닌 남자를 의미하는 것이다. 이러한 사실은 통상적으로 우리의 삶 속에서 적잖이 경험하게 되는 상식이다. 활기차고 명랑한 성격을 가진 사람일수록 오히려 근심이 많은 법이며, 미모가 빼어나고 아름다운 여인일수록 외모와 성격이 비례하지만은 않는다는 사실을 우리는 잘 알고 있다. 또한 타인의 시선을 예민하게 받아들이며 겉치레에 신경 쓰는 사람일수록 대개 실속 없는 사람들이 대부분이다. 따라서 외적인 부분보다 내적인 자아를 더욱 소중히 여기며 세상의 지혜를 하나씩 깨우쳐 나가는 일은 인간으로서 중요한 삶의 한 부분이라고 할 수 있는 것이다.

반면 외음·내양은 앞서 언급한 외양·내음과는 정반대의 의미로 겉은 음이나 그 속은 양이 되는 것이다. 이를 계절적 이치로 판단해 보면 한겨울은 차가운 음의 기운이 강하다고는 하나 그 속은 따뜻한 양의 기운이 지배하고 있다. 비록 춥지만 건조한 기운이 머물러 있는 것과 같은 이치이다.

 이를 또 다른 관점으로 살펴보면 여자는 음의 기운을 가진 인간으로 외음·내양의 이치를 접목하면 다음과 같다. 비록 겉은 약한 여자이기는 하나 강한 성품을 지닌 여자를 의미하는 것이다. 즉, '여인은 약하나 엄마는 강하다'는 말과 일맥상통한다고 할 수 있다. 미모가 빼어나지는 않지만, 내면이 진실한 여인을 의미한다고도 볼 수 있다. 또한 점잖으며 과묵한 남자가 의외로 더 멋지고 용기 있는 사람이라고 판단해 볼 수도 있는 것이다. 그리고 여자처럼 예쁜 남자가 의외로 운동 신경이 발달한 예도 이에 해당한다고 볼 수 있을 것이다. 이것이 곧 외음·내양의 이치가 되는 것이다.

4. 양생음·음생양과 양변음·음변양

 양생음·음생양이란 양은 음을 생하고, 음은 양을 생한다는 의미이다. 선이 있어 악이 있고, 악이 있어 선이 있다는 것으로, 한낮의 끝은 어둠이며, 어둠의 끝은 곧 새벽이라는 의미와도 같다. 즉 영원한 행복도 영원한 불행도 없다는 뜻이다. 이것이 곧 세상의 이치가 되는 것이니 어떠한 역경과 고난에도 쉽게 포기하거나 나약해지지 말아야 하는 것이다.

 양변음·음변양이란 양이 변하여 음이 되고, 음이 변하여 양이 된다는 의미이다. 여름이 변해 겨울이 되고 겨울이 변해 여름이 되며, 낮이 변해 밤이 되고 밤이 변해 또 낮이 되는 이치이다. 『주역』에서는 이를 두고 "한번 음이 되고 한번 양이 되는 것을 '도'라고 한다, 도를 이어받은 자를 '선'이라 하고 그것을 이루는 자를 '성'이라 한다."라고 기록하고 있다.

여기에서 말하는 '선'은 도덕을 의미하는 것이고, '성'이라고 하는 것은 도덕적 행위의 바탕을 의미하는 것이다. 따라서 도덕과 음양은 서로 일맥상통하는 것임을 피력하는 것이다. 이는 음양의 원론적 의미를 말하기보다는 '도'의 작용을 의미하는 것으로, 도덕적인 것과 천지 변화의 이치는 음양의 도리에 의해 이루어진다는 뜻이다.

5. 양생음사와 음생양사

양생음사·음생양사라는 의미는 양이 생하는 곳에서 음은 죽고, 음이 생하는 곳에서 양이 죽는다는 것이다. 즉 여름이 오면 겨울이 죽고 겨울이 오면 곧 여름이 죽으며, 낮이 되면 밤이 죽고 밤이 되면 낮이 죽는 것이다.

어느 한 개인의 행복은 곧 누군가의 불행이며, 누군가의 불행은 곧 나의 행복으로 이어질 수 있는 것이다. 따라서 나의 행복은 누군가의 실패와 절망에서 비롯된 것이니, 항상 이타적인 자세와 배려 및 겸손의 자세를 갖추어야 하는 것이다.

6. 양봉음생·음봉양생

　양봉음생·음봉양생의 의미는 양은 음을 만나야 살고 음은 양을 만나야 산다는 것이다. 음양은 비록 서로 극하는 관계에 있지만, 공존의 법칙에 따라 서로가 함께해야만 살 수 있다는 것이다. 이는 음양대대의 의미로도 이해할 수 있다. 즉 남자는 여자를 만나야 살 수 있고, 여자는 남자를 만나야 살 수가 있는 것이다. 이는 비단 인간에게만 국한되어진 것은 아니다.
　삼라만상의 동물과 식물은 모두 종족 번식이라는 음양의 이치에 종속되어 있다. 기후적인 예로써 습한 곳엔 건조한 기운이 있어야 하고, 뜨거운 기운에는 차가운 기운이 있어야 항상 쾌적한 기운을 조성할 수가 있다. 이렇듯 음양은 서로 상극의 관계에 있지만 서로를 절실히 필요로 하는 존재임을 부정할 수 없는 것이다.

7. 다자병·쇠자병

　다자병·쇠자병의 의미는 많으면 병이 되고 적어도 병이 된다는 것이다. 즉 양이 많으면 음이 죽고, 음이 많으면 양이 죽는다는 뜻이다. 예를 들어 여름이 길면 모든 생명이 말라 죽게 될 것이며, 반대로 겨울이 너무 길면 만물은 얼어 죽게 될 것이다.

또한 장마가 길면 만물이 썩고, 비가 적으면 만물이 말라 죽게 될 것이다. 즉 양이 적으면 음이 권세를 잡고, 음이 적으면 양이 권세를 잡으니, 음양의 균형이 무너지거나 깨지게 되는 것이다. 따라서 세상의 이치는 균형과 조화가 무엇보다 중요하다는 점을 염두에 두어야 한다.

8. 음생음·양생양

음생음·양생양이라고 하는 의미는 음은 곧 음을 생하고 양은 곧 양을 생한다는 것이다. 이는 '유능한 선생 밑에서 훌륭한 제자가 배출된다'라는 말이나 '학자의 집안에선 학자가 나온다'라는 말과 같다. 선은 선을 낳지만, 악은 악을 낳는 법이다. 따라서 선을 행하되 결코 악을 행해서는 안 된다는 깊은 뜻이 담겨 있는 것이다.

이처럼 음과 양이라는 단순한 자연의 이치만으로도 깊고 심오한 인생사의 다양한 법칙이 존재한다는 것을 알 수가 있다. 사주명리학의 기본 개념은 어느 한 편으로 치우침이 없는 화합 중심의 중화를 추구하는 것이다.

9. 양극도달즉음시생

　양극도달즉음시생이란 양의 기운이 극에 달하면 곧 음의 기운이 된다는 것이다. 즉 양의 기운이 가득한 여름도 그 끝이 있으니, 여름의 끝인 양극에 도달하면 비로소 음의 시작인 겨울이 시작되어 음기를 생하게 되는 이치이다.

　이를 하루라는 시간의 개념으로 보았을 때 정오에 해당하는 양극이 음기인 자정을 향해 서서히 시간이 흐르는 것과 같은 의미이다. 이로써 행복도 그 끝이 있는 법이요, 괴로움과 슬픔 역시 그 끝이 있음을 알 수 있는 것이다. 바꿔 말하면 영원한 행복도 없고 영원한 불행도 없는 것이다.

10. 음극도달즉양시생

　음극도달즉양시생이란 앞서 설명한 양극도달즉음시생의 반대 개념이다. 즉, 음이 극에 달하면 비로소 양이 시작된다는 것이다. 음기로 가득한 한겨울도 그 끝이 있으니, 겨울의 끝인 음극에 도달하면 다시 여름의 기운이 서서히 시작되어 양기를 생하게 되는 것이다.

　이는 빈천함도 극에 달하면 비로소 불행은 사라지게 되며 서서히 기쁨과 행복의 기운이 찾아든다는 의미이다. 따라서 아무리 힘들고 괴롭다고 하여 포기하거나 좌절해서는 안 된다는 뜻이다. 이는 남부러운 것 없는 만족스러운 삶을 누리고 있다고 하여 자만하거나 오만하지 말라는 의미이기도 하다.

　어떤 상황에서라도 반드시 길흉화복의 끝은 있는 법이다. 즉, 삼라만상의 이치와 법칙 속에는 영원함이란 결코 존재할 수가 없는 법이다. 따라서 현실 집착에 따른 의식의 정체에서 벗어나 지혜롭고 슬기로운 마음으로 활기찬 미래를 준비하는 자세가 그 무엇보다 중요한 것이다.

11. 중화지도

　중화지도란 무게중심이 어느 한 편으로 치우치지 않으며 완전한 조화와 균형을 유지한 채 중립을 이루고 있는 상태를 말한다. 음양이라는 두 기운 중에서 어느 하나가 균형을 잃고 한 편으로 치우치게 된다면, 이는 곧 병이 되는 것이다. 병이 된다는 의미는 곧 '중화'[2])를 잃게 되어 불행의 화를 초래하게 된다는 의미로도 해석할 수 있다.

　이를 '실도'[3])라고 표현하는 데, 중화를 실도하게 되는 경우

---

2) 중화 : 강하면 기운을 해소하고 약하면 기운을 보호하며, 많으면 기운을 덜어 주고 부족하면 기운을 채우는 것이다.
3) 실도 : 행성이 제 궤도를 벗어남을 의미하는 것으로, 사주명리학에서는 중심을 잃고 한쪽으로 치우치게 되는 경우를 말한다.

나타나는 증상은 참으로 다양하다. 예를 들어 외골수적 기질이 강하게 나타나 타인과 잘 어울리지 못한다거나 혹은 의사소통의 장애로 인간관계에 어려움을 겪게 된다. 또는 자신과의 사랑에 빠져 나르시시즘의 인격 장애를 겪게 되거나, 반대로 비관하는 현상이 나타나게 되고, 가치관이 편견으로 흘러 자격지심의 원인이 되기도 한다.

인간의 삶에서 중화가 중요한 이유는 자신의 존재적 가치의 참뜻을 깨닫기 위함이다. 그렇지 못하다는 것은 곧 사회적 의식과 사고를 지닌 만물의 영장으로서 참으로 부끄러운 일이 아닐 수 없기 때문이다. 따라서 대자연의 순환 법칙과 그에 따른 음양의 이치를 제대로 깨친다면, 이미 사주명리학의 9부 능선을 오른 것이라 해도 과언이 아닐 것이다.

필자가 단언하건대 사주명리학은 신비의 비결을 담은 점서가 아니다. 미래 예측을 이유로 그 속에 담긴 철학적 사유와 진실의 목소리를 외면한 채 오로지 신묘함의 달콤함에 빠져들게 된다면, 이는 곧 혹세무민의 빌미를 제공하는 결과만을 낳을 뿐이다. 따라서 삼라만상에 음각된 음양오행의 이치를 제대로 파악하지 못한 채 비법을 운운하며 그릇된 서적을 뒤적이는 것은, 사주명리학을 제대로 익히기 위한 기본 취지에서 한참 벗어난 어리석은 짓이다. 따라서 음양이론의 가장 기본적인 이론부터 착실히 갖추어 수학에 힘쓰기를 바란다.

12. 태극기의 구성 원리

우리나라의 국기가 태극기라는 사실을 모르는 사람은 없을 것이다. 그렇다면 태극기의 구성 원리를 이해하고 있는 사람은 과연 몇이나 될까? 아니 그 이전에 태극기를 제대로 그릴 줄 아는 사람은 과연 몇이나 될까? 필자의 개인적 견해이긴 하지만, 대한민국 국민으로서 태극기를 그릴 줄 아는 사람은 아마 극소수에 불과하리라 확신한다.

필자는 사주명리학과 풍수지리학 강의를 시작하는 매 첫 시간마다 동양학을 공부하는 수강생에게 태극기를 그려보라고 말한다. 그러나 지금까지 태극기를 제대로 그릴 줄 아는 사람을 단 한 명도 만난 적이 없었다. 이처럼 안타까운 현실을 직면하게 된 후로는 태극기의 역사뿐만 아니라 그 구성 원리까지 강의 커리큘럼에 포함하여 교육을 진행하고 있다.

이러한 우려와 노력의 연장선으로 필자의 의지를 책에도 담아 보려 한다. 이 책을 읽는 독자들만이라도 태극기에 관한 자부심과 한민족으로서의 자긍심을 일깨우는 소중한 계기가 되기를 바란다.

1) 태극기의 탄생 과정

조선의 어기 태극팔괘도 (출처:네이버 이미지)

19세기 후반인 조선 후기 근대화의 시대적 조류가 형성되면서 조선을 포함한 세계의 여러 나라들은 각 나라를 상징하는 표식의 필요성을 인지하기 시작했다. 우리나라는 1875년 발생한 '운요호 사건'을 빌미로 '강화도조약'으로 잘 알려진 '조일수호조약'을 통해 1876년 일본에 의해 강압적으로 체결하기에 이른다. 이 과정에서 일본은 조선도 국기를 만들어 일본으로 보내라는 요구를 하게 된다.

이를 계기로 당시 조선은 정식 국기의 필요성을 인지하게 되었다. 그러나 청나라의 마건충이 자국의 국기를 본받아 조선의 국기를 '용기'로 제작하라고 지시하였다. 이에 분개한 고종은 태극기를 직접 구상하고 조선의 국기로 정한다는 하교를 내리며 1883년 태극기 제정을 전국 팔도로 반포하기에 이른다.

태극기가 정식 국기로 사용된 첫 기록은 1882년 당시 미국과 '조미수호통상조약'을 체결하게 되었을 때로, 역관이었던 이응준에 의해 제작된 '태극도형기'이다. 당시 팔괘가 없는 태극 모양으로만 구성되었다. 종전의 '태극도형기'에 팔괘를 첨가해 '태극팔괘도'를 만들었다. 같은 해인 1882년 9월 박영효가 수신사로 일본에 가는 도중 고종의 지시에 따라 팔괘 대신 사괘로 구성된 태극기를 만들어 일본에 게시했다고 한다. 이후 영국과 프랑스를 비롯해 독일, 이탈리아, 러시아와 통상조약을 맺을 때마다 태극기가 사용되었다.

2) 태극기의 구성 원리

우리나라 국기인 태극기는 흰색 바탕에 가운데 태극문양과 네 모서리에 건곤감리의 4괘로 구성되어 있다. 태극기의 흰색 바탕은 밝음과 순수, 그리고 전통적으로 평화를 사랑하는 우리의 민족성을 나타내고 있다. 가운데 태극 문양은 음[파랑]과 양[빨강]의 조화를 상징하는 것이다. 우주 만물이 음양의 상호작용으로 인해 생성되고 발전한다는 대자연의 진리를 형상화한 것이다.

네 모서리의 사괘는 음과 양이 서로 변화하고 발전하는 모습

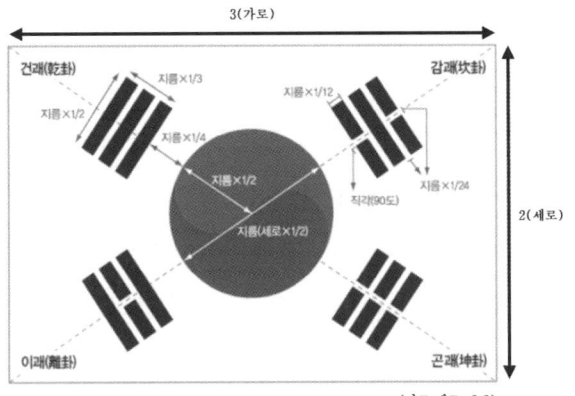

태극기의 규격 (출처:네이버 지식백과)

을 효의 조합을 통해 구체적으로 나타낸 것이다. 그 가운데 '건' 괘는 우주 만물 중에서 하늘을, '곤' 괘는 땅을, '감' 괘는 물을, '리' 괘는 불을 각각 상징한다. 이들 사괘는 태극을 중심으로 통일의 조화를 이루고 있다.

괘의 형상과 상징적 의미

구 분 괘 명	괘의 형상	괘의 상징적 의미
건 괘	☰	동쪽, 하늘, 정의
곤 괘	☷	서쪽, 땅, 생명력
감 괘	☵	북쪽, 물, 지혜
리 괘	☲	남쪽, 불, 결실

한민족의 얼과 정신을 품고 있는 태극 문양에는 우주와 더불어 끊임없는 창조와 번영을 열망하는 한민족의 이상과 꿈이 담겨 있다. 한 나라의 국기를 그릴 줄 안다는 것은, 그 나라의 국민으로서 기본적으로 갖추어야 할 최선의 소양이라는 생각이 들어 본 구성에 포함하였다. 이를 통해 태극기에 깃든 대자연의 이치와 그 의미를 깨우쳐 나라 사랑의 정신을 되새겨보는 계기가 되기를 바란다.

제2장 오행의 근원

1. 오행의 근원과 이해

　오행이란 우주 만물을 이루는 다섯 가지 원소로 목·화·토·금·수를 말한다. 동양철학에서는 우주 만물의 변화양상을 오행이라는 근원적 틀로 집약하여 그 이론체계를 구성하는데, 오행에서의 행은 운행이라는 의미를 나타낸다. 이처럼 대자연의 기운은 항시 정지해 있는 것이 아니라 끊임없이 생하고 성장하며 쇠퇴와 소멸의 반복 작용을 지속하는 것이다.

　오행의 글자를 분석해 보면 '다섯 오'에 '다닐 행'으로 구성된 것을 알 수 있다. '다닐 행'은 곧 걸음걸이라는 뜻이다. 즉 우주 만물의 다섯 가지 걸음걸이가 바로 오행이 되는 것이다. 여기에서 '걸음걸이'라는 말의 의미는 만물이 지나가는 방향과 그 상태가 변화하는 양상을 동시에 가리키는 것이다.

　사람은 배가 고파지기도 하고 졸리기도 하며 때론 행복해지기도 한다. 이를 '배가 고픈 길을 걷고 졸린 길을 걸으며 행복한 길을 걷는 것'이라고 표현할 수 있다. 이처럼 우주 만물은 변화의 길을 지속해서 걷는 것이다. 그 속에서 하나의 원칙을 찾아내었고 그것을 바로 오행이라고 정의한 것이다.

　그중에서 목·화·금·수는 음양의 균형과 조화를 통해 다양한 변화를 이루고 있지만, 토의 기운만은 변화하지 않고 그대로 운용되고 있다. 그 이유는 토의 기운은 목·화·금·수의 변화를 조절하는 조절신으로서 사계절을 중화시키는 중성자의 역할을 하고 있기 때문이다.

목·화·토·금·수 오행은 형이하학적 측면에서 눈에 보이는 자연 그대로의 모습과 의미로 활용된다. 하지만 형이상학적 측면으로는 하나의 기운으로서 목기·화기·토기·금기·수기와 같은 눈에 보이지 않는 기의 작용까지 함께 아우르며 복합적으로 활용되고 있다.

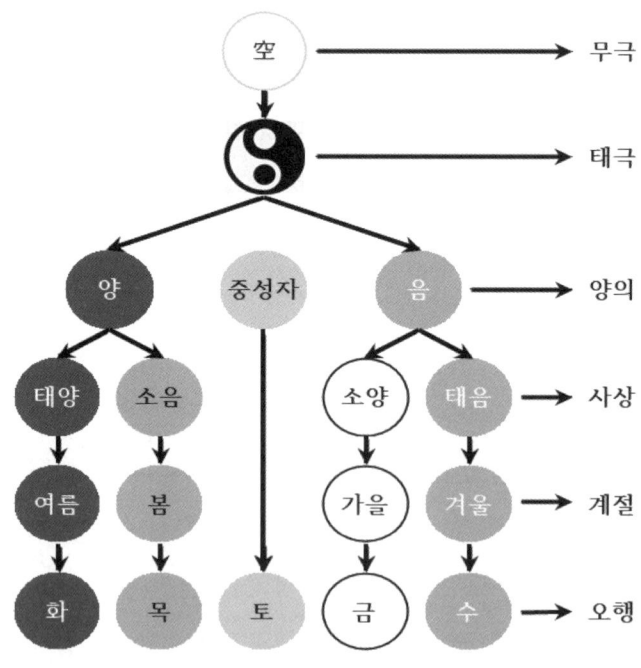

태극·무극·양의·사상

앞의 그림에서 보는 바와 같이 무극 상태에서 하나의 기운으로 태극이 일어나고, 그에 따라 음양의 분열이 시작된다. 이때 분열된 음양의 상태를 '양의'라고 하며 양의 기운을 가진 양을 양전자, 음의 기운을 가진 음을 음전자라고 한다. 양전자와 음전자의 중간에 자리하고 있으면서, 조절신 역할을 하는 기운을 '중성자'라고 한다. 이때 양전자가 변하여 또다시 양이 된 상태를 태양이라고 하며, 양전자가 변하여 음으로 변한 상태를 소음이라고 한다. 그리고 음전자가 변하여 또다시 음이 된 상태를 태음이라고 하며, 음전자가 변하여 양으로 변한 상태를 소양이라고 한다.

사상의 기운을 계절적 요소와 더불어 오행으로 구분하면 태음은 수의 기운인 겨울이 되고, 태양은 화의 기운인 여름이 된다. 그리고 소음은 목의 기운인 봄이 되고, 소양은 금의 기운인 가을이 된다. 여기에 중성자인 토를 더하면 목·화·토·금·수 오행이 탄생하게 되는 것이다.

이처럼 음양은 분열의 법칙에 따라 재차 분열을 하여 계절을 만들어 내고, 계절은 또다시 목·화·금·수를 만들어 낸다. 하지만 토는 변화가 없는 중성자로써 사계절을 중화시키는 역할을 담당하고 있다.

2. 오행의 방위

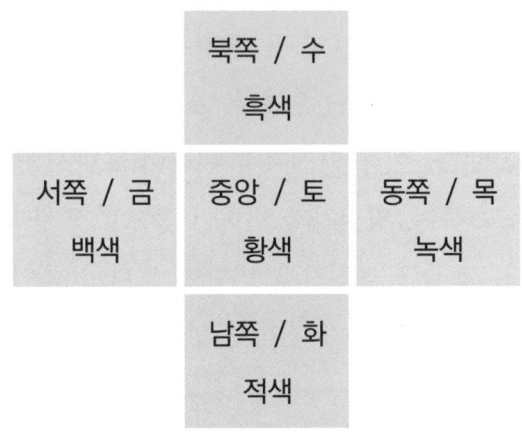

오행의 방위와 색깔

목은 계절로써 봄을 의미한다. 방향으로는 동쪽에 해당하며, 색은 초록색이다. 화는 계절로써 여름을 의미한다. 방향으로는 남쪽이며, 색은 적색이다. 토는 중성자로써 각 계절을 중재하는 조절신 역할을 한다. 방향으로는 중앙에 해당한다. 금은 계절로써 가을을 의미한다. 방향으로는 서쪽에 해당한다. 수는 계절로써 겨울을 의미한다. 방향으로는 북쪽에 해당한다.

동서남북의 목·화·금·수를 포함해 중앙에 속한 토를 모두 합하면 모두 다섯 가지의 방위가 되는데, 이를 오방이라고 부른다.

제3장 오행의 성정

앞서 밝혔듯이 사주명리학에서 흔히 말하는 오행이란 목·화·토·금·수를 말한다. 이 다섯 가지 오행은 음양 이외에 형이상학과 형이하학으로 구분할 수 있다. 쉽게 말해 눈으로 볼 수 있는 것과 눈으로 볼 수 없는 것이 동시에 양립하고 있다는 의미이다. 가령 우리가 상식적으로 '뜨겁다'라고 인식하고 있는 화기는 비록 눈에 보이진 않으나 뜨거움과 따스함을 동시에 지니고 있다. 이는 비단 화기에만 국한되는 것이 아니라 목·화·토·금·수의 모든 오행에 걸쳐 공통으로 드러나는 특징이다. 그뿐만이 아니다. 목·화·토·금·수는 그 자체의 기운만을 가지고 있는 것은 아니다.

예를 들어 목의 기운을 세분화하면 다음과 같다. 나무는 수기 없이 생명을 지속할 수가 없고, 화기가 없다면 따스한 기운이 없어 성장할 수가 없다. 또한 금기가 없다면 견고한 기운을 잃게 되어 열매를 맺을 수 없게 되며, 최종적으로 토기가 없다면 나무는 땅에 뿌리를 내릴 수가 없는 것이다.

이처럼 목이라는 개체는 그 오행이 품고 있는 독립적 기운만으로 완전한 듯이 보이지만, 그 실상은 보이지 않는 기운을 서로 나누고 균형과 조화를 이루면서 함께 공존하는 것이다. 따라서 오행의 공존은 곧 새로운 탄생과 끊임없는 생장을 의미하는 것이며, 동시에 만물의 생명을 유지하는 데 필요한 필수적 요소로 작용하는 것이다.

1. 목의 성정

목의 기운을 음양으로 구분하면 양목과 음목으로 나뉜다. 목은 계절로써 봄을 의미한다. 따스하고 청량한 봄의 기운을 지니고 있으며, 방위로는 동방이 되고 색으로는 청색 혹은 녹색이 된다.

천간으로 음양을 구분하면 **갑목**과 **을목**이며, 지지로는 **인목**과 **묘목**으로 구분할 수 있다. 하루의 시작을 알리는 새벽이며, 수리로는 3과 8이 되고, 맛으로는 신맛이 된다. 성격으로는 인정과 희열을 상징한다. 인체로는 간과 담·신경조직·모발·눈·촉각에 해당한다. 직업적으로는 화원과 목재·악기·문구·의류·예능·교육 등이 이에 해당한다.

2. 화의 성정

화의 기운을 음양으로 구분하면 양화와 음화로 나뉜다. 계절은 여름이고 방위로는 남방이며 색으로는 적색이 된다. 한낮인 정오가 되며 천간으로는 **병화**와 **정화**가 되고, 지지로는 **사화**와 **오화**가 된다.

수리로는 2와 7이고, 맛으로는 쓴맛이다. 성격으로는 예의가 바르고 명랑하다. 인체로는 심장과 혈압·시력·열기가 된다. 직업적으로는 유류·화공·전기·섬유·화학 등이 이에 해당한다.

3. 토의 성정

토의 기운을 음양으로 구분하면 양토와 음토로 나뉜다. 계절로는 한여름을 의미하는 장하에 속하고 방위로는 중앙과 간방 즉 동북간·서북간·동남간·서남간이 된다.

천간으로는 **무토**와 **기토**로 구분하며, 지지로는 **진술축미토**가 된다. 수리로는 5와 10이 되고 맛으로는 단맛이며, 색은 황색이 된다. 성격으로는 신용과 인품이 후중한 것이 특징이다. 인체로는 비장·위장·복부가 되며, 직업적으로는 부동산·건설·농업·종교·소개업 등이 이에 해당한다.

4. 금의 성정

금의 기운을 음양으로 구분하면 양금과 음금이다. 계절로는 서늘한 가을을 의미하며 방위로는 서방이고, 색으로는 백색이며 맛은 매운맛이다. 수리로는 4와 9이다. 천간으로는 **경금**과 **신금**으로 구분할 수 있으며, 지지로는 **신금**과 **유금**이 된다.

성격으로는 의리가 강하고 냉정하며, 변화의 기질이 다양하고 분노 조절이 어려워 화를 잘 내는 특징이 있다. 인체로는 폐·대장·기관지·후각이 되며, 직업적으로는 군인·경찰·중공업·운수업 등이 이에 해당한다.

5. 수의 성정

　수의 기운을 음양으로 구분하면 양수와 음수로 구분할 수 있다. 계절로는 춥고 한랭한 겨울이며 방위로는 북방이고 하루로는 한밤중이다. 맛으로는 짠맛을 나타내며 색은 검은 흑색이다. 천간으로는 **임수**와 **계수**가 되고 지지로는 **자수**와 **해수**가 된다.
　수리로는 1과 6이고 성격으로는 인내와 지혜로 상징된다. 인체로는 신장·방광·비뇨기·수분이며, 직업으로는 해양·선박·조선·수산·외무 등이 이에 해당한다.

제4장 오행의 응용

　목이 사주에 많으면 인정이 많은 사람이며, 담력이 있고 신경계가 튼튼한 사람이다. 하지만 사주에 없거나 혹은 부족하면 인정이 부족하거나 간과 담, 그리고 신경계통이 선천적으로 약한 사람이다.
　화가 사주에 많으면 예의가 바르고 명랑하며 바른말을 잘하는 사람이다. 하지만 사주에 없거나 혹은 부족하면 예의가 없고 성질이 급하며 심장과 혈압 불안정, 시력이 약한 사람이다.
　토가 사주에 많으면 인품이 좋고 신앙심이 깊으며, 미각이 예민하게 발달하여 맛에 대한 기호 수준이 일반 사람에 비해 높은 편이다. 하지만 사주에 없거나 혹은 부족하면 신용이 없거나 선천적으로 위나 비장, 그리고 허리가 선천적으로 약한 사람이다.
　금이 사주에 많으면 의리가 있고 폐와 기관지가 튼튼한 사람이다. 하지만 사주에 없거나 혹은 부족하면 의리가 없고 폐와 기관지, 그리고 뼈가 약하며 대장질환으로 고생하는 사람이 많다.
　수가 사주에 많으면 머리가 총명하고 지혜로우며 선천적으로 면역력이 강하다. 또한 적응력이 뛰어나 어디에서나 타인에게 주목받고 인기가 많은 것이 특징이다. 또한 신장과 방광이 튼튼한 사람이다. 하지만 수가 사주에 없거나 혹은 부족하면 이중인격자이거나 음흉한 사람이며, 비뇨기질환으로 고생하는 사람이 많다.

1. 오행의 이해

다음의 표는 십천간과 십이지지의 음양을 각각 순서별로 구분해 놓은 것이다. 아울러 각 천간과 지지의 성정을 간지별로 나누어 그 특징을 이해하기 쉽게 구성하였다.

〈 십천간의 순서 〉

구 분 \ 순 번	1	2	3	4	5	6	7	8	9	10
천 간	甲 갑	乙 을	丙 병	丁 정	戊 무	己 기	庚 경	辛 신	壬 임	癸 계

〈 양천간과 음천간의 분류 〉

양의 천간	甲 갑	丙 병	戊 무	庚 경	壬 임
음의 천간	乙 을	丁 정	己 기	辛 신	癸 계

〈 십천간의 성정 〉

구분 천간	명칭	오행	음양	색상	감각	성정	인체
甲	갑	목	양	녹색	촉각	인정 강직	눈 신경
乙	을		음				
丙	병	화	양	적색	시각	예의 조급	혀 시력
丁	정		음				
戊	무	토	양	황색	미각	신용 후중	위장 복부
己	기		음				
庚	경	금	양	백색	후각	의리 냉정	폐 대장
辛	신		음				
壬	임	수	양	흑색	청각	지혜 포용	신장 비뇨기
癸	계		음				

〈 십이지지 순서 〉

구분 \ 순번	1	2	3	4	5	6	7	8	9	10	11	12
지지	子 자	丑 축	寅 인	卯 묘	辰 진	巳 사	午 오	未 미	申 신	酉 유	戌 술	亥 해

〈 양의 지지와 음의 지지의 분류 〉

양의 지지	子 자	寅 인	辰 진	午 오	申 신	戌 술
음의 지지	丑 축	卯 묘	巳 사	未 미	酉 유	亥 해

1 ─ 음양과 오행

⟨ 십이지지의 성정 ⟩

구분 지지	명칭	오행	음양	색상	감각	성정	인체
子	자	수	양	흑색	청각	지혜·포용	신경선
丑	축	토	음	황색	미각	신용·후중	척추
寅	인	목	양	녹색	촉각	인정·강직	골격
卯	묘	목	음	녹색	촉각	인정·강직	사지
辰	진	토	양	황색	미각	신용·후중	왼다리
巳	사	화	음	적색	시각	예의·조급	오른다리
午	오	화	양	적색	시각	예의·조급	심장
未	미	토	음	황색	미각	신용·후중	위장
申	신	금	양	백색	후각	의리·냉정	대장
酉	유	금	음	백색	후각	의리·냉정	폐
戌	술	토	양	황색	미각	신용·후중	위
亥	해	수	음	흑색	청각	지혜·포용	뇌

2. 오행과 관련 직업

오행 구분	목	화	토	금	수
직업 및 직종	목공	문화	농림	정비	수산
	원예	화학	중재	중장비	수도
	교육	컴퓨터	컨설팅	건설	주류
	음식	통신	축산	금속	예술
	제지	IT	부동산	경·검찰	무역
	가구	소방	경매	군인	창고
	한의사	화공	민속	제련	유통
	약초	페인트	건설	조선	숙박
	임업	복지	토지	국방	원양
	농림	유류	펀드	기계	양식
	연예	전기	공무원	제철	외교

제5장 오행의 해석

자신이 어떠한 길을 걸어왔고 또 어떠한 길을 걸어가야 하는지에 관한 고찰은, 우주 대자연이 품고 있는 음양오행의 근본적 이치를 이해하고 깨치지 않고서는 절대 가늠할 수 없는 것이다. 지금까지 공부한 음양오행에 관한 내용은 지속적인 반복을 통해 반드시 숙지하길 바란다.

드디어 음양 분열에 따른 오행의 생성 과정과 음양오행의 근본적 이해 및 적용에 관한 학습을 마쳤다. 아직은 시작 단계에 불과하다. 하지만 음양오행에 대한 세밀한 분석과 접근방식을 통해 이를 좀 더 구체적으로 활용할 수 있는 방안에 관하여 학습을 진행할 예정이다.

1. 천간의 해석

1) 갑목

갑목은 나무이자 목의 기운을 지닌 오행이다. 목의 대표적 특성은 인정이며 기본적으로 타인을 배려하려는 이타적 성향의 따뜻한 마음과 온화한 성품을 지니고 있다. 맡은바 주어진 임무에 대한 책임감이 강한 것이 목의 특징이다. 계절적인 상징으로는 봄에 해당한다. 그리고 음양을 기준으로 양목이 된다.

십천간 중 가장 첫 번째 천간이기에 시작의 중심이 되며 만인의 우두머리 기질을 가지고 있다. 그러나 이 같은 성향은 타인의 지배와 구속을 꺼리기 때문에, 불평불만이 가득한 반항적 성향으로 거칠게 표현이 되기도 한다. 하늘을 향해 우뚝 솟으려는 지향적 성격으로, 남 앞에 고개 숙이기를 싫어한다. 이로 인해 대인관계를 파국으로 치닫게 하는 상황을 만들기도 한다.

갑목의 기운이 강한 사람은 집안에서의 위치가 장남이나 혹은 장녀로 출생하는 경우가 많다. 설령 그런 위치가 아니라고 하더라도 집안과 관련한 크고 작은 일들을 직접 신경 써야 하기에 가정의 대표 역할을 도맡아 하는 경우가 많다.

앞서 말한 바와 같이 목의 기본적 성향은 바로 인정이라고 하였다. 그러므로 목의 기운이 부족한 사람은 정에 굶주린 사람이라고 판단할 수가 있는 것이다. 따라서 주위의 무관심으로 인해 감정의 기복이 극단적으로 나타날 수 있으며, 이는 곧 가정생활의 불화로 이어지게 되는 원흉으로 작용하게 된다.

2) 을목

을목은 갑목과 마찬가지로 나무에 해당하지만, 음의 기운을 지닌 음목이다. 갑목과 을목은 목의 기운에서 비롯되기 때문에 나무로서의 공통적 특징을 갖추고 있다. 하지만 이를 좀 더 세심하게 관찰하면 그 속에 또 다른 차이가 내재하고 있음을 알 수 있다. 그것은 바로 을목이 음의 목이자 '습목'4)이라는 점이다. 갑목은 스스로 양분을 갖추고 있는 양의 나무로 본다면 을목은 그 자체로 습하기 때문에 반드시 따스함을 필요로 하는 나무이다.

따뜻함을 필요로 한다는 말은 곧 양분을 갖춰야 한다는 의미로 해석할 수 있다. 습한 을목에 가장 필요한 양분은 결국 화가 된다. 따라서 을목 기반의 사주가 구성되었을 때는 반드시 화를 보아야 빛을 보는 사주가 되는 것이다. 나무의 특성상 기본적으로 인정이 많으며 온화하고 부드러운 성품을 지니고 있다. 양목인 갑목에 비해 을목은 부질없는 모험을 하지 않는다.

을목은 갑목의 뿌리나 넝쿨식물 혹은 꽃으로 비유되기도 한다. 을목은 단단한 땅속을 파고드는 강인한 생명력을 기반으로 자신의 삶을 영속하고 유지해 나간다. 따라서 대표적인 외유내강형의 기질을 갖춘 천간으로 구분한다. 어떠한 어려움이나 난관도 극복해 낼 수 있는 불굴의 의지와 정신력을 갖춘 대표적인 천간으로 손꼽힌다.

---

4) 습목 : 습한 나무.

3) 병화

병화는 불이며 양화의 기운을 지닌 오행이다. 일반적으로 태양에 비유되고 있으며 자연계에서 가장 강력한 힘을 가진 천간이 된다. 천지 만물을 공정하게 비추어 모자람이 없이 양분을 공급해 주기에 이타적 성향이 강하다. 천지를 밝게 비추는 성정은 곧 자신이 거짓이 없는 진실한 사람임을 뜻하는 의미로도 해석할 수가 있다.

빛은 어둠을 가리지 않는다고 하였다. 따라서 **병화**는 지위고하에 상관 없이 공평함의 시각을 갖춘 천간이다. 그러나 때론 앞뒤를 가리지 않고 바른 말을 하는 무모한 모습이 나타나기도 한다. 이로 인해 항시 구설수가 끊이지 않는다.

화의 긍정적 의미는 명랑과 총명, 그리고 진실함이다. 반면 부정적 의미로는 조급함을 의미한다. 덤벙거리는 성격으로 말실수의 가능성이 크고 자신이 벌여 놓은 일을 제대로 수습하지 못하는 실수를 자주 경험하게 된다. 또한 무엇이든 끄집어내고 캐내야 직성이 풀리는 성격으로 타인의 삶에 지나치게 간섭하는 경우가 많다.

화술로 표현되는 달변가의 기질은 타인에게 독특한 매력으로 작용한다. 하지만 이와는 반대로 비밀을 지키기 어려운 사람으로 비칠 수 있으니 항시 언행에 주의를 기울여야 한다.

4) 정화

병화가 태양을 상징하는 양의 천간이라면, 정화는 달을 상징하는 음의 천간이다. 일반적으로 규모가 작은 모닥불로 비유된다. 모닥불이라 하여 정화가 지닌 화기가 약하다는 것은 아니다. 예를 들어 제련소에서 쇠를 녹일 때 사용하는 용광로의 불이 바로 정화가 되기 때문이다.

음의 정화는 양의 기운인 병화와 같은 불이다. 하지만 의미적 측면으로 보았을 때 큰 차이를 보인다. 병화는 태양으로써 자연계의 기운을 상징하는 반면 정화는 인간이 사용하는 불로써 인간계의 기운을 상징하기 때문이다. 병화에 비해 그 기세가 다소 유약해 보일 수 있다고 판단할 수 있지만, 정화는 내적인 부분의 실리를 갖추고 있는 음의 천간으로 무에서 유를 창조하는 강한 집념과 근성을 갖추고 있다.

정화는 음화로써 실질적인 불에 해당한다. 따라서 사주에 정화가 놓이게 되면 실속을 차리는 데 집중하게 된다. 화의 기운은 직관력을 의미한다. 무언가를 밝히고 어필하는 언론계통 직업이 잘 어울리는 오행 중 하나이다.

5) 무토

무토는 흙의 기운과 중성자의 기질을 갖추고 있는 오행이다.

모든 오행의 중심점이자 계절을 잇는 역할을 담당하고 있다. 오행의 중심적 역할을 한다는 의미는 바꿔 말해 인자하고 신용이 있다는 의미로도 해석할 수 있다. 따라서 사주에 토의 기운을 갖추게 되면 이견이나 분쟁과 같은 소소한 문제가 발생하였을 경우 해결사로서 탁월한 재능을 보이게 된다.

무토는 산으로 비유된다. 산은 결코 움직임이 없다. 따라서 무토는 동적의 개념이 아닌 정적인 개념으로 상징된다. 체격이 큰 사람들이 많으며 대체로 행동이 느린 편이다. 그리고 보수적이며 고지식한 성품을 지니고 있다.

매사 일을 서두르는 병화와 달리 느긋하게 일을 관망하고 처리하는 습관이 있어 때론 주위 사람들로부터 답답하다는 평가를 듣는다.

6) 기토

무토를 산이라고 한다면 기토는 농작물을 기르는 전답에 비유된다. 기토는 음의 토로 양인 무토에 비해 세상을 바라보는 시야가 다소 좁은 편이다. 이는 무토의 기본적 성향에 비해 인자함의 크기가 작다는 의미로 해석할 수가 있다. 기토는 다른 천간들에 비해 예민한 것이 특징이다. 이러한 기토의 성정을 자연의 이치로 빗대어 살펴보면 다음과 같다.

무토와 달리 기토는 천재지변의 기후변화에 민감하게 대응하고 반응한다. 예나 지금이나 한 해 농사의 성패는 날씨와 깊은 연관이 있다. 이러한 성정이 바로 걱정과 근심이 끊이지 않는 성격으로 발현하게 된 것이다. 한마디로 **기토**의 성격은 예민하고 까칠하며 까다롭다.

토는 인내력과 지구력을 상징한다. **기토**는 밭을 가는 농부의 모습처럼 참을성이 많고 자신의 한계를 극복하려는 의지가 강하다. 이는 인내와 지구력을 요하는 곳에 토의 기운을 가진 사람들이 대거 자리하고 있다는 사실로 확인할 수 있다. 하다못해 취미생활로 꾸준히 운동하는 사람들의 사주를 분석해 보면 의외로 사주에 토의 기운을 지닌 경우가 많다.

7) 경금

경금은 양의 기운을 지닌 금의 오행이다. 금의 기운을 '숙살지기'5)라고 말하는데, 엄숙하면서 변화와 개혁을 추구하는 오행이기 때문이다. 금의 기운을 색으로 표현하면 흰색이다. 백의민족을 의미하는 흰색은 깊은 애환을 담고 있는 색이기도 하다. 따라서 사주에 금의 기운을 많이 놓게 되면 그만큼 삶의 애환도 함께 담기게 되는 법이다.

경금은 의리가 강한 것이 특징이며 대체로 성격이 급하고 화

---

5) 숙살지기 : 쌀쌀하고 매서운 기운 즉 가을이라는 계절을 숙살지기라고 한다.

를 잘 내는 편이다. 그리고 허영과 낭비 그리고 자만과 냉정함을 뜻하는 기운이 모두 **경금**에 담겨 있다. 대인관계에 있어서는 낯을 많이 가리는 편에 속한다. 몇몇 친한 사람 외에 그다지 많은 사람과 소통하지 않는다.

금의 기운은 곧 칼이나 도끼와 같은 흉기를 의미하기도 한다. 성격이 포악한 사람들의 특징은 금의 기운이 사주에 짙게 배어 있는 경우가 많다. 결국 좋은 것이든 나쁜 것이든 많아도 병, 적어도 병이 되는 것이다.

8) 신금

신금은 음의 기운을 지닌 금의 오행이다. 금속적 기운이 충만한 **경금**과 달리 사람의 외형을 치장하는 보석이나 장신구 등에 비유된다. 일반적으로 음의 천간은 양의 천간에 비해 겉모습이 연약하거나 유약해 보이는 것이 특징이다. 따라서 **신금**은 양금인 **경금**에 비해 온순하고 부드러운 성품을 지니고 있다. 숙살지기의 기운이 담긴 금의 오행일지라도 말이다.

신금이 비록 음의 천간이라고는 하나 속은 매우 곧으며 금의 일원이기에 확신이 들면 단호하고 냉철하게 처신하는 면모를 지니고 있다. 그리고 **신금**은 **갑목**과 **병화**와 더불어 대표적인 미인의 천간으로 분류된다.

금의 기운은 피부를 상징하는 오행이기도 하다. 사주에 **신금**

을 놓게 되는 경우 선천적으로 하얗고 뽀얀 피부를 타고난 사람이 많다. 이 때문에 주변에서 피부미인이라는 소리를 자주 듣게 된다. 금 기운의 특성상 항시 새로움과 변화를 추구하려는 성향이 강하다.

9) 임수

임수는 양의 기운을 지닌 수의 오행이다. 깊고 푸른 바다만큼이나 넓고 깊은 포용력을 상징하는 물은 그 끝을 알 수 없기에 인내심이라는 상징적 표현으로 비유되고 있다. 바다와 같이 넓고 깊은 마음을 가지고 있으며 일의 시작과 끝을 알리는 천간이다. 그 이유는 세상의 시작이 바로 물이라는 물질로 시작되었기 때문이며, 물을 통해 최종적인 정화작용이 이루어지기 때문이다.

바다와 같이 넓고 깊은 속을 가지고 있으나 그 속을 알아주는 이가 많지 않아 가슴속에 늘 말 못 할 고민을 담고 살아가는 이들이 많다. 깊이를 알 수 없는 물에 대한 두려움이 앞서 쉽게 접근하지 못하는 탓이다. **임수**는 색으로 검은색을 상징한다. 검은색은 곧 어둠을 뜻하는데, 이는 곧 고독을 의미하기도 한다. 따라서 사주가 중화를 잃고 한쪽으로 치우치게 되면 우울증과 같은 정신적 질환이 발생할 수 있으니 주의해야 한다.

비밀이 없는 **병화**와 달리 **임수**는 비밀이 많다. 말을 잘하지 않는 성격 탓에 타인으로 하여금 원망이나 오해를 부를 수도 있으니, 평소 적당한 대화를 나누는 것이 중요하다. 평소엔 지나치게 과묵하다가도 정작 화를 낼 때는 자신도 제어하지 못하는 상황이 발생할 수도 있으니 항시 주의해야 한다.

10) 계수

음의 기운을 가진 **계수**는 뛰어난 두뇌를 소유하고 있는 천간이다. 그러나 '태산이 높다 한들 하늘 아래 뫼'라고 하였듯이, 제아무리 뛰어난 능력을 보유하고 있는 **계수**일지라도 최고가 될 수 없는 한을 지닌 천간이다.

임수가 바닷물이라면 **계수**는 강물이나 혹은 시냇물과 같은 인간이 마시고 사용할 수 있는 모든 물을 의미한다. **계수**는 특성상 강한 인내력을 소유하고 있다. 비록 음의 기운으로 순종하는 여인의 모습을 띠고는 있으나, 실상 머릿속은 수많은 경우의 수를 놓고 항시 저울질하는 습성이 있다. 여인의 경우라 할지라도 남자 못지않은 불굴의 정신력을 소유하고 있어 남녀노소 누구나 함부로 대하기 쉽지 않다.

십천간 중에서 주의력과 관찰력이 뛰어난 천간이다. 주의력과 관찰력이 뛰어나다는 것은 예사롭지 않은 예지력을 겸비하고 있다는 말로 해석할 수 있다. 이러한 능력은 타인의 기분을 잘 살피고 어루만져 주는 상담직과도 연관성이 깊다.

2. 지지의 해석

1) 자수

자수는 십이지지 중 가장 첫 번째에 자리하는 지지이다. 수기이고 음양으로는 양이 되며 동물로는 쥐가 된다. 음력으로 11월이고 시간으로는 자정이다. 방위로는 정북이고 색은 흑색이며 인체로는 신장과 방광이다. 수리로는 1이 된다. 시간으로는 23시 30분 ~ 01시 30분이다.

십이지지의 첫 번째 글자로 매사 시작을 알리는 의미가 담겨 있다. 그러므로 사주에 **자수**를 놓은 사람은 대체로 일을 벌이는 습성이 있다. **자수**는 물로써 형이상학적으로 지혜를 상징한다. 따라서 지혜와 영리함을 모두 겸비한 사람으로 평가하게 된다.

2) 축토

축토는 십이지지 중 두 번째에 해당하는 지지로 토기이고 음양으로는 음이 되며 동물로는 소가 된다. 음력으로 12월이 되며 시간으로는 01시 30분 ~ 03시 30분이다. 방위로는 동북간방이고 색은 황색이며 인체로는 배와 위에 해당한다. 수리로는 10이 된다.

사주에 축토를 놓게 되면 마치 소와 같이 근면 성실함을 지닌 사람이지만, 평생에 액이 따르는 운명이라고 볼 수 있다. 축토는 글자의 형태로 보면 감옥을 의미하기 때문이다. 매사 구속이나 속박을 받는 일들이 평생에 걸쳐 빈번하게 발생할 수 있다.

3) 인목

인목은 십이지지 중 세 번째에 해당하는 지지로 목기이고 양이 되며 동물로는 호랑이가 된다. 음력 정월이 되며 시간으로는 03시 30분 ~ 05시 30분이다. 방위로는 동북간방이고 색은 녹색이며 인체로는 관절에 해당한다. 수리로는 3이 된다. 성격은 목의 특성상 인정이 많은 사람에 속한다.

호랑이는 용과 더불어 체구와 포부가 큰 동물에 속한다. 따라서 사주에 인목을 놓은 사람은 기본적으로 포부가 크고 인내력이 강한 사람으로 판단하게 된다. 하지만 집착이 강하고 중독성에 취약하다는 단점을 지니고 있다.

4) 묘목

묘목은 십이지지 중 네 번째에 해당하는 지지로 목기이고 음이 되며 동물로는 토끼가 된다. 음력 2월이 되고 시간으로는 05시 30분 ~ 07시 30분이다. 방위로는 정동이고 녹색이며, 인체로는 수족이고 수리로는 8이 된다.

성격은 까칠하고 의심이 많아 늘 주위에 대한 경계심을 품고 사는 사람이다. 현실적인 안목을 가지고 있어 꿈과 이상은 작은 편이다. 반대로 실속을 차리는 데는 묘목을 따를 사람이 없다. 대개 의약과 관련된 직업에 종사하는 경우가 많다.

5) 진토

진토는 십이지지 중 다섯 번째의 지지로 토기이고 양이 되며 동물로는 용이 된다. 음력 3월이 되며 시간으로는 07시 30분 ~ 09시 30분이다. 방위로는 동남간방이며 색은 황색이다. 인체로는 뇌에 해당하며 수리로는 5가 된다. 성격으로는 호랑이와 같이 포부가 큰 사람들이 많다.

용은 형언할 수 없는 신비스러움을 지닌 상상 속의 동물에 속한다. 그러나 사주의 중화를 잃는 경우 삶의 질이 극단적으로 치닫게 되어 역경과 고난의 늪에서 방황하게 된다. 오행 중 유일하게 모든 오행을 포용할 수 있는 동물로 인격이 훌륭한 사람이 많다.

6) 사화

사화는 십이지지 중 여섯 번째에 해당하는 지지로 화기이고 음이 되며 동물로는 뱀이 된다. 음력 4월이 되며 시간으로는 09시 30분 ~ 11시 30분이다. 방위로는 동남간방이며 색은 적색이고, 인체로는 치아에 해당한다. 수리로는 2가 된다.

용과 마찬가지로 중화를 잃게 되면 냉혹한 성정이 여실히 드러나는데, 마치 용이 되려다 실패한 이무기의 한에 견줄 만큼 변덕과 심술이 극에 이른다. 그리고 주위 사람을 힘들게 하거나 예상치 못한 곤경에 빠트리기도 한다. 일반적으로 사화의 특성을 가진 사람은 사리 분별력이 강하고 의리보다는 실질적인 이익을 선호하는 경향이 강하다.

7) 오화

오화는 십이지지 중 일곱 번째에 해당하는 지지로 화기이고 양이 되며 동물로는 말이 된다. 음력으로 5월이 되며 시간으로는 11시 30분 ~ 13시 30분이다. 방위로는 정남이고 색은 적색이며 인체로는 심장에 해당한다. 수리로는 7이 된다.

오화의 기운을 가진 사람은 토끼와 마찬가지로 매사 의심이 많고 고집이 매우 센 사람에 속한다. 그리고 평상시에도 화를 잘 내는 편이다. 멋을 추구하는 낭만파 기질을 지니고 있지만 성격이 조급하다.

8) 미토

미토는 십이지지 중 여덟 번째에 해당하는 지지로 토기이고 음이 되며 동물로는 양이 된다. 음력 6월이 되며 시간으로는 13시 30분 ~ 15시 30분이다. 방위로는 서남간방이 되고 색은 황색이며, 인체로는 림프관과 같은 지라[6]에 해당한다. 수리로는 10이 된다.

미토는 순한 양의 모습과는 달리 심술궂은 성향이 강하다. 중화를 잃으면 진실보다는 거짓이 많고 질투심이 심하다. 그리고 타인에 대한 정복력이 강하다. 따라서 구설수가 따를 수 있으니, 항시 자기관리에 힘써야 한다.

9) 신금

신금은 십이지지 중 아홉 번째에 해당하는 지지로 금기이고 양이 되며 동물로는 원숭이가 된다. 음력으로 7월이 되며 시간으로는 15시 30분 ~ 17시 30분이다. 방위로는 서남간방이 되고 색은 백색이며, 인체로는 기관지에 속한다. 수리로는 9가 된다. 평상시 잦은 화나 짜증을 내는 습관이 있다.

꿈과 이상이 뛰어나고 머리가 영리하며 다방면에 재주를 가

---

6) 지라 : 왼쪽 신장과 횡경막 사이에 자리하고 있는 내장 기관.

지고 있다. 그러나 이러한 재능이 오히려 제 발등을 제가 찍는 어이없는 상황으로 이어질 수 있으니 주의해야 한다.

10) 유금

　유금은 십이지지 중 열 번째에 해당하는 지지로 금기이고 음이 되며 동물로는 닭이 된다. 음력으로 7월이 되며 시간으로는 17시 30분 ~ 19시 30분이다. 방위로는 정서가 되고 색은 백색이며, 인체로는 폐에 속한다. 수리로는 4가 된다. 기본적으로 마음이 깨끗하고 청백한 성격을 지니고 있다.
　희생정신이 강하여 좋은 일을 많이 하지만 인덕이 부족하여 오히려 구설이 따르는 경우가 많다. 유금은 아름다움이 짙게 배어 있는 글자이다. 사주원국에서 녹방도화로 자리하는 경우 빼어난 미모와 깨끗한 피부미인으로 평가받게 된다.

11) 술토

　술토는 십이지지 중 열한 번째에 해당하는 지지로 토기이고 양이 되며 동물로는 개가 된다. 음력으로는 7월이 되며 시간으로는 19시 30분 ~ 21시 30분이다. 방위로는 서북간방이 되고 색은 황색이며, 인체로는 배나 폐에 속한다. 수리로는 5가 된다.
　개라는 동물은 청각과 후각이 발달한 동물이다. 숨겨진 물건을 찾는데 일가견이 있다. 그리고 사회 조직에서 일정한 권한과 책임을 부여하게 되면 임무 완수 능력이 매우 탁월하다. 한번 신뢰나 믿음을 주면 의리와 정을 쉽게 변치 않는 성정을 지니고 있다.

12) 해수

해수는 십이지지 중 열두 번째에 해당하는 지지로 수기이고 음이 되며 동물로는 돼지가 된다. 음력으로는 10월이 되며 시간으로는 21시 30분 ~ 23시 30분이다. 방위로는 서북간방이 되고 색은 흑색이며, 인체로는 머리와 뇌에 속한다. 수리로는 6이 된다.

일반적으로 돼지는 미련한 동물로 취급을 받고 있으나 사주에서는 오히려 지혜롭고 영리하며 인정이 많은 동물로 인식되고 있다. 그러므로 해수에 해당하는 사람들은 지혜롭고 총명하며 신앙심도 강하다. 무엇보다 해수의 가장 큰 장점은 식복을 타고났다는 점이다. 또한 예지력과 직관력이 뛰어나다.

3. 십이지지의 시간과 계절의 구분

〈 십이지지의 시간과 계절 및 성정 분류 〉

구 분 월	계절	동물	성정
1 월	봄	호랑이	근엄
2 월		토끼	의심
3 월		용	후중
4 월	여름	뱀	냉정
5 월		말	조급
6 월		양	집착
7 월	가을	원숭이	총명
8 월		닭	미모
9 월		개	충성
10 월	겨울	돼지	식복
11 월		쥐	영리
12 월		소	고집

　　지금까지 십이지지에 담겨 있는 형이상학적 의미와 그 특성을 함께 살펴보았다. 그 내용을 간략히 요약하면 위에 작성된 표와 같다. 본 내용을 잘 숙지하고 이해했다면 후에 전개될 사주 구성법을 학습하는 데 큰 어려움이 없을 것으로 사료된다.

제2편 사주구성법

제1장 사주의 구성

1. 사주의 구성

사주의 구성은 가장 먼저 띠를 의미하는 년주를 세우고 그다음 월주·일주·시주의 순으로 기둥을 세우면 된다. 과거 술사들은 사주를 세우기 위해 일반적으로 『만세력』이라는 책을 사용해 왔다. 하지만 오늘날과 같이 첨단화된 환경에서는 개인 스마트 폰에서 『만세력』 앱을 내려받아 손쉽게 사주를 세울 수 있다. 따라서 본인을 비롯해 타인의 사주를 살피는데, 큰 어려움은 없을 것이다.

년주는 출생 당시의 태어난 년을 의미하며, 월주는 출생 당시 태어난 월을 의미한다. 그리고 일주는 출생 당시의 태어난 날을 의미하며, 시주는 출생 당시의 태어난 시를 의미하는 것이다. 본 내용을 쉽게 정리하면 다음의 표와 같다.

〈 사주를 구성하는 방법 〉

구 분 음 양	시주	일주	월주	년주
천간은 양	천간	천간	천간	천간
지지는 음	지지	지지	지지	지지

1) 년주를 세우는 방법

 사주를 추명하기 위해 가장 먼저 해야 할 일은 바로 사주를 제대로 세우는 일일 것이다. 따라서 년·월·일·시 각 주에 사주를 세워 천간과 지지의 팔자가 가진 음양오행의 특성을 먼저 살피게 된다. 그리고 천간과 지지의 상호 관계를 파악하여 조화와 균형을 살피고, 그 내용을 바탕으로 과거와 현재 그리고 미래를 예측하게 된다. 그중 가장 첫 번째 단계가 사주의 시작을 알리는 년주를 세우는 것이다.

 년주를 세우기 위해서는 출생 당시 해당연도가 '육십갑자'[7] 중 어느 천간과 지지에 해당하는지를 가려서 표기하면 된다. 가령 2015년에 출생한 사람이라면 2015년은 을미년이니 년주의 천간은 '을'이 되고, 년주의 지지는 '미'가 되는 것이다.

 이처럼 큰 어려움 없이 누구나 손쉽게 년주를 세울 수 있을 것 같지만, 주의해야 할 점이 하나가 있다. 년주의 기입 방식은 반드시 새해 기준이 아닌 입춘절[8]을 기준으로 한다는 것이다. 다시 말해 정월 초하루가 되었다고 단순히 한 해가 바뀐 것이 아니라 절입일이 지나야지만 비로소 새해로 바뀌게 된다는 것이

---

[7] 육십갑자 : 십천간(갑, 을, 병, 정, 무, 기, 경, 신, 임, 계)과 십이지지(자, 축, 인, 묘, 진, 사, 오, 미, 신, 유, 술, 해)를 차례로 맞추어 만든 60개의 간지를 말하는 것으로 60년을 한 주기로 표시한다.
[8] 입춘절 : 한 해의 24절기 가운데 가장 첫 번째 절기로 이날부터 새해이자 봄의 시작이 된다.

다. 반대로 새해가 아직 지나지 않았지만, 입춘절이 12월에 절입을 하였다면 새로 시작하는 년도의 육십갑자를 적어야 하는 것이다.

예를 들어 음력 1987년 1월 2일에 출생한 사람은 비록 정묘년에 출생하였지만, 입춘절은 그 이후인 1월 7일로 아직 입춘절을 지나지 않았다. 따라서 바로 직전의 연도에 해당하는 병인년의 년주를 사용하게 되며, 이 경우 토끼띠가 아닌 호랑이띠로 표시해야 하는 것이다. 반대로 음력 2015년 12월 28일에 출생한 사람은 비록 을미년에 출생하였으나, 입춘이 이미 지나간 시점이기 때문에 새로 시작하는 병신년인 원숭이띠가 되는 것이다.

이처럼 입춘 절기를 기준으로 년주를 정하는 이유는 겨울이 지나 봄이 시작되는 시기로 양이 생동하고, 기후변화도 같아 해가 바뀌는 절입의 기준이 되기 때문이다. 그리고 절입 날짜만 보는 것이 아니라 절입 시간까지 정확히 판단하여야 한다는 점을 유의하길 바란다.

년주를 '궁성론'[9]에 근거하여 살펴보면 년주는 곧 조상의 궁위로써 조상궁에 해당한다. 이를 '근묘화실'[10]로 살펴보면 조상

---

[9] 궁성론 : 년·월·일·시의 각 기둥에 간지(천간과 지지)를 배치하여 각 주에 궁의 의미를 부여하는 것이다.

[10] 근묘화실 : 근묘화실은 년·월·일·시에 적용되는 것으로, 년은 뿌리가 되고, 월은 새싹과 줄기가 되며, 화는 꽃이 되고, 실은 열매가 된다. 이를 통해 한 인간의 생로병사를 예측하게 되는 것이다.

궁은 곧 '근'이라는 뿌리에 해당하여 자신의 유년시절을 의미하는 것이다.

2) 월주를 세우는 방법

월주는 출생한 당시 해당 년도의 월을 의미한다. 그러므로 출생한 해의 생월이 어느 월인지 찾아서 그 월의 간지를 세우면 된다. 월의 지지는 어느 해가 되었든지 간에 항상 고정되어 있다. 즉 정월은 인, 2월은 묘, 3월은 진, 4월은 사, 5월은 오, 6월은 미, 7월은 신, 8월은 유, 9월은 술, 10월은 해, 11월은 자, 12월은 축이 된다. 월은 고정되어 기록되지만 월의 천간은 해당 년도에 따라 변하게 되는데, 매년 변하는 월주의 천간은 그 방식이 있다. 이를 도표로 살펴보면 다음과 같다.

〈 월주 표기 방식 〉

구 분 \ 해당 월	시작 월
갑기년	병인두
을경년	무인두
병신년	경인두
정임년	임인두
무계년	갑인두

 월주를 세우는 데도 주의할 점이 하나 있다. 년주를 세웠던 방식과 마찬가지로 월주 역시 절입일을 기준으로 한다는 것이다. 가령 3월이면 3월의 기준이 3월 1일이 아니라 청명이 절입하는 시간부터가 바로 3월이 되는 것이다. 또한 절기 중 절만 사용하지 기는 사용하지 않는다.

〈 월주 분석표 〉

구 분 \ 년 도		갑기년	을경년	병신년	정임년	무계년
인월	입춘	병인	무인	경인	임인	갑인
묘월	경칩	정묘	기묘	신묘	계묘	을묘
진월	청명	무진	경진	임진	갑진	병진
사월	입하	기사	신사	계사	을사	정사
오월	망종	경오	임오	갑오	병오	무오
미월	소서	신미	계미	을미	정미	기미
신월	입추	임신	갑신	병신	무신	경신
유월	백로	계유	을유	정유	기유	신유
술월	한로	갑술	병술	무술	경술	임술
해월	입동	을해	정해	기해	신해	계해
자월	대설	병자	무자	경자	임자	갑자
축월	소한	정축	기축	신축	계축	을축

한편 절과 다음 절 사이의 기간은 대략 30일간이며, 절과 기 사이는 대략 15일간이다. 그러나 절과 절 사이가 30일을 넘기는 때도 있으니 절기 표기 방식을 이해하는데 착오 없기를 바란다. 다음의 표는 한 해의 12절을 양력으로 표기한 것이며, 일출과 일몰 시각을 각각 작성한 것이다.

⟨ 12절의 기간과 일출·일몰 시각 - 2024년 기준 ⟩

절 \ 시간	음 력	양 력	일 출	일 몰
입춘	정월 절	2월 4일 경	07:34	17:55
경칩	2월 절	3월 6일 경	07:01	18:28
청명	3월 절	4월 5일 경	06:12	18:58
입하	4월 절	5월 6일 경	05:31	19:27
망종	5월 절	6월 6일 경	05:11	19:51
소서	6월 절	7월 7일 경	05:18	19:56
입추	7월 절	8월 8일 경	05:42	19:33
백로	8월 절	9월 8일 경	06:09	18:49
한로	9월 절	10월 8일 경	06:34	18:05
입동	10월 절	11월 7일 경	07:03	17:28
대설	11월 절	12월 7일 경	07:34	17:13
소한	12월 절	1월 5일 경	07:47	17:27

3) 일주를 세우는 방법

일주는 년주나 월주처럼 일정한 방식이 있는 것은 아니다. 출생한 당일의 일진으로 일주가 정해지는데, 년이 바뀌든 달이 바뀌든 상관없이 당일의 일진으로 기록하면 된다. 가령 양력으로 2016년 1월 1일에 태어난 사람이라면 음력으로는 을미년 11월 22일생이 된다. 해당 월의 일진은 임오일로써 그대로 임오일주가 되는 것이다. 일주는 년주와 월주처럼 절입 시기를 따로 논하고 있지 않기 때문에 일주를 세우는 데 큰 어려움은 없다.

4) 시주를 세우는 방법

시주는 일주의 영향을 받게 되는데, 일주 없이는 시주를 세울 수 없기 때문이다. 출생 시간은 때와 장소를 가리지 않는다. 따라서 해외에 태어난 사람이라도 그 나라 기준의 시간을 정해 시주를 정하고 사주를 세우면 된다. 하루는 총 24시간이니 이를 십이지지로 변환하여서 사용하면 된다. 시주를 세우는 데는 앞서 밝힌 년주나 월주와 같은 방식이 있는데 이를 살펴보면 다음과 같다.

구 분	시 간	시작 시
	갑기 일	갑자시
	을경 일	병자시
	병신 일	무자시
	정임 일	경자시
	무계 일	임자시

 갑일이나 기일에 출생한 사람은 갑자시부터 시작하여 을축시, 병인시 순으로 순행한다. 을일이나 경일에 출생한 사람은 병자시를 시작으로 정축시, 무인시의 순으로 순행한다. 병일이나 신일에 출생한 사람은 무자시를 시작으로 기축시, 경인시 순으로 순행한다. 정일이나 임일에 출생한 사람은 경자시를 시작으로 신축시, 임인시의 순으로 순행한다. 마지막으로 무일이나 계일에 출생한 사람은 임자시를 시작으로 계축시, 갑인시의 순으로 순행하기 때문에 이 같은 방식을 활용하여 출생 시를 판단하면 된다.

< 시간에 따른 간지 구성표 >

시 간	일 간	갑기일	을경일	병신일	정임일	무계일
자시	23:30~01:30	갑자	병자	무자	경자	임자
축시	01:30~03:30	을축	정축	기축	신축	계축
인시	03:30~05:30	병인	무인	경인	임인	갑인
묘시	05:30~07:30	정묘	기묘	신묘	계묘	을묘
진시	07:30~09:30	무진	경진	임진	갑진	병진
사시	09:30~11:30	기사	신사	계사	을사	정사
오시	11:30~13:30	경오	임오	갑오	병오	무오
미시	13:30~15:30	신미	계미	을미	정미	기미
신시	15:30~17:30	임신	갑신	병신	무신	경신
유시	17:30~19:30	계유	을유	정유	기유	신유
술시	19:30~21:30	갑술	병술	무술	경술	임술
해시	21:30~23:30	을해	정해	기해	신해	계해

한편 우리나라는 동경 127°에 자리하고 있지만, 현재 일본의 표준시인 동경 135°를 표준시로 채택하고 있다. 이는 우리나라가 일본보다 서쪽에 자리한 까닭이다. 따라서 자시는 23시부터 새벽 01시까지이나 일본의 동경시를 기준으로 삼기 때문에 이 시간보다 30분 늦은 23시 30분부터 01시 30분이 자시가 된다. 이는 자시뿐만 아니라 모든 지지에 해당한다는 사실을 알아두길

바란다. 아울러 시주에 관한 설명 중 야자시와 조자시의 구분에 대한 문제를 접하게 된다.

〈 자시의 구분 〉

야자시	23:30~00:00 (자정 이전)
조자시	00:00~01:30 (자정 이후)
자 시	23:30~01:30 (통합)

　현재까지도 일각에서는 '야자시가 옳다'는 주장과 반대로 '조자시가 맞다'는 이견이 서로 팽배하게 맞서고 있다. 이러한 논란의 중심에서 어떠한 것을 채택할지는 수학자 본인들의 다양한 연구와 임상 경험을 통해 결론을 내리는 것이 바람직하지 않을까 생각한다. 이러한 논란은 앞으로도 지속될 것으로 보인다.

제2장 사주 구성의 실례

1. 사주 구성 예시

사주팔자란 네 개의 기둥과 여덟 개의 글자라는 뜻으로 선천적으로 타고난 인간의 운명을 의미하는 것이다. 인간이라면 누구나 태어난 시점에 년·월·일·시가 존재하게 되는데, 이때 천간과 지지의 조합이 이루어지며 하나의 커다란 고유성분을 갖추게 된다.

이를 각각 년주·월주·일주·시주라 말하며 운명을 지탱하는 네 개의 기둥이라 하여 사주라고 부른다. 또한 사주가 구성하고 있는 글자의 수가 모두 8개가 되어 팔자라고 부르는 것이다. 그리고 사주팔자는 양력이 아닌 음력으로 표기한다.
예) 2016년 3월 5일 미시생의 사주를 세우면 아래와 같다.

시주	일주	월주	년주		
己	癸	壬	丙	⟶	사 주
未	亥	辰	申	⟶	팔 자

예2) 1993년 12월 27일 낮 12시 생의 사주를 세워보면 아래와 같다. 비록 계유년 12월에 출생했으나 이미 입춘절이 지났기 때문에 갑술년의 1월인 병인 월을 사용한다.

시주	일주	월주	년주		
庚	甲	丙	甲	⟶	사 주
午	子	寅	戌	⟶	팔 자

1993년 12월은 입춘이 24일에 절입하기 때문에 이듬해인 갑술년 병인월로 사주를 세우게 되는 것이다.

2. 대운의 구성법

대운이란 한 인간이 세상에 태어나 죽음에 이르기까지 사주팔자에 다가오는 운의 적기를 말한다. 운은 크게 대운과 세운으로 구분하며 대운은 10년, 세운은 1년 단위로 구분하게 된다. 간혹 대운을 잘못 이해하여 10년 동안 큰 복이 드는 시기로 오해하는 사람들이 있는데, 이는 잘못된 해석으로 대운에 관한 의미를 정확히 이해하길 바란다. 대운은 크게 순행과 역행으로 구분한다.

 순행 :『만세력』의 순행 칸에 7이라는 숫자가 기록되어 있으면 7, 17, 27, 37, 47, 57, 67, 77, 87세를 기준으로 대운의 흐름이 10년마다 바뀜을 의미한다.
 역행 :『만세력』의 역행 칸에 5라는 숫자가 기록되어 있으면 5, 15, 25, 35, 45, 55, 65, 75, 85세를 기준으로 대운의 흐름이 10년마다 바뀜을 의미한다.

 한편 년주의 천간이 양에 해당하면 남자 사주의 대운은 순행을 하고, 여자 사주의 대운은 역행을 한다. 반대로 년주의 천간이 음이면 남자 사주의 대운은 역행을 하고, 여자 사주의 대운은 순행을 한다.
 이를 좀 더 쉽게 설명하면 양남음녀와 음남양녀의 법칙으로 설명할 수 있다. 즉 양남음녀는 순행을 하고, 음남양녀는 역행을 하게 된다는 것이다. 결론적으로 남자의 년주 천간이 양이고 여자의 년주 천간이 음이면 순행을 하고, 남자의 년주 천간이 음이고 여자의 년주 천간이 양이면 역행을 한다.

예) 다음의 사주를 남자라고 가정하여 대운을 살펴보면 다음과 같다.

대운의 흐름은 순행

시주	일주	월주	년주
丁	癸	丁	甲
巳	卯	卯	戌

66	56	46	36	26	16	6	대운
甲	癸	壬	辛	庚	己	戊	
戌	酉	申	未	午	巳	辰	

년주가 양의 천간인 갑목이기에 대운의 흐름은 순행이 된다. 월주 정묘를 기준으로 순행을 하게 되니 무진, 기사, 경오의 순으로 대운이 흐르게 되는 것이다.

예) 다음의 사주를 여자라고 가정하여 대운을 살펴보면 다음과 같다.

대운의 흐름은 순행

시주	일주	월주	년주
丁	癸	丁	甲
巳	卯	卯	戌

64	54	44	34	24	14	4	대운
庚	辛	壬	癸	甲	乙	丙	
申	酉	戌	亥	子	丑	寅	

위의 사주를 여자라고 가정하면 년주가 양의 천간인 갑목이기에 대운의 흐름은 역행이 된다. 월주 정묘를 기준으로 역행을 하게 되니 병인, 을축, 갑자의 순으로 대운이 흐르게 되는 것이다.

참고로 대운수를 정하는 방법은 절기일을 기준으로 판단하게 된다. 즉 대운의 순행은 생일을 기준으로 다가올 절입 전일까지 날짜 기간을 계산하여 계산한 날짜 수에 3을 나눠 그 몫을 대운수로 정하는 것이다. 반대로 역행은 생일을 기준으로 지난 절입일로부터 날짜 계산을 하여 계산한 날짜 수에 3을 나눠 그 몫을 대운수로 정하는 것이다.

그러나 절입일을 계산할 때 몫이 정확히 맞아떨어지지 않는 때가 있다. 가령 몫이 정해졌는데 나머지가 남게 되는 경우이다. 이럴 때는 다음과 같이 대운수를 정하게 된다. 예를 들어 나머지가 1이 되는 경우 몫의 숫자로만 대운을 정하면 되고, 나머지가 2가 되는 경우 몫의 숫자에서 1을 더한 값을 대운수로 정하면 되는 것이다.

가령 대운이 순행일 때 13일에 출생한 사람의 절입일이 25일이라고 가정한다면, 출생일에서 절입일까지의 날짜 기간은 12일이다. 12라는 숫자에 나누기 3을 하면 몫은 4가 된다. 따라서 이 사람의 대운수는 4가 되고 4, 14, 24, 34, 44, 54, 64의 순으로 대운수가 정해지는 것이다.

또한 절입일까지 날짜 기간이 17일간이라면 17을 3으로 나누면 되는데, 이 경우 몫이 5가 되고 나머지는 2가 된다. 나머지가 2가 되는 경우 몫의 숫자에 1을 더하라고 하였으니, 대운수는 몫의 5에서 1을 더한 6이 되며 6, 16, 26, 36, 46, 56, 66의 순으로 대운수가 정해지는 것이다.

추가적으로 절입일이 13일인 경우에는 13을 3으로 나누면 몫이 4가 되며 나머지는 1이 된다. 나머지가 1이 되는 경우 몫의 숫자로만 대운을 정하라고 하였으니, 이때의 대운수는 4가 되는 것이다.

제3장 오행의 상생과 상극

각각의 오행을 살펴보면 나를 생하는 오행이 있고, 나를 극하는 오행이 있다. 반대로 내가 생하는 오행이 있는 반면 내가 극하는 오행도 있다. 결국 내가 생하거나 나를 생해주는 모든 이치를 가리켜 '생'이라고 하는 것이고, 내가 극하거나 나를 극하는 모든 이치를 가리켜 '극'이라고 하는 것이다. 그리고 이 모든 이치를 가리켜 오행의 상생과 상극이라고 말한다.

오행의 상생 원리를 잘 이해하고 파악해야만 역동적인 운의 변화와 흐름을 제대로 감지할 수가 있다. 그러므로 수학자들은 이 점을 유념하여 상생과 상극에 담긴 음양의 이치를 잘 헤아리길 바란다.

1. 오행의 상생

상생은 말 그대로 서로가 생을 해주는 관계를 말한다. 자손을 낳고 자손을 도우며 자손을 위해 희생과 봉사를 하게 되는 의미가 담겨 있는 것이다. 때로는 주기도 하고 때로는 받기도 하며 그것을 통해 나에게 필요한 무언가를 얻어 낼 수도 있다. 이 모든 과정을 가리켜 생하는 관계라고 표현한다.

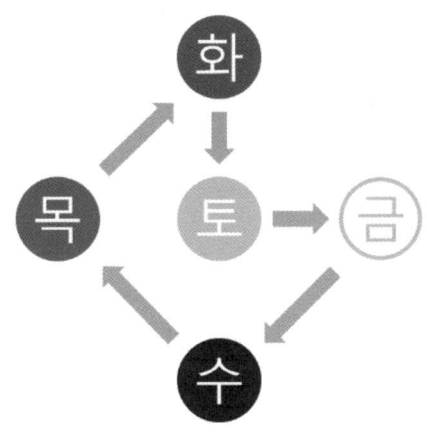
오행의 상생

 생의 이치를 그림으로 나타내면 위와 같다. 상생은 크게 두 가지로 나누어 구분할 수가 있다. '유정지생'[11])과 '무정지생'[12]) 이 그것이다. 상생이라 하여 무조건 좋은 것으로만 판단해서는 안 된다. 상생하여 길한 작용을 일으키기도 하지만, 필요치 않은 상생으로 길이 반감이 되는 예도 많기 때문이다. 이러한 관점에서 길한 작용의 상생은 유정지생이 되는 것이다. 반대로 필요치 않은 상생으로 오히려 흉이 되는 경우 무정지생이 되는 것이다.

 상생의 관계를 계절적 측면으로 분석하면 다음과 같다. 봄이 지나 여름이 오고 여름이 지나 가을이 오며, 가을이 지나 겨울

---

11) 유정지생 : 필요한 생의 관계를 뜻하며, 긍정적인 의미를 담고 있다.
12) 무정지생 : 필요치 않은 생의 관계를 뜻하며, 부정적인 의미를 담고 있다.

이 오는 이치와 같다. 겨울의 끝은 다시 봄으로 회귀하게 되는데 이러한 자연의 이치는 곧 상생의 기본적인 원칙과 개념이 되고 있다. 오행의 상생 원칙과 개념을 좀 더 쉽게 설명하면 다음과 같다.

목은 화를 생하지만, 화는 그 은혜에 대한 보답으로 목을 보호하는 임무를 수행한다. 목의 생을 받는 화는 화극금으로 금을 극하여 목이 금으로부터 극을 받지 않도록 보호하는 것이다. 화는 토를 생하지만, 토는 그 은혜에 대한 보답으로 화를 보호하는 임무를 수행한다. 화에 생을 받는 토는 토극수로 물을 극하여 화가 수로부터 극을 받지 않도록 보호하는 것이다.

토는 금을 생하지만 금은 그 은혜에 대한 보답으로 토를 보호하는 임무를 수행한다. 즉 토의 생을 받는 금은 금극목으로 목을 극하여 토가 목으로부터 극을 받지 않도록 보호하는 것이다. 금은 수를 생하지만 수는 그 은혜에 대한 보답으로 금을 보호하는 임무를 수행한다. 금에 의해 생을 받는 수는 수극화로 화를 극하여 금이 화로부터 극을 받지 않도록 보호하고 있다. 수는 목을 생하지만, 목은 그 은혜에 대한 보답으로 수를 보호하는 임무를 수행한다. 수에 의해 생을 받는 목은 목극토로 토를 극하여 수가 토로부터 극을 받지 않도록 보호하는 것이다.

여기서 한 가지 기억해야 할 점이 있다. 생이라는 의미를 무조건 희생과 봉사의 주인공으로 착각해서는 안 된다는 것이다. 언뜻 보면 생을 하는 자신은 늘 남을 돕고 희생하고 있는 것으로만 착각할 수 있다. 그러나 남을 돕는다는 것 자체는 곧 자기 자신을 위하는 길임을 깨달아야 한다는 사실이다. 즉 상생은 곧 공생이라는 의미로 해석해야 한다는 것이다.

목생화라 하여 단순히 목이 화를 생하는 것으로만 생각할 수 있으나, 반대로 화생목도 될 수 있다는 것이다. 물론 목생화라는 오행의 기본 원칙은 지극히 당연한 이치이다. 하지만 여름에 나무가 자라나는 상황을 생각한다면 화생목의 이치를 쉽게 이해할 수가 있는 것이다. 화생토는 화가 토를 생하는 것이지만, 토생화로써 화의 열기가 식지 않게 감싸주는 역할을 하고 있는 것이다. 토생금은 토가 금을 생하는 것이지만, 금생토로서 기름진 토양을 만들어 풍부한 농산물을 생산할 수 있도록 돕고 있는 것이다. 금생수는 금이 수를 생하는 것이지만, 수생금으로 금의 기운이 더욱 빛날 수 있도록 돕고 있는 것이다. 수생목 수가 목을 생하는 것이지만, 목생수로써 목이 수를 흡수하여 수의 범람을 막아주는 역할을 하고 있는 것이다.

자손을 낳고 기르는 데는 부모의 희생과 사랑, 그리고 사회적 책임이 뒤따르게 된다. 하지만 그 자손이 성장하여 부모의 은혜를 잊지 않고 부모를 봉양하는 것 자체가 상생의 근본적 이치가 되는 것이다. 이는 곧 공생관계의 핵심 기반이 되는 것이다.

2. 오행의 상극

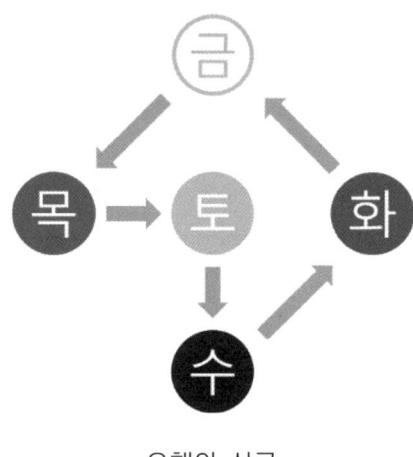

오행의 상극

상극은 말 그대로 서로가 극하는 관계를 말한다. 서로가 밀어내고 이기려고 하며 소유하고 정복하려는 의미를 담고 있다. 극의 관계 또한 내가 극하고 나를 극하는 구조로 구성되어 있다. 상극의 이치는 위의 그림에서 보는 바와 같다.

상극 역시 상생과 마찬가지로 '유정지극'[13]과 '무정지극'[14]으로 구분한다. 상생이라고 하여 무조건 좋은 것만이 아니듯 상극이라 하여 무조건 나쁜 것만도 아니다. 오행이 서로 상극하여 흉한 작용을 일으키기도 하지만 상극을 통해 길함이 유지되어

---

13) 유정지극 : 필요한 극의 관계를 뜻하며, 긍정적인 의미를 담고 있다.
14) 무정지극 : 필요치 않은 극의 관계를 뜻하며, 부정적인 의미를 담고 있다.

운이 트이게 되는 경우도 있기 때문이다.

  길한 상극을 유정지극이라고 하고 흉한 상극을 무정지극이라고 한다. 결과적으로 상생의 관계를 부모와 자식의 관계로 판단한다면 상극은 부부의 관계로 판단할 수 있다. 따라서 상생의 관계를 '천륜'15)이라 하는 것이고, 상극의 관계를 '인륜'16)이라고 하는 것이다. 상극의 관계를 좀 더 쉽게 설명하면 다음과 같다.

  금극목은 금이 목을 이긴다는 뜻이다. 금이 목을 이긴다는 말은 도끼로 나무를 자를 수 있기 때문이다. 목극토는 목이 토를 극하여 이긴다는 뜻이다. 목이 토를 이긴다는 것은 나무의 뿌리가 땅속 깊이 파고들어 토를 갈라놓기 때문이다. 토극수는 토가 수를 극하여 이긴다는 뜻이다. 즉 토를 높게 쌓아 수의 물길을 막아 버리기 때문이다. 수극화는 수가 화를 이긴다는 뜻이다. 아무리 큰 화마가 발생하더라도 물로써 화마를 제압할 수 있기 때문이다. 화극금은 화가 금을 녹여 이긴다는 뜻이다. 화가 가진 뜨거운 열기로 금을 녹이게 되니, 금을 제압할 수가 있는 것이다. 하지만 상극한다고 하여 무조건 나쁘다고만 할 수 없다. 그 이유는 다음과 같다.

  금극목은 나무를 극하여 자른다고는 하지만 만일 금의 기운으로 목을 극하지 않으면, 인간이 사용하는 가구나 종이 따위를

---

15) 부모와 자식, 그리고 혈육사이에 마땅히 지켜야 할 도리를 말한다.
16) 부부나 친구, 그리고 사제사이에 마땅히 지켜야 할 도리를 말한다.

얻지 못하게 된다. 목극토는 목이 토를 극하여 토를 갈라놓는다고 하지만 목의 뿌리는 오히려 흙을 더 견고하게 만들어 주는 역할을 하게 된다. 토극수는 토가 수를 극하여 물길을 막는다고는 하지만, 물을 저장할 수 있는 댐을 만들어 가뭄을 이겨낼 수 있는 효과적인 방법을 제시한다. 수극화는 수가 화를 극하여 화의 열기를 제압한다고는 하지만, 가뭄에 단비가 되어 마른 땅을 적셔주니 중요한 환경을 조성해 준다. 화극금은 화가 금을 녹인다고는 하지만 화로 금을 녹여 용기와 그릇을 만들어 낸다. 결론적으로 상극 역시 상생과 더불어 공생의 틀 안에 함께 있는 것이다. 이를 인간의 관계로 해석하면 다음과 같다.

인간은 상생을 통해 부모로부터 태어나 자라고 성장하며 사회생활을 시작한다. 그리고 상극을 통해 결혼하고 상생을 통해 자식을 낳게 된다. 그리고 그 자식은 상극을 통해 또다시 부부의 연을 맺게 되는 순환의 과정을 반복한다. 이것을 가리켜 공생이라고 하는 것이다.

우주 만물은 공생의 틀 안에서 끊임없이 지속되는 순환과 반복의 과정을 통해 하나의 완벽한 개체로 거듭나게 된다. 이러한 천지자연의 이치를 바탕으로 인간으로서의 가치와 삶을 영위해 나가는 것이다. 결국 생이라 하여 무조건 길한 것도 아니며, 극이라 하여 무조건 흉한 것도 아니라는 것을 기억하길 바란다.

3. 오행의 변화와 응용

1) 상생과 상극의 변화

　상생과 상극의 변화와 응용은 사주명리학을 공부하는 과정에 있어 매우 중요한 부분이다. 그 이유는 다음 과정에서 학습하게 될 육친 관계의 기본바탕이 되고 있기 때문이다. 따라서 오행의 상생과 상극의 변화를 반드시 숙지하고 이해하길 바란다.

　앞서 설명하였듯이 상생과 상극은 내가 생하고 나를 생하고, 또한 내가 극하고 나를 극하는 관계를 말하는 것이다. 그리고 이는 곧 공생관계가 된다고 하였다. 이처럼 공생관계를 육친의 관점으로 살펴보면 다음과 같다.

　나를 생하는 자(생아자)는 곧 어머니가 되어 이를 인성이라고 한다. 내가 생하는 자(아생자)는 곧 자손이 되어 식상이라고 한다. 내가 극하는 자(아극자)는 곧 재물이 되니 재성이라고 한다. 나를 극하는 자(극아자)는 곧 법률이 되니 관성이라고 한다. 나를 생하지도 혹은 극하지도 않는 자를 가리켜 비겁(비아자)이라고 한다.

　여기서 생아자인 인성은 시작과 도장을 의미한다. 도장은 인간사에 있어 문서의 효력을 발생시키는 시작점이 되기 때문에 예부터 중요하고 소중하게 다루어 왔다. 그리고 인성은 나의 삶이 시작될 수 있도록 만들어 준 부모님의 모습과 같다. 따라서 인성을 곧 부모님이라고 하는 것이다.

아생자인 식·상은 식신과 상관의 줄임말이다. 내가 생하는 관계가 되므로 자손을 의미한다. 그리고 각종 먹을거리나 풍족한 의·식·주 등을 의미한다. 한편 상관은 정관을 극하고 상하게 하므로 다소 부정적인 의미를 담고 있다.

아극자인 재성은 내가 극하여 다스리는 것으로 처와 재물을 의미한다. 극아자인 관성은 법률과 관청을 의미한다. 관청에서 제정하는 법률에 따라 내가 다스림을 받게 되니 다른 말로 살이라는 표현을 쓰기도 한다. 생하는 관계가 아니며 극하는 관계도 아닌 비아자는 비겁이 된다. 비겁은 비견과 겁재를 모두 아울러 부르는 말이다. 어깨를 나란히 하여 서로 '견준다'라는 뜻의 친구나 동료, 혹은 형제를 의미한다. 때론 나에게 힘이 되어주기도 하지만, 뺏고 뺏기는 경쟁자로서의 의미를 동시에 지닌 육친이기도 하다. 지금까지 설명한 상생과 상극의 관계를 표로 요약하면 다음과 같다.

〈 오행의 상생·상극에 따른 구조적 관계 〉

관계 \ 구분	오행의 구조적 관계	육친의 관계
상 생	생아자	인성
	아생자	식·상관
상 극	아극자	재성
	극아자	관성
상생 상극 없음	비아자	비견
		겁재

2) 상생과 상극의 응용

사주는 년·월·일·시 4개의 기둥으로 구성되어 있다. 년은 태어난 해를 의미하고, 월은 태어난 달, 일은 태어난 날, 시는 태어난 시간을 의미한다. 각각의 년·월·일·시에 '기둥 주' 자를 붙여 이를 년주·월주·일주·시주로 구분한다. 그리고 사주의 주인공이자 본신에 해당하는 일간을 각 주에 대입하여 운명을 추명하게 된다.

〈 사주 구성과 육친의 위치 〉

시 주	일 주	월 주	년 주
천 간	천 간	천 간	천 간
지 지	지 지	지 지	지 지
자 손	나 (일간)	부모·형제	조 상

상생·상극을 응용함에 있어 주의해야 할 점이 있다. 그것은 바로 상생·상극의 범위 안에서만 사주를 해석해야 한다는 것이다. 바꿔 말해 이러한 추명 방식을 사주 해석의 전부라고 생각하면 안 된다는 것이다. 즉 상생·상극의 응용은 사주를 해석하는 다양한 방법 중 하나일 뿐이라는 점을 반드시 기억하길 바란다. 그럼, 상생·상극을 통해 사주를 해석하는 방법을 알아보도록 하겠다.

년주는 선조의 자리이며 나보다 연배가 높은 윗사람의 자리이다. 따라서 년주가 일간인 나를 생하는 관계가 되면 윗사람과의 관계가 돈독하거나 도움을 받을 수 있다. 일간이 년주를 생하게 되면 나는 겸손하고 윗사람을 공경할 줄 알며 선조봉례에 정성을 쏟는 사람이다. 반면 년주가 일간을 극하게 되면, 엄격하고 까다로운 집안의 출생자임을 알 수가 있는 것이다. 일간이 년주를 극하게 되면 윗사람에 대한 공경심이 없거나 무례하고, 조직에서는 하극상을 일으키며 선조봉례에도 무심한 사람이다.

월주는 부모·형제의 자리이며 년주와 마찬가지로 윗사람의 자리이다. 일간이 월주로부터 생을 받으면 부모·형제가 화목하고 덕이 많은 사람이다. 일간이 월주를 생하면 예의가 바르고 부모에게 효도하며 형제에게 도움을 주는 사람이다. 반대로 일간이 월주로부터 극을 받으면 부모·형제의 덕이 없고, 집안의 엄격한 교육 탓에 반항심을 가진 사람이라고 할 수 있다. 혹 중화를 잃게 되는 경우 가정학대로 인한 깊은 상처가 있을 수 있다. 하지만 중화가 잘 이루어진 경우 교육을 잘 받은 사람이라고 판단할 수 있다. 일간이 월주를 극하면 하극상을 일으키고 부모에게 불효하며 예의가 없는 사람이다. 다만, 사주의 구성을 잘 이룬 경우라면 뛰어난 지도력으로 만인을 이끄는 사람이라고 볼 수 있다.

일주와 일간은 항시 같은 자리에 있으므로 일간과 일지의 상생 관계를 살피면 된다. 일지는 배우자의 자리로써 일지로부터 생을 받게 되면, 배우자의 덕이 있고 배우자의 극진한 내조를 받는 사람이 된다. 일간이 일지를 생하면 이는 배우자를 아끼고 사랑하는 모습이 된다. 일간이 일지로부터 극을 받으면 배우자로 인한 근심 걱정이 떠날 날이 없겠으며, 심하면 배우자로부터 배신을 당하는 등 다양한 갈등과 사건·사고가 발생하게 된다. 일간이 일지를 극하면 남자의 경우 가부장적인 모습이 되고, 여자의 경우 가모장적인 모습을 띠게 된다.

시주는 나의 자손이자 아랫사람을 의미한다. 따라서 일간이 시주로부터 생을 받으면, 아랫사람의 덕이 있거나 효도하는 자손을 두는 등 자손의 덕이 있다. 반대로 일간이 시주를 생하면 남다른 자식 사랑을 가진 사람이라고 볼 수 있으며, 아랫사람이나 부하직원을 잘 챙기는 사람이다. 일간이 시주로부터 극을 받으면 자손의 덕이 없고 아랫사람으로부터 하극상을 당하게 된다. 반대로 일간이 시주를 극하면 그의 자손과 아랫사람에게 엄격한 사람이다. 만약 사주의 중화를 잃는 경우 아랫사람을 이유없이 질책하고 괴롭히는 사람이 된다. 지금까지 살펴본 상생과 상극의 원리를 바탕으로 다음의 두 예시 사주를 살펴보기로 하겠다.

예1) 경오년 인월에 출생한 병화일간

시주	일주	월주	년주
庚	丙	戊	庚
寅	午	寅	午

일간병화가 년주천간의 경금을 극하고 있어 선조봉례에 무심한 사람이다. 년주의 지지오화는 겁재로 조부모와 인연이 좋지 못하다. 하지만 일간병화는 월주천간의 무토를 생하고 있고, 월주의 지지인목은 일간병화를 생하고 있어 부모·형제와의 관계는 화목하다. 일간병화는 시주천간의 경금을 극하고 있어 아랫사람에게 엄격하지만, 시주의 지지인목은 일간병화를 생하고 있어 아랫사람의 덕이 있는 사람이다.

예2) 기사년 진월에 출생한 정화일간

시주	일주	월주	년주
甲	丁	戊	己
辰	酉	辰	巳

　일간정화가 년주천간의 기토를 생하고 있어 선조봉례에 진심인 사람이다. 년주지지의 사화와는 겁재로 조부모와의 인연은 다소 냉랭하다. 그러나 일간정화가 월주천간의 무토와 월주의 지지진토를 생하고 있어 부모에게 효도하며 형제와도 우애가 깊다. 일간정화는 일지유금을 극하고 있어 가부장적인 사람이다. 시주천간의 갑목이 일간정화를 생하고 있고, 일간정화 역시 시지진토를 생하고 있어 아랫사람에게 너그러우며 동시에 아랫사람의 덕도 있는 사람이다.

제4장 지지 암장법

1. 지지 암장

천간은 양으로 밝으니 명이라 하고, 지지는 음으로 어두우니 암이라 한다. 천간은 오행이 겉으로 드러나 있으나 지지의 경우 그 기운을 감추고 있다. 이것을 '암장'17)이라고 한다. 천간은 양이니 곧 남자를 의미하고, 지지는 음으로 곧 여자를 의미한다. 모두가 알다시피 남자는 여자처럼 아이를 잉태하고 출산할 수가 없다. 따라서 천간은 지지처럼 암장을 가지지 못한다. 그렇다면 지지는 대체 무엇을 감추고 있는 것인가?

십이지지는 암장천간이라 하여 지지 별로 다양한 천간을 숨기고 있다. 우리가 알고 있는 십이지지는 형·충·파·해를 찾아내는 해석의 용도로 '체'18)라는 외형적 모습을 띠고 있다. 이에 반해 십이지지의 지장간19)은 '용'20)으로 음과 양뿐만 아니라 강·

---

17) 암장 : 은폐하고 숨긴다는 의미로 사주명리학에서는 십이지지가 천간을 숨기고 있는 것을 말한다.
18) 체 : 형이상학적 본질 혹은 물질의 본체이면서 그것을 구성하는 가장 근원적인 요소를 말하는 것이다.
19) 지장간 : 십이지지가 품고 있는 천간을 말한다.
20) 용 : 체와 반대 혹은 대립의 개념으로 형이하학적 현상이나 작용 혹은 응용과 쓰

약·조·습을 통해 십이지지가 지닌 음양오행의 모호한 형이상학적 경계를 구분하게 된다. 체와 용을 좀 더 쉽게 설명하기 위해 사람이 주거하는 집을 예시로 삼아 설명하면 다음과 같다.

집은 그 본체가 사람이 주거하고 쉬기 위한 공간이다. 애초에 집이라는 건물의 원래 목적이면서 집의 본질이 되는 것이다. 이것을 체라고 한다. 반면 집을 이용해 재산 증식을 위한 재테크 등의 투자 목적으로 활용한다면 이는 용이 되는 것이다. 사주에서는 천간을 체로, 지지를 용으로 구분한다. 용으로 구분된 지지를 다시 한번 체와 용으로 구분하면, 지지 자체의 모습인 체와 지지의 지장간인 용으로 또다시 구분할 수가 있다.

지장간으로 불리는 암장은 밝혀지지 않거나 외부로 드러나지 않은 복잡하고 다사한 일들에 관한 비밀스러운 부분을 밝히는데 주로 활용되고 있다.

암장이라 하여 사주에 드러난 천간보다 그 기운이 약하거나 혹은 작용력이 떨어진다고 생각해서는 안 된다. 암장된 관성이 오히려 사주에 드러나 있는 관성보다 더욱 빛을 내거나 발현하는 예도 있기 때문이다. 다음의 표는 십이지지가 지장간에 숨기고 있는 암장을 표로 나타낸 것이다. 이는 사주를 추명하는데, 중요하게 활용되고 있으니 반드시 암기하기를 바란다.

임을 말하는 것이다.

〈 십이지지의 지장간 〉

지지	자	축	인	묘	진	사	오	미	신	유	술	해
장간	계	계신기	병갑	을	을계무	무경병	기정	정을기	임경	신	신정무	갑임

위에서 보는 바와 같이 각각의 십이지지는 지장간에 암장된 천간을 숨기고 있다. 지장간에 숨겨진 천간에 의해 십이지지는 체의 모습만이 아닌 용으로써의 모습도 갖추게 되는 것이다. 같은 오행이라 할지라도 지지가 품고 있는 암장의 모습이 각기 다르다. 따라서 사주에 미치는 영향 또한 다양하게 드러나고 있다는 점을 명심하길 바란다. 그러면 각각의 지지들은 어떠한 지장간을 품고 있으며, 그것에 의해 나타나는 현상은 어떠한 것이 있는지 간략히 살펴보도록 하겠다.

1) 자수

자수는 본기로 하는 음의 계수가 있어 적은 물이며, 천수, 우로수, 유수가 된다. 음의 수로 약한 물이 되고, 계절로는 11월의 물이라 한랭지수가 된다. 수극화는 잘하지만, 수생목은 어렵다.

2) 축토

축토는 본기로 하는 음의 기토가 있어 작은 흙이 되거나 엷은 흙이 되며, 지장간에 계수를 품고 있어 축축한 흙이 된다. 계절로는 한겨울이라 12월의 동토가 되고 지장간에 신금도 담겨 있어 철분이 많은 흙이 된다. 얼어있는 땅이 되니 쓸모 있는 땅의 구실을 하기에는 어려움이 많다. 토생금은 잘하지만, 토극수는 어렵다.

3) 인목

인목은 본기로 하는 양의 갑목이 있어 용마루나 대들보가 되는 동량지목이 된다. 계절로는 봄이지만 1월의 나무라 아직 이른 봄의 시기이니 사람으로 비유하면 아직 어린아이와 같은 미완의 모습을 하고 있다. 지장간에 병화를 담고 있어 조열한 나무 즉 조목이 되며 목생화를 매우 잘한다.

4) 묘목

묘목은 본기로 하는 을목이 있다. 을목은 음의 나무라 화초이자 작은 풀나무로 불린다. 계절로는 봄이며 2월의 나무라 수기를 머금고 있는 습목이 된다. 따라서 목생화는 어려우나 대신 목극토는 잘한다. 습목이자 바람을 의미하기 때문에, 분란과 분쟁을 의미하는 풍파로 해석된다. 목생화는 어렵고 목극토는 잘한다.

5) 진토

진토는 본기로 하는 무토가 있어 양토가 되며, 지장간에 계수가 담겨 있어 습토가 된다. 계절로는 봄이고 3월이다. 3월은 농사를 지을 수 있는 시기로 기름진 땅의 기운을 가지고 있다. 토생금은 잘하지만, 토극수는 어렵다.

6) 사화

사화는 본기로 하는 병화가 있어 태양에 비유된다. 강렬한 열을 품고 있어 강렬지화가 된다. 계절로는 초여름인 4월이며 사화의 지장간에 경금이 있어 쇠를 녹이기는 어렵다. 즉 화극금은 어렵고 화생토는 잘한다.

7) 오화

오화는 본기로 하는 음의 **정화**가 있어 음화가 된다. 작은 불을 의미하는 등촉지화로 표현한다. 계절로는 여름의 5월이며 변화에 잘 대응하고 처세술이 좋다. 연약한 듯하지만, 그 속에는 불굴의 의지와 강인함을 지니고 있다. 비록 작은 불이라 하나 열정은 강하니 멍석을 깔아주면 예상보다 큰 결과를 만들어 내기도 한다. 화생토와 화극금을 모두 잘한다.

8) 미토

미토는 본기로 하는 음의 **기토**가 있어 음토가 된다. 하지만 지장간에 **정화**를 담고 있어 메마른 흙인 조토가 된다. 계절로는 한여름인 6월이 되어 1년 중 가장 더운 삼복의 월에 속한다. 이러한 계절적 요인으로 인해 비록 음의 토라 하여도 왕성한 토가 되는 것이다. 토생금은 어렵고 토극수는 잘한다.

9) 신금

신금은 본기로 하는 **경금**이 있어 완고한 금이 된다. 따라서 완금장철의 무쇠로 해석된다. 계절로는 초가을이며, 7월이고 밤으로 이어지는 시간대에 해당한다. 지장간의 중기에는 **임수**까지 담겨 있어 금생수를 잘하며 금극목 역시 잘한다.

10) 유금

유금은 본기로 하는 신금인 음의 금이 있어 비철금속으로 해석된다. 또한 금이나 은 혹은 옥을 의미하기도 한다. 일반적으로 보석에 비유되며 계절로는 가을이다. 8월의 청명한 하늘로 깨끗함과 아름다움을 상징한다. 지장간에 담겨 있는 신금의 역할로 금생수는 잘하지만, 금극목은 어렵다.

11) 술토

술토는 본기로 하는 무토가 있어 왕성한 토가 된다. 지장간에 정화를 품고 있어 제방을 쌓을 수 있는 조토가 된다. 계절로는 늦가을이며 9월에 해당한다. 토극수는 잘하지만, 토생금은 어렵다.

12) 해수

해수는 본기로 하는 임수가 있어 양수가 된다. 커다란 호수와 바닷물을 상징한다. 해수의 지장간에는 갑목이 담겨 있어 따뜻한 물이 된다. 해수를 따뜻한 물로 분류하는 이유는 갑목이 품고 있는 따스한 기운 때문이다. 계절로는 초겨울인 10월이며, 수생목과 수극화를 잘한다.

지금까지 십이지지가 품고 있는 지장간에 관하여 살펴보았다. 이 중에서 유의해야 할 점은 자수와 해수, 그리고 사화와 오화이다. 자수와 오화는 음양의 이치에 따라 모두 양의 지지에 속해 있으나, 실제 통변에서는 양이 아닌 음으로 활용되고 있다. 또한 해수와 사화 역시 음의 지지에 속해 있지만, 실제 통변에서는 음이 아닌 양으로 활용되고 있다.

이는 외양내음과 외음내양의 원칙에 의한 것으로 '체와 용'의 음양지기가 반대로 작용하고 있기 때문이다. 따라서 자·오·사·해에 담긴 음양의 성질을 잘 기억해야 한다. 다음은 각 지지의 특징과 방위 및 그 해석을 간략히 요약한 표이다.

〈 지지의 특징과 해석 〉

구분 지지	방위	특징	해석
자	정북	암장된 천간은 하나 또는 둘이며 모두 음	타오행으로 변하지 않으며 도화의 기운을 지님
오	정남		
묘	정동		
유	정서		
인	동북	암장된 천간은 모두 둘이며 모두 양	매사 시작점이라 고집이 강하며 역마의 기운
신	서남		
사	남동		
해	북서		
진	동남	암장된 천간은 모두 셋이며 모두 잡기	음양을 모두 품고 있어 잡기에 해당하며 지장간의 천간이 세 개로 욕심이 많음
술	서북		
축	북동		
미	남서		

거듭 강조하지만, 본 단원에서 가장 중요한 점은 십이지지가 담고 있는 암장과 지장간의 활용이다. 결국 십이지지가 품고 있는 지장간의 성질을 제대로 이해하지 못하면 일간의 강·약을 구분할 수가 없다. 이는 곧 사주 해석에 심각한 오류를 범하게 되는 원인이 되고 있으니, 이 점 유의하길 바란다.

제5장 천간과 지지의 합과 충

　합이란 모여서 화합을 이루는 것을 말한다. 좋은 결과를 끌어내기 위한 긍정적이고 지향적인 행위라고 할 수 있는 것이다. 일반적으로 합의 의미는 '묶이다·지향한다·끌려간다'라는 의미를 내포하고 있다.

　반대로 충은 서로가 피해를 보고 비생산적 혹은 이율배반적 행위의 전반적인 상황을 의미하는 것이다. 합이 음양의 결합을 의미한다면, 충은 음양의 대립이다. 일반적으로 '깨지다·충돌하다·파괴하다'라는 의미를 내포하고 있다. 합이라고 하여 무조건 좋은 것도 아니며, 충이라고 하여 무조건 나쁜 것만도 아니다. 때에 따라 합이 곧 흉이 될 수도 있고, 충이 곧 길이 될 수도 있기 때문이다.

1. 천간의 합과 충

1) 천간의 상합

〈 천간 합의 특징과 성격 〉

구 분 천간 합	합화 오행	합화 성격
갑 + 기	토	중정지합
을 + 경	금	인의지합
병 + 신	수	위제지합
정 + 임	목	음란지합
무 + 계	화	무정지합

상합은 서로 합을 한다는 뜻으로 갑목은 기토와 합을 하고, 을목은 경금과 합을 하며, 병화는 신금과 합을 한다. 그리고 정화는 임수와 합을 하고 무토는 계수와 합을 한다. 상합은 음양화합의 이치에 따른 부부의 합으로 부부유정의 상으로 표현한다. 그 내용은 다음과 같다.

갑목은 기토와 합을 하고 을목은 경금과 합을 한다. 병화는 신금과 합을 하고 정화는 임수와 합을 하며, 무토는 계수와 합을 한다. 즉 음양의 조화와 이치에 따라 두 가지 천간끼리 각각 합을 이루고 있다.

천간의 합은 음양의 결합으로 양과 양 혹은 음과 음으로는 절대로 합을 이룰 수 없다. 또한 음양지기가 다르다고 하여 무조건 합에 이르는 것도 아니다. 천간합이 성립할 수 있는 일정한 배합 기준이 있다. 그것은 바로 본인 자리를 포함해 여섯 번째 자리에 위치하는 천간과 짝을 맺는다는 것이다. 육친을 활용하여 이를 좀 더 자세하게 설명하면 다음과 같다.

먼저 갑기합은 갑목의 정재가 기토이고, 기토의 정관은 갑목으로 서로 부부지간의 합이 되고 있다. 즉 정재는 처를 뜻하고 정관은 부군을 뜻하는 육친에 해당하는 것이다. 육친에 관한 자세한 설명은 차후 논하기로 하겠다. 을경합은 을목의 정관이 경금이고, 경금의 정재가 을목이 되니 부부지간의 합이 되는 것이다. 병신합은 병화의 정재가 신금이고, 신금의 정관은 병화이니 역시 부부지간의 합이 되고 있다.

정임합은 정화의 정관은 임수이며 임수의 정재는 정화가 되니 부부지간의 합이 되는 것이며, 무계합은 무토의 정재는 계수가 되고 계수의 정관은 무토가 되니 이 또한 부부지간의 합이 되는 것이다.

결론적으로 천간의 합은 극의 관계에 있으면서도 합을 한다고 하여 다정한 부부의 상이라고 하는 것이다. 동시에 극이지만 다정한 관계 또는 다정한 합이라고도 말하는 것이다. 천간의 합을 육합이라고도 하는데, 여섯 번째 천간과 합을 이루고 있기 때문이다. 천간의 상합 관계를 좀 더 이해하기 쉽게 그림으로 나타내면 다음과 같다.

< 천간의 상합 >

위에서 보는 바와 같이 각각의 천간은 '본신'[21]의 자리를 포함해 여섯 번째 자리에 자리하고 있는 천간과 각각 합을 이루고 있다. 이때 천간은 음양이 서로 다른 천간과 합을 이루게 된다.

2) 천간 합에 관한 이해

천간 합은 합을 함으로써 끝나버리는 것이 아니다. 합을 함으로써 다양한 상황이 발생하게 된다. 이로 인해 어떤 결과가 나타나게 되는지에 관한 분석과 해석이 필요한데 그 내용을 간략히 살펴보면 다음과 같다.

갑기합은 **갑목**과 **기토**의 합으로 이를 중정지합이라고 한다. 이를 중정지합이라고 말하는 이유는 **갑목**은 **기토**의 '물상'[22]인 논밭과 땅에 의해 그 삶이 좌지우지되기 때문이다. 서로의 존재

---

21) 본신 : 자기 자신의 몸체를 말한다.
22) 물상 : 자연계에 존재하는 사물의 형태와 변화 및 현상을 뜻한다.

를 존중하고 화합하며 이해하는 관계로 사주에 갑기합을 놓은 사람은 마음이 넓고 이해심이 많으며 주변 사람들로부터 평이 좋은 사람이라고 할 수 있다.

예) 중정지합

시주	일주	월주	년주		시주	일주	월주	년주
己	甲	甲	癸		己	甲	丁	丁
巳	寅	寅	卯		巳	辰	未	亥

을경합은 을목과 경금의 합으로 이를 인의지합이라고 한다. 을경합을 인의지합이라고 말하는 이유는 을목은 인정이고 경금은 의리로써 말 그대로 인정과 의리가 뭉친 합이기 때문이다. 따라서 성격이 강하고 용감하며 인정과 의리가 두터운 사람이 된다.

을경합이 있다고 하여 항상 긍정적인 작용만 나타난다고는 볼 수 없다. 의리로 인해 이러지도 저러지도 못하는 사면초가의 상황이 발생할 수도 있기 때문이다.

예) 인의지합

시주	일주	월주	년주		시주	일주	월주	년주
己	乙	庚	戊		癸	乙	庚	辛
卯	巳	申	辰		未	卯	寅	酉

병신합은 **병화**와 **신금**의 합으로써 이를 위제지합이라고 한다. 이를 위제지합이라고 말하는 이유는 **병화**가 군주가 되고 **신금**은 미인이 되니 군주가 미인을 완력으로 탐하는 형상을 하고 있기 때문이다.

위엄은 있으나 냉정하고 또 유흥을 즐기는 습성이 있으며 거짓말을 잘하고 모사를 잘 꾸민다. 그러나 합화를 잘 이루는 사주일 경우 총명함과 지혜를 두루 갖추고 있는 사람이 된다.

예) 위제지합

시주	일주	월주	년주		시주	일주	월주	년주
壬	丙	辛	癸		庚	丙	丙	辛
辰	辰	酉	亥		寅	寅	申	未

정임합은 **정화**와 **임수**의 합으로 이를 음란지합이라고 한다. 이를 음란지합이라고 말하는 이유는 **정화**는 색기23)가 왕성한 여자이고, **임수**는 정력이 강한 남자로서 이 둘이 서로 합을 하니 자연 음란할 수밖에 없기 때문이다.

정임합은 사람의 감정보다는 오로지 쾌락만을 즐기는 합으로 연애나 부부로서의 합을 유지하기 어려운 경우가 많다. 보편적으로 결혼을 늦게 하거나 혹은 나이 차이가 크게 나는 사람과

---

23) 색기 : 이성에게 성적인 호감을 일으키는 매력을 말한다.

인연이 있다. 사주에 정임합을 놓으면 대개 속이 좁거나 성질이 급한 편에 속한다.

예) 음란지합

시주	일주	월주	년주		시주	일주	월주	년주
丁	丁	壬	丁		甲	丁	癸	壬
未	酉	寅	卯		辰	酉	卯	戌

무계합은 **무토**와 **계수**의 합으로써 이를 무정지합이라고 한다. 이를 무정지합이라고 말하는 이유는 **무토**가 물상으로 늙은 사람이고, **계수**는 깨끗함과 청순함을 상징하는 어린 여성을 뜻하기 때문이다.

일반적으로 나이 차가 많이 나는 두 사람의 만남은 생각보다 유정할 수가 없는 것이다. 무계합이 이루어지는 경우 실제로 질투심이 많은 성격이 된다. 매사 시작은 잘하나 노력에 비해 그 결과가 '미약'[24]한 경우가 많다.

---

24) 미약 : 미미하고 약하다는 뜻이다.

예) 무정지합

시주	일주	월주	년주		시주	일주	월주	년주
癸	戊	甲	壬		戊	戊	癸	己
亥	子	辰	戌		午	戌	酉	亥

여기서 한가지 가장 주의 깊게 살펴봐야 할 부분이 있다. 그것은 바로 '합화'[25]와 '합이불화'[26]이다. 두 천간끼리 서로 합을 한다고 하여 반드시 합화가 성립되는 것은 아니기 때문이다.

이는 사주를 통변하거나 해석할 때 중요한 부분을 차지하고 있으니 항시 유념해야 한다. 합과 합이불화에 대한 설명은 차후에 설명하기로 하고 우선 천간 합의 종류와 그 해석에 관한 설명을 잘 이해하길 바란다.

---

[25] 합화 : 두 개의 천간이나 지지가 만나 서로 합을 이루어 새로운 오행을 만들어 내는 것을 말한다.

[26] 합이불화 : 두 개의 천간이나 지지가 만나 합을 하지만, 새로운 오행으로 변화하지 않는 것을 말한다.

3) 천간의 상충

〈 천간 충의 특징과 성격 〉

구 분 천간 충	특 징	성 격
갑 ↔ 경	일곱 번째 천간과 충	양간은 양간과 음간은 음간과 충
을 ↔ 신	상 동	상 동
병 ↔ 임	상 동	상 동
정 ↔ 계	상 동	상 동

천간의 상충은 천간끼리 서로 충을 하여 파괴·이탈·충돌로 인해 나타나는 불미스러운 상황이나 순조롭지 못한 환경을 의미하는 것이다. 천간의 충에는 총 4가지가 있으며 이는 위의 표와 같다.

갑목은 경금과 충이 되고, 을목은 신금과 충이 된다. 병화는 임수와 충이 되고, 정화는 계수와 충을 이루게 되는데 이를 천간의 상충이라고 한다. 여기서 중요한 점은 상극과 상충의 의미를 혼동해서는 안 된다는 것이다. 즉 상극은 일방적으로 극하는 상황을 말한다면, 상충은 일방적인 상황이 아닌 충으로 인해 서로가 피해를 본다는 의미가 담겨 있기 때문이다.

예를 들어 금극목은 금의 기운이 목의 기운을 일방적으로 극한다는 의미이다. 그러나 이를 상극이 아닌 상충의 개념으로 해석하게 되면 목충금의 작용이 나타난다는 것이다. 즉 목이 왕성한 기세를 갖추게 되면, 금을 제거할 수 있다는 뜻이 된다. 이러한 이유로 천간의 상극과 상충의 의미를 세심히 구별해야 하는 것이다.

천간의 상충을 '칠충'[27]이라고도 한다. 본신의 자리를 포함해 일곱 번째 자리에 해당하는 천간과 충을 하기 때문이다. 그러나 여기서 한 가지 주의해야 할 점은 **무토**와 **기토**는 칠충에서 제외된다는 사실이다. 토의 기운을 가진 천간끼리는 충이 성립되지 않는데, 토는 조절신이자 중성자로써 중화와 중재의 의미가 담겨 있다는 특징 때문이다.

천간의 충에도 다정한 충과 그렇지 않은 충이 있다. 이를 유정지충과 무정지충이라고 한다. 먼저 유정지충이란 충을 통해 긍정적인 효과나 결과를 얻는 것을 말하고, 무정지충이란 충을 통해 부정적인 효과나 결과를 초래하게 되는 것을 말한다.

지금까지 학습한 내용을 종합적으로 살펴보면 합을 한다고 하여 그 결과가 무조건 긍정적이거나 좋은 것이 아니며, 충을 한다고 하여 그 결과가 무조건 부정적이거나 나쁜 것도 아니라는 점이다. 천간충이라 불리는 칠충의 관계를 살펴보면 다음과 같다.

---

27) 칠충 : 칠충에는 각각 갑·경, 을·신, 병·임, 정·계 충이 있다.

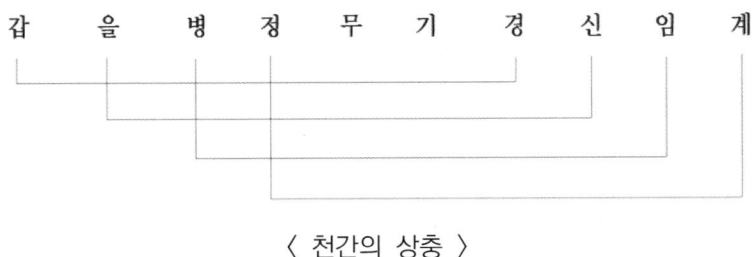

〈 천간의 상충 〉

2. 지지의 합과 충

1) 지지의 상합

〈 지지의 합과 특징 〉

구 분 지지 합	합화 오행	상생 관계	구 분
자 + 축	토	토극수	극 합
인 + 해	목	수생목	생 합
묘 + 술	화	목극토	극 합
진 + 유	금	토생금	생 합
사 + 신	수	화극금	극 합
오 + 미	화	화생토	생 합

지지의 상합은 위와 같이 모두 여섯 가지가 있다. 이를 지지의 '육합'[28]이라고도 하는데, 이 육합은 크게 생합과 극합으로 나뉜다. 생합은 서로 생을 해주는 관계로 합을 이루는 것이며, 극합은 서로 극하는 동시에 합을 이루는 형태를 말한다.

위의 표에서 보는 바와 같이 자축합은 토극수로 구성되어 극을 하는 관계로 합을 이루고 있다. 인해합은 수생목으로 구성되

---

[28] 육합 : 십이지지 중에서 두 개의 지지끼리 서로 짝을 이루어 서로 합을 하는 것을 말한다.

어 생을 하는 관계로 합을 이루고 있다. 묘술합은 목극토의 관계로 극합이 되고 있으며, 진유합은 토생금의 관계로 생합이 되고 있다. 또한 사신합은 화극금의 관계로 극합이 되고 있으며, 오미합은 화생토의 생합으로 합을 이루고 있다. 지지의 육합을 좀 더 이해하기 쉽게 나타내면 다음과 같다.

〈 지지의 상합 관계 〉

극합은 생합과 달리 내가 억누르거나 혹은 억눌리는 힘의 불균형을 초래하게 된다. 즉 믿음 속의 배신이나 '적과의 동침' 등 어제의 동지가 오늘의 적이 될 수도 있는 미묘한 상황이 전개되는 합이다. 각각의 십이지지는 위와 같은 형태로 지지끼리 합을 이룬다. 다음의 사주는 육합이 구성된 예를 설명한 것이다.

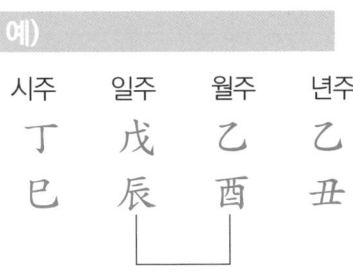

위의 사주는 을축년 유월에 출생한 무진일주의 사주이다. 일간 **무토**가 출생한 유월의 **유금**과 출생한 날인 진일의 **진토**가 서로 생합을 이루며 진유합을 구성하고 있다.

2) 지지의 삼합

지지의 삼합이란 각기 다른 지지가 한데 모여 국을 이루는 것을 말한다. 즉 서로 다른 오행이 합을 통해 하나의 오행을 만들어 내는 것인데, 그 세력은 개체일 때 보다 훨씬 강하고 방대하게 발현된다.

〈 지지의 삼합 〉

구 분 삼 합	합화 오행	합국 오행
해 + 묘 + 미	목	목 국
인 + 오 + 술	화	화 국
사 + 유 + 축	금	금 국
신 + 자 + 진	수	수 국

먼저 해묘미삼합은 중간자인 **묘목**을 중심으로 **해수**와 **미토**가 합을 하여 목의 기운으로 변화하게 된다. 인오술 삼합은 중간자인 **오화**를 중심으로 **인목**과 **술토**가 합을 하여 화의 기운으로 변

화하게 된다. 사유축삼합은 중간자인 유금을 중심으로 사화와 축토가 합을 하여 금의 기운으로 변화하게 된다. 신자진삼합은 중간자인 자수를 중심으로 신금과 진토가 서로 합을 하여 수의 기운으로 변화하게 된다.

　삼합의 중간자인 자·오·묘·유는 동서남북을 의미하는 사정방에 해당하는 지지로 지장간에 단 하나의 기운만을 담고 있다. 따라서 타 오행으로 변화하지 않고 오로지 타 오행의 지지를 나와 같은 오행으로 변화시키는 강력한 힘을 가지고 있다. 이 말은 곧 다른 지지의 지장간에는 암장된 지장간이 두 개 내지 세 개로서 주변의 기세에 의해 오행이 변화하지만 자·오·묘·유만은 오행이 변화하지 않고 항상 본기를 드러내고 있다는 것이다.

　지지의 삼합은 세 글자가 모두 모여 있는 경우 가장 강력한 힘을 발휘하게 된다. 하지만 세 글자 중 두 글자만 있어도 충분히 합을 이루며 힘을 발휘할 수 있다. 해묘미의 경우 해묘·묘미·해미로 목국이 된다. 인오술은 인오·오술·인술로 화국이 된다. 사유축은 사유·유축·사축으로 금국을 이루게 된다. 신자진은 신자·자진·신진으로 수국을 이루게 된다.

　두 글자의 합에서 기억해야 할 점이 있다. 사왕지로 불리는 자·오·묘·유가 빠진 두 글자의 합인 경우 그 합력이 다른 두 글자의 합보다 미약하다는 것이다. 다음은 지지의 삼합을 그림으로 쉽게 나타낸 것이다.

〈 지지의 삼합 관계 〉

위에서 보는 바와 같이 각각의 십이지지가 다른 지지와 함께 세 글자의 합인 삼합을 이루고 있다.

예)

시주	일주	월주	년주
辛	壬	辛	癸
丑	午	酉	巳

위의 사주는 계사년 유월에 출생한 임오일주의 사주이다. 일간 **임수**가 출생한 년인 사년의 **사화**와 출생한 달인 유월의 **유금**, 그리고 출생한 날의 시인 축시의 **축토**가 만나 사유축 삼합을 구성하고 있다.

3) 지지의 방합

지지의 방합을 형제합 또는 계절합이라고 말한다. 삼합과 마찬가지로 세 글자가 모여 국을 이루는 형태는 같다. 다만 같은 기운을 가진 오행끼리 합을 한다는 점이 다르다. 목은 목과 함께, 화는 화와 함께, 금은 금과 함께, 수는 수와 함께 각각 합을 하여 강력한 세력을 형성하는 것이다.

인묘진 목국은 봄을 의미하며 방위로는 동쪽이다. 사오미 화국은 여름을 의미하며 방위로는 남쪽이다. 신유술 금국은 가을을 의미하며 방위로는 서쪽이다. 해자축 수국은 겨울을 의미하며 방위로는 북쪽이다. 다음의 표는 지지의 방합을 표로 나타낸 것이다.

〈 지지의 방합 〉

구 분 방 합	합화 오행	합국 오행
인 + 묘 + 진	목	목 국
사 + 오 + 미	화	화 국
신 + 유 + 술	금	금 국
해 + 자 + 축	수	수 국

지지의 방합도 지지의 삼합과 마찬가지로 세 글자 중 두 글자

만 모여도 합국이 된다. 다만 합의 세기에 있어 삼합이나 육합에 비해 약하다. 다음은 지지의 방합을 이해하기 쉽게 그림으로 나타낸 것이다. 각각의 십이지지가 오행의 동질성을 가진 지지와 방합을 구성하고 있다.

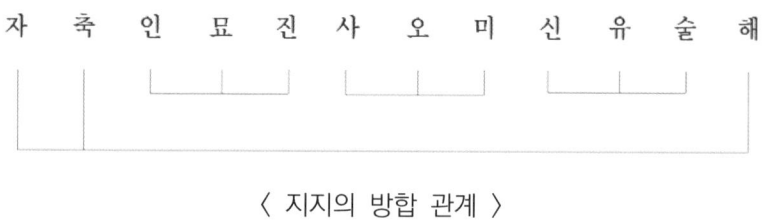

〈 지지의 방합 관계 〉

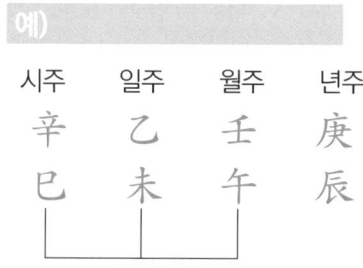

위의 사주는 경진년 오월에 출생한 을미일주의 사주이다. 일간 **을목**이 오월의 **오화**와 출생한 날인 **미토**, 그리고 출생한 시인 사시의 **사화**가 모여 사오미 방합을 이루고 있다.

지지의 삼합은 주종의 관계가 형성되는 개체의 합인 데 반해 지지의 방합은 오행의 동질성을 중심으로 합을 구성하기 때문에 필요에 따른 계산된 합이다.

4) 지지의 상충

지지의 충은 앞서 설명한 지지의 합과 마찬가지로 모두 여섯 개의 충으로 이루어져 있으며 이를 지지의 육충이라고 말한다. 다른 말로 지지의 칠충이라고도 하는데, 이는 본인의 자리를 포함하여 일곱 번째 자리에 위치하는 지지와 충을 하기에 붙여진 이름이다. 이는 천간의 칠충과 지지의 칠충으로 구분한다. 다음의 표는 지지의 상충을 표로 나타낸 것이다.

〈 지지의 충과 특징 〉

구 분 지지 충	상충 오행	충의 구분
자 ↔ 오	수 ↔ 토	수화상전
축 ↔ 미	토 ↔ 토	붕 충
인 ↔ 신	목 ↔ 금	금목상전
묘 ↔ 유	목 ↔ 금	상 동
진 ↔ 술	토 ↔ 토	붕 충
사 ↔ 해	수 ↔ 화	수화상전

지지의 충은 충돌이나 파괴를 의미하는 것이다. 따라서 천간의 충과는 해석적인 측면에 있어 별개로 이해해야 한다. 즉 천간의 충은 선천적으로 비롯되는 자연현상이기 때문에 극의 관계

로 이해하는 것이 옳다. 반면 지지의 충은 후천적으로 비롯되는 인위적 현상이기 때문에 충의 의미 그대로 해석해야 옳은 것이다. 극과 충은 충동과 파괴라는 의미에 있어 크게 다르지 않지만 좀 더 세밀한 추명을 위해서는 의미상으로 이를 달리 이해하고 해석하는 것이다.

한편 상충에는 왕자충발과 쇠자충발이 있다. 왕자충발은 왕한 기운을 상충하면 마치 불에 기름을 부은 듯이 그 기세가 더욱 강력해진다는 것이다. 쇠자충발은 약한 기운을 상충함으로써 그 기세를 완전히 제압하거나 소멸시켜 버린다는 의미를 담고 있는 것이다. 이는 지지의 상충에서 긴요하게 활용되고 있는 부분이니 잘 참고하길 바란다.

진·술·축·미는 '사고지'29)이자 토의 기운을 지닌 지지로 이들의 충을 친구 간의 충이라 하여 붕충이라고도 한다. 붕충에 관한 관점은 사주를 추명하는 술사마다 각기 다른 생각과 견해를 가지고 있다. 즉 진·술·축·미는 '토의 사고지로 상충을 통해 창고에 담긴 지장간을 취함으로써 기쁜 것이니 충으로 보지 않는다'라고 주장하는 반면 '붕충이라 하여도 그 파급력이 강력하기에 다른 지지의 충과 마찬가지로 충돌이나 파괴의 의미로 봐야 한다'라는 주장이다.

어느 주장이 맞고 그르고 간에 각자의 연구과 경험을 토대로

---

29) 사고지 : 오행의 창고이며 무덤과 같은 묘지를 의미한다.

자신만의 해석 기준을 확고히 하는 것이 가장 현명한 방법이라고 생각한다. 다음은 지지의 상충을 이해하기 쉽게 표현한 것이다.

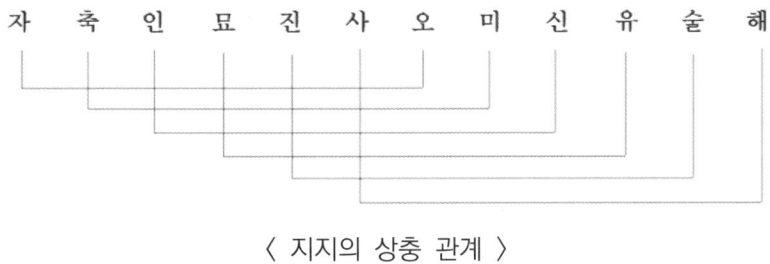

〈 지지의 상충 관계 〉

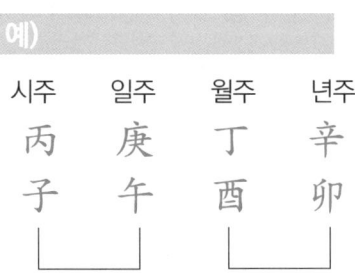

위의 사주는 신묘년 유월에 출생한 경오일주의 사주이다. 일간 **경금**이 출생한 년의 **묘목**과 출생한 달인 **유금**이 묘유충으로 상충을 하고 있다. 그리고 일간 **경금**이 출생한 날인 **오화**와 출생한 시인 **자수**가 서로 자오충이 되어 상충하고 있다.

3. 천간과 지지의 합과 충의 응용

1) 천간의 합과 충

일주의 일간과 년주의 년간이 서로 합을 하면 조상의 덕이 있고 선조봉례에 정성을 다하는 사람이다. 일주의 일간과 월주의 월간이 서로 합을 하면 부모·형제의 덕이 있고 윗사람과 화합을 잘하는 사람이다. 일주의 일간과 시주의 시간이 서로 합을 하면 자손의 덕이 있으며 아랫사람과도 화합을 잘하는 사람이다.

일주의 일간이 년주의 년간과 서로 충을 하면 조상의 덕이 없다. 그리고 선조봉례에 정성을 보이지 않으며 윗사람과의 마찰이 끊이지 않는다. 일주의 일간이 월주의 월간과 서로 충을 하면 부모·형제의 덕이 없고 윗사람과도 불화가 심하다. 또한 부모의 유산을 지키지 못한다. 일주의 일간이 시주의 시간과 서로 충을 하면 자손의 덕이 없고 아랫사람과 마찰이 심하며 자손이 유산을 지키기 어렵다.

2) 지지의 합과 충

일주의 일지와 년주의 년지가 서로 합을 하면 조상의 덕이 있고 선조봉례에 정성을 다하는 사람이다. 일주의 일지와 월주의 월지가 서로 합을 하면 부모·형제의 덕이 있고 윗사람과 화합을 잘하는 사람이다. 일주의 일지와 시주의 시지가 서로 합을 하면 자손의 덕이 있으며 아랫사람과도 화합을 잘하는 사람이다.

일주의 일지가 년주의 년지와 서로 충을 하면 조상의 덕이 없고 유산을 지키기 어려우며 윗사람과도 불화하게 된다. 일주의 일지가 월주의 월지와 서로 충을 하면 한 지붕 밑에서 가족과 함께 살 수 없게 된다. 따라서 고향을 등지고 모처에 근심이 생기게 된다. 일주의 일지가 일주의 시지와 서로 충을 하면 자손과 불화하고 이별하게 된다.

년주의 년지와 월주의 월지가 서로 충을 하면 일찍 고향을 등지거나 가족을 떠나 살아가는 게 유리하다. 일주의 일지가 년주의 년지와 서로 충하면 윗사람과 불화하며 상사와의 관계도 원만치 못해 관재구설을 면키 어렵다.

3) 천간과 지지의 합과 충의 응용

일주의 일간이 년주의 년간이나 월주의 월간을 극하면 부모의 유산을 받기 어려우며 부모의 재산도 파하게 된다. 천간이 합을 하면 이목구비가 뚜렷하여 미모가 아름답다. 지지가 합을 하면 마음이 너그러운 사람이다. 그러나 사주원국에 합이 너무 많으면 '천격'30)이 된다. 반면 충이 너무 많으면 삶의 고비가 많고 '빈격'31)의 운명이 된다.

나를 돕는 길신이 충을 당하면 흉하고 나를 해하는 흉신이 충을 당하면 길하다. 가령 길신이 '공망'32)인데 충이 오면 공망이 풀려 길하지만, 흉신이 공망인데 충이 오면 역시 공망이 풀려 흉하다. 사주에 충이 많은 자는 그만큼 편안한 삶을 누리기가 어려워지는 것이다.

천충지충은 천간과 지지가 동시에 충을 당하는 것이다. 이와 같은 사주를 구성하게 되면 매사 시작도 미약하고 결과 또한 좋지 못하다. 천간에 합이나 충이 없는데, 지지가 충이면 천간도 같은 충으로 본다. 이는 나무의 뿌리가 흔들리면 나무 전체가 영향을 받게 되는 지극히 자연스러운 이치에서 비롯되는 것이다.

천간이 충이고 지지가 합이면 시작은 미약하나 그 결과는 좋다. 어느 상황에서든지 간에 천간과 지지에는 충이 적을수록 좋다.

---

30) 천격 : 낮고 천한 신분이나 품격을 말한다.
31) 빈격 : 부격의 반대말로 가난한 지경을 이르는 말이다.
32) 공망 : 텅 비어있어 제구실 못 하는 것을 의미한다.

제6장 합화법

1. 천간의 합화

　천간의 합은 부부의 합으로 음양이 서로 만나 변화를 갖는 것은 지극한 자연의 이치이다. **갑목**과 **기토**가 만나 서로 합을 하면 **갑목**의 입장에서는 전혀 다른 오행인 토로 바뀌게 되는데 이처럼 합을 하여 오행이 변화하는 것을 합화라고 한다. 그러나 합을 하는데 방해되는 요소인 충이 주중에 있다면 합화가 되지 않는다. 이점을 반드시 유념해야 한다.

〈 천간의 합화 〉

구 분 천 간	합	화(化)	합화 오행
갑과 기	甲 + 己	→	토
을과 경	乙 + 庚	→	금
병과 신	丙 + 辛	→	수
정과 임	丁 + 壬	→	목
무와 계	戊 + 癸	→	화

2. 지지의 합화

앞서 설명하였듯이 지지의 합은 생합과 극합으로 구분한다. 생합은 유정지합으로 합화가 잘 이루어지지만, 극합은 무정지합으로 합이지만 합화의 작용은 일어나지 않는다.

생합과 극합은 운명을 추명함에 있어 언제나 빠지지 않고 등장하게 되는 매우 중요한 부분이다. 따라서 생합인지 아니면 극합인지의 관계를 잘 살펴 통변 시 실수하지 않는 것이 무엇보다 중요하다. 합을 한다고 하여 무조건 합화가 되는 것이 아니라는 점을 다시 한 번 강조하니 이점 유념하길 바란다. 다음의 표는 지지의 생합과 극합을 나타낸 것이다.

〈 지지의 합화 〉

구 분 지지 합	관 계	구 분	합화 여부
자 + 축	무정지합	극 합	합이불화
인 + 해	유정지합	생 합	합화
묘 + 술	무정지합	극 합	합이불화
진 + 유	유정지합	생 합	합화
사 + 신	무정지합	극 합	합이불화
오 + 미	유정지합	생 합	합화

제7장 형살과 파·해·원진

1. 삼형살·상형살·자형살

사주에 형살이 있게 되면 매사 관재·시비·송사·천재지변 등 크고 작은 흉사가 빈번하게 발생하게 된다. 생각지도 않던 작은 일이 불행의 씨앗이 되어 큰 사건으로 이어지게 되거나, 갑작스러운 건강 이상으로 큰 수술을 받게 되는 상황도 발생하게 된다.

그러나 형살도 잘만 활용하게 된다면 절체절명의 순간 오히려 길성으로 작용하게 되어 '전화위복'[33)]의 계기로 삼을 수가 있는 것이다. 이러한 이유로 형살을 깊이 있게 살펴볼 필요가 있는 것이다.

삼형살 : 인사신, 축술미
상형살 : 자묘
자형살 : 진진, 오오, 유유, 해해

---

33) 전화위복 : 화가 바뀌어 복이 된다는 뜻이다.

1) 삼형살

인, 사, 신 ⇨ 무은지형

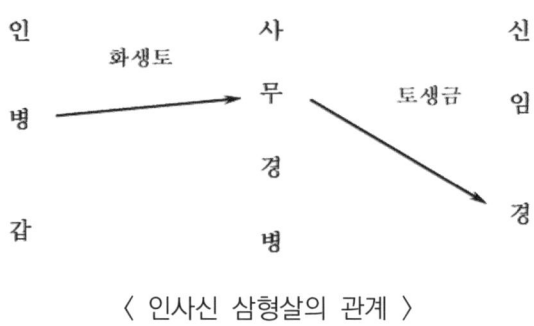

〈 인사신 삼형살의 관계 〉

인사신 삼형살은 그 성정이 다정다감한 듯 하나 자기 세력을 믿고 남을 얕보며 지기 싫어하는 기질을 가지고 있다. **인목**에 암장된 **병화**는 **사화**에 암장된 **무토**를 생하고, **사화**에 암장된 **무토**는 **신금**에 암장된 **경금**을 각각 생하고 있다. 즉 지지에 암장된 지장간이 다른 지지의 암장과 서로 생을 해주는 관계에 있는 것이다.

이를 좀 더 자세히 살펴보면 **인목**과 **사화**, 그리고 **신금**에 담고 있는 암장들끼리 서로에게 도움을 주고받는 형태를 띠고 있다. 따라서 은혜를 입고도 서로 해를 가하는 형을 한다고 하여 무은지형이라고 하는 것이다.

축, 술, 미 ⇨ 지세지형

성질이 냉혹하며 믿음에 있어 배신하거나 혹은 배신을 당하는 일들이 발생하며 은인을 해치는 상황에 해당한다. 축·술·미는 토의 기운으로 구성되어 있어 자기들만의 힘을 과신하게 된다. 결국 고집과 욕심을 부리다 좌절과 실패를 겪게 되는 것이다. 비굴하고 교활한 면이 있으며, 조습하고 건조한 토의 기운 탓에 신체 내장 기관이 불화하여 몸에 칼을 대는 경우가 있다.

2) 상형살

자, 묘 ⇨ 무례지형

예의가 없고 욕심이 많으며 인내력이 부족하다. 상하의 관계가 실종되니 자연 하극상이 발생하게 된다. 자묘형살을 무례지형이라고 하는 이유는 **묘목**의 인성이 되는 **자수**는 육친의 관계로 살펴보면 바로 **묘목**의 부모가 되는데 이를 무시하고 막무가내로 형을 하고 있기 때문이다.

3) 자형살

진진, 오오, 유유, 해해

자형살은 말 그대로 동성끼리의 형이 되는데, 형의 작용력은 다른 형살보다 미약하다고 판단한다. 그러나 사주원국의 전지지에 걸쳐 진·오·유·해를 모두 구비하게 되면 삼형살이나 상형살과 같이 강한 흉살로 작용하게 된다.

자형살의 경우 독립심이나 모험심이 약하다. 또한 타인에게 자신의 처지를 물어 의사결정을 진행할 정도로 의존심이 강하다. 억울함을 당하는 경우가 많고 쓸데없는 주장을 내세워 인간적인 소통의 부재를 일으키기도 한다. 중화를 잃게 되는 경우 매사 노력에 비해 그 결과가 항상 미약하다.

2. 육파살

육파살이란 깨진다는 의미의 파가 여섯이 됨으로써 이를 육파라고 하는 것이다. 또는 지지의 파이니 이를 줄여 지파라고도 말한다. 파의 의미는 깨지고 부서지고 파괴되는 작용을 뜻하지만, 상충살과 삼형살에 비해 작용력은 미약한 편이다. 육파살의 구성은 다음의 표를 참고하면 된다.

〈 육파살의 관계 〉

파는 상충으로 인해 파생되는 효과를 파라고 이해하면 된다. 결과적으로 인간관계와 재물의 풍파가 가장 많다. 이별수도 따르며 사회적 출세도 늦게 된다.

3. 육해살

육해살은 합도 되고, 충도 되는 모호한 관계가 형성되는 것이다. 앞의 표를 살펴보면 상하의 관계로는 합이 되고, 대각선으로 보면 충이 된다.

〈 육해살의 관계 〉

자	미		인	사		묘	진	해
축	오		해	신		술	유	

합

 여기서 주의해야 할 점이 있으니, 묘진해와 유술해이다. 이 두 가지 해살은 각각 인묘진과 신유술로 방합이 되고 있기 때문이다. 즉 이 둘은 형제의 합인 방합을 하고 있어 해살의 작용이 나타나지 않는다는 의견과 아무리 방합이라 할지라도 살은 그저 살의 관점에서 봐야 한다는 엇갈린 주장이 있다. 어떠한 것을 취용 할지는 각자의 경험을 토대로 판단하기를 바란다.
 해살은 파살과 마찬가지로 파괴·질병·흉사와 관련한 일들이 발생하게 된다. 그러나 명확한 추명을 위해 이 두 살의 차이점을 구분한다면 재물이나 직업과 관련된 작용이 파살이다. 그리고 가족이나 주변 지인들과 같은 인적 관계와 관련된 작용이 바로 해살이라고 판단하면 된다.

4. 원진살

원진살은 불만·불화·원망·우울 등의 문제로 인해 화가 작용하는 흉살이다. 사주에 원진살이 놓이게 되면 상호 간에 원수인 양, 서로 원망하고 미워하게 되며 우울증이나 혹은 조울증과 같은 증상이 나타나기도 한다.

실제로 원진살은 남녀 간의 궁합이나 동업 관계의 길흉을 판단하는 기준으로 활용되고 있다. 원진살은 귀문관살과 같은 관점으로 응용되거나 해석되기도 하는데, 두 살의 의미가 상당 부분 일치가 되고 있기 때문이다.

〈 원진살의 구성 〉

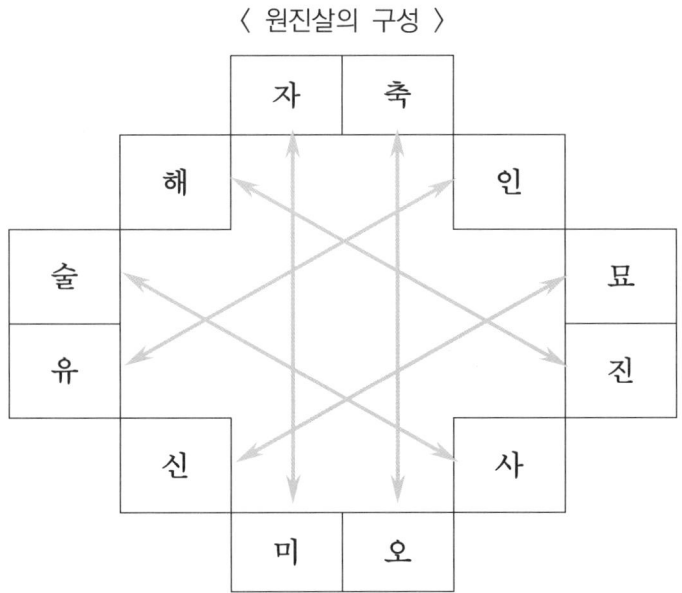

제3편 육친의 이해

제1장 육친

1. 육친의 이해

　육친이란 혈연관계로 맺어진 부모·형제·자매를 비롯해 처와 남편 등 가족을 이루고 있는 관계를 말한다. 사주를 추명할 때는 나와의 관계를 기준으로 삼아 다른 주의 천간과 지지를 육친으로 분류하고 간명하게 된다. 육친을 또 다른 말로 육신이라고도 하는데 모두 같은 의미로 활용되고 있다.

　육신의 본래 의미는 오방을 지키는 여섯 신을 상징한다. 즉 동·서·남·북·중앙을 지키는 수호신을 뜻하는 말이다. 풍수에서는 이를 가리켜 좌청룡과 우백호, 남주작과 북현무, 그리고 구진과 등사로 인식하고 있다. 이 여섯 가지 육신을 음양오행 및 '생극제화'[34]의 원리와 한데 묶어 육친으로 활용하는 것이다.

　육친의 본래 의미는 내가 생하는 식신과 상관, 내가 극하는 재성과 나를 생하는 인성, 그리고 나를 극하는 정관과 편관을 말한다. 이 중 비겁이 육친에서 제외된 이유는 일간인 나와 동궁이 되어 격을 이룰 수 없기 때문이다. 정재와 편재, 그리고 정인과 편인은 각각 재성과 인성으로 통합된다. 이는 사주에서

---

[34] 생극제화 : 한 오행이 다른 오행을 생하고, 극하고, 제어하고, 합화하는 것을 말한다.

정·편을 가리지 않는 재물과 문서로 활용되고 있기 때문이다.

또한 육친을 십신이라고도 부른다. 비견과 겁재를 포함해 식신·상관·정재·편재·정관·편관·정인·편인을 합치면 모두 열 가지가 되니 이를 십신이라고 말하는 것이다.

육친을 표출하는 방식은 일주의 천간인 일간을 기준으로 사주의 천간과 지지를 각각 대조하여 표출한다. 이렇게 표출된 천간의 육친은 천성이 되고, 지지의 육친은 지성이 되는 것이다. 결국 천성과 지성을 모두 표출해 내야 비로써 사주를 간명할 수 있는 기반을 마련하게 되는 것이다. 천성과 지성을 표출하는 데는 나름의 방법과 기준이 있는데 이를 살펴보면 다음과 같다.

2. 육친의 표출법

사주의 근본이 되는 주체는 바로 '나'이다. 여기서 '나'는 사주의 주인공으로서 일간을 의미하는 것이며, 그 일간의 기준은 곧 내가 되는 것이다. 일간을 기준으로 각 주의 천간과 지지를 일간에 대조하여 육친을 표출하게 된다.

1) 비견

일간과 오행이 같고 음양도 같은 것이다. 일간이 갑목이라고 가정했을 때, 음양과 오행이 같은 갑목이 비견이 된다. 다른 오행도 이와 같다.

2) 겁재

일간과 오행은 같지만, 음양이 다른 것이다. 일간이 갑목이라고 가정했을 때, 오행은 같으나 음양이 다른 을목이 겁재가 된다. 다른 오행도 이와 같다.

3) 식신

일간이 생을 해주면서 음양이 같은 것이다. 일간이 갑목이라고 가정했을 때, 갑목이 생을 해주는 것이다. 따라서 오행은 다르지만, 음양이 같은 병화가 식신이 되는 것이다. 다른 오행도 이와 같다.

4) 상관

일간이 생을 해주면서 음양이 다른 것이다. 일간이 갑목이라고 가정했을 때, 갑목이 생을 해주는 것이다. 음양과 오행이 다른 정화가 상관이 되는 것이다. 다른 오행도 이와 같다.

5) 편재

일간이 극을 하면서 오행이 다른 것이다. 하지만 음양은 같다. 일간이 갑목이라고 가정했을 때, 갑목이 극을 하는 오행으로 음양이 같은 무토가 바로 편재가 된다. 다른 오행도 이와 같다.

6) 정재

일간이 극을 하면서 음양과 오행이 모두 다른 것이다. 일간이 갑목이라고 가정했을 때, 갑목이 극하는 오행으로 음양이 다른 기토가 바로 정재가 된다. 다른 오행도 이와 같다.

7) 편관

일간을 극하는 것으로 오행은 다르지만, 음양은 같은 것이다. 일간이 갑목이라고 가정했을 때, 갑목을 극하는 오행으로 음양이 같고 오행이 다른 경금이 바로 편관이 된다. 다른 오행도 이와 같다.

8) 정관

일간을 극하는 것으로 음양과 오행이 모두 다른 것이다. 일간이 갑목이라고 가정했을 때, 갑목을 극하는 오행으로 음양과 오행이 다른 신금이 바로 정관이 된다. 다른 오행도 이와 같다.

9) 편인

일간을 생해주는 오행으로 음양은 같지만, 오행이 다른 것이다. 일간이 갑목이라고 가정했을 때, 갑목을 생해주는 오행으로 음양은 같고 오행이 다른 임수가 편인이 된다. 다른 오행도 이와 같다.

10) 정인

일간을 생해주는 오행으로 음양과 오행이 모두 다른 것이다. 일간이 갑목이라고 가정했을 때, 갑목을 생해주는 오행으로 음양과 오행이 다른 계수가 정인이 된다. 다른 오행도 이와 같다.

이상에서 설명한 내용이 육친을 표출하는 방식이다. 음양오행의 원리를 잘 파악하고 꾸준히 반복해서 연습한다면 육친을 표출하는 데 큰 어려움은 없을 것이다. 다만 주의해야 할 점이 한 가지 있다. 그것은 바로 갑목일간에 자수가 편인이 아닌 정인이 되는 이유와 해수가 정인이 아닌 편인이 되는 이유, 그리고 사화가 상관이 아닌 식신이 되는 이유와 오화가 식신이 아닌 상관이 되는지에 관한 문제이다.

앞서 설명하였듯이 자와 해, 그리고 사와 오는 그 쓰임에 있어 체와 용이 다르기 때문이다. 이 네 개의 지지는 외양내음과 외음내양의 기운을 가진 지지로 본래의 음양이 뒤바뀐 것이다. 따라서 사주를 응용할 때는 반드시 해당 지지의 구분과 활용을 잘 기억해 두어야 한다. 다음은 육친을 표출하는 방법을 예시로 나타낸 것이다.

예)

시주	일주	월주	년주
壬+ (겁재)	癸- (일간)	庚+ (정인)	丙+ (정재)
戌+ (정관)	酉- (편인)	子- (비견)	子- (비견)

육친의 구분은 사주를 추명함에 있어 가장 기본이 되는 사항이다. 이처럼 육친이 표출되고 나서야 비로소 사주를 추명할 수 있게 되는 것이다. 다음은 육친을 표출하는 방법을 정리한 표이다.

〈 일간 대 천간의 육친 표출법 〉

일간 육친	갑	을	병	정	무	기	경	신	임	계	육 친	성 정
비견	갑	을	병	정	무	기	경	신	임	계	형제, 자매 친구, 동료	자존심, 불화, 이별
겁재	을	갑	정	병	기	무	신	경	계	임	이복형제, 남편의 첩	불손, 투쟁 파산, 야망
식신	병	정	무	기	경	신	임	계	갑	을	남:조카, 손자 여:자식, 손자	소득, 활동 풍류, 색정
상관	정	병	기	무	신	경	계	임	을	갑	남:조모 여:자식	방해, 경쟁 교만, 비방
편재	무	기	경	신	임	계	갑	을	병	정	남:친부, 첩 여:친부, 시댁	풍류, 착첩
정재	기	무	신	경	계	임	을	갑	정	병	남:정처, 백부 여:시댁	신용, 알뜰 명랑, 지혜
편관	경	신	임	계	갑	을	병	정	무	기	남:자식, 직장 여:직장, 외부	완강, 고집 투쟁, 흉폭
정관	신	경	계	임	을	갑	정	병	기	무	남:직장, 자식 여:직장, 남편	용모, 재주 단정, 명예
편인	임	계	갑	을	병	정	무	기	경	신	남:편모 여:편모	박명, 파재 실권, 질병
정인	계	임	을	갑	정	병	기	무	신	경	남:친모, 손자 여:친모	지혜, 총명 인격, 온후

3 육친의 이해

〈 일간 대 지지의 육친 표출법 〉

일간 육친	갑	을	병	정	무	기	경	신	임	계
비 견	인	묘	사	오	진술	축미	신	유	해	자
겁 재	묘	인	오	사	축미	진술	유	신	자	해
식 신	사	오	진술	축미	신	유	해	자	인	묘
상 관	오	사	축미	진술	유	신	자	해	묘	인
편 재	진술	축미	신	유	해	자	인	묘	사	오
정 재	축미	진술	유	신	자	해	묘	인	오	사
편 관	신	유	해	자	인	묘	사	오	진술	축미
정 관	유	신	자	해	묘	인	오	사	축미	진술
편 인	해	자	인	묘	사	오	진술	축미	신	유
정 인	자	해	묘	인	오	사	축미	진술	유	신

3. 육친의 응용법

생극의 방식을 통한 가족 및 육친의 관계를 좀 더 이해하기 쉽게 설명하면 다음과 같다.

〈 생극의 방식을 통한 육친의 관계 〉

생 극		가 족		육 친
생아자		부 모		인 수
아생자	⇨	자 손	⇨	식 상
아극자		처 첩		재 성
극아자		부 군		관 성
비아자		형 제		비 겁

생아자는 나를 생해주는 자로서 이는 곧 부모가 되고, 나를 생한 부모는 곧 인성과 같다. 아생자는 내가 생하는 자로서 이는 곧 자손이 되고, 내가 생하는 자손은 식상과 같다. 아극자는 내가 극하는 자로서 이는 곧 나의 배우자나 애인이 되고, 내가 극하는 것은 곧 재성과 같다. 극아자는 나를 극하는 자로서 이는 곧 나의 관귀35)가 되고, 나를 극하는 것은 곧 관성과 같다. 비아자는 나와 같은 자로서 이는 곧 나의 형제가 되고, 나와 같

---

35) 관귀 : 재앙이나 궂은 일을 말한다.

아 비겁이 된다.

　여기서 아는 자기 자신 즉 본신을 의미하는 것으로, 일주의 천간인 일간을 말하는 것이다. 앞으로는 육친을 응용 함에 있어 정과 편으로 구분하게 된다. 육친을 정·편으로 세분화하는 이유는 나를 낳은 부모가 있으면 나를 길러준 부모가 있듯, 좋은 인성도 있고 나쁜 인성도 있어 이를 정·편으로 구분해야만 사주의 길흉을 가늠할 수 있기 때문이다.

　정은 말 그대로 바른 것이고 좋은 것이며 적당한 것이다. 반면 편은 한쪽으로 치우치는 것이라 부정한 것이고 빠른 것이며 넘치는 것으로 해석한다. 또한 정은 음양이 서로 만나 안정을 취하는 것이라면 편은 음과 음, 양과 양의 만남이라 불안정하고 흉한 작용을 암시하는 것으로 판단한다. 하지만 육친 중에서 비견과 식신만은 예외가 된다. 그 이유는 비겁과 식신은 비록 일간과 음양이 같다고는 하지만, 편과는 달리 정으로서 길한 작용을 일으키는 육친이 되고 있기 때문이다.

4. 육친의 분석

1) 비견

사주에 비견이 있으면 이는 곧 '나'를 의미하는 것이다. 자존심이 강하고 고집이 세며 타인과의 불화나 마찰이 빈번하게 발생하게 된다. 타인과의 불화는 자신이 고립된다는 의미가 된다. 이러한 상황이 누적되면 자칫 교재나 소통을 꺼리게 되는 성향으로 발전하기도 한다. 비견이 많으면 그만큼 재성을 극하는 기운이 강해지게 되어 재물의 손해를 입게 되는 흉사가 발생하게 된다. 형제와도 화목하지 못하고 부부 사이에 여러 갈등이 나타나게 된다. 남자의 사주에 관성이 없는 무관사주인 경우 의처증이 심할 수도 있다. 따라서 남녀 모두 늦은 결혼이 유리하다고 말할 수가 있는 것이다.

비견이 왕성한 여자 사주에서 관성이 약하게 되면 부부사이에 불화를 면키가 어렵다. 특히 왕성한 비견에 식상까지 왕성한 경우 과부의 운명을 피할 수 없게 된다. 또한 천간이나 지지의 합이 아니더라도 비견이 왕성한 경우 '색정'[36]에 빠질 수가 있으니 주의해야 한다.

---

36) 색정 : 성적인 욕구를 말한다.

2) 겁재

겁재는 흉신 중 하나로 오만하고 불손하며 폭력적인 성향이 짙은 육친이다. 직접 노동에 참여하지 않고서 결과를 바라는 불로소득과 요행을 추구하려는 성향이 강하다. 비견과 마찬가지로 사주에 겁재가 왕성한 경우 남녀의 애정사나 부부 사이에 여러 문제가 발생하게 된다. 앞서 설명한 비견보다 흉의 작용이 더욱 강렬하게 나타난다고 말할 수 있다.

사주에 겁재가 강하면 올바른 가치관을 형성하기 어렵고, 부정한 배우자를 만나게 될 가능성이 높다. 따라서 남녀 모두 사주에 겁재를 많이 놓은 사람은 특히 주의해야 한다. 사주에 겁재와 상관의 만남은 흉신과 거듭 흉신의 만남이 되어 더욱 불길한 징조가 나타나게 되는데, 남녀 모두 자손과 불화할 수 있음을 암시하는 것으로 해석하게 된다.

비견보다 흉의 기운이 강력한 탓에 부모와 불화하게 된다. 특히 편재를 극하는 정도가 심하여 부친과 이른 이별을 하게 되는 운명이 된다. 또한 동업은 매우 불길한데, 이는 타인보다 내 잘못이 더욱 크기 때문이다. 겁재는 내가 먼저 공격하지 않으면 내가 당하는 형국이라 나를 지키기 위해 남을 먼저 해하게 되는 의도치 않은 상황이 연출되기도 한다.

무엇보다 겁재가 많으면 인덕이 부족함을 의미하는 것으로 대인관계 시 항시 언행을 조심해야 한다. 품행을 단정히 함으로써 흉한 기운을 막을 수 있기 때문이다. 세상의 행복과 불행은 모두 나로 인해 시작되고 나로 인해 진행되며, 나로 인해 매듭 짓게 되는 것이니 어떠한 결과든 내 탓이 아닐 수 없는 것이다.

3) 식신

식신은 길신으로서 의식과 복록을 상징하는 육친이다. 기술과 재능 및 예술적 기질을 모두 포함하며 왕성한 활동성을 상징하기도 한다. 명랑 쾌활한 성격으로 예절과 의리, 도덕을 두루 겸비하고 있는 반면에 흥이 지나쳐 자칫 유흥에 빠지기 쉬운 단점도 있다.

여자의 사주에 식신이 많으면 과부가 되거나 화류계 혹은 첩의 노릇을 하게 되는 예도 있다. 반대로 식신이 약하고 관살이 강하면 이성으로 인한 애정사나 부부 사이에 근심이 끊이지 않게 된다.

신왕한 사주나 신강한 사주가 식신생재를 잘 이루는 경우 사회적으로 큰 성공을 거두게 된다. 특히 요식업 계통에서 두각을 나타내기도 한다. 여자 사주에서는 효자 자손을 두기도 한다. 식신은 길신 중 하나로 형·충·파·해를 가장 꺼린다.

또한 식신은 남녀 모두 먹을 복을 상징하지만, 사주에 너무 많으면 오히려 독이 든 성배와 같다. 재주가 너무 많아 흠이 되어 한 가지 일에 몰두하지 못하니 평생 타인에게 의식을 의탁하는 운명이 될 수 있다.

4) 상관

상관은 흉신으로 교만하고 집착하며, 타인을 무시하는 성향이 강하다. 오해나 시비, 그리고 구설이 끊이지 않으니 특히 언행을 조심해야 한다. 식신보다 더 강렬한 예술적 기질을 가지고 있으며 기술력도 뛰어나다. 다만, 신약한 사주에 상관이 있으면, 말이 앞서고 행동이 뒤따르지 못하게 된다. 또한 시작은 있되 끝이 미약한 상황이 빈번하게 발생하게 된다. 상관은 남녀 모두 욕심을 상징하며 촉이 발달한 사람이 많다.

여자의 사주에 놓인 상관은 정조 관념이 강하지만, 중화를 잃고 상관이 강한 경우 오히려 흉신이 되어 화류계와 인연이 닿게 된다.

5) 정재

정재는 착실함과 알뜰함을 갖춘 길신으로 명예와 신용을 상징한다. 그러나 길신이라고 하더라도 사주에 너무 많게 되면, 어머니와의 인연이 박하고 인정으로 인한 번뇌가 따르게 된다.

정재가 식신과 함께 있으면 '식상생재'37)가 되어 현모양처를 얻게 되지만, 정재가 너무 강하면 오히려 악처가 되어 남편을 꼼짝 못 하게 한다. 정재가 강하고 관성을 많이 놓은 여자 사주는 '명암부집'38)이라 하여 주위에 쓸데없는 남자가 많아 풍기 문란한 사주가 되는 예도 있다. 그러나 흉신인 칠살을 합하여 묶고 길신인 정관을 남겨 놓는 '합살유관'39)이나 '거류서배'40)가 되면 오히려 길명이 되고 있다.

하지만 이것도 일간이 신왕한 상태일 때 길명이 되는 것이지 일간이 신약한 경우 사람에 속고 사랑에 속는 애증의 결과가 발생하게 된다. 길신이든 흉신이든 사주원국에는 반드시 재성이 한 자리를 차지하고 있어야 한다. 그 이유는 재성은 곧 식복을 상징하는 재물을 상징하기 때문이다. 만약 이와 같지 않으면 빈천한 운명으로 흐를 가능성이 높다.

6) 편재

편재는 정재와 달리 금전의 출입과 그로 인한 변화가 다양하게 나타난다. 한평생 돈과 여복이 따른다고 할 수 있지만, 풍류심이 많아 안정적인 삶을 추구하기가 쉽지 않다. 애처가를 상징

---

37) 식상생재 : 식신이나 상관이 재성을 생하는 것을 말한다.
38) 명암부집 : 천간에 관성이 있고, 지장간에도 관성이 있는 여자 사주를 말한다.
39) 합살유관 : 흉신인 편관칠살을 합으로 묶고, 길신인 정관을 남겨 두어 관살혼잡을 막으니 청명한 사주가 되는 것이다.
40) 거류서배 : 사주에 관성이 3개인 경우 하나는 충으로 막고, 다른 하나는 합으로 묶어 정관 하나만을 사주에 남기는 것을 말한다.

하는 정재와 달리 편재는 애인이나 첩을 두는 경우가 많다.

여명의 편재는 중화를 잃는 경우 시댁으로 인한 고부간의 갈등과 그에 따른 정신적 고통을 암시하기도 한다. 남녀 모두 친부모보다는 양자로 키워지게 되는 경우가 있다. 편재와 편관이 함께 있으면 흉이 더욱 크게 작용하여 부친의 덕이 없다. 또한 여자로 인해 패가망신하게 되니 주의해야 한다.

비겁이 강한 사주에 편재가 있으면 그의 부친이 객지에서 사망할 수 있으니 주의해야 한다. 일지에 편재를 놓은 남자는 두 집 살림을 차릴 수 있으며, 여자의 경우 재산이 많은 남자와 연을 맺게 된다. 사주에 재성을 많이 놓은 '재다신약'[41] 사주나 혹은 신왕하여 재성이 약하게 되는 '신왕재약'[42]한 남자는 배우자나 애인이 '흉사'[43]할 수 있으니 주의해야 한다. 한편 남녀 모두 신왕한 사주에 편재가 있으면 사업가로서 크게 성공을 거두게 된다.

---

41) 재다신약 : 사주에 재성이 많아 본신이 약해지는 경우이다.
42) 신왕재약 : 일간이 강하면 자연히 식·재·관이 약해지게 되는데, 그중에서도 재성이 약해진 경우를 말한다.
43) 흉사 : 자살이나 타살을 말한다.

7) 정관

　정관은 남녀 공히 질서·규범·정직·책임감을 상징하는 육친이다. 정관은 길신으로서 신용이 있고 윗사람을 공경하며 용모가 단정한 사람이다. 그러나 길신인 정관도 사주에 너무 많게 되면 흉신인 편관·칠살과 같은 흉한 작용을 일으키게 된다.

　관성은 반드시 인성이 있어야 한다. 인성이 없다면 명예의 길함이 오래가지 못하기 때문이다. 남녀 모두 관살을 다스리는 식상의 기운이 미약할 경우 여자는 애정사가 빈번하게 발생하게 된다. 남자는 평생 '관운'44)이 약해 직업에 변동이 잦으며, 자손의 근심이 떠나지 않는다.

　정관이 년주와 합을 이루면 장남으로 출생하게 되며 가업을 계승하고 부모를 섬기게 된다. 월주에 정관이 있으면 차남으로 출생하게 되며, 만약 장남으로 출생하게 되면 양자로 다른 이의 손에 자라게 된다. 일지에 자리하는 정관은 남녀 공히 배우자의 덕이 있으나 자수성가의 팔자가 된다.

---

44) 관운 : 시험, 공부, 명예, 승진, 성공 등을 의미한다.

8) 편관

편관은 흉신으로 흉폭하고 성질이 급하며 투쟁심이 강하다. 흉신이 발달한 사주는 직업으로 '개운'45)을 하는 것이 가장 좋은 방법이다. 편관의 경우 군대의 무관이나 혹은 법률계통의 직업을 삼는 것이 가장 좋다. 편관은 우두머리를 상징하는 육친으로 다른 주에 식신이 자리하고 있다면 큰 부자가 될 가능성이 있다. 그러나 반드시 신왕한 사주여야 한다는 점을 기억하길 바란다. 그렇지 않으면 한평생 빈곤을 면키가 어렵다.

편관도 인성의 역할이 매우 중요하다. 신약한 사주에 인성이 있어 칠살이 인성을 생하면, 이는 곧 '살인상생'46)이 된다. 이러한 사주가 구성이 되는 사주는 사회적으로 큰 출세를 하게 된다. 하지만 편관과 편재가 함께 자리하게 되면 반대로 고단하고 고독한 삶을 살게 된다.

사주에 정관과 편관이 어우러져 '관살혼잡'47)이 되는 경우 잔꾀에는 능하지만, 근심과 걱정이 끊이지 않고 호색하게 된다. 남녀 공히 관살혼잡의 사주는 부모덕이 없고, 여명의 경우 재혼을 하는 경우가 많다. 또한 관살혼잡과 함께 육합이나 혹은 삼

---

45) 개운 : 좋은 운이나 혹은 행운을 지향하는 행위를 말한다.
46) 살인상생 : 사주원국에서 편관이 인성(편인)을 생하는 관계나 구조를 말하는 것이다.
47) 관살혼잡 : 사주원국에서 정관과 편관이 함께 자리하고 있는 것을 말한다.

합이 함께 있는 경우 음란한 사주가 된다. 아울러 편관이 강하고, 인성이 없으면 거짓말을 잘하는 사람이라고 말할 수 있다.

9) 정인

정인을 사주에 놓은 자는 온후한 성품을 지니고 있어 다정다감하며 기본적으로 예의와 도덕을 갖춘 사람이다. 학문에도 성심을 다하는 사람으로 안정적인 가정과 무병장수의 기운을 가지고 있다. 이처럼 긍정적 의미가 담긴 정인도 주중에 너무 많으면 '다자무자'[48]의 법칙에 따라 오히려 없는 것보다 못한 상황을 맞이할 수도 있다. 일례로 사나운 계모를 둔다거나 혹은 주색에 빠져 빈곤한 삶을 살게 될 수도 있다는 것이다. 사회적으로는 자만심에 빠져 타인과의 소통에 장애를 비롯해 여러 문제를 발생시키기도 한다.

여자의 경우 인성이 많으면 시어머니와 불화하게 되고, 자손에 근심이 생기게 된다. 식·상이 잘 갖춰진 사주는 박사급에 버금가는 운으로 풀리게 되지만, 식상이 주중에 없거나 제구실을 못 하는 경우 '군인쟁식'[49]이라 하여 자손에 근심이 생기게 되는 것이다.

---

48) 다자무자 : 많은 것은 없는 것과 같다는 의미이다.
49) 군인쟁식 : 사주원국에 식·상이 없는 중 운에서 식·상운이 오게 되면, 인성이 식·상을 극하여 자식에게 해로움이 발생하게 된다는 것이다.

10) 편인

　편인은 흉신으로 식신의 기능을 상실시키는 '도식'50)이 된다. 그 이유는 수복을 해치고 식신을 극하기 때문이다. 또한 편인이 사주에 너무 많게 되면 여자의 경우 남편과 자식을 모두 잃게 되는 불행이 나타나기도 한다. 고독이라는 흉의 기운을 담고 있는 편인은 정인과 다르게 좀 더 세심하게 살펴야 한다. 그러나 흉신이라 하여 무조건 좋지 않은 것만은 아니다. 사주에 편인이 있고 편관칠살이 있는 경우 오히려 살인상생이 되어 사회적으로 크게 발전하는 사주가 되기도 하기 때문이다.
　편인은 예술과 종교 및 의사와 같은 직업군에서 두각을 나타내게 된다. 특히 도화살과 함께 상관이 함께 자리하게 되는 경우 연예계로 진출하는 경우가 적지 않다. 결국 무조건 길신도 없고, 무조건 흉신도 없는 것이다. 사주의 구성을 잘 살펴 성급한 판단을 지양하는 습관이 무엇보다 중요한 이유이다.

---

50) 도식 : '식신을 넘어뜨린다'라는 뜻으로 식신을 파괴하는 원흉이 되는 것이다.

5. 육친의 통변

　육친의 통변에서는 지금까지 학습한 내용을 종합적으로 응용하여 사주원국을 해석하고자 한다. 추명은 정해진 답이 없다. 따라서 추명 시 가장 중요한 점은 내담자에게 믿음과 편안함을 주는 것이다. 어둠을 깨치는 태양 빛처럼, 하늘에서 내려오는 동아줄처럼, 힘든 삶을 지탱하는 그들에게 희망의 빛과 염원의 끈이 되어주어야 한다. 그러나 이러한 윤리 의식을 갖추고 있는 상담자는 찾아보기가 쉽지 않다. 사주명리학에 담긴 운명 인식보다 그저 한 개인의 부귀영달을 위한 수단으로만 이용되고 있기 때문이다. 보편적 윤리관에 음각으로 새겨진 도덕적 감수성의 지위가 틀어지고 대자연의 이치가 담긴 귀서로서의 가치가 훼손되면서 사주명리학이 그저 사회현상을 표본으로 정의하는 통계학쯤으로 분류하고 있다는 사실은 참으로 안타까운 일이 아닐 수 없다.

　바라건대 이 책을 통해 사주 공부를 시작하는 수학자들만이라도 사주명리학이 고도의 학술 가치를 지닌 동양의 위대한 자연 과학임을 인지해 주길 바란다. 아울러 근거 없는 이론이나 학설에 현혹되지 말고 오로지 정도만을 걸어 사주명리학에 담긴 참뜻을 올바르게 헤아리길 바란다.

　그럼, 지금부터는 그동안 배운 음양오행의 이치를 바탕으로 육친을 표출하여 생극제화 및 '형충회합'[51)에 근거해 각각의 사주를 추명해 볼 것이다. 통변이 익숙해질 때까지 꾸준히 반복해서 정독하길 바란다.

예/ 남자	시주	일주	월주	년주
	乙- (정재)	庚+ (일간)	己- (정인)	壬+ (식신)
	酉- (겁재)	午- (정관)	酉- (겁재)	寅+ (편재)

　금왕절인 유월에 출생한 **경금**일간의 사주이다. 금의 기운은 숙살지기로서 엄숙함과 냉철함을 상징한다. 따라서 위 사주에서 일간의 성향은 곧 남자다운 사람일 것이라는 예상을 해볼 수 있다. 일간이 년주 천간에 자리하고 있는 식신**임수**를 생하고 있어 선조봉례에 힘쓰는 사람임을 알 수 있다. 그리고 윗사람에 대한 공경심이 깊고 예의 또한 바르다는 것을 알 수 있다.
　월지 천간에 정인**기토**가 있어 일간을 생하니 부모·형제의 덕이 있으며 가족애가 넘치는 집안에서 화목하게 지내왔다. 시주 천간에 정재**을목**이 있어 을경합을 하고 있다. 을경합은 의리지합으로 인정과 의리가 강한 부부연을 맺고 있음을 알 수 있다. 년주 지지에 편재가 있으니, 어려서부터 재물과 관련한 이익에 밝아 일찍이 공부보다는 장사나 사업에 관심이 많았다.

---

51) 형충회합 : 형과 충, 그리고 합(방합·삼합·육합)을 말하는 것이다.

월주 지지에 겁재가 있으니, 일간은 의지력이 약해 타인에게 의존하는 경향이 강하다. 일주 지지에 정관이 있어 배우자의 덕이 있는 사람이다. 하지만 시주 지지에 또다시 겁재가 자리하고 있어 일간의 자손과 불화 내지는 근심이 깊다고 말할 수 있다.

이를 종합하여 살펴보면 다음과 같다. 경금일간이 유월에 출생하여 가을의 서늘한 기운을 머금고 있다. 사주는 중화가 원칙이니 서늘한 기운을 따스하게 감싸줄 화의 기운이 필요하다. 다행히 일지에 오화정관이 자리하고 있어 반갑다. 하지만, 강한 금의 기운을 오화정관 홀로 감당하기가 쉽지 않다.

겁재가 월지와 시지에 걸쳐 있어 금의 기세가 매우 강하니 오화정관은 고립되어 힘을 쓰지 못하고 있다. 일지는 정관으로 배우자의 덕은 있다고 할 수 있으나, 일간의 배우자가 감당해야 할 삶의 무게는 가볍지 않아 보인다. 금의 기운이 강하니 결단성은 강하다고 할 수 있다. 하지만 상대적으로 화기운이 약하니 직업의 잦은 변동이 예상된다. 불안정한 재물운으로 금전에 관한 근심이 적잖게 따를 것으로 판단할 수 있다.

예/ 여자	시주	일주	월주	년주
	丁- (식신)	乙- (일간)	壬+ (정인)	乙- (비견)
	丑- (편재)	卯- (비견)	午- (식신)	亥+ (정인)

    화왕절인 오월에 출생한 을목일간의 사주이다. 년주 지지에 해수정인이 있어 일간의 어머니는 할머니와 같은 어머니, 즉 마음이 깊고 너그러우신 분이다. 월주 천간의 자리에도 임수정인이 있어 일간의 어머니는 수의 기운을 가진 분이다. 따라서 일간의 어머니는 지혜롭고 현명하신 분이라는 것을 짐작할 수 있다.

    일간을목은 년주 지지의 생을 받고 있어 선조와 부모덕이 있고, 월주 지지에 식신이 있어 예의가 바르다. 또한 부모에게 효도하는 사람이며 집안에 힘이 되는 사람이라고 할 수 있다. 시주 천간과 시주 지지에 각각 식신과 편재를 두고 있다. 따라서 자손을 아끼고 사랑하는 사람이며 또한 똑똑한 자손을 두었다고 할 수 있다. 일주 지지에 비견을 두고 있어 연애결혼 후 친구 같은 부부로 살아가겠다.

    이를 종합하여 살펴보면 본 사주는 인성에 해당하는 수의 기운이 강하고 일지에 비견까지 갖추고 있어 신왕한 사주가 된다. 수의 기운은 계절로서 겨울을 상징하는데, 사주의 조후를 맞춰

줄 화의 기운이 너무 약하다. 시간의 **정화**식신은 시지의 **축토**편재를 화생토 하느라 정신이 없기 때문이다. 한편 나무는 금의 기운으로 가공해야 하나 금의 기운이 사주에 하나도 없으니 안타깝다. 시지**축토**에 암장된 **신금**이라도 쓰고자 하나 사주원국에 이미 목기가 강하다. 이로 인해 **신금**이 힘을 못 쓰니 이마저도 여의치가 않다. 목의 기운이 강해 금의 기운이 설 자리가 전혀 없는 것이다. 본 사주는 여자의 사주로서 그녀의 남편은 곧 금의 기운에 해당하지만, 사주 내에서 전혀 힘을 쓸 수 없으니, 정상적인 부부관계를 유지하기 어렵다는 것을 짐작할 수가 있는 것이다.

제2장 성별에 따른 육친의 관계

1. 남명의 육친 관계

다음의 표는 남명과 여명의 육친관계를 이해하기 쉽게 표로 나타낸 것이다. 앞서 밝힌 바와 같이 육친의 구분은 사주를 해석함에 있어 가장 기본이 되는 사항이니 반드시 숙지하기를 바란다.

〈 남명의 육친 관계 〉

구 분 육 친	육친의 적용
비 견	형제, 자매, 친구, 직장동료, 처남의 자손
겁 재	형제, 자매, 이복형제, 직장동료, 처남의 자손
식 신	조모, 손자, 손녀, 장모, 사위
상 관	조모, 손자, 손녀, 장모, 사위
편 재	부친, 숙부, 백부, 고모, 처남, 처제, 첩, 애인
정 재	처, 처남, 처제, 숙부, 백부, 고모
편 관	직장, 자손, 매형
정 관	직장, 자손, 매형
편 인	편모, 서모, 백모, 이모, 조부, 장인
정 인	모친, 이모, 백모, 장인

2. 여명의 육친 관계

〈 여명의 육친 관계 〉

구 분 육 친	육친의 적용
비 견	형제, 자매, 친구, 직장동료, 동서, 남편의 애인
겁 재	형제, 자매, 친구, 직장동료, 동서, 남편의 애인
식 신	자손, 조모
상 관	자손, 조모
편 재	부친, 외손자, 오빠의 애인
정 재	부친, 외손자, 오빠의 애인
편 관	편부, 아들의 첩
정 관	부군, 아들의 첩
편 인	편모, 서모, 백모, 이모, 조부
정 인	모친, 이모, 백모, 손자, 손녀

제4편 십이운성의 이해

제1장 십이운성

　절태법 또는 포태법이라 불리는 십이운성은 시간의 흐름에 따라 전개되는 흥망성쇠의 자연 이치를 인간의 운명 관계에 접목하여 길흉의 향방을 예측하는 하나의 방법론이라 할 수 있다. 그 구성을 살펴보면 절·태·양·생·욕·대·관·왕·쇠·병·사·묘의 총 12가지 단계로 구분할 수 있다. 십이운성의 활용을 통해 인간사에서 다양하게 발생하는 길흉화복과 생로병사의 추이를 거시적인 관점으로 가늠해 볼 수가 있는 것이다.

　십이운성을 인간사에 빗대어 설명하면 다음과 같다. 부모님의 정자와 난자가 교합 하여 입태가 되는 과정을 '태'라고 한다. 형태는 아직 모호하지만 존재가 드러나는 단계로 잠재력을 의미한다. 태아가 어머니의 배 속에서 자라나는 임신 상태의 기간을 '양'이라 하고, 출산을 함으로써 '생'이 된다. 출생과 더불어 목욕하게 되니 이를 '욕'이라 한다. 목욕을 한 후 옷을 입게 되니 이를 '대'라 한다. 의관을 갖추고 하늘로부터 녹을 받게 되니 건록이라 하며 이를 '관'이라 한다.

　벼슬에 올라 최고의 순간을 맞이하게 되니 이는 '왕'이 된다. 누구나 왕성한 시기를 지나고 나면 자연히 쇠약해지는 법이니 '쇠'가 되는 것이다. 이후 늙고 병들게 되면서 '병'이 되고, 차츰 죽음을 맞이하게 되니 '사'가 된다. 죽은 이후 육신은 무덤으로 들어가게 되니 '묘'가 되는 것이다. 이로써 인간의 세상과 모든 것이 단절되는 것이 되어 '절'이 된다. 절은 끝남과 동시에 새로운 시작을 알리는 시점이 되니 다시 '태'로 순환하게 된다. 십이운성은 불교 사상이 깊게 배인 윤회설과 일맥상통하는 이치로 판단할 수 있다.

1. 십이운성의 성정

1) 절궁

시작을 의미하지만, 아직 형체를 갖추지 못한 불안정한 상태를 뜻한다. 현실적이고 적극적인 면이 부족한 상태이다. 매사 인내력과 지구력 또한 부족하고 감언이설에 빠지거나 타인을 쉽게 믿는 탓에 매사 낭패를 당하는 경우가 많다.

2) 태궁

태궁은 존재의 시작을 의미한다. 하지만, 시작의 의미만 무성할 뿐 실행으로 옮기기에는 아직 역부족이다. 발전과 진전이 없고 잠재력만 가지고 있을 뿐이다.

3) 양궁

그동안 세운 계획을 비로써 실천에 옮길 수 있는 잠재력과 조금의 힘을 가진 상태이다. 이 시기가 발전의 시기임은 분명하지만 아직은 시기상조라고 할 수 있다. 따라서 이 시기에 무언가를 섣불리 시작하게 된다면 중도에 좌절 혹은 실패를 경험하게 된다. 조금 더 자중하고 내실을 다지는 데 총력을 기울여야 한다.

4) 장생궁

발전의 기운이 왕성한 때를 말한다. 그동안 신중히 준비하고 계획했던 일을 실행에 옮기는데 적절한 시기라 할 수 있다. 남모를 자신감이 나타나는 시기로 원만한 대인관계를 이루게 된다. 자기 뜻을 펼칠 수 있는 운이 도래한 때이다.

5) 목욕궁

아이가 세상 밖으로 나와 목욕을 하는 상태를 말한다. 목욕을 하기 위해서는 내가 걸친 옷을 모두 벗어야 한다. 이는 곧 나의 치부를 드러내는 것과 마찬가지로 자신이 의도치 않았던 불안한 상황이나 불명확한 일들과 직면하게 된다. 풍류나 방탕과 같은 잦은 성패와 연관하게 된다.

6) 관대궁

목욕을 끝내고 난 후 청결한 육체에 옷을 입고 의관을 갖춘 형태로 내실을 다지기 시작하는 때이다. 비록 어려운 문제가 발생할지라도 어떠한 형태로든 해결할 수 있는 힘을 가진 시기이기도 하다.

7) 건록궁

의관을 갖추고 비로소 벼슬길에 오르는 시기이다. 어떠한 목표를 능동적으로 실행하고 그에 따르는 영예와 충분한 대가를 받게 된다. 그야말로 식록이 전진하는 운이라 할 수 있다.

8) 제왕궁

일생일대에 가장 좋은 전성기를 맞이한 때이다. 어떠한 상황에서든 물러섬이 없으며 하늘을 찌를 듯한 기세에는 강력한 힘이 담겨 있다. 그러나 강력한 힘이 오히려 독이 되기도 한다. 따라서 고집을 버리고 타인과 원활한 타협과 소통을 위해 힘써야 하는 시기이기도 하다. 가장 좋은 시기는 반대로 가장 취약한 시기라고도 볼 수 있다. 무엇보다 자신을 되돌아볼 수 있는 자아 성찰과 겸손한 마음이 그 어느 때보다도 필요한 시기이다.

9) 쇠궁

달도 차면 기울듯 왕성한 기운이 지나고 나면 나약해지는 시기를 맞이하는 것이 자연의 지극한 이치이다. 점차 그늘진 곳이 늘어나게 되고 기력이 쇠진하게 되니 매사 의욕도 상실되는 시기를 맞이하는 때이다.

10) 병궁

몸에 병이 들었으니, 활동이 정지되며 매사 되는 일이 없고 미래에 대한 두려움과 고통으로 신음하게 되는 시기이다. 심리적인 압박이나 쫓기는 시기이다 보니 정신력이 약해지거나 무너지는 상태가 된다. 이미 승산이 없는 싸움이니 서서히 내려놓을 준비를 해야 할 때이다.

11) 사궁

병궁과 마찬가지로 활동이 정지된 상태를 이른다. 굳이 병궁과 구분을 짓는다면 완벽한 활동 정지 상태를 의미하는 것이다.

한 시대를 풍미했으니 이제 모든 활동을 접어야 하는 시기가 된 것이다.

12) 묘궁

인생의 종지부를 찍었다는 의미와 같다. 매사 상황들이 모두 종식되어 공허함과 인생무상의 의미만 남게 될 뿐이다. 이는 곧 고독을 의미하는 것으로, 비밀이 많아지고 새로운 사실보다는 옛것에 더 큰 관심을 두게 된다.

십이운성은 대자연이 품고 있는 흥망성쇠의 자연적 이치를 인간사에 적용하여 활용하는 것이다. 생로병사에 관한 비밀을 십이운성 하나에 압축시켜 인간의 길흉화복은 물론 더 나아가 수명까지도 판단하게 되는 초석이 되고 있으니 잘 활용하기를 바란다.

2. 십이운성 찾는 법

십이운성은 방합과 관련이 있다. 즉, 자신이 속한 계절의 이이전 계절인 장생지에서 태어나, 자신이 속한 계절을 지나 다음 계절인 묘지에 입고되어 모든 인연이 끊어지게 되기 때문이다.

기포법은 천간을 기준으로 양은 순행이고, 음은 역행을 한다. 화와 토는 동격이다. 따라서 화토를 동궁에 배치하여 함께 운용한다. 결국 양의 천간인 천간 병화와 천간 무토는 동격이자 동궁이며, 음의 천간인 천간 정화와 천간 기토 역시 동격이자 동궁이 된다는 의미이다.

갑목은 신금에서 절궁이 되고, 유금에서 태궁이 되며, 술토에서 양궁이 된다. 해수에서는 장생궁이 되며, 자수에서는 목욕궁이 되고, 축토에서는 관대궁이 된다. 인목에서는 건록궁이 되고, 묘목에서 제왕궁이 되며, 진토에서는 쇠궁이 된다. 그리고 사화에서는 병궁이 되며, 오화에서 사궁이 되고, 미토에서는 묘궁이 된다.

병화와 무토는 화토공존으로 동격이 된다. 병화와 무토는 해수에서 절궁으로 시작하여 자수에서 태궁이 되고, 축토에서 양궁이 되며, 인목에서는 장생궁이 된다. 묘목에서 목욕궁이 되고, 진토에서는 관대궁이 되며, 사화에서 건록궁이 되고, 오화에서 제왕궁이 된다. **미토**에서 쇠궁이 되고, **신금**에서 병궁이 되며, **유금**에서 사궁이 되고, **술토**에서 묘궁이 된다.

경금은 **인목**에서 절궁으로 시작해 **묘목**에서 태궁이 되고, **진토**에서 양궁이 되며, **사화**에서 장생궁이 된다. 오화에서 목욕궁이 되고, **미토**에서 관대궁이 되며, **신금**에서 건록궁이 되고, **유금**에서 제왕궁이 된다. 술토에서 쇠궁이 되고, **해수**에서 병궁이 되며, **자수**에서 사궁이 되고, **축토**에서 묘궁이 된다. **임수**는 **사화**에서 절궁으로 시작하여 위와 같은 방법으로 순행하며 마지막 **진토**에서는 묘궁이 된다.

음일간은 양일간과 반대로 역행한다. **을목**은 **유금**에서 절궁으로 시작해 **신금**에서 태궁이 되고, **미토**에서 양궁이 되며, **오화**에서 장생궁이 된다. **사화**에서 목욕궁이 되고, **진토**에서 관대궁이 되며, **묘목**에서 건록궁이 되며, **인목**에서 제왕궁이 되며, **축토**에서 쇠궁이 된다. **자수**에서 병궁이 되고, **해수**에서 사궁이 되며, **술토**에서는 묘궁이 된다.

정화와 **기토**는 화토공존이 되어 역시 동격으로 취급한다. **정화**와 **기토**는 **자수**에서 절궁으로 시작해 **해수**에서 태궁이 되고, **술토**에서 양궁이 되며, **유금**에서 장생궁이 된다. **신금**에서 목욕궁이 되고, **미토**에서 관대궁이 되며, **오화**에서 건록궁이 되고, **사화**

에서 제왕궁이 된다. 진토에서 쇠궁이 되고, 묘목에서 병궁이 되며, 인목에서 사궁이 되고, 축토에서 묘궁이 된다.

신금은 묘목에서 절궁으로 시작해 인목에서 태궁이 되고, 축토에서 양궁이 되며, 자수에서 장생궁이 되고, 해수에서 목욕궁이 된다. 술토에서 관대궁이 되고, 유금에서 건록궁이 되며, 신금에서 제왕국이 되고, 미토에서는 쇠궁이 된다. 오화에서 병궁이 되고, 사화에서 사궁이 되며, 진토에서는 묘궁이 된다. 마지막으로 계수는 오화에서 절궁으로 시작해 마지막 미토에서 묘궁이 된다. 지금까지 십이운성이 가진 각각의 성정과 기포법에 관하여 간단히 설명하였다. 다음의 표는 십이운성의 기포법과 각 천간에 대비하여 십이운성의 운용 방식을 이해하기 쉽게 표로 나타낸 것이다.

〈 십이운성 기포법 〉

구 분 오 행	양간의 기포법	음간의 기포법
목	양목은 신금에서 순행	음목은 유금에서 역행
화·토 (화토공존)	양화·양토는 해수에서 순행	음화·음토는 자수에서 역행
금	양금은 인목에서 순행	음금은 묘목에서 역행
수	양수는 사화에서 순행	음수는 오화에서 역행

〈 천간별 십이운성의 순역 및 운영방식 〉

천간 각궁	갑	을	병	정	무	기	경	신	임	계
절궁	신	유	해	자	해	자	인	묘	사	오
태궁	유	신	자	해	자	해	묘	인	오	사
양궁	술	미	축	술	축	술	진	축	미	진
장생궁	해	오	인	유	인	유	사	자	신	묘
목욕궁	자	사	묘	신	묘	신	오	해	유	인
관대궁	축	진	진	미	진	미	미	술	술	축
건록궁	인	묘	사	오	사	오	신	유	해	자
제왕궁	묘	인	오	사	오	사	유	신	자	해
쇠궁	진	축	미	진	미	진	술	미	축	술
병궁	사	자	신	묘	신	묘	해	오	인	유
사궁	오	해	유	인	유	인	자	사	묘	신
묘궁	미	술	술	축	술	축	축	진	진	미

3. 십이운성의 구성 원리

갑목이 신금에서 절궁이 되는 이유는 목은 봄이고, 금은 가을이라 반대의 계절에 해당하기 때문이다. 또한 생극의 관계로 보았을 때 금극목으로 목이 극을 받고 있기 때문이다. 유금에서 태궁이 되는 것은 유금의 지장간에 있는 편관경금과 정관신금이 있어 서로 부부가 되니 새 생명을 잉태하기 때문이다.

술토에서 양궁이 되는 이유는 술토라는 땅에 뿌리를 내리고 착근하는 형상이 되기 때문이다. 다만, 술토는 조토로서 갑목의 뿌리가 완벽히 내리기 전까지 얼마간의 시간이 필요한 것이다. 해수에서 장생궁이 되는 이유는 해수는 따뜻한 물로서 갑목을 성장시킬 수 있기 때문이다. 자수에서 목욕궁이 되는 이유는 자수가 차가운 물이 되기 때문이며, 강물로서 갑목을 '부목'52)시키기 때문이다.

축토에서 관대궁이 되는 이유는 축토는 계수와 신금을 지장간에 담고 있어 기름진 상태의 땅이라 충분히 뿌리를 내릴 수 있기 때문이다. 다만, 아직 해동이 덜 된 땅이라는 점을 주의해야 한다. 인목에서 건록궁이 되는 이유는 인목의 지장간에 담겨 있는 갑목이 있기 때문이며, 봄의 계절을 만났기 때문이다. 묘목에서 제왕궁이 되는 이유는 목의 기운이 가장 왕성한 시기이기 때문이다.

진토에서 쇠궁이 되는 이유는 목의 기운이 한풀 꺾인 상황이나 아직은 그 기세가 남아 있기 때문이다. 사화에서 병궁이 되는 이유는 갑목이 목생화로 기운이 '설기'53) 되기 때문이다. 오화에서 사궁이 되는 이유는 오화는 '화왕지절'54)로 목의 기운을 찾

---

52) 부목 : 물 위에 떠 있는 나무라는 뜻이다.
53) 설기 : 기운이 세어 나가는 것을 말한다.

을 수 없기 때문이다. 마지막으로 미토에서 묘궁이 되는 이유는 땅속에 나무가 묻혀 썩어가는 형상이기 때문이다.

을목이 유금에서 절궁이 되는 이유는 반대의 계절을 만났기 때문이며, 유금의 지장간에 담고 있는 신금을 만나 을신충을 하기 때문이다. 신금에서 태궁이 되는 이유는 신금의 지장간에 담겨 있는 경금과 을경합이 되어 부부가 되기 때문이다. 미토에서 양궁이 되는 이유는 미토의 지장간에 담겨 있는 을목은 곧 을목의 고장지가 되기 때문이다. 오화에서 장생궁이 되는 이유는 음력 오월이면 나무의 성장력이 가장 강한 시기로 꽃을 피우기 때문이다.

사화에서 목욕궁이 되는 이유는 사화의 지장간에 담겨 있는 경금과 을경합을 병화가 견제하기 때문이다. 진토에서 관대궁이 되는 이유는 진토가 '가색지토'55)이기 때문이다. 지장간에 담겨 있는 진중계수가 수생목으로 도움을 주고 있으나 무토가 버티고 있어 완벽한 뜻을 이룰 수 없기 때문이다. 묘목에 건록궁이 되는 이유는 을목이 본연의 모습을 찾았고 자신의 계절을 찾았기 때문이다.

---

54) 화왕지절 : 화기가 왕성한 절기라는 뜻이며, 여름을 이르는 말이다.
55) 가색지토 : 만물을 배양할 수 있는 땅을 말한다.

인목에서 제왕궁이 되는 이유는 인목의 지장간에 담겨 있는 갑목을 보았기 때문이다. 이로써 병화의 결실 즉 꽃을 피웠기 때문이다. 축토에서 쇠궁이 되는 이유는 축토의 지장간에 담겨 있는 신금과 을신충을 하고 있기 때문이다. 자수에서 병궁이 되는 이유는 계절이 겨울로 흘러가기 때문이며, 자수의 지장간에 온통 수기로 가득하여 물속에 잠기기 때문이다.

해수에서 사궁이 되는 이유는 병궁과 마찬가지로 계절적 요인이 작용하고 있기 때문이다. 지장간에 갑목이 있으나 이 갑목은 오히려 임수의 생을 받아 을목의 양분을 빼앗고 있기 때문이다. 술토에서 묘궁이 되는 이유는 지장간에 담겨 있는 신금과 을신충을 당한 후 정화로 인해 사라지게 되기 때문이다.

병화와 무토는 동격이기 때문에, 같은 의미로 이해하면 된다. 해수에서 절궁이 되는 이유는 병화의 계절은 여름이고 낮인데, 해수의 계절은 겨울이고 밤이기 때문이다. 자수에서 태궁이 되는 이유는 자수의 지장간에 담겨 있는 계수와 병화가 부부가 되기 때문이다. 축토에서 양궁이 되는 이유는 아직 겨울의 기운이 모두 물러나지 않았기 때문이다.

인목에서 장생궁이 되는 이유는 인목의 지장간에 담겨 있는 갑목으로부터 목생화를 받기 때문이다. 묘목에서 목욕궁이 되는 이유는 묘목은 습목으로 목생화를 제대로 할 수 없기 때문이다. 진토를 만나 관대궁이 되는 이유는 진토의 지장간에 담겨 있는 계수가 수생목을 하여 을목을 생하고 있으며, 을목은 목생화로써 병화를 생하고 있기 때문이다.

사·오화를 만나 관·왕궁이 되는 이유는 병화가 자신의 계절을 만났기 때문이다. 미토에서 쇠궁이 되는 이유는 여름이 끝나는 시기가 도래했기 때문이다. 신유에서 병사궁이 되는 이유는 여름이 지나 가을로 들어섰기 때문이다. 술토에서 묘궁이 되는 이유는 여름의 기운이 완전히 사라졌기 때문이다.

정화와 기토 역시 동격으로 살펴보면 된다. 자수를 만나 절궁이 되는 이유는 자수의 지장간에 담고 있는 계수와 정계충을 하고 있기 때문이다. 해수를 만나 태궁이 되는 이유는 해수의 지장간에 담겨 있는 임수와 서로 부부의 관계가 되기 때문이다. 술토에서 양궁이 되는 이유는 가을을 의미하는 술토가 이제는 겨울을 향하는 시기로 흐르기 때문이다. 즉 화의 기운을 잠재하고 있기 때문이다.

유금에서 장생궁이 되는 이유는 병화는 태양이고, 정화는 달로 비유되기 때문으로 유시에 달이 뜨기 때문이다. 신금에서 목욕궁이 되는 이유는 신금의 지장간에 담고 있는 임수와 정임합으로 합을 하여 목이 되었는데, **경금**이 이를 금극목 하기 때문이다. **미토**에서 관대궁이 되는 것은 **미토**의 지장간에 담고 있는 **을목**이 목생화를 하지만 음의 목이라 그 세력이 아직은 여의치가 않기 때문이다.

사·오화를 만나 관·왕궁이 되는 것은 자신의 계절이기 때문이다. **진토**를 만나 쇠궁이 되는 이유는 **진토**의 지장간에 담고 있는 **계수**와 **무토**가 무계합을 함으로써 남겨진 **을목**을 차지하고 있기 때문이다. **인묘목**을 만나 병사궁이 되는 이유는 묘가 습목이기 때문이며, 인시부터 달은 사라지기 때문이다. **축토**를 만나 묘궁이 되는 이유는 계절의 반대 방향이 되고 있기 때문이다.

경금이 **인목**을 만나 절궁이 되는 이유는 가을로써 봄을 만나 반대의 계절이기 때문이다. **묘목**을 만나 태궁이 되는 이유는 지장간에 담고 있는 **을목**과 부부가 되기 때문이다. **진토**를 만나 양궁이 되는 이유는 토생금이 되기 때문이다. **사화**를 만나 장생궁이 되는 이유는 지장간에 담고 있는 **경금**의 기운이 활기를 띠기 때문이다. 오화에서 목욕궁이 되는 이유는 오화의 기운이 **경금**을 화극금하고 있기 때문이다.

미토에서 관대궁이 되는 이유는 **미토**의 지장간에 담고 있는 **을목**의 희생 덕분이라 할 수 있다. **신·유금**을 만나 관·왕궁이 되는 이유는 자신의 계절을 만났기 때문이다. 술토를 만나 쇠궁이 되는 이유는 술토가 가을의 끝이 되기 때문이다. 해·자수를 만나 병·사궁이 되는 이유는 금의 기운이 설기가 되고 있기 때문이다. 축토에서 묘궁이 되는 이유는 경금이 물속으로 수장되기 때문이다.

신금이 묘목을 만나 절궁이 되는 것은 반대의 계절이 되기 때문이다. 인목을 만나 태궁이 되는 이유는 인목의 지장간에 담겨 있는 병화와 부부가 되기 때문이다. 축토를 만나 양궁이 되는 이유는 자신의 자리를 찾아갔기 때문이다. 자수를 만나 장생궁이 되는 이유는 금을 씻어주기 때문이다. 해수를 만나 목욕궁이 되는 이유는 갑목을 극하면서 신금의 기운이 빠지기 때문이다.

술토에서 관대궁이 되는 이유는 지장간에 담겨 있는 무토와 신금으로 인해 기운을 얻고는 있지만, 아직 정화의 견제가 남아 있기 때문이다. 신·유금을 만나 관·왕궁이 되는 이유는 본연의 계절을 만났기 때문이다. 미토에서 쇠궁이 되는 이유는 지장간에 담겨 있는 정화의 극을 받고, 을목과는 을신충이 되기 때문이다.

사·오화를 만나 병·사궁이 되는 이유는 왕성한 화의 기운 때문이다. 진토를 만나 묘궁이 되는 이유는 지장간에 담겨 있는 무토에 의해 매몰되기 때문이다.

 임수가 사화를 만나 절궁이 되는 이유는 반대의 계절을 만났기 때문이다. 오화를 만나 태궁이 되는 이유는 오화의 지장간에 담겨 있는 정화와 부부가 되기 때문이다. 미토에서 양궁이 되는 이유는 미토의 지장간에 담고 있는 정화와 정임합이 풀리지 않았기 때문이다. 신금을 만나 생궁이 되는 이유는 금생수가 되고 있기 때문이다.

 유금을 만나 목욕궁이 되는 이유는 물이 너무 맑고 깨끗하기 때문이다. 술토를 만나 관대궁이 되는 이유는 힘은 있으나 아직은 시기상조의 상황이기 때문이다. 해·자수를 만나 관·왕궁이 되는 이유는 본연의 계절을 만났기 때문이다. 축토에서 쇠궁이 되는 이유는 지장간의 기토가 토극수를 하기 때문이며, 축토가 겨울을 지나 봄으로 향하고 있기 때문이다.

 인·묘목에서 병·사궁이 되는 이유는 임수를 설기하기 때문이며 또한 어둠의 시간을 지나 동이 트는 시간이 되기 때문이다. 진토에서 묘궁이 되는 이유는 진토의 지장간에 담겨 있는 무토와 계수가 무계합으로 화가 되어 수를 증발시키기 때문이다.

 계수가 오화를 만나 절궁이 되는 이유는 반대의 계절을 만났기 때문이다. 사화를 만나 태궁이 되는 이유는 사화의 지장간에 있는 병화와 부부가 되기 때문이다. 진토에서 양궁이 되는 이유는 지장간에 담고 있는 계수의 뿌리가 있어 착근하고 있으나, 무계합의 여지도 남아 있어 아직은 불안정한 상태에 있기 때문이다. 묘목에서 장생이 되는 이유는 활기찬 묘목의 기운으로 계수 역시 활기를 띠기 때문이다.

인목에서 목욕궁이 되는 이유는 인목의 지장간에 담겨 있는 무토와 무계합을 하는데, 병화의 눈치를 봐야 하기 때문이다. 축토에서 관대궁이 되는 이유는 계수가 본연의 위치를 찾아가는 중이기 때문이다. 해·자수에서 관·왕궁이 되는 이유는 계수 본연의 계절을 만났기 때문이다. 술토에서 쇠궁이 되는 이유는 술토의 지장간에 담겨 있는 정화와 정계충을 하고 있기 때문이다.

유·신금에서 병·사궁이 되는 이유는 유·신금에 의해 물이 너무 맑음이 곧 병이 되고 있기 때문이다. 미토에서 묘궁이 되는 것은 반대의 계절을 만났기 때문이다.

4. 십이운성의 응용

1) 절궁

　절이란 '끊어진다'는 의미와 '막혔다'는 의미가 동시에 담겨 있다. 이를 실제 통변으로 응용할 때는 '운이 없다.' 혹은 사면초가의 상황으로 이해하면 된다. 즉 문제에 관한 답을 찾으려 해도 도무지 해결책이 나오지 않는 어려운 상황들이 반복해서 나타난다. 그로 인해 성격은 예민해지고 매사 계획보다는 즉흥적인 판단으로 이어져 점점 더 어려운 상황에 직면하게 되는데, 특히 타인에게 흉한 일을 당하는 경우가 많고 대개 손재수나 이별수와 연관한다.

년주에 절궁 선조 중에 양자나 혹은 서자로 대를 이은 집안이라고 판단할 수 있다. 부모의 덕이 박하여 초년의 고생이 많고 일찍 고향을 등지게 된다. 조상의 유업을 지키기 어렵다.

월주에 절궁 부모·형제와 인연이 없으며, 대인관계가 어렵고 사회생활에서도 인덕이 부족하다.

일주에 절궁 일찍 고향을 등지게 되며 배우자의 덕이 없다. 호색으로 신세를 망치는 경우가 있으니 주의해야 한다. 초년이 길하면 말년이 불길하고 말년이 길하면 초년이 불길하다.

시주에 절궁 자손과의 인연이 좋지 못하며 말년에 자손으로 인한 근심이 있다. 본인 역시 삶의 외로움을 면치 못하게 된다.

2) 태궁

태란 현재 시점에서 막 시작하려고 하는 단계를 뜻한다. 호기심이 강한 게 특징이다. 독립심이 약하여 외부의 환경에 의해 수동적으로 움직이는 상황에 직면하게 된다. 특히 '관재구설'[56]과 이성 문제를 조심해야 한다.

- 년주에 태궁 선조 때부터 집안이 발전하기 시작하였다. 하지만 발전의 기대치는 그리 높지 않았음을 짐작할 수 있다.
- 월주에 태궁 부모·형제의 덕이 없으며 집안의 경제 사정이 좋지 못해 이사가 빈번했을 것이라 짐작할 수 있다.
- 일주에 태궁 행동보다 생각이 앞서는 경향이 있고, 부부궁에 불화의 조짐이 있으며 삶에 있어 부정적인 변화가 많다.
- 시주에 태궁 자손의 덕이 많지 않으며, 자손이 가업을 잇기 어렵다. 아들보다 딸이 많다.

3) 양궁

아직은 미완의 상태로써 길이라고 판단할 수 없는 시기이다. 부모와 인연이 박하고 본인이 양자나 데릴사위가 되는 경우가 많다. 천재지변과 같은 예측불허의 돌발 사고나 감당하지 못할 사건·사고와 연관하게 된다. 마음이 어질어 희생정신은 강하지

---

[56] 관재구설 : 관재(검찰·경찰·법원)와 구설(시비·송사)을 말한다.

만 쉽게 좌절하고 패기가 약하다.

년주에 양궁 부친이 양자이거나 혹은 본인이 그러한 경우가 된다. 그렇지 않으면 다른 부모를 모셔야 한다. 장남으로 출생하는 경우가 많고 일찍 사회생활을 하게 된다.
월주에 양궁 의형제를 맺거나 다른 부모를 모시게 된다. 색란을 조심해야 한다.
일주에 양궁 양궁의 대표적 성정은 긴가민가하게 되는 애매한 상황이다. 일주는 내 자리임에도 불구하고 그 자리를 찾지 못함과 같다. 따라서 배우자의 자리 또한 모호함이 따르게 된다. 이성 문제가 빈번하게 발생하게 된다.
시주에 양궁 자식과의 관계는 미온적임에도 불구하고 효자를 두게 된다.

4) 장생궁

장생궁은 비로소 어머니 배속에서 나와 세상의 빛을 보는 순간이다. 시작을 의미하며 거침없이 나아가는 시기이다. 주거나 직업의 변동이 따르고 독립심이 드러나는 때이기도 하다. 대립보다는 대화를 통해 문제를 해결하려 하며 이러한 성격 덕분에 성공과 출세가 빠르다.

년주에 장생궁 선조 때부터 집안이 발전하였으며, 인덕이 많은 사람이다. 부모덕이 있는 사람이다.
월주에 장생궁 부모덕이 있으며, 형제와도 유정하고 화목하다. 중년부터 크게 발전한다.
일주에 장생궁 부부관계가 원만하며 본인이 가문을 빛내게 되고 친우와의 관계도 원만하다. 언행이 바르며 총명, 영리하고 일찍 출세하여 가문을 빛내게 된다. 여명은 학식이 넓고 재주가 뛰어나나 남편의 덕은 약하다.
시주에 장생궁 총명한 자손을 두게 되고, 그 자손이 가문을 빛내게 되며 자식에게 효도를 받게 된다.

5) 목욕궁

목욕궁은 아무것도 입지 않은 전라의 상태를 말한다. 도화의 기운을 가진 궁으로 남들의 이목이 쏠리는 시기이기도 하지만, 타인의 관심과는 반대로 일의 성패가 불안하고 가정 또한 화목하지 못하다. 음란의 여지가 강하다. 음란은 곧 사회적 망신과 관계를 하니 주의해야 한다. 풍류를 즐기는 사람이 많다. 방랑과 이별 또한 끊이지 않는다.

- 년주에 목욕궁 선조 때 주색으로 인해 패가망신한 전례가 있다.
- 월주에 목욕궁 월주는 부모·형제의 자리로 부모·형제 중에 주색으로 인한 가정생활의 파탄이나 불화가 있었다.
- 일주에 목욕궁 목욕궁은 실패를 의미하기도 한다. 따라서 부부 사이의 이별수가 존재하게 되며, 금전의 관리가 제대로 되지 않아 부모님의 유산과 유업을 지키기 어렵다.
- 시주에 목욕궁 말년에 실패수가 잠재하고 있다. 말년이 고독하고 자손과 이별수가 있으며, 자손으로 인한 근심이 따르게 된다.

6) 관대궁

전쟁 준비를 마치고 출정을 기다리는 마치 전사와도 같은 모습이 관대이다. 명예욕과 활동력이 강하여 남에게 지기 싫어한다. 자기 이익을 최우선으로 판단한다.

- 년주에 관대궁 예를 중시하는 가문으로 초년부터 별다른 걱정 없이 편안한 생활을 누려 왔다.
- 월주에 관대궁 부모·형제가 준수하고 사회에서도 본인이 맡은 바 책무를 다하게 된다. 출세욕이 강하여 뜻을 이루지만 가정은 편치 못하다.
- 일주에 관대궁 정도를 알기에 넘치거나 모자라지 않으며, 항상 타인에게 모범이 되는 사람이다. 자손이 총명하며 중년 이후에 발전한다.
- 시주에 관대궁 본인뿐만 아니라 자손의 영화가 있다. 하지만 자존심이 강한 탓에 자손의 재혼이 있을 수 있다.

7) 건록궁

독립심과 자립심이 매우 강하며, 머리가 영리하고 총명하다. 고집이 강해 다른 사람의 간섭을 거부하고 자신만의 포부를 펼치게 된다. 따라서 자수성가하는 경우가 많고 명예와 체면을 최우선으로 생각하는 사람이 많다.

- 년주에 건록궁 선조 때부터 집안이 번성하였고, 말년에 이르기까지 편안한 삶을 유지하게 된다.
- 월주에 건록궁 장남이나 장녀로 출생하는 경우가 많다. 가문이 번성한 집안이었다. 반대로 이러한 발전이 없었다면 오히려 그 복은 흉이 되어 나타난다.
- 일주에 건록궁 남녀 모두 부부궁이 부실한 경우가 많다. 이는 각자의 개성이 너무 강한 탓이다. 재주는 출중한 데 반해 형제로 인한 근심이 있다.
- 시주에 건록궁 자손이 귀하게 되니, 기쁨이 끊이지 않는다. 하지만 고집이 강해 자손의 부부궁에 문제가 나타날 수 있다. 특히 딸이라면 이점을 더욱 주의해야

한다.

8) 제왕궁

십이운성 중에서 가장 강한 기운을 가진 궁이다. 강력함은 좋으나 너무 강하면 부러지는 법이라 했으니, 매사 겸손함을 유지하지 못한다면 이 또한 근심이 뒤따르게 되는 것이다.

년주에 제왕궁 선조 때부터 최고의 권위를 자랑하던 가문이었다.
월주에 제왕궁 부모·형제가 크게 발전하였고, 형제가 많은 집안이다. 매사 수완과 역량이 뛰어나며 모든 일에 앞장서게 된다.
일주에 제왕궁 인덕이 있어 항시 사람이 따르지만, 타인을 무시하는 경향이 강하고 고집이 세다. 각자의 고집으로 부부관계가 좋지 않을 수 있다. 매사 배려하는 마음이 있어야 한다.
시주에 제왕궁 자손의 발전은 분명하지만, 효를 기대하기는 어렵다.

9) 쇠궁

왕성했던 시기를 지나 점차 그 기운이 사그라지는 때이다. 비록 성품은 온후하나 적극성이 미흡하다. 몰락의 기상이며 미래보다는 과거의 그리움을 추구하는 성향이 짙다.

년주에 쇠궁 선조 때부터 가문이 점차 몰락하기 시작했다. 부모덕은 미약하다.
월주에 쇠궁 부모 대부터 가정의 경제적 손실이 발생하게 된다. 인정에 이끌려 손해를 보는 경우가 많다.

일주에 쇠궁 아직은 능력이 남아 있으나 기운이 쇠하기 시작하는 때로 매사 추진력이 약하고 불안정한 상태에 놓이게 된다. 남의 말에 감정을 싣게 되니 주체 의식이 결여된 사람이 많다. 학자나 의사, 종교 등과 관련된 직업을 갖게 되면 흉은 길로 변해 세인의 존경을 받게 된다.

시주에 쇠궁 자손으로 인한 근심이 있으며, 자식에 대한 의존이 강하다. 항상 수심이 많고 고독하다. 여자의 경우 보수적이며 시부모를 섬기는 착한 며느리가 된다.

10) 병궁

동정심이 많은 것이 특징이나 매사 일을 성취하기 어렵다. 병마에 시달리며, 재산도 잃게 되는 파재의 기운까지 서려 있다. 재혼하는 경우가 많다.

년주에 병궁 선조 때부터 가세가 곤궁하였으며, 이동이 잦고 부모덕이 없다.

월주에 병궁 집안 형편이 어려운 시기에 본인이 출생하였다. 실천력과 활동력이 부족하다.

일주에 병궁 어려서부터 체질이 병약하였고, 부모와의 인연이 박하였다. 부모의 유산을 물려받거나 지키기는 어렵다. 타인을 돕는 일에 적극적인 경향을 띤 사람이 많다.

시주에 병궁 자손이 병약한 체질이며, 이로 인한 근심과 수심이 가득하다.

11) 사궁

사는 죽은 것이니 매사 불안정하고 의지가 박약하며, 결단력도 약하다. 매사 근심이 많은 사람이지만, 촉이 발달한 사람이다.

년주에 사궁 선조의 덕이 희박하며, 일찍 고향을 등지고 타향살이하게 된다.

월주에 사궁 부모·형제와 인연이 박하고 덕이 없어 고독하다.

일주에 사궁 부부관계가 좋지 못하며 부모·형제와도 인연이 박하다. 좋은 일을 하면서도 욕을 듣게 되니 인덕도 없다.

시주에 사궁 자손에게 기대할 바가 없다. 자손과의 관계도 불화하게 되니 자손이 일찍 독립하게 된다.

12) 묘궁

부모·형제와 인연이 박하며 내성적인 사람이다.

년주에 묘궁 선조봉례에 정성을 다하며 조상의 묘를 매만져 다듬는 치산의 역할을 하는 사람이다. 비록 막내로 출생하였다 할지라도 장남의 역할을 하는 경우가 많다.

월주에 묘궁 부모·형제의 덕이 없으며, 불화하게 되고 일찍 이별하게 된다.

일주에 묘궁 부모·형제와 인연이 없고, 고민이 많은 사람이다. 항시 건강의 염려가 있다. 비록 재복은 있으나 인덕은 없다.

시주에 묘궁 어려서 여러 질병으로 인해 고생했거나, 혹은 자손으로 인해 수심이 많은 사람이다.

5. 십이운성의 실례

　십이운성 포태법을 해석하는 방식에는 크게 거법·봉법·좌법·인종법의 총 4가지 방법이 있다. 그러나 본 저서에서는 좌법과 인종법에 관해 따로 논하지 않고, 일반적으로 널리 사용하는 거법과 봉법에 관해서만 설명하기로 하겠다. 그 이유는 거법과 봉법은 포태법에서 가장 중심이 되는 기본 이론이기 때문이다. 그럼, 거법과 봉법에 관해 살펴보도록 하겠다.

　다음의 예시에 있는 사주를 살펴보면 사주원국의 각주(년·월·일·시)를 중심으로 살펴보는 각간 기준과 일간을 중심으로 살펴보는 일간 기준의 두 가지 형태로 나뉘어 있다. 이처럼 각간을 기준으로 포태법을 살피는 방법을 거법이라고 한다. 그리고 일간 기준으로 포태법을 살피는 방법을 봉법이라고 한다.

예1)

시주	일주	월주	년주
庚+ (식신)	戊+ (일간)	丙+ (편인)	己- (겁재)
申+ (식신)	辰+ (비견)	子- (정재)	巳+ (편인)

		시주	일주	월주	년주
거법	↔	庚+	戊+	丙+	己-
		건록궁	관대궁	태궁	제왕궁
봉법	↔	申+	辰+	子-	巳+
		병궁	관대궁	태궁	건록궁

먼저 예1)의 사주를 거법으로 살펴보면 다음과 같다. 년주는 기사로 제왕궁이 되고 있다. 월주는 병자로 태궁이 되고 있으며, 일주의 무진은 관대궁이 되고, 시주의 경신은 건록궁이 되고 있다.

이를 포태법의 봉법으로 살펴보면 년주는 건록궁이 되고, 월주는 태궁이 되며, 일주는 관대궁이 되고, 시주는 병궁이 된다.

예2)

시주	일주	월주	년주
辛-	庚+	乙-	己-
(겁재)	(일간)	(정재)	(정인)
巳+	子-	亥+	卯-
(편관)	(상관)	(식신)	(정재)

	시주	일주	월주	년주
거법 ↔	辛-	庚+	乙-	己-
	사궁	사궁	사궁	병궁
봉법 ↔	巳+	子-	亥+	卯-
	장생궁	사궁	병궁	태궁

예2)의 사주를 거법으로 살펴보면 다음과 같다. 년주는 기묘로 병궁이 되고, 월주는 을해로 사궁이 된다. 일주는 경자로 사궁이 되고, 시주는 신사로 사궁이 된다. 이를 다시 봉법으로 살펴보면, 년주는 태궁이 되고, 월주는 병궁이 된다. 일주는 사궁이 되고, 시주는 장생궁이 된다.

거법과 봉법은 앞서 말한 바와 같이 포태법에서 가장 기본적인 구성이 되고 있으니, 반드시 숙지하기를 바란다. 그러면 거법과 봉법으로 살펴본 구성을 토대로 해석을 해보도록 하겠다. 먼저 예1) 사주의 거법이다.

예1)	시주	일주	월주	년주
거법의 해석	庚+	戊+	丙+	己-
	건록궁	관대궁	태궁	제왕궁
	申+	辰+	子-	巳+
	병궁	관대궁	태궁	건록궁

년주에 제왕궁이 들었으니 선조때부터 가문이 융성하였다. 그리고 **경금**일간은 유복한 집안에서 자랐다. 그러나 월주에 태궁이 들었으니, 초년에 가업이 차츰 기울면서 고향을 등지게 되거나 이사가 잦았을 것이다.

일주에 관대궁이 들었으니 자수성가하여 세인의 존중을 받게 된다. 시주에 건록궁이 들었으니, 자손이 많아 유복하며 자신도 말년에 풍요로운 삶을 살게 된다. 그러나 만약 여자의 사주에 건록을 놓으면 오히려 독수공방57)을 하게 되거나, 혹은 남편이 외도를 하게 된다. 다음은 예1) 사주의 봉법 해석이다.

예1) 봉법의 해석	시주	일주	월주	년주
	庚+	戊+	丙+	己-
	건록궁	관대궁	태궁	제왕궁
	申+	辰+	子-	巳+
	병궁	관대궁	태궁	건록궁

년주에 건록궁이 들었으니 선조 때부터 가문이 융성하였다. 월주에 태궁이 들어 부모·형제와 인연이 박하고, 초년에 이동이 잦았다. 일주는 관대궁으로 그의 외모가 뛰어나다. 그의 배우자 역시 마찬가지로 미인형이다. 비록 고집은 세지만 예의가 바른

---

57) 독수공방 : 아내가 남편 없이 홀로 지내는 것을 말한다.

사람이며, 인품도 훌륭한 사람이다. 시주에 병궁이 들었으니, 자손이 병약하여 이로 인한 근심이 떠날 날이 없다. 다음은 예2) 사주의 거법 해석이다.

예2) 거법의 해석	시주	일주	월주	년주
	辛-	庚+	乙-	己-
	사궁	사궁	사궁	병궁
	巳+	子-	亥+	卯-
	장생궁	사궁	병궁	태궁

년주에 병궁이 들었으니 선조 때부터 가세가 곤궁하였다. 이로 인해 이동이 잦았고 부모덕도 없다. 월주에 사궁이 들어 부모·형제와 인연이 박하고, 이로 인한 감정의 기복이 심해 주색에 빠질 염려가 있다. 일주에 사궁이 들었으니 비록 좋은 일은 많이 하나 기대할 바가 없으며, 부부관계도 좋지 못하다. 시주에 역시 사궁이 들어 자손으로 인한 근심과 걱정이 떠날 날 없겠으며, 배우자나 자손과의 관계도 불미하다. 다음은 예2) 사주의 봉법 해석이다.

	시주	일주	월주	년주
예2) 봉법의 해석	辛-	庚+	乙-	己-
	사궁	사궁	사궁	병궁
	巳+	子-	亥+	卯-
	장생궁	사궁	병궁	태궁

 년주에 태궁이 들었으니 선조 때부터 집안이 발전하기 시작하였다. 월주에 병궁이 들었으니, 본인은 집안이 가난하여 가정형편이 어려울 때 출생했다. 일주가 사궁에 들어 자신보다 타인을 걱정하는 마음은 기특하다고 할 수 있으나, 정작 본인은 부모·형제를 비롯해 배우자의 덕도 없다. 시주가 장생궁에 들었으니 불행 중 다행으로 뒤늦게나마 자손의 발전에 의한 영화가 따르게 된다.

 이처럼 십이운성 포태법을 통해 한 인간의 운명에 관한 과거와 현재, 그리고 미래를 각각 예측해 볼 수가 있는 것이다. 그리고 궁위별로 자리하고 있는 육친과 일간을 각각 대조하면서 이들의 관계성과 세력의 강약을 동시에 가늠해 볼 수 있는 것이다.

제2장 납음오행

　십천간과 십이지지에는 전부 오행이 배속되어 있다. 이를 인간 세상에 배속시키면 하늘은 '오성'[58]이고, 땅은 '오악'[59]이며, 사람은 오상이 된다. 이 중에서 오상은 사람이라면 마땅히 갖추어야 할 유교 철학의 핵심 덕목으로 인의예지신을 말하는 것이다. 이러한 오상은 곧 인체의 오장과도 연계가 된다. 이처럼 대자연이 품고 있는 삼라만상의 모든 이치와 변화가 오행에 배속되지 않은 게 없는 것이다.

　납음오행이란 소리의 음을 오행으로 나타낸 것이다. 동양의 전통적인 음계에는 궁상각치우가 있다. 궁은 토, 상은 금, 각은 목, 치는 화, 우는 수가 된다. 이를 육십갑자에 각각 배속시키는데, 하나의 율이 5개의 음을 가지게 하여 총 12율에 60음을 배정하여 놓았다.

　납음오행에 육십갑자를 배정하면 갑자와 을축에는 금의 기운이 없지만 해중금이 되어 금이 된다. 경신과 신유 역시 목의 기운이 없지만 석류목이 되어 목이 된다. 납음오행의 구성은 수리를 기반으로 이루어진다. 수리에는 '선천수'[60]와 '후천수'[61]가

---

58) 오성 : 하늘에 있는 목성·화성·토성·금성·수성를 말한다.
59) 오악 : 중국인들이 가장 신성하게 여기는 명산으로 동악의 태산, 서악의 화산, 중악의 숭상, 북악의 항산, 남악의 형산을 가리킨다.

있는데 그중에서도 선천수로 구성되어 있다.

1. 선천수와 후천수

〈 간지의 선천수 〉

선천수	9	8	7	6	5	4
천간합	갑기	을경	병신	정임	무계	
지지충	자오	축미	인신	묘유	무술	사해

위의 표는 간지의 선천수를 나타낸 표이다. 천간은 합으로 지지는 충으로 각각 숫자를 구성하고 있다. 이 표에는 1, 2, 3의 숫자가 없다. 그 이유는 1은 천수이고, 2는 지수이며, 3은 인수로서 이미 천지인의 기본수를 이루고 있기 때문이다.

〈 간지의 후천수 〉

구분 \ 오행	목		화		토		금		수	
천 간	갑	을	병	정	무	기	경	신	임	계
지 지	인	묘	오	사	진술	축미	신	유	자	해
후천수	3	8	7	2	5	10	9	4	1	6

---

60) 선천수 : 만물이 생성되는 변화의 동체를 의미한다.
61) 후천수 : 오행을 위주로 한 인간중심의 생명 활동을 의미한다.

2. 납음오행의 산출법

갑자을축을 선천수로 계산하면 34가 되고, 34를 천지도수[62]인 49에서 감하면 '49-34=15'가 된다. 즉 15가 남고 15를 오행수인 5로 나누면 모두 나누어지므로 5를 기준으로 하게 된다. 5는 토인데 토는 토생금 하니 갑자을축은 해중금이 되는 것이다.

병인정묘를 선천수로 계산하면 26이 되고, 26에 천지도수인 49에서 감하면 '49-26=23'이 된다. 이를 오행수인 5로 나누면 나머지 숫자가 3이 되는데, 3은 목인데 목은 목생화를 하니 병인정묘는 노중화가 되는 것이다.

무진기사를 선천수로 계산하면 23이 되고, 23에 천지도수인 49에서 감하면 '49-23=26'이 된다. 이를 오행수인 5로 나누면 나머지 숫자가 1이 되는데, 1은 수인데 수는 수생목을 하니 무진기사는 대림목이 되는 것이다. 결론적으로 간지 선천수의 총합을 천지도수인 49에서 감한 후 오행수인 5로 제하고 남은 숫자의 오행이 생하는 음이 곧 납음오행이 된다.

---

62) 천지수 : 일월운행의 변화를 상수적인 개념으로 표현한 용어이다.

〈 납음오행의 음률 도표 〉

구 분	갑자	을축	병인	정묘	무진	기사	경오	신미	임신	계유
납 음	해중금		노중화		대림목		노중토		검봉금	
육 갑	갑술	을해	병자	정축	무인	기묘	경진	신사	임오	계미
납 음	산두화		간하수		성두토		백랍금		양류목	
육 갑	갑신	을유	병술	정해	무자	기축	경인	신묘	임진	계사
납 음	천중수		옥상토		벽력화		송백목		장류수	
육 갑	갑오	을미	병신	정유	무술	기해	경자	신축	임인	계묘
납 음	사중금		산하화		평지목		벽상토		금박금	
육 갑	갑진	을사	병오	정미	무신	기유	경술	신해	임자	계축
납 음	복등화		천하수		대역토		차천금		상자목	
육 갑	갑인	을묘	병진	정사	무오	기미	경신	신유	임술	계해
납 음	대계수		사중토		천상화		석류목		대해수	

납음오행은 연애나 결혼과 같은 남녀의 궁합을 볼 때 참고 사항으로 제시되기는 하나 현대명리학에서는 자주 사용되고 있는 이론이 아니라는 점을 밝힌다. 그러나 납음오행도 사용하는 사람의 전문성과 역량에 따라 추명의 범위와 적중률의 편차가 크게 달라질 수 있다. 관점에 따른 다양한 해법이 존재함으로 결코 무시할 수 있는 이론만은 아니다.

제3장 십이신살

십이신살은 12가지 살을 뜻한다. 신살은 길신과 흉신으로 각각 구분하는데 신은 길신을, 살은 흉신을 의미한다.

1. 십이신살의 종류

신살의 원리는 앞서 배웠던 삼합을 기준으로 표출한다. 그 종류는 겁살을 시작으로 재살, 천살을 지나 마지막의 화개살에 이르기까지 총 12가지 신살이 있다. 다음의 표는 십이신살의 종류를 표로 나타낸 것이다.

〈 십이신살의 종류 〉

겁 살	재 살	천 살
지 살	년 살	월 살
망신살	장성살	반안살
역마살	육해살	화개살

사주는 총 네 개의 기둥으로 구성된 까닭에 어떠한 명식이든 네 가지 신살이 사주에 나타나게 된다. 또한 사주에서만 응용되

고 있는 것이 아니라, 대운과 세운, 그리고 월운과 일운에도 응용되고 있다.

　옛 고서에는 십이신살을 무의미한 것으로 치부하기도 하지만, 이는 어디까지나 몇몇 개인의 생각일 뿐 십이신살에 관한 저자의 견해는 이와 전혀 다르다는 것을 피력하는 바이다. 중요한 것은 사주의 전체적인 흐름을 잘 파악하고, 그 흐름에 맞춰 십이신살을 얼마만큼 잘 접목하고 활용하는지가 중요한 것이라 말할 수 있다.

2. 십이신살의 표출법

　십이신살의 표출법은 비교적 간단하다. 바로 지지의 삼합을 기준으로 표출하게 되는데, 가령 예를 들면 해묘미 삼합은 목국에서 일어나 **신금**을 기점으로 겁살이 되어 순환을 시작하게 된다. 인오술 삼합은 화국에서 일어나 **해수**를 기점으로 겁살이 되어 순환을 시작한다.

　사유축 삼합은 금국에서 일어나 **인목**을 기점으로 겁살이 되어 순환을 시작하며, 신자진 삼합은 수국에서 일어나 **사화**를 기점으로 겁살이 되어 순환을 시작하게 된다. 앞서 배웠던 십이운성과 같은 방식으로 십이신살 역시 순환하게 되는 것이다.

　재살의 경우 해묘미 삼합의 목국에서 일어나 **신금**을 기점으로 겁살이 되는 바로 다음 지지인 유금에서는 재살이 된다. 인오술 삼합은 화국으로 일어나 해수를 기점으로 겁살이 되는 바로 다음 지지인 자수에서는 재살이 된다. 사유축 삼합은 금국으로 일어나 인목에서 겁살이 되는 바로 다음 지지인 묘목에서 재살이 된다. 신자진 삼합은 수국으로 일어나 사화에서 겁살이 되는 바로 다음 지지인 오화에서 재살이 된다.

  이후에는 같은 방식으로 천살·지살·년살·월살·망신살·장성살·반안살·역마살·육해살·화개살의 순으로 이어지게 된다. 먼저 십이신살 순서를 암기한 후 다음의 십이신살 구성표를 참고하여 표출하는 방식을 반복 연습으로 숙지하길 바란다.

〈 십이신살의 구성표 〉

생년 신살	해묘미	인오술	사유축	신자진
겁 살	신	해	인	사
재 살	유	자	묘	오
천 살	술	축	진	미
지 살	해	인	사	신
년 살	자	묘	오	유
월 살	축	진	미	술
망신살	인	사	신	해
장성살	묘	오	유	자
반안살	진	미	술	축
역마살	사	신	해	인
육해살	오	유	자	묘
화개살	미	술	축	진

3. 십이신살의 구성

지금부터 십이신살은 어떠한 원리로 구성되어 있는지 그 구성 원리에 관해 살펴보기로 하겠다. 먼저 각 오행의 삼합 첫 번째 자리에 위치하는 지지는 지살이 된다. 두 번째 자리이자 중간에 위치하는 지지는 장성살이 된다. 마지막으로 세 번째 자리에 위치하는 지지는 화개살이 된다.

1) 인신사해 - 지살

인오술 삼합의 첫 번째 지지는 인목으로 지살이 된다. 신자진 삼합의 첫 번째 지지는 신금으로 지살이 된다. 사유축 삼합의 첫 번째 지지는 사화로 지살이 된다. 해묘미 삼합의 첫 번째 지지는 해수로 지살이 된다.

2) 자오묘유 - 장성살

인오술 삼합의 두 번째 지지는 오화로 장성살이 된다. 신자진 삼합의 두 번째 지지는 자수로 장성살이 된다. 사유축 삼합의 두 번째 지지는 유금으로 장성살이 된다. 해묘미 삼합의 두 번째 지지는 묘목으로 장성살이 된다.

3) 진술축미 - 화개살

인오술 삼합의 세 번째 지지는 술토로 화개살이 된다. 신자진 삼합의 세 번째 지지는 진토로 화개살이 된다. 사유축 삼합의 세 번째 지지는 축토로 화개살이 된다. 해묘미 삼합의 경우 세 번째 지지는 미토로 화개살이 된다.

4) 인신사해와 충 - 역마살

인오술 삼합의 첫 번째 지지인 인목과 충이 되는 신금이 역마살이 된다. 신자진 삼합의 첫 번째 지지인 신금과 충이 되는 인목이 역마살이 된다. 사유축 삼합의 첫 번째 지지인 사화와 충이 되는 해수가 역마살이 된다. 해묘미 삼합의 첫 번째 지지인 해수와 충이 되는 사화가 역마살이 된다.

5) 자오묘유와 충 - 재살

인오술 삼합의 두 번째 지지인 오화와 충이 되는 자수가 재살이 된다. 신자진 삼합의 두 번째 지지인 자수와 충이 되는 오화가 재살이 된다. 사유축 삼합의 두 번째 지지인 유금과 충이 되는 묘목이 재살이 된다. 해묘미 삼합의 두 번째 지지인 묘목과 충이 되는 유금이 재살이 된다.

6) 진술축미와 충 - 월살

　인오술 삼합의 세 번째 지지인 술토와 충이 되는 진토가 월살이 된다. 신자진 삼합의 세 번째 지지인 진토와 충이 되는 술토가 월살이 된다. 사유축 삼합의 세 번째 지지인 축토와 충이 되는 미토가 월살이 된다. 해묘미 삼합의 세 번째 지지인 미토와 충이 되는 축토가 월살이 된다.

7) 삼합의 첫 지지의 후 지지 - 년살

　인오술 삼합의 첫 번째 지지의 후 지지인 묘목이 년살이 된다. 신자진 삼합의 첫 번째 지지의 후 지지인 유금이 년살이 된다. 사유축 삼합의 첫 번째 지지의 후 지지인 오화가 년살이 된다. 해묘미 삼합의 첫 번째 지지의 후 지지인 자수가 년살이 된다.

8) 삼합의 두 번째 지지의 후 지지 - 반안살

　인오술 삼합의 두 번째 지지가 되는 오화의 후 지지인 미토가 반안살이 된다. 신자진 삼합의 두 번째 지지가 되는 자수의 후 지지인 축토가 반안살이 된다. 사유축 삼합의 두 번째 지지가 되는 유금의 후 지지인 술토가 반안살이 된다. 해묘미 삼합의 두 번째 지지가 되는 묘목의 후 지지인 진토가 각각 반안살이 된다.

9) 삼합의 세 번째 지지의 후 지지 - 겁살

인오술 삼합의 세 번째 지지가 되는 술토의 후 지지인 해수가 겁살이 된다. 신자진 삼합의 세 번째 지지가 되는 진토의 후 지지인 사화가 겁살이 된다. 사유축 삼합의 세 번째 지지가 되는 축토의 후 지지인 인목이 겁살이 된다. 해묘미 삼합의 세 번째 지지가 되는 미토의 후 지지인 신금이 겁살이 된다.

10) 삼합의 첫 번째 지지의 전 지지 - 천살

인오술 삼합의 첫 번째 지지의 전 지지인 축토가 천살이 된다. 신자진 삼합의 첫 번째 지지의 전 지지인 미토가 천살이 된다. 사유축 삼합의 첫 번째 지지의 전 지지인 진토가 천살이 된다. 해묘미 삼합의 첫 번째 지지의 전 지지인 술토가 천살이 된다.

11) 삼합의 두 번째 지지의 전 지지 - 망신살

인오술 삼합의 두 번째 지지의 전 지지인 사화가 망신살이 된다. 신자진 삼합의 두 번째 지지의 전 지지인 해수가 망신살이 된다. 사유축 삼합의 두 번째 지지의 전 지지인 신금이 망신살이 된다. 해묘미 삼합의 두 번째 지지의 전 지지인 인목이 망신살이 된다.

12) 삼합의 세 번째 지지의 전 지지 - 육해살

인오술 삼합의 세 번째 지지의 전 지지인 유금이 육해살이 된다. 신자진 삼합의 세 번째 지지의 전 지지인 묘목이 육해살이 된다. 사유축 삼합의 세 번째 지지의 전 지지인 자수가 육해살이 된다. 해묘미 삼합의 세 번째 지지의 전 지지인 오화가 육해살이 된다.

이처럼 십이신살은 인오술, 신자진, 사유축, 해묘미의 삼합을 기준으로 구성이 되고 있으며, 그 틀 안에서 다양하게 응용되고 있는 것이다.

〈 삼합의 분류에 따른 특성 〉

삼합의 분류	사생지(사맹지)	사왕지(사패지)	사묘지(사고지)
화 국	인	오	술
수 국	신	자	진
금 국	사	유	축
목 국	해	묘	미

삼합의 첫 번째 지지를 나열하면 인신사해가 된다. 그리고 삼합의 두 번째 지지를 나열하면 자오묘유가 되며, 삼합의 세 번째 지지를 나열하면 진술축미가 된다. 위의 표에서 보는 바와 같이 삼합을 시작하는 첫 지지를 나열하면 인신사해가 된다. 이를 시작이라는 의미의 사생지라고 말한다. 두 번째 지지를 나열하면 자오묘유가 되는데, 이를 강하다는 의미의 사왕지라고 말한다. 세 번째 지지를 나열하면 진·술·축·미가 되는데, 마무리를 의미하는 사고지라고 말한다.

사생지에 속하는 인신사해를 사맹지라고도 한다. 이는 각 계절의 시작을 알리는 지지이기 때문이다. 태동의 기운이 서려 있기 때문이다. 사왕지인 자·오·묘·유는 각 계절의 가장 왕성한 시기를 이르며, 도화의 기운을 품고 있어 사패지라고도 말한다. 진·술·축·미는 각 계절의 기운을 마치고 땅속으로 들어가는 것을 의미한다. 따라서 이를 사묘지라고 하며, 저장의 의미인 사고지로도 불린다.

사생지, 사왕지, 사고지를 알아두어야 하는 이유는 오행의 생·왕·묘 구분을 명확히 구분할 줄 알아야 지지의 합과 충, 그리고 지장간의 구성을 바르게 이해할 수 있기 때문이다. 또한 지지가 가진 특징과 세력의 흐름을 파악할 수 있고, 그 결과를 바탕으로 각 오행이 내재하고 있는 자연의 이치를 올바르게 활용할 수 있기 때문이다.

4. 십이신살의 응용

1) 겁살

겁살은 십이신살 중 가장 강한 기운이다. 겁살로 인한 피해로는 나의 재물을 빼앗기는 탈재나 나의 재물을 나누어야 하는 분재, 그리고 실패수 등의 부정적인 작용이 있다. 혹여 재물이 들어온다고 하더라도 그 이상으로 빠져나가게 된다. 이 밖에도 사기를 당하거나 부도의 염려가 가득한 흉살 중 하나이다. 이 때문에 사주에 겁살을 놓은 자는 금전 관리를 소홀히 해서는 안 된다.

년주에 겁살　선조의 덕이 없으며, 일찍 고향을 등지고 타향살이하게 된다.
월주에 겁살　부모·형제와 무정하며, 일찍 고향을 등지고 자수성가하는 운명이다. 성격이 조급하고 마치 행동이 불과 같아 매사 밀어붙이는 기질이 강하다.
일주에 겁살　부부가 무정하고 풍파가 많다. 그러나 사주에 관성이 잘 갖춰져 있다면 귀한 운명이 될 수도 있다. 다른 주에 놓인 겁재도 마찬가지다.
시주에 겁살　배우자나 자손의 덕이 없다. 그리고 배우자와 자손으로 인한 근심과 걱정이 떠날 날이 없다. 다만 시에 놓인 겁살은 영웅살이라 하여 귀하게 여긴다. 여기서 주의해야 할 점은 길신에 겁살이 임하는 경우 겁살의 작용이 다소 긍정적으로 나타나지만, 흉신이나 '기신'[63])에 겁살이 임하게 되면 흉이 완벽하게 드러난다는 것이다.

---

63) 기신 : 순리를 거스르는 것, 또는 순리를 거스르는 행위를 의미한다.

2) 재살

재살은 수옥살이라고도 하며 관재·송사·시비와 관계한다. 직장과 가정의 변동이 심하여 항시 불안한 심리상태를 유지하게 되므로 항시 수심이 가득하게 된다. 신체상의 위험 역시 항상 따르게 된다.

년주에 재살 선조 때 비명횡사한 조상이 있다. 혹은 소송이나 감금 등의 관재가 있었으며, 이로 인해 집안에 풍파가 잦았다.

월주에 재살 부모·형제 중에 납치 혹은 관재로 인한 흉사가 있거나, 큰 사고를 당한 적이 있다. 부모의 유산을 지키기 어렵다.

일주에 재살 어릴 때부터 잦은 병마에 시달리게 되거나 부부가 무정하게 된다. 배우자나 일간이 큰 사고를 당할 위험이 있다.

시주에 재살 자손이 사고를 당하거나 혹은 일간과 사이가 좋지 못하다. 속 썩이는 자손으로 인해 한평생 고생을 면키가 어렵다.

3) 천살

천살은 말 그대로 하늘의 재앙을 뜻하는 것이다. 모든 천재지변을 통틀어 천살이라고 하며 정신적·육체적인 심신의 괴로움을 상징하는 살이다. 갑작스러운 사고가 발생할 수 있으니, 일상생활에 있어 항시 주의해야 하는 살이다.

년주에 천살 선조 때 천재지변으로 인한 불의의 사고로 비명횡사한 조상이 있다. 그로 인해 집안의 근심이 있다.

월주에 천살 부모·형제 중에서 천재지변으로 인한 사건·사고를 당할 수 있으니 주의야 한다. 그렇지 아니하면 집안에 우환이 가득하게 된다. 또한 천살이 월주에 있게 되면 부모와 전생의 인연이 있었다고 판단한다.

일주에 천살 부부의 정이 불안하게 되고, 생사 이별을 경험할 수 있으니 각별한 주의가 필요하다.

시주에 천살 자손과의 연이 깊지 못하다. 자손에게 예상치 못한 불의의 사고수가 비추게 되니 항시 주의해야 한다.

4) 지살

지살은 역마살과 비슷한 의미를 지니고 있지만, 지살은 그 범위가 좁고 역마살은 그 범위가 넓다. 가정의 이사가 잦거나 직장을 자주 옮길 수 있으며 매사 동분서주하게 되는 살이다. 승진·취업·이사·여행과 관계한다. 역마살에 비해 긍정적인 성향을 나타낸다.

년주에 지살 선조 때부터 고향을 등지며 살아왔으며 객지와 인연이 있다. 오래전부터 해외 출입을 해왔던 집안이다.

월주에 지살 부모·형제가 고향을 떠나 정착하게 된다. 어릴 때 이사를 많이 하게 된다.

일주에 지살 해외로 이민하게 되거나 혹은 배우자를 먼 곳에서 맞아들인다.

시주에 지살 자손이 부모에게서 멀리 떨어져 정착하거나 해외에서 활동하게 된다.

5) 년살

년살을 일명 도화살이나 '함지살'[64]이라고도 한다. 주색을 상징하는 대표적인 살로써 도박이나 망신과 같은 불명예스러운 사건과도 연관하게 된다. 긍정적인 의미로는 만인에게 환대받는 인기를 상징한다.

- 년주에 년살   선조 때부터 주색으로 인해 집안에 풍파가 잦았다.
- 월주에 년살   부모·형제의 향락으로 인해 집안에 풍파가 잦았으며 부모·형제의 치정과도 관계하게 된다.
- 일주에 년살   자신이 향락에 빠질 수 있으며 이로 인한 집안의 근심과 걱정이 끊이지 않는다. 부부관계를 유지하기가 쉽지 않다.
- 시주에 년살   나이 차가 많이 나는 연하의 이성과 관계하게 되거나 유흥과 관계된 배우자를 만나게 된다. 후에 자손이 향락에 빠지게 되는 염려도 있다.

6) 월살

월살은 고초살이라고도 한다. 콩 심은 데 콩이 안 나고, 팥 심은 데 팥도 안 나는 흉살 중 하나이다. 부모·형제 등 육친의 덕이나 인연이 박하다. 매사 일이 잘 풀리지 않으며 근심 걱정이 떠날 날이 없다.

- 년주에 월살   선조 때부터 가사를 일으키기 위해 부단히 노력하였으나 뚜렷한 성과를 만들지는 못했다.
- 월주에 월살   부모 대에는 큰 발전을 이루기가 힘들게 되며 형제의 발전도 바라기가 어렵다. 부모·형제의 덕이 없다.
- 일주에 월살   부부의 정이 없으며, 부부 중 한 사람이 허약하거나 지병으로 고생하게 된다. 그로 인하여 관계마저도 소원하게 된다.
- 시주에 월살   자손으로 인한 근심과 걱정이 떠날 날이 없으며 자손에게 기대할

---

64) 함지살 : 일반적으로 도화살과 비슷한 작용을 하나 도화살보다 좀 더 적극적인 매력을 담고 있는 살이다.

바가 없다.

7) 망신살

망신살은 '독 안에 들어도 면키 어렵다'라고 하는 흉살 중 하나이다. 실패를 뜻하기도 하는 이 살은 치명적인 명예의 손상을 일으키는 살이다. 특히 '세운'[65]에서 이 살을 만날 때는 더욱 조심해야 한다.

년주에 망신살   선조 때 집안에 여러 사건·사고로 인하여 큰 망신을 당했던 집안이다. 조상의 덕이 없고 매사 시작하는데, 큰 어려움이 따르게 된다.
월주에 망신살   부모·형제가 주변과 다투는 일이 많다. 부모덕이 없으며 부모·형제의 재혼과 연관하게 된다.
일주에 망신살   부부관계에 근심이 깊어지게 되며, 자신과 배우자로 인해 망신을 당하게 된다.
시주에 망신살   자손과의 인연이 좋지 못하고 자손으로 인해 망신을 당하게 된다.

8) 장성살

장성살은 장군의 별이라는 뜻이다. 타인의 이야기를 귀담아듣지 않는 고집을 뜻하기도 한다. 혹은 소통의 불화로 따돌림을 당하기도 한다. 하지만 길성으로 작용하는 경우 단체의 수장이 되어 큰 뜻을 펼치게 된다.

---

65) 세운 : 1년마다 새롭게 다가오는 운을 말한다.

년주에 장성살   선조 때 명예와 권력을 가졌던 집안이다. 혹은 집안의 장남이나 장녀 역할을 한다.
월주에 장성살   부모·형제가 큰 출세를 했거나 발전할 수 있다. 만일 흉신으로 작용한다면 그 반대의 결과를 초래하게 된다.
일주에 장성살   자신의 발전이다. 그러나 그의 처가 고집이 세어 부부 사이에 다양한 형태의 애정사가 발생할 수 있다.
시주에 장성살   그의 자손이 출세할 수 있겠으나 그 반대의 작용도 무시할 수 없다. 무엇보다 중화됨이 중요하다.

9) 반안살

반안살은 말의 안장이라는 뜻으로 신분과 지위 상승을 의미하는 살이다. 하지만 반안살 역시 무엇보다 사주의 중화를 가장 중요하게 여긴다. 말에서 떨어지는 낙마를 의미하기 때문이다.

년주에 반안살   선조 때부터 집안이 융성하였다. 조상의 덕이 많아 한평생 복록이 따르게 된다.
월주에 반안살   부모·형제의 발전이 있고, 귀인의 도움을 받아 일찍 성공 반열에 오르게 된다. 집안이 화목하고 세인들의 존경을 받는다.
일주에 반안살   자신의 발전이며 집안의 발전이다. 선하고 바른 인품으로 크게 성공하고 좋은 배우자를 만나 화목한 가정을 이루게 된다.
시주에 반안살   이는 곧 자손의 발전을 의미한다. 자손이 학문으로 큰 발전을 이루게 되며 가문을 빛내게 된다. 반안살은 길신임에도 불구하고 초조와 불안의 심리적 상태를 동반하기 때문에 예상치 못한 사고수에 주의해야 한다.

10) 역마살

앞서 말한 지살과 연관이 깊은 역마살이다. 긍정적인 작용의 경우 재능을 펼칠 기회가 많지만, 부정적인 작용의 경우 사람이나 일에 적응하지 못하고 이곳저곳을 떠돌아다니는 살이다.

년주에 역마살　선조 때부터 매사 집념이 강한 집안이며 그로 인해 부를 축적하였다.
월주에 역마살　부모·형제가 활동력이 왕성하다. 역마가 길신으로 임하게 되면 이득이 많을 것이고, 그렇지 않으면 노고가 많을 것이다.
일주에 역마살　이별수로 인해 부부가 별거하게 되거나 주색 혹은 이와 관련한 문제가 발생하게 된다.
시주에 역마살　정신적 안정을 취하기 어렵다. 혹은 허약한 자손으로 인해 근심이 있을 수 있거나 자손과 멀리 떨어져 지내게 된다.

11) 육해살

육해살은 고독을 상징하며 긴 세월 병마에 시달릴 수 있음을 암시하는 살이다. 대인관계에 있어 불안한 문제가 빈번하게 발생하여 삶의 허망함을 느끼곤 한다. 반면 행동이 민첩하고 매사 신속하게 처리하는 급한 성격이다.

년주에 육해살　선조 때부터 건강으로 인한 근심이 많았으며 빈약한 집안이었다.
월주에 육해살　부모·형제의 발전이 더뎠을 뿐 아니라 잦은 풍파로 인해 집안이 시끄러웠다. 또한 육친에게 병마가 끊이지 않았다.
일주에 육해살　사회적인 발전이 더디며 자신과 배우자의 금슬은 물론 건강에도 다양한 문제가 발생하게 된다.

시주에 육해살　자손의 건강에 관한 근심이다.

12) 화개살

　　화개살은 일명 꽃방석살이라고도 불린다. 총명하고 지혜로우며 예술과 문장에 능하게 된다는 살이다. 이 살은 길신과 작용하면 긍정적인 발전을 이루게 되지만, 대부분 욕심으로 인해 일을 그르치는 경우가 많아 그 결과가 좋지 못할 때도 있다.

년주에 화개살　선조 때부터 불교 집안이자 학자의 집안이다. 학문이나 종교를 통해 성공하고 명예를 얻게 된다.
월주에 화개살　부모·형제 역시 불교의 집안이다. 만약 그렇지 않다면 일찍 부모·형제와 사별하게 되는 경우가 있다. 창의적인 사고와 능력을 갖추게 된다.
일주에 화개살　자신이 불교의 신자이다. 그렇지 않으면 부부의 이별이나 사별의 여지가 있다. 다양한 분야에서 두각을 나타낼 수 있으며 학문이나 예술 및 종교 등의 분야에서 성공하게 된다.
시주에 화개살　안정적인 가정생활과 성공적인 사업가로서 세인의 존경을 받기에 충분하며, 사방에 명성을 떨치게 된다. 또한 자손이 사회적 성공을 거두기에 충분한 자질을 갖추게 된다. 화개살은 희생과 봉사를 의미한다. 나보다는 타인을 앞세워야 내가 살아가는 길이 열리는 살이기 때문에, 일찍이 세상의 이치를 깨닫지 못하는 경우 빈천한 삶을 피할 수 없게 되는 것이다.

　　지금까지 십이신살을 표출하는 방법과 구성 및 응용에 관하여 설명하였다. 아래의 몇 가지 예시를 통해 십이신살에 관한 폭 넓은 이해를 돕고자 하니 참고하길 바란다.

예1)

여자	시주	일주	월주	년주
	庚+ (편재)	丙+ (일간)	辛- (정재)	庚+ (편재)
	寅+ (편인)	申+ (편재)	巳+ (비견)	午- (겁재)

십이신살 각주기준 ↔	시주	일주	월주	년주
	지살	역마살	망신살	장성살
	역마살	지살	겁살	재살

　경오년·신사월·병신일·경인시에 출생한 **병화**일간의 여자 사주이다. 먼저 년주의 삼합을 기준으로 십이신살을 표출하면 다음과 같다.

　본 사주의 년지는 오년생으로 인오술 화국이라 장성살이 되고, 월지**사화**는 망신살이 된다. 일지**신금**은 역마살이며 시지의 **인목**은 지살이 된다. 일지의 삼합을 기준으로 십이신살을 표출하면 일지**신금**은 신자진 수국이 되어 년지는 재살이 되고 월지는 겁살이 되며, 일지**신금**은 지살이 된다. 시지**인목**은 역마살이 된다. 이와 같이 본명 사주의 년과 일을 기준으로 삼아 십이신살을 각각 표출하여 추명을 하면 되는 것이다. 표출한 십이지지를 토대로 통변을 해보면 다음과 같다.

년지에 장성살이니 선조 때부터 크게 융성하였고, 자신도 초년에 큰 발전이 있었다. 그러나 년지에 재살이 임하고 있어 융성한 집안이었음에도 관재구설로 인해 객지에서 운명을 달리한 조상이 있었다. 월지에 겁살과 망신살이 들었으니 부모·형제의 파산을 경험하게 되었다. 이로 인해 가족 간의 신뢰가 없고 불화가 많았다.

일지에 역마살과 지살이 들었으니, 고향을 등지게 될 것이다. 주거지의 잦은 이동이나 직업의 변화로 부부관계마저 소원하게 되니 이별 혹은 별거수가 발생할 수 있다.

시지에 또다시 역마살과 지살이 들었으니, 그녀의 자손과 일찍 이별하게 되어 말년에 의지할 곳이 없겠다. 이곳저곳을 떠돌아다니며 객지 생활에 한탄하며 눈물짓는 날이 많겠다.

다음의 사주는 을축년·신사월·기사일·경오시에 출생한 **기토** 일간의 남자 사주이다. 먼저 년주의 삼합을 기준으로 십이신살을 표출하면 다음과 같다.

예2)

남자

	시주	일주	월주	년주
	庚+ (상관)	己- (일간)	辛- (식신)	乙- (편관)
	午- (편인)	巳+ (정인)	巳+ (정인)	丑- (비견)

십이신살
각주기준 ↔

	시주	일주	월주	년주
	도화살	지살	지살	화개살
	도화살	지살	지살	화개살

　본 사주는 축년생으로 월지와 사유축 금국을 이루고 있다. 년지는 화개살이 되고 월지 사화는 지살이 되며, 일지 사화 역시 지살이 된다. 그리고 시지 오화는 도화살이 된다.

　또한 일지의 삼합을 기준으로 십이신살을 표출하면 년지는 화개살이 되고 월지는 지살이 되며, 일지 사화는 지살이 된다. 시지 오화는 도화살이 된다. 이와 같이 본명 사주의 년과 일을 기준으로 삼아 십이신살을 각각 표출해서 추명하면 되는 것이다. 표출한 십이지지를 토대로 통변을 해보면 다음과 같다.

　년지에 화개살이니 선조 때부터 불교 집안이다. 월지에 지살이 들었으니, 이사를 자주 다니게 된다. 일지에 지살이 들었으니, 많은 사람의 주목을 받아 바쁘게 생활하게 된다. 그러나 늘 바쁘고 이동이 많아 부부의 사이가 좋지 못해 이별할 수도 있으니 주의해야 한다.

　시지에 도화살이 들었으니, 나이 차가 많이 나는 연하의 이성과 인연이 있거나, 유흥과 관계된 배우자를 만날 수 있다. 후에 자손이 향락에 빠지게 될 염려가 있으며 고집이 세다.

제5편 길신과 흉살

제1장 길신

 길신은 사주의 근본이 되는 일간에게 도움을 주어 일간을 귀하게 만들어 주는 신이다. 하지만 길신만으로 사주의 흐름이 좋아지는 것만은 아니다. 사주에 길신이 너무 많으면 오히려 흉이 되기 때문이다. 또한 길신에 관한 무조건적인 맹신은 금물이라는 점을 피력하는 바이다.

1. 금여성

일간	갑	을	병	정	무	기	경	신	임	계
지지	진	사	미	신	미	신	술	해	축	인

 금여성의 구성은 일간이 갑일에 진, 을일에 사, 병일에 미, 정일에 신, 무일에 미, 기일에 신, 경일에 술, 신일에 해, 임일에 축, 계일에 인을 사주에 놓으면 금여성이 성립된다.
 금여성은 총명하고 재치가 있으며 처가의 덕이 있고 귀인들을 많이 모이게 하는 길신이다. 또한 사회적으로 출세를 하게 되며 미남·미녀와도 인연이 많다. 성품이 온화하고 주변의 신임이 두터워 명예와 지위가 높아지고 신분 상승의 기회가 잦은 길

성이다. 형·충을 비롯해 공망을 만나면 흉이 되거나 길성의 작용이 나타나지 않는다.

예/ 여자	시주	일주	월주	년주
	壬+ (상관)	辛- (일간)	辛- (비견)	丁- (편관)
	辰+ (정인)	亥+ (상관)	亥+ (상관)	亥+ (상관)
		금여성	금여성	금여성

위의 사주는 년지와 월지, 그리고 일지에 각각 금여성을 갖추고 있다. '금으로 만들어진 수레'라는 뜻의 금여성은 임금이나 고관대작이 타던 이동 수단으로 그만큼 큰 복록을 지니게 된다는 길성이다. 다만 길신도 사주에 너무 많으면 흉이 되는 법이니 겸손함을 잊지 말아야 할 것이다.

2. 문곡귀인

일간	갑	을	병	정	무	기	경	신	임	계
지지	해	자	인	묘	인	묘	사	오	신	유

문곡귀인의 구성은 일간이 갑일에 해, 을일에 자, 병일에 인, 정일에 묘, 무일에 인, 기일에 묘, 경일에 사, 신일에 오, 임일에 신, 계일에 유를 사주에 놓았을 때 문곡귀인이 성립하게 된다.

문곡귀인을 사주에 놓게 되면 암기력이 뛰어나고 학업에 남다른 애정과 집중력을 발휘하게 된다. 또한 한평생 학업과 인연이 깊은 사람이다. 문장력에도 그 깊이가 남달라 표현력이 아주 뛰어나다. 학문이나 예술 분야에서 두각을 나타내며 큰 성취를 이룰 수 있다. 이 또한 형·충을 만나거나 공망을 만나면 흉이 되거나 길성의 작용이 나타나지 않는다.

예/ 여자	시주	일주	월주	년주
	乙 − (정관)	戊 + (일간)	庚 + (식신)	丙 + (편인)
	卯 − (정관)	寅 + (편관)	子 − (정재)	子 − (정재)

문곡귀인

위의 사주는 일지에 문곡귀인을 놓고 있다. **인목**편관에 놓인 길성이니 사회적으로 큰 인물이 될 가능성이 높은 것이다.

3. 문창귀인

일 간	갑	을	병	정	무	기	경	신	임	계
지 지	사	오	신	유	신	유	해	자	인	묘

　문창귀인의 구성은 갑일에 사, 을일에 오, 병일에 신, 정일에 유, 무일에 신, 기일에 유, 경일에 해, 신일에 자, 임일에 인, 계일에 묘를 사주에 놓았을 때 문창귀인이 성립하게 된다.

　문창귀인을 사주에 놓게 되면 글에 대한 재능과 추리력과 발표력이 뛰어나고 지혜로우며 문장력이 있어 공부를 매우 잘한다. 또한 학문을 토대로 사회적으로 높은 위치에 올라가거나 주변 사람들에게 인정받는 자리까지 오르게 된다.

　예능 계통에도 그 능력이 탁월하여 그림, 음악, 서예 등의 모든 방면에 능통하게 된다. 고난과 역경이 찾아오더라도 위기를 기회로 바꿔내는 뛰어난 머리와 재능을 갖추고 있어 한평생 큰 걱정이 없다. 이 또한 형·충을 만나거나 공망을 만나면 흉이 되거나 길성의 작용이 나타나지 않는다.

예/ 남자	시주	일주	월주	년주
	丙+ (편재)	壬+ (일간)	庚+ (편인)	丙+ (편재)
	午− (정재)	辰+ (편관)	寅+ (식신)	辰+ (편관)

문창귀인

   월지 인목식신에 문창귀인을 놓았다. 이러한 사주는 예술과 학문 등 다양한 방면에서 타고난 재능을 발휘하게 된다. 문창귀인은 언어나 글의 창작과 관련된 활동에 남다른 두각을 나타내게 된다. 문창귀인이 바로 식신에 해당하기 때문이다.

4. 암록

일간	갑	을	병, 무	정, 기	경	신	임	계
암록	해	술	신	미	사	진	인	축

   암록의 구성은 일간의 정록과 육합이 되는 지지가 바로 암록이 된다. 즉 갑목의 정록은 인목인데, 이 인목과 육합이 되는 해수가 바로 암록이 되는 것이다. 또한 을목의 정록은 묘목으로서 이 묘목과 육합이 되는 술토가 바로 암록이 되는 것이며, 병화와 무토는 동궁으로서 사화와 육합이 되는 신금이 암록이 되고 있

다. **정화**와 **기토** 역시 동궁으로서 **오화**와 육합이 되는 **미토**가 암록이 된다. **경금**은 **사화**와 암록이며 **신금**은 **진토**가 암록이 되고, **임수**와 **계수**는 각각 **인목**과 **축토**가 각각 암록이 된다.

암록은 어떠한 고난과 역경이 있더라도 헤쳐 나올 수 있게 되는 길신이다. 암록 또한 형·충을 만나거나 공망을 만나면 흉이 되거나 길성의 작용이 나타나지 않는다.

예/ 남자	시주	일주	월주	년주
	丙+ (편재)	壬+ (일간)	庚+ (편인)	丙+ (편재)
	午- (정재)	辰+ (편관)	寅+ (식신)	辰+ (편관)
			암록	

위의 사주는 월지에 **인목**식신을 놓아 문창귀인이자 암록에 해당하는 사주가 되고 있다.

5. 월덕귀인

생 월	인, 오, 술	해, 묘, 미	신, 자, 진	사, 유, 축
천 간	병	갑	임	경

월덕귀인은 달의 덕을 보게 된다는 의미로 인오술 월에 병, 해묘미 월에 갑, 신자진 월에 임, 사유축 월에 경을 만나게 되면 월덕귀인이 성립한다. 어려움이나 곤경에 처했을 때 귀인의 도움이 따르는 길신으로 남자보다는 여자의 도움을 많이 받게 된다. 그 이유는 월덕의 의미가 달의 덕을 의미하는 것으로 달은 곧 음이 되기 때문이다.

예/ 남자

시주	일주	월주	년주
壬+ (겁재)	癸- (일간)	己- (편관)	庚+ (정인)
戌+ (정관)	亥+ (겁재)	丑- (편관)	子- (비견)

월덕귀인

위의 사주는 년지에 월덕귀인을 놓고 있다. 월덕귀인의 '궁위'[66]가 조상궁이니 그의 선조로부터 유산을 받게될 가능성이 크다. 반면 년간은 육친으로 정인에 해당하니 그의 어머니로부터 재산을 상속받게 될 운이 있다고 판단하는 것이다.

---

66) 궁위 : 궁의 자리를 말한다.

6. 정록

일간	갑	을	병, 정	무, 기	경	신	임	계
정록	인	묘	사	오	신	유	해	자

정록은 십천간의 록을 이르는 것으로 포태법에서의 건록을 말한다. 정직과 강건함을 상징하며, 재물과 식록, 그리고 벼슬과 부귀를 상징하는 길신이다. 따라서 사주에 정록을 놓게 되면 의식이 풍족하고 관운이 좋으며 만사가 대길하게 된다.

정록의 구성은 갑목의 록지가 되는 인목, 을목의 록지가 되는 묘목, 병화와 무토의 록지가 되는 사화, 정화와 기토의 록지가 되는 오화가 정록이 된다. 또한 경금의 록지가 되는 신금, 신금의 록지가 되는 유금, 임수의 록지가 되는 해수, 계수의 록지가 되는 자수가 각각 정록이 된다.

다만 주의해야 할 점은 일주로 구성된 정록은 일주 천간과 지지가 동일한 오행으로 '간여지동'[67]이 된다. 이는 자립심과 독립심을 상징하기 때문에 자칫 부부궁에 흠이 생길 수도 있다는 것이다.

월지에서 록을 얻으면 건록, 일지에서 록을 얻으면 전록, 시

---

67) 간여지동 : 하늘과 땅의 기운이 같다는 의미로 자기주장이 강하고 고집이 세어 좀처럼 타인과 협력이나 타협이 어렵다.

지에서 록을 얻으면 귀록으로 구분한다. 월지의 건록은 윗사람의 도움으로 출세하게 되고, 일지의 전록은 배우자나 자손의 복은 있되 앞서 말한 간여지동으로 덕이 부족할 수 있다. 시지의 귀록은 자식복과 말년의 영화를 각각 의미한다. 이 또한 형·충을 만나거나 공망을 만나면 흉이 되거나 길성의 작용이 나타나지 않는다.

예/ 남자

시주	일주	월주	년주
丙+ (편관)	庚+ (일간)	丁- (정관)	壬+ (식신)
戌+ (편인)	申+ (비견)	未- (정인)	戌+ (편인)

정록

경금일간이 일지에 **신금**비견을 놓아 정록을 구성하고 있다. 정직과 강건함을 상징하는 정록을 일지에 갖추고 있으니, 장차 배우자 복이 있는 사주라고 할 수 있다.

7. 진신

생 월	인, 묘, 진	사, 오, 미	신, 유, 술	해, 자, 축
일 주	갑자	갑오	기묘	기유

　진신의 구성은 인묘진 월에 출생한 사람이 갑자일에 출생하거나, 사오미 월에 출생한 사람이 갑오일에 출생하거나, 신유술 월에 출생한 사람이 기묘일에 출생하거나, 해자축 월에 출생한 사람이 기유일에 출생하였을 때 진신을 얻게 된다. 진신이란 매사 하는 일들이 모두 잘 이루어져 성공한다는 길신이다. 이 또한 형·충을 만나거나 공망을 만나면 흉이 되거나 길성의 작용이 나타나지 않는다.

예/ 남자

시주	일주	월주	년주
甲+ (비견)	甲+ (일간)	辛- (정관)	丙+ (식신)
戌+ (편재)	子- (정인)	卯- (겁재)	午- (상관)

　　　　　　진신

　묘월에 출생한 **갑목**일간이 일지에 **자수**정인을 놓아 진신을 갖추게 되었다. 일지는 곧 나의 배우자의 궁위로 이처럼 일지에 길신이 자리하게 되면 배우자의 덕이 많다.

8. 천덕귀인

생월	인	묘	진	사	오	미	신	유	술	해	자	축
천간	정	신	임	신	해	갑	계	인	병	을	사	경

　천덕귀인의 구성은, 인월의 정, 묘월의 신과 진월의 임, 사월의 신, 오월의 해, 미월의 갑, 신월의 계, 유월의 인, 술월의 병, 해월의 을, 자월의 사, 축월의 경을 만나면 천덕귀인이 성립한다.

　천덕귀인은 조상의 덕으로 모든 재앙이 소멸이 되고 한평생 형액이나 관재구설의 액을 입지 않게 된다는 길성이다. 이 또한 형·충을 만나거나 공망을 만나면 흉이 되거나 길성의 작용이 나타나지 않는다.

예/ 남자	시주	일주	월주	년주
	壬+ (겁재)	癸- (일간)	己- (편관)	庚+ (정인)
	戌+ (정관)	亥+ (겁재)	丑- (편관)	子- (비견)

천덕귀인

　축월에 출생한 계수일간이 년간에 경금정인이 자리하고 있어 천덕귀인을 갖추게 되있다. 천덕귀인이 년주에 자리하고 있으니 선조의 덕을 갖춘 사주가 되었다.

9. 천을귀인

일 간	갑, 무, 경	을, 기	병, 정	신	임, 계
지 지	축, 미	신, 자	해, 유	인, 오	사, 묘

사주에 천을귀인 놓으면 신분과 지휘가 상승하고 항시 귀인의 도움이 따르는 길신이다. 그 구성을 보면 일간이 갑·무·경일 때, 지지에서 축이나 미를 만나는 경우와 일간이 을·기일 때, 지지에서 신이나 자를 만난 경우 천을귀인이 성립한다. 또한 일간이 병·정일 때 지지에 해나 유, 일간이 신일 때 지지에 인이나 오, 일간이 임·계일 때 지지에 사나 묘를 만나게 되면 천을귀인이 성립한다.

천을귀인은 옥황상제의 은덕을 입어 하늘의 도움이 따른다는 길신 중의 길신으로 손꼽힌다. 천을귀인을 일지에 놓으면 이를 일귀라고 하는데 계사, 계묘, 정유, 정해의 4가지 일주가 있다. 이 또한 형·충을 만나거나 공망을 만나면 흉이 되거나 길성의 작용이 나타나지 않는다.

예/ 남자	시주	일주	월주	년주
	丁- (정관)	庚+ (일간)	庚+ (비견)	己- (정인)
	丑- (정인)	子- (상관)	午- (정관)	卯- (정재)

천을귀인

오월에 출생한 **경금**일간이 시지에 **축토**정인을 놓아 천을귀인을 갖추었다. 시주는 곧 나의 말년이자 자손의 궁위가 되니, 말년에 부귀영화요 그의 자손이 장차 출세하여 효도할 것이다.

10. 태극귀인

일 간	갑, 을	병, 정	무, 기	경, 신	임, 계
지 지	자, 오	묘, 유	진, 술, 축, 미	인, 해	사, 신

태극귀인은 일간을 기준으로 년·월·일·시에 자리하고 있는 지지와의 관계를 살펴보는 것이다. 갑을일에 지지가 자나 오, 병정일에 지지가 묘나 유, 무기일에 지지가 진술축미, 경신일에 지지가 인이나 해, 임계일에 지지가 사나 신을 놓으면 태극귀인이 성립된다.

태극귀인은 천을귀인에 버금가는 길신으로 태어나면서부터

많은 재복이 따르게 된다. 또한 조직의 우두머리로서 여러 사람을 거느리게 된다는 길신이다. 이 또한 형·충을 만나거나 공망을 만나면 흉이 되거나 길성의 작용이 나타나지 않는다.

예/ 남자	시주	일주	월주	년주
	甲+ (상관)	癸- (일간)	丙+ (정재)	壬+ (겁재)
	寅+ (상관)	丑- (편관)	午- (편재)	申+ (정인)

태극귀인

오월에 출생한 **계수**일간이다. 년지에 **신금**정인이 자리하고 있어 태극귀인을 갖추게 되었다. 조상의 음덕이 나에게 이어지는 길신이 되고 있는 것이다.

11. 학당귀인

일간	갑	을	병	정	무	기	경	신	임	계
지지	해	오	인	유	인	유	사	자	신	묘

학당귀인의 구성은 갑일에 해, 을일에 오, 병일에 인, 정일에

유, 무일에 인, 기일에 유, 경일에 사, 신일에 자, 임일에 신, 계일에 묘를 사주에 놓았을 때 학당귀인이 성립한다.

학당귀인을 사주에 놓게 되면 학문에 흥미가 깊게 되고 학문과 관련한 직업을 삼게 된다. 앞서 설명했던 문창귀인과 문곡귀인의 작용과 크게 다르지 않다. 이 또한 형·충을 만나거나 공망을 만나면 흉이 되거나 길성의 작용이 나타나지 않는다.

예/ 남자	시주	일주	월주	년주
	丁- (겁재)	丙+ (일간)	己- (상관)	癸- (정관)
	酉- (정재)	寅+ (편인)	未- (상관)	亥+ (편관)

학당귀인

미월에 출생한 **병화**일간이 일지에 **인목**을 놓아 학당귀인을 갖추었다. 일지 **인목**편인은 일간을 목생화하고 있다. 그러므로 그의 배우자는 물질적인 내조뿐만 아니라 정신적으로도 최선을 다해 남편을 돕고 있는 것이다.

12. 황은대사

생월	인	묘	진	사	오	미	신	유	술	해	자	축
지지	술	축	인	사	유	묘	자	오	해	진	신	미

　황은대사의 구성은 인월에 출생한 사람이 주중에 술을 만나거나, 묘월에 출생한 사람이 주중에 축을 만나거나, 진월에 출생한 사람이 주중에 인을 만나거나, 사월에 출생한 사람이 주중에 사를 만날 때 성립한다.

　오월에 출생한 사람이 주중에 유를 만나거나, 미월에 출생한 사람이 주중에 묘를 만나거나, 신월에 출생한 사람이 주중에 자를 만나거나, 유월에 출생한 사람이 주중에 오를 만날 때도 성립한다.

　그리고 술월에 출생한 사람이 주중에 해를 만나거나, 해월에 출생한 사람이 주중에 진을 만나거나, 자월에 출생한 사람이 주중에 신을 만나거나, 축월에 출생한 사람이 주중에 미를 만날 때도 역시 성립한다.

　황은대사 역시 큰 재앙이나 불행을 피하게 된다는 길신으로 임금의 은혜로 큰 용서를 받는다는 뜻이다. 즉 위중한 상황에서도 면죄부를 받는다는 것이다. 이 또한 형·충을 만나거나 공망을 만나면 흉이 되거나 길성의 작용이 나타나지 않는다.

예/ 남자	시주	일주	월주	년주
	壬+ (겁재)	癸- (일간)	庚+ (정인)	甲+ (상관)
	子- (비견)	酉- (편인)	午- (편재)	戌+ (정관)

황은대사

오월에 출생한 계수일간이 일지에 유금편인을 놓아 황은대사를 갖추었다. 황은대사가 자리하고 있는 궁위는 부부궁으로 배우자의 덕이 많은 사주라는 것을 알 수 있다.

제2장 흉살

흉살은 부정한 기운에 의해 드러나게 되는 흉한 작용과 그 결과를 일컫는 말이다. 흉살의 작용은 일간이 매우 신약한 경우와 반대로 일간이 너무 강한 경우 형·충·파·해와 어우러지며 발생하게 된다. 그러나 흉살이라고 하여 무조건 흉한 작용만 일으키는 것은 아니다. 사주 구성에 꼭 필요한 지지에 해당한다면, 비록 흉살에 임하고 있다고 할지라도 이를 흉의 작용으로만 판단하지 않는다.

가령 자월에 출생한 **임수**일간으로 금과 수의 기운이 가득한 사주가 있다고 가정해 보자. 일반적으로 특수한 경우를 제외하고는 계절적 운용체계로 사주의 환경을 조절하는 조후용신은 화가 된다. 다행히 사주에 양화인 **사화**가 자리하고 있어 이를 용신으로 사용한다면 비록 **사화**가 흉신이라 할지라도 흉신의 작용을 하지 않게 된다는 것이다. 다만, 세운에서 용신이 형·충·파·해를 당하게 되면 재화가 속출하게 되는데, 이런 경우 잠복해 있던 흉살의 작용까지 함께 발생하게 된다. 흉살도 합을 통해 그 흉한 기운을 소멸 혹은 반감시킬 수 있다는 점도 기억하길 바란다.

적중률이 떨어진다는 이유로 흉살을 쓸모없다는 식으로 치부하는 이들이 있다. 하지만 본 저자의 견해는 이와 다르다. 앞서 설명하였듯이 흉살을 본명 사주의 '용신'68)과 '희신'69)으로 활용할 때는 당연히 흉살의 작용이 나타나지 않는다고 언급했다. 적잖은 이들이 이를 잘못 이해하여 흉살을 대수롭지 않게 판단하거나 간과하고 있다. 이러한 편견은 사주의 적중률을 떨어뜨리는 근본적 원인으로 지목되는 것이다.

한편 흉살 중에서도 미약하게 발생하는 살이 있어 미처 자각하지 못하고 지나치는 예도 있다. 하지만 아무리 미약한 기운의 흉살이라 할지라도 중첩되거나 혹은 형·충·파·해와 합세하게 되면 강력한 작용을 일으키게 되는 것이다.

일례로 '낙정관살'70)은 우물에 빠진다는 흉살이다. 그러나 일반적으로 미약한 흉살로 분류되어 통변 시 비중 있게 취용 하지는 않는다. 그러나 수년 전 어느 한 야구선수가 훈련에 참여하기 위해 집을 나서다 실족사를 당하는 안타까운 사고가 발생했다. 이 사고는 계사년에 발생하였는데 이 야구선수의 사주에 있던 **사화**가 바로 낙정관살에 해당하는 흉살이었다. 즉, 사주원국

---

68) 용신 : 사주의 단점과 약점, 그리고 부족한 점을 보완해 주는 기운을 말한다.
69) 희신 : 용신을 도와주는 기운을 말한다.
70) 낙정관살 : 우물에 빠지게 된다는 살로써 현대에 들어서는 높은 곳에서 떨어져 다치게 된다는 흉살을 의미한다.

에 이미 낙정관살을 두고 있었고, 계사년의 세운에 또다시 낙정관살을 중첩하게 된 것이다. 이에 더해 '엎친 데 덮친 격'으로 대운의 흐름마저 형살의 구성을 띠고 있었다.

이렇듯 사주는 사주원국뿐만 아니라 대운과 세운의 전체적인 흐름을 잘 파악해야 한다. 무조건 적중률이 떨어진다고 하여 배척하거나 적중률이 높다고 하여 무조건 취용하는 것이 아니라 그 근본원리를 잘 이해하고 살피면서 최종 결론에 이르게 되는 것이다. 한편 길신이 있다면 흉신도 있다. 지금부터 여러 흉살에 관해 집중적으로 설명을 할 것이니 잘 참고하기를 바란다.

1. 고란살

일주	갑인	을사	정사	무신	신해

예/ 여자

시주	일주	월주	년주
戊+ (편재)	甲+ (일간)	戊+ (편재)	丁- (상관)
辰+ (편재)	寅+ (비견)	申+ (편관)	卯- (겁재)

일주 아래 고란살

위의 표에서 보는 바와 같이 '고란살'[71]은 다섯 가지의 일주로만 구성이 되고 있다. 위의 여명은 일주에 부부의 연이 약해 백년해로하기 어렵다는 고란살을 가지고 있다. 이 살은 기본적으로 관성의 위치가 사주에서 어느 곳에 자리하고 있는지가 중요하다.

비록 관성이 자리하고 있는 월지에 고란살이 놓이지는 않았다. 하지만 일지는 부부궁이 되기 때문에 매우 흉한 자리가 된다. 더욱이 남편을 상징하는 관성이 사주에서 기신으로 작용하게 되면 흉의 작용은 더욱 뚜렷이 나타나게 된다. 본 사주는 여

---

71) 고란살 : 고란살은 남자보다 여자에게 더 큰 작용을 일으키는 살로써 외로움을 상징하는 살이다. 과부살이나 신음살 혹은 고독살로도 불린다.

자의 사주로 월지 신금편관과 상충이 되고 있어 평온한 가정을 꾸리기 어려운 사주가 되고 있다.

2. 괴강살

일주	경진	경술	임진	임술	무진	무술

예/ 여자

시주	일주	월주	년주
庚+ (비견)	庚+ (일간)	丙+ (편관)	壬+ (식신)
辰+ (편인)	辰+ (편인)	午- (정관)	子- (상관)
괴강살	괴강살		

　괴강살은 총명·엄중하고 고귀하여 만인이 우러러본다는 살이다. 하지만 이는 사주의 구성이 잘 이루어졌을 때를 의미하는 것이다. 반대로 사주의 구성이 좋지 않은 때에는 흉살로 작용하게 되는데, 성격이 황폭하고 극단적인 변화가 이어지며 수많은 재앙이 따르게 되는 등 크게 고생하게 되는 살이다. 이러한 작용은 남자보다 여자의 사주에서 더 강하게 나타나게 된다.
　괴강살이 사주에서 '귀성'[72])이 되려면 우선 남녀 사주가 모두 신강이나 신왕해야 한다. 그리고 사주원국에 형·충이 없어야 한다. 특히 여자의 경우 부부궁에 변화가 심하게 나타날 수 있으므로 적극적인 사회생활을 통해 개운을 해야 한다.

본 사주는 경진일의 경진시로 출생하여 일주와 시주에 각각 괴강살을 두고 있다. 신왕한 사주로 조직에 우두머리가 될 수 있는 굳세고 강직한 힘이 있다. 괴강살은 신·강약의 구분 없이 대체로 용모가 수려하며 자신만의 독특한 매력을 지니게 된다.

3. 귀문관살

출생일	자	축	인	묘	진	사
주중 지지	유	오	미	신	해	술
출생일	유	오	미	신	해	술
주중 지지	자	축	인	묘	진	사

귀문관살의 구성은 자일·축일·인일·묘일·진일·사일에 출생한 사람이 주중에서 각각 유·오·미·신·해·술을 만난다거나 유일·오일·미일·신일·해일·술일에 출생한 사람이 주중에서 각각 자·

---

72) 귀성 : 귀한 별이라는 뜻이다.

축·인·묘·진·사를 만나게 되면 귀문관살이 된다.

귀문관살은 귀신과 소통하는 문으로, '귀문'[73]이 열려있다는 뜻이다. 총명하고 영리한 것이 특징이다. 그러나 성격이 매우 까다롭고 신경질적인 사람이 많다. 간혹 사주의 구성이 좋지 않게 되면 정신 이상이나 지적장애 혹은 간질 등이 발생하기도 하며 흉몽과 함께 잡귀에 시달리는 예도 있다.

예/ 남자	시주	일주	월주	년주
	癸- (정관)	丙+ (일간)	丁- (겁재)	丙+ (비견)
	巳+ (비견)	子- (정관)	酉- (정재)	辰+ (식신)
		귀문관살	귀문관살	

위의 사주는 월주와 일주에 자유 귀문관살을 놓고 있다. 우선 일과 월에 자리하고 있는 귀문관살이니 부모·형제의 덕이 없고, 불화하여 화목한 가정을 이루기 어렵다. 귀문관살이 월지와 일지에 걸쳐 작용하고 있으니, 고부간의 갈등뿐만 아니라 그의 처와 백년해로하기가 쉽지 않을 것으로 판단된다.

---

73) 귀문 : 귀신이 드나드는 방위를 뜻한다.

4. 급각살

생 월	인, 묘, 진	사, 오, 미	신, 유, 술	해, 자, 축
지 지	해, 자	묘, 미	인, 술	축, 진

급각살[74]의 구성은 위의 표에서 보는 바와 같이 본명 사주의 출생 월을 기준으로 각각에 해당하는 지지를 만나면 작용한다. 즉 인묘진 월에 출생한 사람은 해와 자이고, 사오미 월에 출생한 사람은 묘와 미이며, 신유술 월에 출생한 사람은 인과 술이고, 해자축 월에 출생한 사람은 진과 축이 있으면 급각살이 성립하게 된다. 어떠한 살이고 일간이 허약한 경우 심각한 문제가 발생하게 된다.

예/ 남자	시주	일주	월주	년주
	庚+ (비견)	庚+ (일간)	癸- (상관)	壬+ (식신)
	辰+ (편인)	辰+ (편인)	丑- (정인)	辰+ (편인)
	급각살	급각살		급각살

위의 사주는 년주와 일주, 그리고 시주에 각각 급각살을 놓고

---

74) 급각살 : 급각살은 다리나 팔 부위에 선천적·후천적 장애를 겪게 되는 흉살이다.

있다. 만약 이와 비슷한 사주로 출생하게 된다면 기형아나 소아마비 등의 여러 장애를 가지고 출생할 확률이 높다. 그나마 다행스러운 점은 사주가 강하다는 것이다. 이를 신강한 사주라고 하는데, 이런 경우 흉살의 작용은 미약해질 수밖에 없다. 그러나 어떠한 형태로든 흉살의 작용은 반드시 나타나게 된다.

5. 낙정관살

일 간	갑 기	을, 경	병, 신	정, 임	무, 계
지 지	사	자	신	술	묘

낙정관살의 작용은 갑기일에 출생한 사람이 주중에서 **사화**를 만나거나, 을경일에 출생한 사람이 주중에서 **자수**를 만나거나, 병신일에 출생한 사람이 주중에서 **신금**을 만나거나, 정임일에 출생한 사람이 주중에서 **술토**를 만나거나, 무계일에 출생한 사람이 주중에서 **묘목**을 만나면 나타나게 된다.

낙정관살은 말 그대로 우물에 빠진다는 살로 높은 곳에서 추락이나 실족하는 경우를 말한다. 수액의 기운도 가득하여 이 살을 지닌 사람은 항시 물을 조심해야 한다. 특히 사주에 형살을 놓은 사람이나 신약하고 관성이 강한 사람은 본 살성이 더욱 가

중되어 나타나게 된다.

예/ 여자	시주	일주	월주	년주
	丁- (정관)	庚+ (일간)	乙- (정재)	辛- (겁재)
	亥+ (식신)	子- (상관)	未- (정인)	酉- (겁재)

낙정관살

을경일에 출생한 사람이 일지에 **자수**를 놓고 있어 낙정관살이 되었다. 여자의 사주이며 일지**자수**가 상관이 되니 여행을 가더라도 바닷가나 강가 등 물이 있는 곳은 피하는 것이 상책이다. 그 이유는 이미 사주에 자유파살과 귀문관살이 거듭 겹쳐있기 때문이다. 이는 낙정관살을 더욱 부채질하는 원흉이 되고 있다.

6. 농아살

생 년	인, 오, 술	신, 자, 진	해, 묘, 미	사, 유, 축
생 시	묘	유	자	오

농아살이란 귀와 관련한 병이 있든지, 그렇지 않으면 귀머거

리가 될 수 있다는 살이다. 삼합에 해당하는 해에 출생시를 대조하여 찾게 되는데, 인오술 년은 묘시, 신자진 년은 유시, 해묘미 년은 자시, 사유축 년은 오시가 되면 각각 농아살에 해당한다. 적중률은 그리 높지 않으나 이 또한 사주가 너무 약하거나 흉살이 겹치는 경우 작용하게 된다.

예/ 여자

시주	일주	월주	년주
庚+ (편관)	甲+ (일간)	辛- (정관)	癸- (정인)
午- (상관)	午- (상관)	酉- (정관)	酉- (정관)

농아살

위의 사주는 여자로 시지에 농아살을 놓고 있다. 여자의 사주에 상관은 곧 자손이 되므로, 만약 결혼하여 임신하게 된다면 무엇보다 태아의 건강에 신경을 써야 한다. 또한 신약한 사주에 오오 자형살까지 갖추고 있어 흉살이 거듭 겹치게 되니 각별히 주의해야 한다.

7. 단교관살

생월 지지	인	묘	진	사	오	미	신	유	술	해	자	축
지지	인	묘	신	축	술	유	진	사	오	미	해	자

단교관살은 출생한 월에 해당하는 지지를 만나면 작용한다. 예를 들어 오월생인 사람이 지지에 **술토**나 혹은 축월생인 사람이 사주에 **자수**가 있으면 단교관살에 해당한다. 운에서 만나는 경우에도 단교관살에 해당한다. 이 살은 다른 살에 비해 미약하게 나타난다. 팔다리의 저림 증상 혹은 손발이 삐거나 부러질 수도 있다. 그러나 여러 살이 거듭 겹치는 경우 심하면 신체적 장애를 겪기도 한다.

예/ 여자

시주	일주	월주	년주
丁− (편인)	己− (일간)	乙− (편관)	戊+ (겁재)
卯− (편관)	巳+ (정인)	卯− (편관)	辰+ (겁재)
단교관살		단교관살	

위의 사주는 묘월에 출생한 **기토**일간의 사주이다. 월지의 **묘목**편관과 시지의 **묘목**편관이 각각 단교관살에 해당하고 있다.

주중에 단교관살이 겹쳐있으니, 평상시 손발 저림의 증상이 있을 것으로 예상할 수 있다. 특히 세운에서 유금이 오는 경우 월지와 일지에 각각 묘유충이 발생하게 된다. 이 시기에는 특히 안전사고에 주의해야 할 것이다.

8. 상문조객살

년지	자	축	인	묘	진	사	오	미	신	유	술	해
상문	인	묘	진	사	오	미	신	유	술	해	자	축
조객	술	해	자	축	인	묘	진	사	오	미	신	유

상문조객살은 년지를 기준으로 전삼위는 상문이 되고 후삼위는 조객살이 된다. 상문조객살 역시 농아살이나 단교관살처럼 적중률이 떨어진다고는 하나 이 또한 잘못된 판단이다. 여러 차례 강조하지만 어떠한 살이고 작용력이나 적중률이 떨어진다기보다 일간의 강약에 따라 그 작용이 다르게 나타날 뿐이다.

예/ 여자	시주	일주	월주	년주
	丙+ (편인)	戊+ (일간)	庚+ (식신)	丙+ (편인)
	辰+ (비견)	申+ (식신)	子- (정재)	寅+ (편관)
	상문살		조객살	

위의 사주는 월지와 시지에 각각 조객살과 상문살을 갖추고 있다. 일지와 시지의 조객살보다 일지와 시지의 상문살이 좀 더 흉하다고 판단한다. 세운과 월운을 통해 두 살이 구성되면 가까운 주변 사람이 상을 당하게 되거나 가정에 불화가 생기게 된다.

9. 상부상처살(고신과수살)

생 년	인, 묘, 진	사, 오, 미	신, 유, 술	해, 자, 축
지 지	사, 축	신, 진	해, 미	인, 술

상부상처살은 고신과수살로 불리기도 한다. 이 사주에 있으면 배우자를 일찍 잃게 된다는 살이다. 즉 독수공방을 면치 못한다는 흉살인데 이 살의 구성은 다음과 같다.

인묘진은 방합으로 목이 되는데, **사화**의 지장간에 있는 **무토**

재성을 극함으로써 상처살이 되는 것이다. 또한 **축토**는 금의 고장지로써 **신금**이 강한 목의 기운에 의해 무력해지는 결과를 초래하는 것이다. 사오미는 방합으로 화가 되는데, **신금**의 지장간에 있는 **경금**재성을 극함으로써 상처살이 되는 것이다. 또한 **진토**는 수의 고장지로써 **계수**가 강한 화의 기운에 의해 증발하는 결과를 초래하는 것이다.

신유술은 방합으로 금이 되는데, **해수**의 지장간에 있는 **갑목**재성을 극함으로써 상처살이 되는 것이다. 또한 **미토**는 목의 고장지로써 **을목**이 강한 금의 기운에 의해 무력해지는 결과를 초래하는 것이다. 해자축은 방합으로 수가 되는데, **인목**의 지장간에 있는 **병화**재성을 극함으로써 상처살이 되고 있는 것이다. 또한 **술토**는 화의 고장지로써 **정화**가 강한 수의 기운에 의해 화식되는 결과를 초래하는 것이다.

예/ 남자

시주	일주	월주	년주
戊+ (편인)	庚+ (일간)	辛- (겁재)	丁- (정관)
寅+ (편재)	申+ (비견)	亥+ (식신)	巳+ (편관)

상부상처살

위 사주는 해월에 출생한 **경금**일간의 남자 사주로 일지에 상부상처살을 놓고 있다. 일지 **신금**비견과 시지 **인목**편재가 서로

상충을 하고 있다. 그리고 시지 사화편관은 일지 신금비견과 사
신으로 형까지 되고 있다. 거듭 흉살이 겹치고 있으니 불길하
다.

10. 수액살

생 월	인, 묘, 진	사, 오, 미	신, 유, 술	해, 자, 축
생 시	인	진	유	축

'수액살'75)은 생월과 생시로 구성되고 있다. 인묘진 월에 인시, 사오미 월에 진시, 신유술 월에 유시, 해자축 월에 축시가 각각 수액살에 해당하고 있다. 항시 물을 조심해야 하는데, 낙정관살이 겹치는 경우 특히 주의해야 한다.

---

75) 수액살 : 수액살은 물로 인해 죽을 고비를 겪거나 재산적 피해를 당하게 된다는 흉살이다.

예/ 남자	시주	일주	월주	년주
	甲+ (정인)	丁- (일간)	丙+ (겁재)	壬+ (정관)
	辰+ (상관)	酉- (편재)	午- (비견)	寅+ (정인)
	수액살			

위의 사주는 시지 진토상관에 수액살을 구비하고 있다. 시지는 궁성론의 관점에서 살펴보았을 때 바로 자손의 자리가 되기 때문에 자손의 수액을 조심해야 한다. 특히 정화일간에 낙정관살이 되는 술년이 오는 경우 흉살이 거듭 겹치게 되니 특히 주의해야 할 것이다.

11. 공망살

공망은 '비어있고 허망하다'라는 의미이다. 말 그대로 있어도 없는 것과 같으니 길함과 흉함이 모두 없는 것과 같다는 것이다. 즉 길신이 공망이면 이는 길신이 없는 것과 같으므로 결과적으로는 흉한 것이고, 흉신이 공망이면 이는 흉신이 없는 것과 같으므로 결과적으로는 길한 것이 되는 것이다.

공망의 구성은 천간 10개와 지지 12개를 각각 한 번씩 짝을 지어주면 된다. 이 때 주의할 것은 바로 천간이 10개인데 반해

지지는 12개가 되니 항상 지지는 2개씩 남게 되는 것이다. 따라서 짝을 이루지 못하는 지지를 모두 조합해 보면 술해·신유·오미·진사·인묘·자축이 된다. 이 글자들은 매번 천간과 짝을 지을 때마다 남게 되는데 이것을 일주의 간지와 대조하여 공망을 구분하는 것이다.

〈 십천간과 십이지지의 공망 〉

천간	갑	을	병	정	무	기	경	신	임	계		
지지	자	축	인	묘	진	사	오	미	신	유	술	해

간지의 첫 글자인 갑자에서 출발해 계유까지 짝을 이뤄보면 술해가 남게 된다. 따라서 술해가 공망이 된다. 다시 갑술에서 출발해 계미까지 짝을 이뤄보면 신유가 공망이 된다. 그리고 갑신에서 출발해 계사까지 짝을 이뤄보면 오미가 남게 된다. 따라서 오미가 공망이 되고, 다시 갑오에서 출발해 계묘까지 짝을 이뤄보면 진사가 남게 되니 진사가 공망이 된다.

또다시 갑진에서 출발해 계축까지 짝을 이뤄보면 인묘가 남게 되어 인묘가 공망이 되고, 갑인에서 출발해 계해까지 짝을 이뤄보면 자축이 남게 되니 자축이 공망이 되는 것이다. 아래의 표는 공망에 관한 이해를 돕고자 작성한 것이다.

〈 순별 공망의 구분표 〉

순	지지 공망
갑자 순	술 해
갑술 순	신 유
갑신 순	오 미
갑오 순	진 사
갑진 순	인 묘
갑인 순	자 축

예/ 남자

시주	일주	월주	년주
戊+ (비견)	戊+ (일간)	乙- (정관)	丙+ (편인)
午- (정인)	午- (정인)	未- (겁재)	子- (정재)

공망살

위의 사주는 년지 **자수**정재에 공망살이 들어 있다. 정재는 곧 **무토**일간의 재물이자 처가 되는데, 이곳에 공망이 들었으니 배우자의 덕과 재물운은 기대할 바가 없는 것이다. 게다가 일지**오화**와 시지오화가 **오오**형살이 되고, 년지 **자수**정재와 거듭 자오충까지 되고 있어 그 흉이 더욱 가중되고 있다.

12. 양인살

일간	갑	을	병	정	무	기	경	신	임	계
지지	묘	진	오	미	오	미	유	술	자	축

양인살은 형벌이나 혹은 칼을 의미한다. 양인살의 구성은 양간의 겁재가 된다. 혹은 포태법으로 지지가 제왕지에 닿는 곳이 바로 양인이 된다. 반대로 음간의 경우 관대의 자리에서 양인살이 임하게 되지만, 양간에 비해 음간은 양인살의 작용이 미약하다.

양간을 기준으로 양인은 육친으로 겁재에 해당한다. 따라서 양인을 겁재의 작용으로 해석하게 되는데 앞서 설명한 바와 같이 겁재는 분리·탈재·이별을 뜻하는 흉신이다. 중요한 것은 일간의 강약에 따라 그 작용이 다르게 나타난다는 것이다. 즉 신약한 사주일 경우 양인은 흉이 아닌 길로 판단하게 된다.

다만 신왕한 사주가 주중에 편관을 보면 '살인균정'[76)]이라 하여 권력을 쥐고 만인을 호령하는 장군의 명이 되기도 한다. 양인은 배우자를 극함으로 이별 혹은 사별하게 되거나 배우자를 뺏기게 된다는 흉의 의미를 담고 있다. 따라서 개운을 통해 흉

---

76) 살인균정 : 사주가 양인격이거나 혹은 사주원국에 양인이 많은 경우 편관이 자리하게 되면 공명을 떨치게 된다는 뜻이다.

의 불리함을 극복하는 것이 현명한 대처법이 될 것이다. 지지뿐만이 아니라 천간의 겁재 역시 양인살로 작용하고 있으니 통변하는 데 착오가 없기를 바란다.

예/ 여자	시주	일주	월주	년주
	乙− (겁재)	甲+ (일간)	癸− (정인)	壬+ (편인)
	丑− (정재)	辰+ (편재)	卯− (겁재)	寅+ (비견)
	양인살		양인살	양인살

사주원국에 양인살을 두 개 두고 있다. 월지의 묘목겁재와 시간의 을목겁재, 그리고 년지의 인목비견 역시 모두 양인이 된다. 년지의 인목비견이 양인살이 되는 이유는 양인의 기운이 강하면 비견 또한 양인이 되기 때문이다.

13. 음양차착살

양차살	병오	병자	임진	임술	무신	무인
음착살	신묘	신유	정미	정축	계사	계해

음양차착살은 남녀 모두에게 적용되며 자신이 태어나면서부터 점차 가세가 기울어져 결국 집안이 패망하게 되는 흉살이다. 여성의 경우 결혼 후 처가나 시가, 외가를 쇠몰시키는 살이다. 태어난 일주를 기준으로 살피게 된다.

예/ 여자

시주	일주	월주	년주
乙- (정인)	丙+ (일간)	庚+ (편재)	乙- (정인)
未- (상관)	子- (정관)	辰+ (식신)	未- (상관)

음양차착살

위의 사주는 병자일에 출생하여 일주에 양차살을 갖추고 있다. 일간이 양이면 양차살, 일간이 음이면 음착살로 구분하는데, 대개 따로 구분하지 않고 음양차착살로 통일하여 적용하고 있다. 사주에 음양차착살을 갖추게 되면 용모가 수려하고 욕정이 강하며 이성과의 염문이 잦아 불화가 발생하게 되는 흉살이다.

14. 탕화살

| 사주 전지지 | 인 | 오 | 축 |

탕화살은 음독·비관·중독·화상·총상 등의 불행한 사건이 발생한다는 흉살로 사주원국에 있든지 아니면 운에서 만날 때 작용하게 된다. 년·월·일·시 어디에 위치하더라도 흉살로 작용하며, 주중에 하나만 자리하는 경우 그 작용은 미약하다고 본다. 그러나 이 또한 중첩되거나 세운에서 오는 경우 흉이 가시적으로 드러나게 되는데, 특히 탕화살에 형이나 충이 겹치는 경우 작용력은 배가된다.

예/ 남자

시주	일주	월주	년주
丙+ (편재)	壬+ (일간)	乙- (상관)	戊+ (편관)
午- (정재)	寅+ (식신)	丑- (정관)	子- (겁재)
탕화살	탕화살	탕화살	

위의 사주는 월지와 일지, 그리고 시지에 탕화살을 갖추고 있다. 또한 년지의 자수와 시지의 오화가 자오충으로 상충하고 있어 매우 불길한 중 일간임수의 기운마저 주변의 기세에 눌려 극

신약하게 되었다. 안타깝지만 이 사주는 미래를 장담할 수 없는 지경에 이르고 말았다. 참으로 안타까운 사주이다.

15. 홍염살

일 간	갑·을	병	정	무·기	경	신	임
지 지	오	인	미	진	술	유	자·신

이 살은 일간을 기준으로 각각의 해당 지지를 만나게 되면 작용하게 된다. 홍염살은 무엇보다 일주를 위주로 보는 것이 타당하지만, 다른 주에 있다고 해도 경중의 차이만 있을 뿐, 그 작용력은 드러나게 되니 참고하기를 바란다. 홍염살은 미남·미녀를 구분하는 잣대라 해도 과언이 아니다. 이 살을 가진 사람은 용모가 수려할 뿐만 아니라 엄청난 매력을 소유한 사람으로서 특히 연예인들 사주에 많이 나타나고 있다.

하지만 과유불급이라 하였듯이 사주 내에서 다른 흉살과 겹치는 경우 색정과 허영, 그리고 사치가 심하고 이성간의 애정사가 끊임없이 발생하게 된다. 스스로 이 살을 제어하지 못한다면 패가망신이란 큰 화를 초래하게 되는 것이다.

예/ 여자	시주	일주	월주	년주
	辛- (편재)	丁- (일간)	乙- (편인)	辛- (편재)
	丑- (식신)	未- (식신)	未- (식신)	丑- (식신)
		홍염살	홍염살	

정화일간이 월지와 일지에 미토식신을 놓아 홍염살을 두 개나 갖추고 있다. 도화살에 비해 좀 더 능동적이고 적극적인 성향이 담긴 홍염살은 인기보다 매력을 어필하는 특징이 있다.

16. 효신살

효신살은 일지에 인성을 놓은 것이다. 어머니와의 인연이 희박하며, 생모 외에 다른 어머니가 있거나 그런 분을 모시게 된다. 또한 고부간의 갈등을 의미하기도 한다.

일주	갑자	을해	병인	정묘	무오	기사
	경진	경술	신축	신미	임신	계유

예/ 여자	시주	일주	월주	년주
	庚+ (편관)	甲+ (일간)	戊+ (편재)	乙- (겁재)
	午- (상관)	子- (정인)	子- (정인)	未- (정재)

효신살

자월에 출생한 갑목일간이 일지에 자수정인을 놓아 효신살이 되고 있다. 예로부터 올빼미는 다 자라 독립한 후 어미를 잡아먹는 흉악한 새로 익히 악명을 떨쳐왔다. 효신살은 전생에 서모를 학대하다가 죄인이 된 사람이 환생하여 어머니와 불화하게 된다는 흉살이다. 따라서 사주에 효신살을 갖추게 되면 어머니와 관계가 좋지 못하거나 인연이 약하게 된다.

17. 백호대살

일 주	갑진	무진	정축	계축	병술	을미	임술

백호대살을 백호살이라고도 한다. 호랑이에게 물려 피를 본다는 흉살로 견혈사고[77]나 급사·횡사·수술 등 불의의 재난이나 변사를 뜻한다. 현대사회의 관점에서 살펴본다면 교통사고나 자

살을 의미하기도 한다.

　백호살을 사주에 놓은 사람은 자유롭고 독립적인 성향이 강하기 때문에, 타인의 지배를 당하는 것을 싫어하며, 명예욕이나 성취욕이 강한 게 특징이다. 백호살은 그 세력만큼이나 사주 어디에 있어도 그 작용이 크게 나타나게 되며 일주·시주·월주·년주의 순으로 영향력이 높다. 무엇보다 일주에 놓인 백호살의 영향력이 가장 크다고 말할 수 있다.

예/ 여자	시주	일주	월주	년주
	庚+ (정재)	丁- (일간)	甲+ (정인)	丁- (비견)
	戌+ (상관)	丑- (식신)	辰+ (상관)	丑- (식신)
		백호대살	백호대살	백호대살

　위의 사주는 년지와 월지, 그리고 일지에 각각 백호대살을 놓았다. 이처럼 사주에 흉살이 강하게 되면, 흉의 작용이 극단적으로 나타날 수밖에 없는 것이다. 또한 시지의 **술토**로 인해 축술로 형살을 이루고 있다. 진술충과 축진파까지 겹치고 있으니, 참으로 안타까운 사주가 되고 말았다.

---

77) 견혈사고 : 피를 보게 되는 위중한 사고를 말한다.

제3장 천간과 지지의 생과 사

　사주를 추명함에 있어 중요한 것은 바로 일주의 강약을 확실하게 구분해 낼 줄 알아야 한다는 것이다. 일주의 강약을 정확하게 구분하지 못한다면 미래를 예측하는 데 예상치 못한 혼선이 발생할 수 있기 때문이다. 결국 음양오행의 의미와 그 이치에 따른 생극제화 및 형충파해, 그리고 십이운성과 십이신살을 비롯해 각종 흉살과 길신에 이르기까지 이 모든 요소를 종합·응용함으로써 다양한 추명을 해볼 수가 있는 것이다. 그러나 지금까지 배운 요소들만으로 미래를 속단하기에는 아직 부족함이 남아 있다. 인간의 운명은 우리가 일반적으로 생각했던 것보다 훨씬 깊고 복잡다단하기 때문이다.
　지금부터 설명할 부분은 인간의 미래에 관하여 좀 더 자세하고 섬세하게 예측하기 위한 심화 단계이다. 즉 추명의 적중률을 끌어올리기 위한 방법으로 십천간과 십이지지의 성정과 그 특징을 다루게 된다. 동시에 천간과 지지의 생·사 관계를 보다 심층적이고 체계적으로 분석하고자 한다.
　천간과 지지의 생·사 관계를 무엇보다 중요하게 다루는 이유는 생·사 관계를 제대로 구분하지 못하면 일주의 강약을 제대로 구분해 낼 수 없고, 일주의 강약을 제대로 구분해 내지 못하면 앞으로 학습하게 될 격국용신을 제대로 이해할 수 없기 때문이다. 지금부터 설명하게 될 천간과 지지의 생·사 관계는 무조건 외운다고 되는 것이 아니다. 대자연의 섭리인 우주 운행의 원리와 천지 음양의 질서로 상징되는 '생장염장'[78]의 이치를 올바르게 꿰뚫고 이해해야만 하는 것이다. 이는 곧 추명 방식의 다양한 응용으로 이어지게 될 뿐만 아니라 사주의 강약과 격국용신을 분별하는 데 필요한 해석의 기준이 되고 있다. 지속적인 반복 학습을 통해서만 완성할 수 있는 부분이니 조급한 마음을 버리고 끈기와 인내를 바탕으로 꾸준히 공부해 나가길 바란다.

1. 천간

1) 갑목

갑목은 나무이며 형이상학적으로 목의 기운이다. '동량지목'[79]이자 '무근지목'[80]으로 '강목'[81]이며 또한 '사목'[82]이다. 갑목은 다 자란 나무로써 경금으로 가공해야 그 가치가 돋보이

---

[78] 생장염장 : 대자연의 이치로 낳고, 기르고, 수렴하고, 휴식하는 4단계를 통해 만물이 순환과 반복하는 것을 이르는 것이다.
[79] 동량지목 : 기둥이나 대들보가 될 만한 큰 나무를 말한다.
[80] 무근지목 : 다 자라서 잘라놓은 나무를 말한다.
[81] 강목 : 굳건한 나무를 말한다.
[82] 사목 : 죽은 나무를 말한다.

게 된다. **갑목**은 강목이라 성품이 강직하고 이상과 포부가 크다. 지지의 구성 여부에 따라 **갑목**의 성정 또한 다양하게 변화하게 되니 폭넓은 이해와 관점을 중심으로 해석해야 한다.

옛말에 '강하면 부러진다'라는 말이 있듯이, 겸손과 타협을 뒤로 하고 홀로 독주하려는 오만한 성품을 가지게 된다면 그 결과는 참담할 수밖에 없다. 반면 너무 나약할 경우 음간인 **을목**보다 약하게 되니 이는 잡초보다 못한 삶을 초래하게 될 수도 있다. 만일 **갑목** 주위에 수의 기운이 많으면 뿌리가 썩거나 뿌리째 뽑혀 부목이 될 것이다. 화가 많으면 '화다목분'[83]되어 그 존재를 단번에 잃게 될 것이다. 또한 토가 많으면 '토다목절'[84]이 되어 나무가 뿌리를 내릴 수 없게 될 것이며, 금의 기운이 많으면 '금다목약'[85]이 되어 나무는 산산조각이 나게 될 것이다. 반대로 나와 같은 세력인 목의 기운이 많으면 괜한 세력다툼으로 인해 자멸하는 결과를 초래하게 될 것이다.

물이 많은 '수목응결'[86]로 구성된 사주는 성격이 까칠하고 인성이 부족하여 오히려 인정이 메말라 버린 차가운 사람이 된다. 하지만 화의 기운으로 설기가 되는 '목화통명'[87]의 사주는 인정

---

83) 화다목분 : 화가 강하면 나무는 타서 사라지게 된다는 뜻이다.
84) 토다목절 : 토가 많으면 오히려 목이 꺾이게 된다는 뜻이다.
85) 금다목약 : 금이 많으면 목은 약해지게 된다는 뜻이다.
86) 수목응결 : 수가 많으면 나무는 얼어버리게 된다는 뜻이다.
87) 목화통명 : 목과 화가 최상의 조화를 이룬 상태를 말한다.

이 많아 선생님 혹은 박사와 같은 전문 지식인이 되겠으나, 대인관계에서 융통성 및 소통 부재로 인해 모호한 사람으로 비치게 된다. 금의 기운이 '태과'[88]하여 세력을 이루면 '금목상전'[89]이 되어 끝내는 의리가 없는 사람이 된다. 토의 기운이 태과하여 그 세력을 이루면 '목토상전'[90]이 되어 재물에 남다른 탐을 하게 되니 재물로 인한 불행을 초래하게 된다. 하지만 재성의 성정인 임기응변의 재능을 타고난 사람이라 처세술에 있어 타인의 부러움을 사기도 한다.

왕성한 갑목이 또다시 갑목을 놓게 되면 곧 비견이 되는데, 이는 나의 경쟁자를 의미하는 것으로 재물을 두고 다투는 쟁재를 하게 되니 금전운에 불리한 상황이 발생하게 된다. 그러나 세운에서 경금으로 충이 오는 경우 상황이 급반전되어 쟁재가 아닌 나의 의지처가 되니 귀인이 된다. 또한 왕성한 갑목이 을목을 만나게 되면 재물을 두고 다투는 형국이 되어 쟁재나 탈재가 발생하게 된다. 또는 배우자를 일찍 잃게 되거나 남편을 일찍 잃게 되는 상부·상처의 불행이 발생하기도 한다. 그러나 신약한 사주일 경우 오히려 편관을 을경합하여 갑목을 보호하는 역할을 하

---

88) 태과 : 사주원국에서 동일한 육친이 3개 이상 자리하는 경우를 말한다.
89) 금목상전 : 사주원국에서 금과 목이 각각 세력을 형성하여 서로 다투는 경우를 말한다.
90) 목토상전 : 사주원국에서 목과 토가 각각 세력을 형성하여 서로 다투는 경우를 말한다.

게 되니 갑목을 지켜주는 귀인의 역할을 하게 된다.

갑목이 병화를 만나면 사주의 구성이 조화로운 경우 목화통명이라 하여 귀명이 된다. 또한 병화는 화극금 하여 편관을 제압하니 갑목을 보호하고, 이내 화생토로 재물을 생하여 주니 귀성이 되는 것이다. 하지만 신약한 갑목일 경우에는 갑목의 기운을 더욱 설기 시켜 갑목의 '분소'91)를 조장하게 되니 이러한 경우는 오히려 병화로 인해 병이 되는 것이다.

왕성한 갑목에 정화가 있는 경우 강한 화의 기운을 설기 시킴으로써 길한 작용이 나타나게 된다. 하지만 신약한 갑목일 경우 편인임수를 합으로 묶고 정관을 화극금으로 파괴하며 화생토로 재성을 생하게 함으로써 재물의 욕심만 가 만드는 재다신약의 결과를 초래하게 된다.

왕성한 갑목은 재성인 토를 다스릴 수 있으나 토는 갑목의 원류가 되는 수를 막게 된다. 이것이 바로 '재극인'92)이라 많은 재물을 갖추게 되면 자기 자신을 잃어버리게 되고 그릇된 인성이 발달하게 되는 것이다. 신약한 갑목이 무토를 만나게 되면 무토는 갑목의 원류인 인성을 재극인하고, 토생금하여 금의 생을 조

---

91) 분소 : 나무가 타서 사라진다는 뜻이다.
92) 재극인 : 재성이 인성을 극하는 것이다.

장함으로써 금의 칠살로 하여금 신약한 갑목을 공격하게 만드는 파국의 빌미를 제공하게 된다.

이를 재극인과 '재생살'[93)이라고 하니 신약한 갑목의 인성은 물론 그 삶을 송두리째 무너뜨리고 마는 것이다. 이를 남자 사주의 기준으로 살피게 되면 남자가 여자를 잘못 만나 인생을 망치게 되는 결과로 이해할 수 있다. 반면 여자 사주의 기준으로 살피게 되면 지나친 재물의 욕심으로 본인의 인생을 타락시키는 결과를 초래하게 되는 것이다.

왕성한 갑목이 기토를 만나게 되면 기토는 '재생관'[94)으로 토생금하여 관성을 생하게 된다. 이는 자연의 지극한 이치라 왕성한 갑목의 명예를 드높이게 된다. 왕성한 갑목에 비견은 쟁재를 불러일으킨다고 하였으니, 비견을 갑기합하여 왕성한 갑목의 쟁재를 극복할 수 있게 조장해 주는 기토의 도움이 매우 크다. 또한 갑목에 기토는 정재가 되니 그의 부인은 누가 봐도 현모양처가 되는 것이다.

왕성한 갑목이 경금을 만나게 되면 '벽갑'[95)이 되어 귀격이 되는데 이는 경금으로 나무를 가공하기 때문이다. 그리고 쓸모

---

93) 재생살 : 재성이 편관·칠살을 생하는 것이다.
94) 재생관 : 재성이 정관을 생하는 것이다.
95) 벽갑 : 땔감으로 사용할 수 있게 나무를 쪼개는 것이다.

없는 을목겁재를 을경합하여 쟁재나 탈재를 막아주는 것이다. 갑목이 신금을 만나면 정관이 되는데, 갑목의 겁재인 을목을 을신충하여 겁재의 횡포로부터 갑목을 보호한다. 게다가 병화와 병신합을 함으로써 갑목의 분소를 막아준다. 그러나 이는 갑목이 신왕할 때 해당하는 것임을 명심하길 바란다. 만약 갑목이 허약하다면 불미스러운 일이 빈번하게 발생하는 것이다.

갑목이 수를 만나게 되면 기쁘게 되는데, 수는 곧 갑목의 원류이기 때문이다. 또한 임수가 병화와 병임충 함으로써 갑목의 분소를 막아줄 뿐만 아니라 정임합을 통해 상관의 돌발 행동을 제어하는 역할도 하게 된다. 또한 편관이 되는 경금의 기운을 극제하고 금생수로써 살인상생을 조장하게 되니 갑목을 지키고 보호하는 수호신으로서의 역할을 다하는 것이다. 하지만 사주에 물이 너무 많으면 부목이 될 뿐만 아니라 병임충이 되어 인성이 식상을 파극하는 도식이 발생하게 된다. 그리고 정임합을 조장하여 설기를 막게 되니, 갑목이 멸하게 되는 상황이 발생하게 된다.

갑목이 계수를 만나게 되면 정계충으로 상관을 억제함으로써 매사 정도를 걷게 하고 무계합으로 재물에 대한 욕심을 가릴 수 있게 한다. 하지만 갑목은 동량지목으로 계수를 만나면 썩기 때문에 애초에 갑목은 계수를 꺼리게 된다.

2) 을목

　갑목을 형이상학적으로 인정이라고 정의한다면, 을목은 바람으로 정의할 수가 있다. 살아있는 나무로써 활력을 상징한다. 음의 목이며 습목이고 '활목'96)이기 때문에 목극토는 잘하지만, 목생화는 어렵다. 을목은 금의 기운을 가장 꺼리게 되는데 금의 계절인 가을은 성장의 정체를 의미하기 때문이다. 즉 금의 기운을 가진 경금과 을경합을 함으로써 을목의 형체가 사라짐이 두렵고, 신금은 을신충으로 인한 피해를 고스란히 받게 되기 때문이다. 또한 금은 금생수를 하여 한기를 조장하게 되는데 자칫 금생수가 과한 경우 수목응결이 되어 을목의 활동 정지로 이어지기 때문이다.

　왕성한 을목이 겁재가 되는 갑목을 만나게 되면 쟁재나 탈재가 나타나게 되는데, 갑목이 무토정재를 파극하고, 기토편재 마저 갑기합으로 묶어버리기 때문이다. 이런 경우 '친구 따라서 강남 간다'라는 말처럼 친구를 잘못 만나 을목이 스스로 자멸하게 되는 상황이 전개되는 것이다. 을목은 작은 나무라 갑목에 모든 양분을 빼앗기는 형상과도 같은 것이다. 그러나 신약한 을목의 경우 갑목을 의지처로 삼고 기생하게 되는데 이를 '등라계

---

96) 활목 : 살아있는 나무를 말한다.

갑'97)이라 한다. 이런 경우 갑목이 곧 나의 귀성이 되니 일간의 강약에 따라 그 해석이 달라진다는 점을 염두에 두어야 한다.

을목이 병화를 만나게 되면 나무에 꽃이 핀 모습이다. 따라서 만인 속에서 인기가 드높게 되는데, 반대로 편관신금을 병신합으로 묶어놓게 되니 왕성한 을목일 경우 매사 용두사미격으로 전락하고 만다. 또한 병임충하여 인성인 임수를 극하고 화생토로서 재성을 생하니 금전의 욕심이 하늘을 찔러 세인의 구설에 오르게 됨을 경계해야 한다. 정화를 만나게 되면 길함에 있어 병화만은 못하게 되니 큰 그릇이 되기는 어렵다.

무토를 만나게 되면 무계합으로 편인을 묶어 정신을 바르게 만들고, 토극수하여 물의 범람을 막을 뿐 아니라 관성을 생하여 명예를 얻게 한다. 처와 어머니의 합을 통해 식상이 발달하여 꽃을 피우니 그의 처는 현모양처가 되는 것이다. 을목이 기토를 만나게 되면 기토는 갑기합을 조장하여 겁재를 묶어두며 길한 작용을 하나 만일 을목이 신약한 경우에는 오히려 흉이 될 수 있다.

을목이 경금을 만나게 되면 비겁의 만용을 경금이 다스리게

---

97) 등라계갑 : 넝쿨나무가 소나무와 같은 큰 나무를 의지해서 살아가는 것이다.

되며 금생수로 인성을 생하니 귀성이 된다고 할 수 있다. 또한 을목이 신금을 만나면 을신충하고 병신합을 하여 꽃을 꺾는 격이 되니 매우 불길하게 된다. 왕성한 을목일 경우 오히려 귀성이 되는 것이다. 을목이 임수를 만나면 신약에는 길하다. 또한 병임충하여 상관을 극제하고 금생수와 수생목으로 '관인상생'[98]을 조장하여 길하게 된다. 을목이 계수를 만나게 되면 식신 정화를 정계충 하여 매사 앞길을 가로막을 수 있다. 또한 무계합을 하면서 정재가 묶이게 되니 금전운에 있어 다양한 문제가 발생하게 되는 것이다.

3) 병화

병화는 형이상학적으로 빛, 자외선, 방사선, 따뜻함 등을 상징하며 '강렬지화'[99]에 속하는 강한 불이다. 강한 불이니 그 어떤 환경도 두려운 것이 없다. 다만 단점이 있다면 불의 기운이 너무 강해 자만과 오만함으로 허송세월할 수 있다는 것이다.

신약한 병화가 갑목을 만나게 되면 목생화로써 병화의 원류가 되며, 기토상관과 합을 하여 흉을 막아내고 무토를 목극토 함으

---

98) 관인상생 : 관성이 인성을 생하는 것을 말한다.
99) 강렬지화 : 큰 불이자 강한 불이라는 뜻이다.

로써 중화를 이루기도 한다. 또한 임수편관을 살인상생하여 칠살로부터 병화를 보호하게 되니 이것은 곧 갑목의 고마운 작용이라 할 수 있다. 병화가 을목을 만나게 되면 을목은 습목이라 목생화가 어려울 듯하지만, 강렬지화인 병화는 을목을 건조 시켜 목생화가 가능케 만드는 힘을 가지고 있다. 다만, 습한 을목이 마르는 시간이 필요하니 매사 어떤 일을 처리하는 데 있어 서두르거나 조급해한다면 낭패를 보게 되는 것이다. 즉 갑목보다는 그 기운이 현저히 떨어진다고 볼 수 있다.

병화가 병화를 만나게 되면 임수편관을 병임충으로 막아낸다. 하지만 두 개의 태양이 하늘에 뜬 격이니 항시 갈등과 번민이 나타나게 되고 불면증에 시달리게 되며 그로 인해 예민한 성격을 가진 사람이 된다. 병화가 정화를 만나게 되면 병화는 태양이요, 정화는 달이라 낮과 밤이 공존하는 자연의 이치가 사주에 드러난 것이니 어딜 가든 환대를 받게 되고 무엇을 하든 그 결과 또한 좋은 것이다. 하지만 이는 신약한 병화일 때 해당하는 것으로, 왕성한 병화일 경우 정화는 겁재가 되어 매사 불길한 상황이 발생할 수 있으니 섣부른 판단을 해서는 안 될 것이다.

병화가 무토를 만나게 되면 화생토로 설기하니 좋다고 볼 수 없으나 토극수하여 임수편관을 막으니 긍정적인 작용이라 할 수 있는 것이다. 그러나 계수정관을 무계합하여 묶어두게 되니 이는 병화에게 흉이 되는 것이다. 또한 병화가 신약할 때 기토를 만나면 역시 설기가 되니 흉한 것이며 갑기합으로 편인을 묶어 두게 되니 원류를 차단하게 된다.

병화가 경금을 만나게 되면 경금에 의해 인성이 충극을 받아 파괴되는데, 이런 경우 일찍 이성에 눈을 뜨게 되어 공부를 못하게 되거나 그의 어머니와의 관계가 좋지 못하게 된다. 병화가 정재에 해당하는 신금을 만나게 되면 정인을목과 을신충이 되어 모처가 불화하게 된다고 예상할 수 있는 것이다.

병화가 임수를 만나게 되면 병임충이 되어 흉한 것이나 왕성한 병화일 경우 자극이 되어 오히려 길한 결과를 얻게 될 수도 있는 것이다. 병화가 계수를 만나게 되면 비겁을 충하게 되니 왕성한 병화일 경우 길한 것이며, 반면에 신약한 병화일 때는 수생목과 목생화로 관인상생을 조장함으로써 이 경우에는 길하게 되는 것이다.

4) 정화

정화는 형이상학적으로 달과 별을 의미하고, 형이하학적으로는 등화나 촛불을 의미한다. 정화가 갑목을 만나게 되면 목생화로 인성이 되니 나를 생하게 된다. 하지만 갑경충이 되고, 정임합이 되어 나의 재관을 모두 빼앗으니, 이때는 인성의 폐단으로 인하여 학문에만 힘을 쓸 뿐 경제력을 잃어버린 갓 쓴 선비가 되어 무능하게 되는 것이다. 하지만 신약한 정화일 때 관성인 수는 정화의 원류인 갑목을 수생목하고 갑목은 목생화하여 관인상생 혹은 살인상생을 하게 되니 이때는 더할 나위 없는 나의 귀성이 되는 것이다.

정화가 을목을 만나게 되면 편인이 되지만, 을목은 습목으로 정화가 을목에 의해 불이 꺼지게 되니 원류라 하여 무조건 길성이라고 판단해서는 안 된다. 즉, 을목은 편인으로써 계모가 되어 정화를 생하는 듯하지만, 결국 목생화가 안 되니 이 또한 인간관계의 모호함이라 할 수 있겠다.

정화가 병화를 만나게 되면 이때는 신강약에 따라 길흉이 엇갈리게 된다. 정화가 신강한 경우에는 병화의 기세에 뜻을 펴지 못하는 모습이 되고, 반대로 정화가 신약한 경우에는 병화의 빛과 열을 모두 얻게 되는 것이다. 정화가 정화를 만나게 되면 정임목으로 정관을 묶어 불리하게 되나 정계충을 하여 편관을 제압하니 이때는 나의 귀인이 되는 것이다.

정화가 정재인 경금을 만나게 되면 을경합으로 정재를 묶어 흉하지만, 을경합은 인의지합을 조장함으로써 금이 되니 이때는 다시 반가운 상황이 된다. 정화가 신금편재를 만나게 되면 을신충이 되어 흉하게 된다. 정재와 달리 편재는 큰돈을 상징하여 유산이나 부동산을 상징하는데 이때는 유산의 상속과 거리가 멀게 된다.

정화가 무토를 만나게 되면 무계합을 하여 편관을 묶어 길하게 되나 임수정관을 토극수하니 이때는 흉한 것이다. 정화가 기토를 만나게 되면 기토가 갑목을 갑기합으로 묶어 나의 원류를 차단하니 흉한 것이나, 갑기합은 중정지합으로 토가 되니 식신을 보호하게 되어 반가운 것이다. 물론 이때는 정화가 신약한 경우 흉이 되니 길흉을 판단하는 데 있어 혼선이 없어야 할 것이다.

정화가 경금을 만나게 되면 금극목을 하니 갑목정인을 갑경충하여 흉하고, 재차 을경합을 함으로써 정화의 원류인 편인마저 묶게 되니 돈을 알면 인정을 반하게 되는 이치를 알 수 있는 것이다. 정화가 신금을 만나게 되면 신금은 을신충과 병신합을 조장함으로써 나의 방해자를 모두 제거하니 기쁘지만, 이는 정화가 왕성한 경우이다. 반대로 신약한 경우에는 오히려 흉한 상황이 되니 이점 유념하길 바란다.

정화가 임수를 만나게 되면 임수는 병임충을 하여 겁재가 되는 병화를 억제하니 길하며, 비견이 되는 정화를 정임합으로 묶게 되니 정화가 왕성한 경우에는 매우 길하게 되는 것이다. 그러나 정임합은 음란지합으로 합화한 후에 목이 되어 다시 정화를 생하니 이때는 길이 아닌 흉한 결과를 초래하게 되는 것이다. 물론 신약한 경우는 길하다고 본다. 정화가 계수를 만나게 되면 무토상관을 무계합으로 묶고 비겁으로 합화하게 된다. 신약한 정화에 계수는 편관으로 칠살이 되니 인성을 가까이해야 함은 불변의 진리이다.

5) 무토

무토는 흙을 의미하며 형이상학적으로는 중재이자 조절신이고 형이하학적으로는 큰 산과 제방을 상징한다. 무토가 갑목을 만나게 되면 기토인 비겁을 갑기합 하여 묶으니 흉할 것 같으나, 갑기합은 다시 토가 되어 신약한 무토의 의지처가 되니 길하게 된다. 무토가 을목을 만나게 되면 식신이 되는 경금을 을경합하여 흉할 것 같으나 합화한 후 다시 금이 되니 반가운 것이고, 상관이 되는 신금을 을신충 하니 기쁜 것이다.

무토가 병화를 만나게 되면 인성이 되니 신약한 무토에 길하게 되나 조토가 될 수 있음을 주의해야 한다. 반면 무토의 식신이 되는 경금을 화극금하고 무토의 편재가 되는 임수를 병임충하니 이때는 매우 흉한 것이다.

무토가 정화를 만나게 되면 정인이 되어 화생토 하니 신약한 무토일 경우 즐거운 것이며, 정임합을 하여 재성을 묶고 합화하여 인성인 목이 되니 유혹에 이끌리지 않고 공부를 할 수 있게 도와주는 귀성이 된다.

무토가 무토를 만나게 되면 비견이 되니 신약한 무토에 의지처가 되지만, 정재가 되는 계수를 합하여 묶게 되니 친구가 돈을 묶는 격이라 친구를 조심해야 한다는 결론에 이르게 되는 것이다. 무토가 기토를 만나게 되면 기토는 곧 겁재가 되니 갑목편관을 갑기합으로 묶어 칠살을 제거하는 듯 하나 합화하여 다시 토가 되니 기토의 도움은 크지 않다.

무토가 경금을 만나게 되면 갑목편관을 갑경충하여 길하게 된다. 또한 을경합을 함으로써 무토의 정관에 해당하는 을목이 사라지게 되지만, 합화하여 다시 금인 식신이 되니 식신생재 사주로 변하여 좋은 것이다. 무토가 신금을 만나게 되면 편인병화를 합으로 묶어 원류를 차단하고, 병신합을 하여 수로 합화하게 되니 이때는 재성을 생하게 되는 것이다. 이런 경우 인성이 묶이고 재성이 생하게 되니 돈이 된다면 무슨 일이고 행하게 되어 부정부패의 상황이 전개되는 것이다.

무토가 임수를 만나게 되면 병임충이 되니 신왕한 사주에는 길하게 되나 신약한 사주에는 흉한 결과를 초래하게 된다. 특히 무토의 원류가 되는 정화를 합으로 묶어 흉한데 정임합이 재차 목으로 합화하니 이때는 목극토가 되어 예상치 못한 이중고를 겪게 되는 것이다. 무토가 계수를 만나게 되면 무계합이 되어 신약한 무토에 더없이 기쁜 것이나, 정계충이 되면 재극인이 되니 결국에는 기하게 됨을 주의해야 할 것이다.

6) 기토

기토는 형이상학적으로 원기에 해당하며 형이하학적으로는 전답으로 작물을 재배할 수 있는 논이나 밭을 의미한다. 기토가 갑목을 만나게 되면 목극토가 되어 비겁을 억제하니 왕성한 토에는 유리하다. 또한 갑기합은 다시 합화하여 토가 되니 신약한 기토에 기쁜 것이다. 갑목은 갑경충이 되어 경금인 상관을 억제함은 좋으나 이는 갑목이 희생되니 안타까운 것이다. 기토가 을목을 만나게 되면 목극토가 되어 흉하다. 그러나 을경합으로 상관을 묶는 것은 좋다 할 수 있으나 결국 다시 금으로 합화되고 마는 것이다.

기토가 병화를 만나게 되면 화생토가 되니 신약한 기토에 길하다. 하지만 이것도 적당해야 좋은 것이지 과하면 오히려 조토가 되어 병이 되고 마는 것이다. 병화는 상관이 되는 경금을 화극금하여 지나친 욕심을 경계하게 하고, 병신합으로 식신을 묶게 되지만 다시 수를 만들어 편재를 생하니 이는 자식이 잘되기를 바라는 어머니의 애타는 심정이라고도 할 수 있겠다. 기토가 정화를 만나게 되면 신약한 기토일 때 인성이 되어 기쁘게 되는데, 정계충을 함으로써 편재의 횡포를 경계하게 된다. 그리고 정임합이 되어 임수인 정재를 묶게 되니 흉하지만, 정임합은 다시 목이 되어 관이 되니 명예를 드높이게 되는 단초를 제공함으로써 기쁘지 않다고 할 수 없는 것이다.

기토가 무토를 만나게 되면 겁재가 되니 신약한 기토와 신왕한 기토의 구분에 따라 그 희비가 엇갈리게 된다. 겁재이 되는 무토는 무계합을 조장함으로써 정재를 묶고 임수를 토극수하니 급기야는 쟁재가 벌어지고 마는 것이다. 기토가 기토를 만나게 되면 갑목을 갑기합으로 묶으니 여명의 경우 불리하다.

기토가 경금을 만나게 되면 상관이 되어 갑경충으로 정관을 상하게 하고 을경합으로 합을 하게 되니 관이 사라짐으로 인한 가치관의 상실을 맛보게 된다. 그러나 을경합이 합화하여 다시 금이 되어 식상이 되니 이로써 욕심이 하늘을 찌르게 되는 것이다.

기토가 신금을 만나게 되면 을신충이 되니 을목편관을 충으로 억제하고, 병신합으로 수를 생하니 기토에 수는 재물이라 좋은 일을 하면 복을 받는다는 의미로 해석할 수 있겠다.

기토가 임수를 만나게 되면 병임충이 되어 신약한 기토에는 고부간의 갈등으로 인해 마음고생이 있고 정임합이 되어 목이 되니 이래저래 극을 받아 풍파가 끊이지 않게 되는 것이다. 기토가 계수를 만나게 되면 무계합이 되어 화가 되니 신약한 경우 편재의 희생으로 내 원류를 찾게 되는 것이다.

7) 경금

경금은 형이상학적으로 서늘함이고 형이하학적으로는 강철이 된다. 경금이 갑목을 만나게 되면 편재가 되고 갑경충이 되어 불리하다. 그러나 주중에 기토가 있으면 그 흉이 덜하게 된다. 경금이 왕성한 경우 을목을 만나게 되면 길하다고 할 수 있겠으나, 을경합은 합화하여 다시 금으로 변하게 되니 그의 아내의 희생에도 불구하고 매사 그 결과가 좋지 않은 것이다.

경금이 병화를 만나게 되면 병화는 병신합이 되니 겁재인 신금을 묶어 길하다고 할 수 있다. 병화가 병임충을 하게 되면 임수는 식신이라 흉하지만, 병화로 경금을 제련하게 되니 병화는 경금에 없어서는 안 될 중요한 존재가 되는 것이다. 경금이 정화를 만나게 되면 계수상관을 정계충 하니 길하나 임수식신까지 동시에 합으로 묶어놓으니 반드시 좋은 것은 아니다. 하지만 정임합은 목이 되어 재를 생하니 결코 나쁘다고만 판단할 수는 없다.

경금이 무토를 만나게 되면 무토가 경금에 비록 편인이 되지만, 신약한 경우 나의 원류가 되어 길한 것이다. 또한 살인상생이 되고 탐생망극이 되니 무토의 존재는 실로 그 역할이 크다고 할 수 있다. 즉 무계합으로 욕심을 경계하게 하고 동시에 경금을 생하니 공부하고 벼슬을 내리게 하는 귀성이 되는 것이다. 경금이 기토를 만나게 되면 경금의 정인이 되어 신약한 경금에는 원류가 되며, 갑기토를 하여 갑목편재의 횡포를 막고 다시 원류를 공급하는 역할을 하게 된다.

왕성한 경금이 경금을 만나게 되면 을경합을 조장하니 쟁재로 인해 재를 잃게 될 뿐만 아니라 타인과의 소통 부재나 크고 작은 충돌을 피할 수 없게 된다. 경금이 신금을 만나게 되면 신금은 을신충을 하니 흉하지만, 병화편관을 병신합으로 묶어 나를 보호하게 된다.

경금이 임수를 만나게 되면 병임충하여 편관을 억제하니 길하지만, 임수는 정임합으로 정관을 묶어두니 흉하게 된다. 그러나 합화한 후에 목을 내어 줌으로써 재성을 얻게 되니 기쁘지 않을 수 없는 것이다. 식신이 강할 때를 가리켜 '승재관'[100]이라 하는데, 이 같은 구성을 이루려면 일간이 신왕해야 함을 잊지 말아야 할 것이다. 경금이 계수를 만나게 되면 정계충으로 정관을 억제하여 흉한데 더욱이 무토와 무계합을 하게 되니 신약한 경금일 경우 원류가 차단되어 매우 흉하게 된다.

8) 신금

신금은 형이상학적으로는 음의 결정체인 태음이 되고 형이하학적으로는 옥이나 다이아몬드와 같은 보석을 상징한다. 신금이 갑목을 만나게 되면 정재를 얻은 것으로 이는 곧 갑기토가 되니 다시 토생금이 되어서 공부를 많이 하게 된다. 신금이 을목을 만나게 되면 경금을 을경합으로 묶게 되니 신왕한 신금일 경우 참으로 다행이라 할 수 있으나, 을경합은 다시 금으로 비겁을 생하게 되니 결과적으로는 흉한 것이다.

---

100) 승재관 : 재성과 관성에 오른다는 뜻이다.

신금이 병화를 만나게 되면 병화는 병신합으로 비견을 묶고 신금의 상관이 되는 임수를 병임충함으로써 길하게 된다. 신금이 정화를 만나게 되면 정화는 신금의 식신이 되는 계수를 정계충하여 흉하다. 그러나 정임합으로 상관을 묶고 목을 생하니 재물을 얻게 만드는 것이다.

신금이 무토를 만나게 되면 정인이 되는데 이것이 과한 경우 금을 흙에 묻어버리는 '토다매금'101)이 되니 주의해야 한다. 신금이 기토를 만나게 되면 신약한 신금에 토생금이 되어 원류가 되나 정재가 되는 갑목을 합으로 묶게 되어 신왕에는 흉하다.

신금이 경금을 만나게 되면 겁재가 되고 갑목과는 갑경충이 되어 이미 흉한 와중에 또한 을경합까지 되니 거듭 흉하게 된다. 신금이 신금을 만나게 되면 병화를 묶고 을신충까지 하게 되니 재·관이 모두 멸하게 됨을 주의해야 한다.

신금이 임수를 만나게 되면 임수는 상관으로써 '도기'102)가 되어 신약한 신금일 경우 매우 불리하다. 또한 정관마저 병임충으로 피상 시키게 되니 '상관견관'103)이 되어 명예의 실추를 겪게

---

101) 토다매금 : 토가 많으면 금이 묻히게 된다는 뜻이다.
102) 도기 : 약한 기운을 빼내는 것을 말한다.
103) 상관견관 : 상관이 정관을 바라본다는 뜻으로 관을 상하게 하여 흉함을 이르는 말이다.

된다. 신금이 계수를 만나게 되면 정화편관을 정계충 하니 칠살로부터 일간을 보호하게 된다.

9) 임수

임수는 형이상학적으로 겨울이며 어둠이고 형이하학적으로 바다나 강, 호수의 물을 상징한다. 임수가 갑목을 만나게 되면 식신이 되어 신약에는 흉하다. 그러나 목극토를 함으로써 토극수가 되는 칠살을 견제하니 이 경우 임수에게 갑목의 역할은 매우 중요하다. 그러나 갑경충은 막을 수 없으니, 임수의 원류가 되는 경금편인의 작용으로 인해 고독을 면키 어려운 사람이 된다. 임수가 을목을 만나면 이는 상관이 되며 을경합과 을신충을 조장하게 되니 편인과 정인의 원류가 모두 끊겨 이 또한 고독한 삶이 된다.

임수가 병화를 만나게 되면 병화는 편재가 되며, 병임충이 되고 임수의 정인이 되는 신금을 병신합으로 묶는다. 또한 화극금으로 경금을 억제하니 돈과 여자로 인해 공부도 못하게 되고 부모와도 잦은 마찰을 겪게 되는데 이를 '탐재괴인'[104]이라고 한

---

104) 탐재괴인 : 재물의 욕심이 강해 인성이 무너지는 것을 말한다.

다. 병신합은 수가 되어 비겁이 되나 신강에는 비겁이 길의 의미가 아니니 병신합이 되어 수가 되어도 큰 이로움이 없어 흉이 되는 것이다. 임수가 정화를 만나게 되면 이는 곧 정재가 되고 정임합이 되어 목이 된다.

임수가 무토를 만나게 되면 편관이 되어 신약에는 흉하다. 임수의 비겁이 되는 계수를 무계합으로 묶으며 재성인 화가 되니 신왕한 명에는 길하게 된다. 임수가 기토를 만나게 되면 이는 곧 정관이 된다. 식신이 되는 갑목을 갑기합으로 묶어 관을 생하니 이 또한 일간의 신강약 구분에 따라 희비가 엇갈리게 된다.

임수가 경금을 만나게 되면 편인이 되며 을목과 을경합이 되어 상관의 횡포를 잡아주고 합화하여 인성으로 화하게 되니 신약의 명에는 매우 기쁜 일이라 할 수 있겠다. 임수가 신금을 만나게 되면 금생수로 정인이 되며, 신금이 을신충으로 상관을 억제하고 편재가 되는 병화를 묶게 되니 신약에는 길하게 된다.

임수가 임수를 만나게 되면 정임합으로 정재가 되는 정화가 묶이게 되고, 병화편재를 병임충으로 충 하니 흉한 것이다. 임수가 계수를 만나게 되면 신약한 경우 비겁이 도움은 될 수 있겠으나 계수가 정계충을 하니 집안에 갈등이 발생하게 된다. 반면 계수는 무계합을 하여 편관을 묶고 합화하여 화가 되니 편관을 묶고 재성을 생함으로써 길하게 된다.

10) 계수

　형이상학적으로 음의 수이자 임수와 마찬가지로 어둠을 상징하며 형이하학적으로는 생수가 되고 활수가 된다. 계수가 갑목을 만나게 되면 갑목은 상관이 되어 흉하나 편관이 되는 기토를 목극토하여 토극수하니 길한 것이다. 그러나 기토를 갑기합으로 묶으며 다시 토로 화함으로써 재차 토극수를 조장하니 이 경우는 흉하게 되는 것이다. 또한 계수의 인성이 되는 경금을 갑경충하여 원류를 차단하니 역시 흉한 것이다. 계수가 을목을 만나게 되면 식신이 되어 길하다고 볼 수 있으나 을목은 음의 습목이라 큰 기대를 할 수 없는 것이다.

　계수가 병화를 만나게 되면 정재가 되는데 병화는 병임충을 하니 계수의 겁재가 되는 임수를 제거함이 반갑다고 할 수 있다. 즉 병화는 계수의 정재로써 처가 되는데 겁재 흉신을 처가 제거하는 모습이 되니 무조건 처에게 잘해야 하는 이유라 할 수 있다. 물론 이러한 예는 일간이 신왕한 때에 해당하는 것이니 착오 없기를 바란다. 계수가 정화를 만나게 되면 정화는 편재가 되고 비견을 정계충으로 제거하니 신왕에는 길하게 된다. 그러나 겁재인 임수와 정임합을 하는 모습은 가히 좋은 모습이라고 할 수 없겠다.

계수가 무토를 만나게 되면 무토는 계수의 정관이 되어 신왕에는 기쁨이 되는 것이다. 또한 토극수로 계수의 비겁을 제거하니 거듭 길한 것이다. 계수가 기토를 만나게 되면 기토는 갑기합을 하며 갑목 상관을 묶어 길하다고 할 수 있으나 이내 갑기합토가 되어 관성이 되니 결과적으로 신약에는 흉하게 된다.

계수가 경금을 만나게 되면 경금은 계수의 정인이 된다. 따라서 경금은 금생수를 함으로써 계수가 원류를 공급받게 되니 기쁜 것이고, 갑경충으로 상관을 억제하니 또한 즐거운 것이다. 하지만, 신왕한 경우 을목과의 을경합은 다시 금으로 화하게 되니 욕심이 지나치게 되어 스스로 자멸하게 됨을 주의해야 한다. 계수가 신금을 만나게 되면 이는 곧 편인이 되고 금생수가 되어 원류가 튼튼해진다.

계수가 병화를 만나게 되면 신금과 병신합이 되어 수로 화하게 되는데 이 경우 금수쌍청을 주의해야 한다. '금수쌍청'[105]이란 금이나 수의 일간이 주중에 비겁을 많이 놓은 경우를 말한

---

[105] 금수쌍청 : 금과 수가 나란히 빛난다는 뜻으로 총명하고 냉철하며 영특함이 빛난다는 뜻이다.

다. 오행 중에서도 금수의 기운은 예지력과 추리력을 의미하는데 이러한 오행이 사주에 많게 되면 종교인의 운명이 되기 때문이다.

계수가 임수를 만나게 되면 이는 곧 겁재가 되는데, 정재가 되는 병화와는 병임충이 되니 재물의 손실을 겪게 된다. 또한 정화와는 정임합을 하여 편재까지도 묶게 된다. 결국 정임합은 목으로 화하게 되니 지출만 생기게 되는 것이다. 계수가 계수를 만나게 되면 비견이 되고 비견은 곧 정관이 되는 무토를 무계합으로 묶게 되니 남명은 곧 직장과 자식을 잃게 되고 여명은 곧 직장과 남편을 잃게 된다. 또한 정화는 계수의 편재인데 정계충을 하게 되니 돈과 여자 문제로 걱정이 끊이지 않게 된다.

2. 지지

지지는 천간과 달리 변화무쌍하다. 그 이유는 지지의 상생상극과 형충파해, 그리고 합과 합국의 다양하고 폭넓은 활동을 주기적으로 이어 나가고 있기 때문이다. 그중에서 가장 중요한 점은 십이지지의 기세를 가름하는 계절별 왕·쇠의 관계이다. 계절의 변화에 따라 각각의 지지가 품고 있는 힘의 세기가 다르게 나타나고 있기 때문이다. 그러므로 지지의 생·사 관계를 정확히 숙지해야만 후에 익히게 될 격국용신을 제대로 이해할 수 있게 되는 것이다.

1) 자수

자수는 물이자 음력으로는 11월이며, 십이지지 중 가장 첫 번째의 글자이고 동물로는 쥐를 상징한다. 시간으로 23시 30분 ~ 01시 30분이다. 음수이고 활수이며 방위로는 정북이다. 숫자로는 1과 6이며 인체로는 신장을 뜻한다.

목은 자수에서 패지가 된다. 습목이면서 동시에 동목이 되어 수생목이 안 된다는 점을 반드시 기억하길 바란다. 대개 많은 사람이 계절과 상관없이 수만 있으면 수생목을 하는 것으로 인식하고 있는데 이는 잘못된 판단이다. **자수**가 수생목을 할 수 없다는 이유를 앞서 설명하였으니, 이러한 판단에 참고하길 바란다. 아울러 화는 **자수**에서 그 생명을 다하고 토는 화토동궁이라 토류가 된다. 금은 사지가 되어 물에 잠기게 되는 것이다.

축토와는 육합이 되고 신과 진이 합쳐 신진 삼합이 되며 해와 축과는 해축 방합이 된다. 묘와는 서로 상형살이 되고 **미토**와는 자미 원진살이 된다. 수극화는 잘하고 수생목은 안 된다. **자수**가 **진토**를 만나면 **진토**는 수의 창고라 '입묘'106)가 되고, 토극수가 되기 이전에 자진 삼합을 하게 되니 수국이 된다.

자수가 **사화**를 만나게 되면 강력한 **사화**에 의해 **계수**는 증발하게 된다. **사화**는 양화이면서 지장간에 **무토**를 담고 있는 와중에 **계수**와 **무토**가 무계합까지 하게 되니 **계수**는 끝내 증발하게 되고 마는 것이다. **자수**가 **오화**를 만나면 자오충이 된다. 그리고 **자수**가 **미토**를 만나면 앞서 설명하였듯이 원진살이 되면서 동시에 토극수도 되니 **자수**가 자연 힘을 쓸 수가 없는 것이다.

자수가 **신금**을 만나면 금생수가 되며 신자 삼합이 되어 길하다. 그리고 **유금**을 만나면 **유금**은 **자수**를 금생수하게 되지만, 육

---

106) 입묘 : 진·술·축·미 사묘지에 들어간다는 뜻이다.

파살과 함께 귀문관살이 되니 결국 흉하게 된다. **자수**가 **술토**를 만나면 가을의 토인 **술토**에 의해 토극수가 되어 불길한 와중에 지장간 **무토**와도 무계합을 하니 거듭 흉하게 된다. **자수**가 **해수**를 만나면 해자 방합으로 수국을 이루게 되니 이때는 강한 물이 되어 길하다고 할 수 있다.

2) 축토

축토는 음의 흙이자 음력으로는 12월이며 습토이고 또한 얼어있는 동토이다. 동물로는 소를 상징하며 시간으로는 01시 30분 ~ 03시 30분이며 수기를 가득 머금고 있는 흙이 된다. 숫자로는 5와 10이다.

금은 **축토**에서 입묘가 되고 있어 토극수는 어렵고 토생금은 잘 된다. **축토**가 **자수**를 만나면 육합으로 자축합이 되기 때문에 수생목이 안 되는 것이다. **축토**가 **축토**를 만나면 더욱 습하고 차가운 땅이 된다. 그리고 **축토**가 **인목**을 만나게 되면 목극토가 되며, **묘목**을 만나게 되면 이 또한 목극토가 되는데 **인목**의 경우 완전 파괴는 아니나 **묘목**은 완전히 파괴된다.

축토가 **진토**를 만나면 토와 토의 만남이라 자연 토의 기운이 왕성해지나, 축진파가 되고 아울러 더욱 습한 땅이 되니 만물의 결실을 볼 수 없는 것이다. 축토가 사화를 만나면 사화는 화생토를 하지만 그 이전에 사축 삼합이 되어 금국으로 변화하게 된다. 축토가 오화를 만나게 되면 오화 역시 화생토를 하지만 축오 원진살과 귀문관살이 있어 흉하게 된다.

축토가 미토를 만나면 축미충으로 흉하지만, 때에 따라 창고가 열리는 개고가 되니 신금을 얻게 되어 길하게 된다. 축토가 신금을 만나면 토생금하게 되며, 유금을 만나면 유축 삼합이 된다. 축토가 술토를 만나면 축술 형살이 되고 술토에 의해 축토가 파괴된다. 축토가 해수를 만나면 해축 방합이 되어 수가 된다.

3) 인목

인목은 음력 정월이며 봄이고, 양목이며 강목이다. 동물로는 호랑이를 의미하며 시간으로는 03시 30분 ~ 05시 30분이다. 숫자로는 3과 8이다. 왕성한 물의 기운이 있다고 하여도 천간의 목과는 달리 부목이 되지 않으니, 수목응결을 해소한다.

인목이 자수를 만나면 수생목을 받을 것 같지만, 이는 결국 왕한 자수가 수생목을 하는 것이니 인목의 성장을 기대하기는 어렵다. 인목이 축토를 만나게 되면 축토는 동토로써 철분이 많은 흙이니 인목이 뿌리를 내리기 어렵다. 인목이 인목을 만나게 되면 목의 기운이 왕성해지는 것이니 길한 것이다. 인목이 묘목을 만나게 되면 인묘 방합을 하니 이 또한 즐겁고 기쁘다고 할 수 있다.

인목이 진토를 만나게 되면 진토는 '온난지토'107)로 목의 계절이면서도 역시 인묘 방합을 하게 되니 기쁜 것이다. 인목이 사화를 만나게 되면 목생화가 된다. 그러나 불의 기운이 강력한 사화는 인목과 인사 형살이 되고, 인목의 지장간에 장축된 갑목과 사화의 지장간에 장축된 경금이 서로 갑경충을 하게 되니 인목은 사화에서 몰하게 되는 것이다. 인목이 오화를 만나면 인오 삼합이 되니 목생화가 잘 되는 것이다.

인목이 미토를 만나게 되면 묘궁이 되어 목으로써의 생명을 다하게 된다. 또한 인목이 신금을 만나게 되면 절궁이 되니 목의 기운은 그 어디에서도 찾을 수가 없는 것이며, 또한 인신 충까지 가세하게 되니 목의 생명은 끝나게 되는 것이다. 하지만 주중의 인목이 인오 혹은 인술로 화국을 이루는 경우 오히려 신금은 목생화가 잘 이루어질 수 있도록 도끼로 장작을 쪼개는 형상

---

107) 온난지토 : 따뜻한 땅을 뜻하는 것이다.

이니 이 경우엔 길한 작용이 되는 것이다. 인목이 유금을 만나게 되면 금극목이 되니 자연 목의 기운이 강해질 수 없는 것이다.

인목이 술토를 만나면 인술 삼합이 되고, 인목이 해수를 만나면 수생목이 되어 목이 잘 자라게 되는 것이다. 또한 인목은 해수에서 장생궁이 되고 인해목으로 육합까지 되니 매우 반가운 것이다.

4) 묘목

묘목은 음력 2월이고 봄의 중간 달에 해당하며 음목이고 습목이자 활목이 된다. 동물로는 토끼가 되고 시간으로는 05시 30분 ~ 07시 30분을 가리킨다. 숫자로는 3과 8이다. 묘목은 습목으로써 앞서 밝힌 바와 같이 목생화가 어렵다. 하지만 주의해야 할 것은 묘목이 세력을 이룰 때인데, 아무리 음의 기운이 강하여 목생화를 못 한다고 할지라도 다른 지지와 합을 통해 목생화를 이룰 수 있다는 것이다. 가령 묘미와 같은 삼합을 이룰 때를 말하는 것이다. 하지만 묘진 방합은 습목과 습토의 합으로 목생화가 어려우니 이점 착오 없길 바란다.

묘목이 자수를 만나면 수생목이 될 것 같으나 수목응결이 되어 꺼리는 것이며, 자묘로 이미 상형살이 되고 있다. 묘목이 축토를 만나게 되면 축토는 동토로써 묘목이 성장할 수가 없는 것이다. 묘목이 인목을 만나면 묘목의 습한 기운이 인목과 방합을 이루게 되면서 마른나무인 '조목'108)이 되니 이 경우 왕성한 나무의 기운이 되는 것이다. 묘목이 묘목을 만나면 역시 왕성한 목의 기운을 만들어 내지만, 습목의 만남이라 더욱 습해지는 현상은 어쩔 수 없다. 묘가 여러 개일 경우 각기 다른 주장을 펼쳐 도무지 화해와 협력을 할 수 없는 것이다.

묘목이 진토를 만나면 묘진 방합이 되어 왕성한 목의 기운을 만들어 내지만 습한 기운은 피할 수가 없는 것이다. 묘목이 사화를 만나면 도기라 하여 묘목은 결국 분소가 된다. 묘목이 오화를 만나도 역시 도기가 되어 분소 된다. 묘목이 미토를 만나면 묘미 방합이 되어 왕성한 목의 기운을 만들어 낸다.

묘목이 신금을 만나면 금극목이 된다. 묘목이 유금을 만나면 절궁이 되고 묘유충이 되어 살지가 되니 자연 몰하게 되는 것이다. 묘목이 술토를 만나면 묘술합으로 육합이 되며, 묘목이 해수를 만나게 되면 해묘 삼합이 되어 왕성한 목의 기운을 이루게 된다. 하지만 결국 습목의 합이니 목생화는 안 된다.

---

108) 조목 : 바싹 마른 나무를 뜻한다.

5) 진토

진토는 양의 흙이며 음력으로 3월이고 습토이다. 가색지토로써 양분을 길러내는 땅이며 동물로는 용을 의미한다. 시간으로는 07시 30분 ~ 09시 30분까지이고 숫자로는 5와 10이다. 진토의 지장간에는 을목과 계수를 담고 있는데 이는 각각 재와 관을 의미하는 것으로 진토는 이미 재관이덕을 갖추고 있는 것이다. 상상의 동물인 용을 의미하며 숫자로는 5와 10이다. 진토는 풍섭이나 당뇨 등의 질병을 주의해야 하는 지지가 된다. 또한 진토는 수의 고장지이고 계절로는 3월이며 온난지토가 되는데 이 때문에 가색지토로 불리게 되는 것이다.

진토가 자수를 만나면 자진 삼합이 되고 토로써 모든 기능은 상실하게 된다. 진토가 축토를 만나게 되면 토의 기운은 왕성해지지만, 축진파가 되어 기한 것이며 음지의 토가 되니 냉습해짐을 면치 못하는 것이다. 진토가 인목을 만나면 인진 방합을 한 후 목국이 되어 토의 기운이 상실된다. 또한 묘목을 만나면 인묘 방합을 한 후 목국이 되니 역시 토의 기운이 상실되는 것이다.

진토가 진토를 만나면 토의 기운은 왕성해지지만, 습한 기운은 면치 못한다. 또한 진진 자형이 되어 매우 꺼리게 된다. 진토가 사화를 만나면 화생토가 되니 만물을 키워낼 수 있는 기후적인 여건을 모두 갖추게 되어 길하게 된다. **진토**가 **오화**를 만나면 **사화**와 마찬가지로 화생토가 되기는 하지만, **사화**보다는 기운적 측면에서 약하다고 판단한다.

진토가 **미토**를 만나면 습토와 조토의 만남이라 길하게 된다. **진토**가 **신금**을 만나면 토생금이 되어 설기가 되고, 신진 삼합이 되어 수로 변하게 된다. 또한 **진토**가 **유금**을 만나도 토생금이 되어 설기가 되지만, 진유로 육합을 이루게 되니 길하다. **진토**가 **술토**를 만나면 토와 토의 만남이라 왕성한 기운의 토가 된다. 그런 와중에 진술충이 되어 흉할 것 같으나 충으로써 '개고'109)가 되어 지장간에 담긴 재·관을 얻게 되니 오히려 길하게 되는 것이다. **진토**가 **해수**를 만나면 '토류'110)가 되어 탁해지게 되니 꺼리게 된다.

6) 사화

사화는 양의 불로서 매우 뜨거운 강렬지화에 해당한다. 음력으로는 4월이며 양화이고 동물로는 뱀이며 숫자로는 2와 7이다. 시간으로는 09시 30 ~ 11시 30분이며 용광로의 불과 같은

---

109) 개고 : 진·술·축·미 사고지의 창고 문이 열린다는 뜻이다.
110) 토류 : 수가 많아 토가 무너진다는 뜻이다.

'노치지화'111)로도 비유된다. 앞서 밝혔듯이 사화는 외음내양의 지지로 오화와 함께 체와 용을 다르게 쓰고 있다.

사화가 자수를 만나게 되면 수극화가 되어 사화는 몰하게 되는데 이는 사화가 자수에서 태궁에 놓여 있기 때문이다. 사화가 축토를 만나면 사축 삼합이 된다. 사화가 인목을 만나면 목생화가 되어 강한 화의 기운을 만들게 된다. 사화가 묘목을 만나면 묘목은 습목이라 목생화를 할 수 없지만, 사화는 강렬지화로 습한 묘목을 충분히 말리고 다시 태우게 되니 목생화가 이루어지게 되는 것이다.

사화가 진토를 만나면 진토는 습토라 화생토가 밋밋해지며 사화가 가진 불의 기운은 자연히 약하게 된다. 사화가 사화를 만나게 되면 강렬한 화의 만남이니 화의 기운은 더욱 강렬해진다. 사화가 오화를 만나도 이 역시 화의 만남이라 왕성한 화가 될 뿐만 아니라 사오 방합의 화국까지 이루게 되니 그 세력은 더욱 커지게 된다.

사화가 미토를 만나면 역시 사미 방합이 되어 화국을 이루니 불의 기운이 강해지게 된다. 사화가 신금을 만나면 화극금이 되

---

111) 노치니화 : 화로에 담겨 있는 뜨거운 불을 말한다.

고 또한 사신형이 되니 이내 불의 기운은 약해지게 된다. 사화가 유금을 만나게 되면 사유 삼합이 되어 금국을 이루게 되니 자연 불의 기운은 사라지게 되는 것이다. 사화가 술토를 만나면 화생토가 되어 화의 기운이 설기가 되고 그 기운은 점차 사라지게 된다. 사화가 해수를 만나면 수극화가 되고 동시에 사해충까지 되니 화기는 자연 몰하게 되는 것이다.

7) 오화

오화는 음의 불이요 촛불이자 활화가 된다. 음력으로는 5월이며 동물로는 말을 상징한다. 시간으로 11시 30분 ~ 13시 30분이며 인체로는 심장이고 방향으로는 정남이다. 오화 역시 사화와 마찬가지로 체와 용이 바뀐 지지에 해당한다.

오화가 자수를 만나면 수극화가 되어 절궁이 되어 힘을 쓰지 못하는 것이며, 자오충까지 되니 화의 기운은 완전히 몰하게 된다. 오화가 축토를 만나면 화생토가 되어 설기가 되는데, 축토는 습토이자 동토가 되니 오화는 축토에서 점점 몰하게 되는 것이다. 오화가 인목을 만나게 되면 장생이 되니 매우 기쁜 것이고, 인오 삼합을 하여 화국을 이루니 불의 기운이 매우 왕성하게 되는 것이다. 오화가 묘목을 만나면 목생화가 되어 기쁜 듯했으나,

묘목은 습목으로 오히려 화식이 되니 이때는 흉한 것이 된다. 하지만, 만일 묘목이 인묘나 묘미로 세력을 이루게 되면 목생화를 할 수 있다.

오화가 진토를 만나면 화생토가 되어 설기 되는데, 진토는 축토와 더불어 대표적인 습토이니 결국 화식이 되고 만다. 오화가 사화를 만나면 양화와 음화의 만남이니 매우 길하게 되며 사오 방합을 이루며 화국을 이루니 이 또한 즐거운 것이다. 오화가 오화를 만나면 역시 화의 만남이라 즐거운 것이라 하겠지만, 오오는 자형살을 이루게 되니 결국엔 흉하게 되는 것이다.

오화가 미토를 만나면 화생토로 설기가 되지만 오미는 육합이 되어 다시 화국을 이루니 기쁘다 하겠다. 오화가 신금을 만나면 화극금이 되어 화의 기운이 약해지게 되니 자연 흉하게 된다. 오화가 유금을 만나도 역시 화극금이 되어 흉하며 또한 그 자리가 바로 사궁이 되니 이중고를 겪게 되는 것이다. 오화가 술토를 만나게 되면 화생토로 설기가 된다. 비록 오술로 삼합이 되기는 하지만 술토의 자리가 바로 화의 입묘이니 흉하게 된다. 오화가 해수를 만나면 수극화가 되니 자연 오화는 몰하게 되는 것이다.

8) 미토

미토는 음토이며 조토가 되고 음력으로 6월이며 동물로는 양을 상징한다. 시간으로 13시 30분 ~ 15시 30분이다. 미토는 마치 한여름의 태양이 내리쬐고 있는 뜨거운 흙과 같으니, 수극화는 잘되지만, 토생금은 어렵다.

미토가 자수를 만나면 토류가 되니 몰하게 되고, 축토를 만나면 뜨거운 흙과 습하고 동한 흙이 만나는 상황이 되니 비록 왕성한 흙의 기운을 형성하게 된다. 또한 축미충으로 상충하여 흉할 것 같지만 미토와 축토는 고장지라 충을 오히려 반기게 되니 길한 것이다. 다만 사주의 중화를 잃은 경우라면 오히려 충에 의해 '파고'112)가 될 수 있으니 이 점을 명심해야 한다.

미토가 인목을 만나면 목극토가 되니 흉한 것이며, 묘목을 만나게 되면 역시 목극토가 되어 불리할 것 같으나 묘미는 삼합이 되어 목국으로 변화하게 되니 이때는 상황이 반전되는 것이다. 미토가 진토를 만나면 뜨거운 토와 습토의 만남이라 중화와 균형을 잘 맞추게 되니 가색지토로써 최고의 궁합이 되는 것이다. 미토가 사화를 만나면 화생토가 되고 사미 방합으로 화국을 이

---

112) 파고 : 형이나 충으로 인해 창고가 부서진다는 의미이다.

루게 된다. **미토**가 **오화**를 만나면 역시 화생토가 되고 오미 육합이 되니 화국이 된다.

미토가 **미토**를 만나면 왕성한 토는 되지만 조토가 되니 가색지토로 사용은 불가하다. **미토**가 **신금**을 만나면 토생금이 될 것 같으나 **미토**는 열기가 뜨거운 흙으로 토생금이 어렵게 된다. **미토** 역시 설기가 된다. **미토**가 유금을 만나면 **신금**과 같은 결과이다.

미토가 **술토**를 만나면 토와 토의 만남이라 토의 기운이 자연 왕성해지고, 술미는 삼형살로써 개고가 되니 길하게 된다. **미토**가 해수를 만나면 토극수가 되나 해미 삼합이 되어 목국으로 바뀌게 되는 것이다.

9) 신금

신금은 양금이며 강금이 되고, 음력으로 7월이며 동물로는 원숭이를 상징한다. 시간으로 15시 30분 ~ 17시 30분이 되고, 숫자로는 4와 9가 된다. 인체로는 폐와 대장이 된다. **신금**은 금극목과 금생수를 모두 잘하며 화극금이 되어도 잘 버텨내는 성질을 가지고 있다. 이는 **신금**의 지장간에 **임수**를 담고 있기 때문이다.

신금이 자수를 만나면 금생수가 되나 이때는 신자 삼합이 되니 금이 아닌 수가 된다. 신금이 축토를 만나게 되면 토생금이 되나 축토는 동토가 되어 큰 힘이 되지 못한다. 신금은 축토에서 입묘가 되기 때문이다. 신금이 인목을 만나면 금극목이 되면서 인신충까지 되니 흉하게 된다. 신금이 묘목을 만나도 금극목이 되니 이도 마찬가지다. 신금이 진토를 만나면 토생금이 되며 신진 삼합이 되어 수국이 된다.

신금이 사화를 만나면 화극금이 되어 기하고 사신형까지 되니 흉하게 된다. 또한 신금이 오화를 만나도 화극금이 되니 마찬가지다. 신금이 미토를 만나면 토생금이 될 것 같으나 미토는 토생금이 어려우니 큰 힘이 되지 못한다.

신금이 신금을 만나면 자연 왕성한 금이 된다. 신금이 유금을 만나면 신유 방합이 되니 금의 더욱 기운이 왕성해진다. 신금이 술토를 만나게 되면 비록 술토는 조토로서 토생금이 어렵기는 하지만 신술 방합이 되어 금이 되니 금이 강해지게 되는 것이다. 신금이 해수를 만나면 금생수가 되어 도기가 되며 금이 물에 잠기게 되니 흉하게 된다.

10) 유금

유금은 음금이며 살아있는 생금이자 연금이 되고 장신구나 보석을 의미한다. 또한 음력으로는 8월이 되고, 동물로는 닭을 상징한다. 시간으로 17시 30분 ~ 19시 30분이 되며, 십이지지 중에서 가장 청렴하고 청결하며 깨끗하고 아름다운 지지가 된다.

유금이 **자수**를 만나면 금생수가 되어 설기가 되고 물에 잠기니 금침이 되어 흉하다. 유금이 **축토**를 만나면 토생금이 되니 즐거운 것이고 또한 유축 삼합이 되니 금국을 이루게 된다. 유금이 **인목**을 만나면 금극목이 되어 금기를 상실하게 된다. 유금이 **묘목**을 만나면 역시 금극목이 되어 불길한 중 묘유충까지 되고 있으니 위태로운 것이다.

유금이 **진토**를 만나게 되면 토생금이 되어 길하며 진유로 육합까지 이루게 되니 매우 기쁜 것이다. 유금이 **사화**를 만나면 화극금이 되어 흉할 것 같으나 다행히 사유 삼합이 되어 금국이 되니 길한 것이다. 유금이 **오화**를 만나면 화극금이 되어 흉하게 되는데, 비록 오화가 약한 불이라고는 하나 유금은 자체가 연약한 금이기 때문에 피해가 큰 것이다.

유금이 **미토**를 만나면 토생금이 되어 반가울 것 같으나 미토는 조토로서 토생금이 어려우니 흉한 것이다. **유금**이 **신금**을 만나게 되면 신유 방합이 되어 금의 기운이 자연 왕성해지는 것이다. **유금**이 **유금**을 만나면 금의 기운은 왕성해지지만, 유유자형살이 되니 자연 기하게 된다. **유금**이 **술토**를 만나면 토생금을 받는 듯하지만, **술토**는 조토가 되니 흉한 것이다. 그러나 어렵게 유술 방합이 되니 참으로 다행스러운 일이 되는 것이다. **유금**이 **해수**를 만나면 금생수가 되니 설기가 됨이 흉한 것이다.

11) 술토

술토는 양토이며 단단한 흙이자 조토가 된다. 음력으로 9월이며 동물로는 개를 상징한다. 시간으로 19시 30분 ~ 21시 30분이 되고, 숫자로는 5와 10이 되며 토 중에서는 가장 강한 힘을 가지고 있다.

술토가 **자수**를 만나게 되면 토류가 되어 흉하게 되며, **축토**를 만나면 토의 기운이 왕성해지기는 하나 축술 형살을 이루게 되니 흉하다. 그러나 다행히도 **술토**와 **축토**가 서로 삼형을 하고 있으니 오히려 개고가 되어 이를 반기게 된다. **술토**가 **인목**을 만나게 되면 목극토가 되어 불리하나 인술 삼합이 되어 화국이 되니 반가운 것이다. 그러나 화생토로 토의 기운이 왕성해지는 것까지는 좋지만, **술토** 자체가 조토로써 더욱 조열해지니 결국에는 흉하게 되는 것이다.

술토가 **묘목**을 만나면 목극토가 되지만 묘술로서 육합을 하게 되니 자연 길하게 된다. 술토가 **진토**를 만나게 되면 진술충이 되어 개고가 됨을 즐거워하게 되지만 주중에 이미 충이 있으면 오히려 흉하게 된다는 점을 유의해야 할 것이다. 술토가 **사화**를 만나면 화생토가 되지만 조토가 됨은 어쩔 수 없다. 술토가 **오화**를 만나면 오술 삼합하여 화국으로 변화하게 된다.

술토가 **미토**를 만나면 토의 기운이 왕성해지고 또한 술미형이 되니 개고가 되어 길하게 된다. 술토가 **신금**을 만나면 신술 방합이 된다. 또한 **술토**가 **유금**을 만나도 유술 방합이 되니 길한 것이다. **술토**가 **술토**를 만나게 되면 토의 기운이 더욱 왕성해지며, **술토**가 **해수**를 만나면 토류가 되어 흉하게 되는 것이다.

12) 해수

해수는 양수이자 바닷물 혹은 강이나 호수로 상징된다. 동물로는 돼지이며 음력으로 10월이고 시간으로 21시 30분 ~ 오후 23시 30분이 된다. 숫자로는 1과 6이 되고 외음내양으로 체와 용이 다르다. 수생목도 잘하고 수극화도 잘하는 것이 **해수**의 가장 큰 특징이다.

해수가 **자수**를 만나게 되면 해자 방합이 되어 수국으로 화하게 된다. **해수**가 **축토**를 만나면 토극수가 되는데 해축 방합이 되니 다시 수로 화하며 길하게 된다. **해수**가 **인목**을 만나면 인해 육합이 되어 목국이 되며, **해수**가 **묘목**을 만나도 해묘 삼합으로 목국이 되니 수의 기운은 완전히 사라지게 된다.

해수가 **진토**를 만나면 토극수가 된다. **해수**가 **사화**를 만나면 수극화가 되며 묘궁에 자리하고 있어 기하는 중 사해충까지 드러나게 되니 수의 기운은 자연 몰하게 되는 것이다. **해수**가 **오화**를 만나도 **사화**와 마찬가지나 다행인 것은, **오화**의 지장간 속에 담고 있는 암합이 있어 수의 기운이 완전히 몰하지는 않는다는 것이다.

해수가 **미토**를 만나게 되면 토극수가 되나 해미 삼합으로 목국이 되어 목으로 변화하게 된다. **해수**가 **신금**을 만나면 금생수가 되니 **해수**는 그 원류를 제대로 받고 있어 기쁜 것이다. **해수**가 **유금**을 만나게 되면 금생수가 된다. **해수**가 **술토**를 만나면 토극수가 되는데 다행인 것은 지장간에 암합이 있어 완전히 몰하지 않는다는 것이다. **해수**가 **해수**를 만나면 수의 기운이 더욱 왕성해지게 되는데, 해해로 자형살이 있으니 이는 흉으로 드러나게 되는 것이다.

지금까지 십간과 십이지지의 생·사 관계를 주의 깊게 살펴보았다. 앞서 설명한 내용은 생극제화와 형·충·파·해, 그리고 십이운성·십이신살·흉살 등 사주를 공부하는 데 필요한 핵심을 중심으로 서술한 것이다. 따라서 지금까지 언급된 내용을 잘 이해하고 기억한다면 사주를 추명함에 있어 큰 도움이 될 것이다. 아울러 십간과 십이지지의 생·사 관계는 반드시 이해하고 넘어가야 하는 중요한 부분이니 반복하여 학습하길 바란다.

제6편 일주론

330

제1장 일주의 구성과 해석

1. 갑자일주의 해석

| 甲 |
| 子 |

갑목의 성정은 지혜와 총명, 그리고 인정이다. 반면에 고집이 세고 타인에게 굽히기를 싫어하는 외골수적인 기질을 가지고 있다. 인정은 있되 남다른 질투의 습성을 가지고 있어서, 타인과 돈독한 유대관계를 맺기 어렵다. 갑자일은 포태법으로 욕지에 앉아있기 때문에, 남녀 모두 유흥이나 주색과 관련이 있게 된다. 따라서 갑자일주인 사람은, 평소에 주색을 조심하여야 하며 배우자 역시 마찬가지로 간주한다.

본인에게는 관대하면서도 타인에게는 매몰차게 대하는 특징이 있다. 화목한 가정을 꾸려나가기 쉽지 않으며, 특히 부목(浮木)이 되는 경우 유랑자의 특성이 나타나 가정을 등한시하기도 한다. 갑자일주를 물상으로 살펴보면 '물 에서 자라는 나무'가 된다. 배우자 궁에 해당하는 일지 **자수**가, 음력 11월의 한랭한 물처럼 차가우니 가정이 화목하기 어려운 것이다. 또한 천간 **갑목**을 습하고 차가운 나무로 만드니, 목생화로 표출하는 **갑목**의 활동성을 방해하는 가장 큰 원인으로 지목된다. 이는 식상생재의 기운을 활용하지 못하게 가로막는 결과를 초래하는 것이다.

그러나 사주에 인목이 있다면, 인목의 지장간에 담겨 있는 병화를 귀하게 사용할 수가 있는 것이다.

갑자일주는 일지가 인성으로 효신살에 해당하며, 일지가 인성이다 보니 남자든 여자든 내조를 잘하기 위해 노력하는 편이다. 하지만 서로에게 큰 도움이 되지 못한다. 그리고 부부 사이에도 비밀이 많은 편이다. 갑자일주의 자수는 도화이며 포태법으로는 욕지에 해당한다. 용신이나 희신이 도화에 앉으면 예술계통에 두각을 나타내거나 대중들의 인기를 한 몸에 받는다. 하지만 기신이나 '구신'113)에 도화가 앉아있다면, 치정이나 이성과의 문제가 발생하게 되며 더 나아가 성병에 걸리거나 이로 인한 망신을 면키 어렵게 된다.

2. 을축일주의 해석

乙
丑

갑목이나 을목과 같이 목으로 구성된 일간들은, 사주에 반드시 병화를 보아야 크게 발복할 수 있는 기회를 얻게 된다. 나무가 잘 자라려면 태양의 온기가 필요하기 때문이다. 모든 식물은 광합성을 통해 성장하게 되는데 이러한 자연의 이치와 원리가 사주에서도 똑같이 적용되는 것이다.

---

113) 구신 : 사주원국에서 흉신인 기신을 생하고, 길신인 희신을 극하는 기운을 말한다.

그러므로 갑목이든 을목이든 반드시 병화를 보고 난 후에야 길하게 된다는 것이다. 특히 습목인 을목일주가 사주에 병화가 없다면, 한평생 고독을 면키 어려운 사주가 될 수 있다. 한편 을목일주가 병화를 비롯해 을목의 원류가 되는 계수까지 품고 있다면, 길한 조건을 모두 갖춘 셈이 된다. 만약 계수가 아닌 임수라면 을목이 수생목을 받기에 너무 버거운 형국이 된다.

을축일주는 성품이 온화하고 부드러운 것이 특징이다. 넝쿨식물로 대표되는 을목은 땅속을 헤집고 다니며 싹을 틔우기 때문에, 갑목처럼 눈에 띄는 성정은 아니다. 차분한 성격과 함께 인자하고 온화한 성품을 지니고 있으며, 인화하려는 마음을 근본으로 삼고 있다. 분위기를 잘 맞추는 사람으로 어렸을 때에는 학교에서 반장의 역할을 맡는 경우가 많다. 그만큼 책임감도 강하기 때문이다.

넝쿨식물의 특성상 어려운 환경에서 싹을 틔워야 하므로, 매사 정직, 근면, 성실을 기본 덕목으로 갖추고 있다. 그리고 정신력 또한 강한 것이 특징이다. 비록 겉모습이 연약해 보이더라도 정신력 하나는 타의 추종을 불허할 정도로 강하며, 보수적인 타입에 맡은 바 임무를 성실히 수행하는 성격이다. 따라서 공무원과 같은 직업에 을목 일간이 많이 분포하고 있다. 반면 너무 진지하고 깊은 생각을 해서, 본인의 감정에 빠져 고통스러워하는 사람도 있다.

을축일주는 일지가 축토로 포태법으로는 쇠궁에 자리한다. 축이라는 글자는 '액'을 의미한다. 액이란 모질고 사나운 운수를 뜻하는 것이다. 이런 이유로 을축일주는 한평생 신액이 따르게 되는데, 이를 면하기 위해 타인에게 희생과 봉사를 많이 해야만 하는 것이다.

인덕이 부족하므로 타인에게 베푼 일에 관해서 보답을 바라지 않는 것이 현명한 처사가 될 것이다. 을축일주의 일지는 편재이므로, 본인 스스로 집안의 가권을 쥐락펴락하려는 가부장적인 모습이 드러나게 된다. 편재의 특성으로 인해 남녀 모두 배우자를 극하는 상황이 나타난다.

3. 병인일주의 해석

丙寅

병화는 태양에 비유된다. 태양의 기운을 품고 있는 **병화**일간은 온후한 성품을 지니고 있다. 밝고, 명랑하며 예의가 바르고 겸손하다. 태양에서 뿜어져 나오는 빛은 부귀와 빈천을 가리지 않으니, 그만큼 폭넓고 속 깊은 대인관계를 이루는 것이 특징이다. 그러나 인내심이 부족한 것이 **병화**가 가진 단점이라고 할 수 있다. 사심 없이 상대를 대하며 모든 일에 공평하고, 꿈과 포부가 크며 거짓이 없는 사람이다. 반면 비밀을 지키기 어려우니 눈에 띠는 장·단점이 공존하는 일주라고 할 수 있다.

오행의 특성상 불의 성정은 명석한 두뇌와 뛰어난 화술을 의미한다. 따라서 각 분야의 박사나 교수의 사주에서, 불의 기운이 두드러지게 나타나는 것을 확인할 수가 있다. 타인의 고민이나 넋두리를 잘 들어주는 상담가적 기질을 가지고 있으며, 뒤끝이 없는 사람이지만 성격이 급한 탓에 생각 없이 말하고 생각보다 말이 먼저 앞서는 습성이 있다. 이 때문에 주변인들로부터 칭찬보다는 비난을 듣는 경우가 많다.

병인일주는 효신살과 탕화살, 그리고 홍염살을 가지고 있다. 탕화살은 일간과 관계없이 일지가 인·축·오일 때 성립한다. 화상이나 총상, 혹은 자기 비관과 약물중독 및 음독자살 등의 위험징후가 보이는 흉살이다. 일지에 인·축·오가 있다고 해서 무조건 탕화살의 작용이 나타나는 것은 아니다. 세운에서 탕화살이 들어와 거듭 겹치게 되는 경우 이와 같은 불행한 기운이 드러나게 되는 것이다.

한편 홍염살은 이성을 유혹하는 살이다. 도화살과 비슷한 듯하지만, 보이는 모습에 따라 도화살과 홍염살은 확실히 구분된다. 도화살은 스스로 노력하지 않아도 사람들에게 인기를 받게 되므로 수동적인 태도를 보인다고 할 수 있다. 그에 반해 홍염살은 본인 스스로 인기나 주목을 받고자 노력하는 능동적인 태도를 보이게 된다. 홍염살은 도화살에 비해 적극적인 모습을 취하는 것이다.

살이라고 해서 모두 나쁘게만 작용하는 것은 아니다. 효신살과 탕화살은 당연히 흉살로 구분되고 있지만, 홍염살은 주로 대중의 인기를 목적으로 삼는 연예인의 사주에서 많이 볼 수 있는 긍정적인 형태의 살에 속하기 때문이다.

4. 정묘일주의 해석

丁
卯

정묘일주는 포태법으로 병궁이라 성격이 양순하고 타인에게 의지하려는 경향이 강하다. 부부 사이의 정은 좋지 않으며, 병궁의 특성상 매사 의욕이 없어 보이는 특징이 있다. 일지에 자리하고 있는 **묘목**은 십이지지 중 토끼를 상징한다. 밝고, 명랑한 성격을 지닌 것처럼 보이기도 하지만, 그 속에 감춰진 이면에는 늘 삶에 대한 근심과 걱정으로 가득하다. 강한 듯 보이면서도 약하고, 시작은 잘하는 듯하지만 그 결과가 흐지부지한 것이 단점이다.

정묘일주의 특징은 토끼가 굴을 파듯 파헤치는 것을 잘한다. 깨고 부수고 파헤치는 토끼의 성정이 그대로 일주에 배어 있는 것이다. 극복하기 힘든 어려움이 다가와도 이겨내는 불굴의 정신 또한 묘라는 글자에 담겨 있으니, 이는 정묘일주의 가장 큰 장점이라고 할 수 있다. 정묘일주의 일지 **묘목**은 습목이다. 습목은 불을 만들 수 없으니, 일반적으로 목생화가 힘들다고 판단한다. 그러나 사주에 **병화**나 **인목**이 있다면 목생화가 가능해지니,

통변 시에 이 같은 특성을 잘 살펴 활용해야 한다.

　일간 정화는 일지묘목의 도화살에 앉아있다. 묘목은 토끼로서 밝고, 예쁘고, 귀여움을 상징하는 글자이다. 따라서 일지에 묘목을 놓은 사람은 실제로 예쁘고 귀여운 매력을 가지고 있다. 그러나 일지묘목은 정화일간의 편인이 되므로, 고독한 운명이 되는 것을 막을 수가 없다. 그리고 일지편인은 비상한 두뇌의 소유자라고 말할 수 있다. 이는 무조건 남보다 앞서려는 경쟁심으로 드러나곤 한다. 목의 특성상 인정이 많지만, 변덕이 죽 끓는 듯하다. 하지만 사회적 성공이라는 긍정적 기운을 가지고 있어서, 인내와 노력만 받쳐준다면 성공할 수 있는 일주가 바로 정묘일주가 된다.

　그러나 성공의 순간도 그리 오래가지 못하게 되니, 매 순간 인내와 소통, 그리고 타협이 무엇보다 중요하다는 것을 명심하며 살아가야 할 것이다. 정묘일주는 보편적으로 활인과 관계된 의사나 약사와 같은 의료 계통이나 심리 혹은 역술과 같은 상담 계통의 직업을 가진 사람들이 많다.

5. 무진일주의 해석

|戊|
|辰|

무진일주는 홍염살과 백호대살을 가지고 있다. 백호대살은 '호랑이에게 잡아먹히게 된다'라는 흉살로 '호식살'로 부르기도 한다. 현재는 천재지변이나 교통사고, 살인과 같은 잔인하고 험악한 의미로 해석되고 있다. 백호대살은 사주 어디에 자리 잡고 있든지 간에 흉살의 작용을 강하게 나타낸다.

무진일주는 이러한 흉살을 일주에 두고 있으니 십중팔구 부부궁에 다양한 문제가 발생할 수밖에 없다. 포태법으로 관대라는 위치에 자리하고 있어서 길한 작용을 예상할 수도 있겠으나, 신왕하여 길신으로 작용할 때를 의미하는 것이지, 신약한 사주에는 흉신으로 작용해서 고집불통의 파란만장한 인생을 경험하게 된다. 하지만 너무 신강하면 자칫 그 혈기가 너무 지나쳐 오히려 제 발등을 찍게 되는 결과를 초래하게 된다.

무진일주는 육친으로 일지비견에 백호대살이 놓인다. 따라서 형제궁이나 부부궁에 변동이 나타날 수 있다. 특히 신약한 사주인 경우 배우자와의 사별, 혹은 형제의 사건·사고를 비롯해 신체장애와 같은 불운한 상황도 나타날 수가 있다.

무진일주는 천라지망살에 속한다. 천라지망이란 하늘과 땅에 그물을 쳐 놓은 살이다. 비록 품은 뜻이 크다고는 하나 그 결과가 내 뜻에 못 미치게 되는 것이다. 즉 마음은 있는데 몸이 따르지 못하게 되어 항상 감옥에 갇혀 있는 것과 같이 답답함을 가지게 되는 흉살이다.

6. 기사일주의 해석

己
巳

　기사일주는 포태법으로 제왕에 임하고 있어 명예욕이 왕성한 일주에 속한다. 일지 **사화**는 천문을 상징하는 글자로 천문성이라고도 한다. 따라서 기사일주는 학문을 통해 공직에 진출해야 삶이 좀 더 윤택하고 평온하게 풀리게 된다. 그렇지 않을 경우, 인생 자체가 고단할 수밖에 없다.

　기사일주의 타고난 운명적 기질은 바로 자수성가이다. 따라서 자신의 사회적 성공을 위해 개인 차원에서의 개운법이라고 할 수 있는 인내와 노력을 항시 게을리하지 말아야 할 것이다. 뱀이라는 동물의 특성상, 겉으로 보기에 차갑게 보이거나 감정이 무딘 사람 혹은 냉정한 사람이라는 오해를 사기도 한다. 그러나 오히려 이러한 선입견과는 달리 내심이 따뜻하고 감성이 풍부하다.

　반면 남에게 지기 싫어하고 독단적이며 타인을 무시하는 외골수적인 성격이기 때문에, 매사에 불평불만이 많은 사람이기도 하다. 타인의 간섭을 싫어하기 때문에 독립심이 강하다. 또한 **사화**는 조상이 돕는 '천우신조'[114)]의 기운이 담긴 글자이다. 아무리 어렵고 힘든 일이 발생한다고 할지라도 조상이 돕고 있어 큰 화를 면하게 된다는 것이다. 따라서 기사일주는 조상 받드는 일에 정성을 다할수록 더 큰 복을 누릴 수 있게 된다.

한편 남녀를 불문하고 자손의 능력이 본인보다 못하므로, 자손에 대한 기대를 크게 하지 않는 것이 정신 건강에 이롭다. 이는 기사일주 본인 스스로가 대단한 사람이라는 사실을 방증하는 것이기도 하니, 자화자찬하며 만족하길 바란다. 기사일주는 효신살이 있고, 일지에 편인의 작용이 있다. 따라서 자신을 도와주는 이가 있어야 발전할 수 있는 상이다. 항시 배려와 겸손으로 주변인들로부터 좋은 이미지를 남기려는 노력이 필요하다.

7. 경오일주의 해석

庚午 　경금의 대표적 성향은, 의리로 화끈하고 통이 커 보이는 사람들이 많다. 이 중에서 경오일주는 임기응변에는 강하지만 어려움이 닥치면 쉽게 포기하는 경향이 있다. 곧은 성품에 비해 허세에 강한 사람들이 많다. 소위 말해 잘난 척을 하고, 있는 척을 하는 경우가 많다. 타인의 눈을 필요 이상으로 의식하거나 형식을 따지는 성격이기 때문이다. 사회적으로 인정을 받는 편이지만, 정작 가정생활에 소홀하거나 신경

---

114) 천우신조 : 하늘과 신령, 그리고 조상의 도움을 이르는 말이다.

을 쓰지 않는 사람이 많다.

경오일주의 일지는 **오화**로 도화살에 해당하며 육친으로는 정관이 된다. 부부궁은 비록 좋다고 할 수 없지만, 정관의 특성상 배우자 복은 있다고 할 수 있다. 일지에 정관을 둔 사주는 꿈과 희망보다는 내 주변 환경의 안정을 우선시하는 경향이 강하다. 일지가 탕화살이며, 포태법으로는 욕지에 해당한다. 일지가 정관에 목욕궁에 위치하다 보니 겉으로는 아무 일 없는 듯 보이지만, 내적으로는 가정이 편할 날이 없다. 또한 탕화살로 인해 인생을 비관하거나 약물중독과 같은 부정적 상황도 잠재하고 있으니 주의해야 한다. 그리고 풍류적 기질이 강한 일주이기 때문에 항상 이성과의 문제가 발생하지 않도록 조심해야 한다.

금의 기운은 대장이나 비뇨기와 함께 인체를 구성하는 골격 및 폐를 상징하는 오행이다. 따라서 대장계통의 질환이나 축농증 또는 폐의 질환을 주의해야 한다. 사주 구성에 따라 다르겠지만, 신약한 경오일주인 경우 뼈가 약하거나 혹은 골다공증과 같은 질병이 발생할 수 있다. 스트레스가 쌓이거나 컨디션이 좋지 않을 때는 반신욕이나 온천욕을 하면 심신 건강을 유지하는 데 좋은 방법이 된다. 금의 기운을 가진 사람은 대개 물을 좋아하는데, 물을 이용해 자신을 씻어 냄으로써 심리적인 안정을 찾기 때문이다.

경오일주는 천간에 **병화**와 **임수**를 갖추고 있어야 귀하다고 할 수 있다. **임수**의 물로 자신을 씻고, 병화의 빛으로 자신을 빛나게 할 수 있기 때문이다. 이는 경오일주뿐만 아니라 모든 금의 일간에 해당하는 사항이다.

8. 신미일주의 해석

辛未 신미일주는 연약한 보석과 같은 이미지로 다소 소극적인 성향을 지니고 있다. 그러나 겉보기와는 다르게 본 모습은 적극적이며 전문가다운 프로 정신을 갖추고 있으므로, 외유내강의 대표적인 일주 중 하나에 속하고 있다. 남에게 밀리거나 지는 것을 싫어한다. 성격도 까다로우며 자존심이 매우 강하다.

신미일주의 일지 **미토**는 동물로 양을 상징한다. **미토**는 조토로서 물기가 없는 마른 땅이다. 음력 6월의 뜨거운 태양 아래 달구어진 불과 같은 땅이다. 삼복더위의 뜨거운 태양 아래 털을 뒤집어쓴 양 한 마리가 홀로 서 있으니, 더위에 지쳐 신경질적인 모습으로 보인다. 그래서 신미일주는 성격이 까칠하고 도전적인 성향을 띠고 있는 것이다. 메마른 땅에 풀어 놓아도 살아남을 만큼 강한 정신력을 소유하고 있다. 자신의 길을 찾으면 옆도 뒤도 돌아보지 않으며 양보 또한 없다.

신미일주는 효신살을 갖추고 있다. 효신살을 사주에 두고 있는 일주는 대개 일찍 부모와 이별을 경험하게 된다. **신금**은 무쇠나 바위로 상징되는 **경금**과 다르게 장신구나 보석이 된다. 따라서 신금일간은 피부 미인이 많다. 타인의 말로 쉽게 상처를 받지만 자신 역시 타인에게 상처를 잘 주는 편이다. 금오행의 특성상 질투가 심한 편이다.

분수에 맞지 않는 일을 저지르거나 계획성 없이 일을 크게 벌여 낭패를 보는 경우가 종종 있다. **임수**를 만나는 것을 매우 반기게 되는데, 신금을 씻어서 더욱 빛나는 보석으로 만들어 주기 때문이다. 호기심이 많으며 정도 많아 타인에게 도움을 잘 주는 성격이다. 그러나 평소에 오지랖이 넓은 편이라 적잖은 손재수가 발생하기도 한다. 가끔 엉뚱한 생각과 행동을 하는 경우가 많다. 신앙생활의 변화가 많은 일주이다. 포태법으로는 쇠궁에 위치하는데, 쇠궁은 지난 추억을 그리워하는 자리로 보수적인 성향을 지니고 있다.

9. 임신일주의 해석

壬申

임수는 물이다. 물의 기운을 가진 일간은 모든 일을 공평하게 처리하려는 습성을 가지고 있다. **임수**의 물상은 태평양과 같은 큰 바다가 된다. 수년간 지속되는 극심한 가뭄에도 절대 마르지 않고, 언제나 그 모습을 유지하는 깊고 넓은 물이다. 물은 자신을 담아내는 그릇의 생김새나 모양에 따라 그 형태가 다양하게 변화한다. 그만큼 새로운 환경에 대한 적응력이 뛰어나고 변화에 따른 대처 능력과 임기응변이 강하다.

임수는 검은색이다. 따라서 고요하고 조용한 분위기를 좋아한다. 친한 사람 외에 다른 사람들과 잘 어울리려 하지 않으니, 고독의 성향이 짙다. 그리고 말이 많지 않다. 이러한 성향이 흉하게 작용하면, 남들에게 오해 아닌 오해를 사게 되기도 한다.

물의 특성상 뛰어난 두뇌와 지혜를 가지고 있다. 공명정대한 성격으로 특히 법조계에서 많이 볼 수 있는 일간 중 하나이다. 예술적 기질이 강하고 풍류를 즐길 줄 아는 사람이다. 다만 사주의 구성이 좋지 않을 때는 유흥이나 폭력과 연관되기도 한다.

일지의 **신금**은 십이지지 중 원숭이를 의미한다. 알다시피 원숭이는 사람과 가장 비슷한 동물이다. 따라서 임신일주는 총명함을 상징하는 대표적인 일주에 속하고 있다. 어떠한 일을 추진하는 데 필요한 아이디어와 기획뿐만 아니라 일을 밀어붙이는 추진력도 대단하다. 그러나 원숭이도 나무에서 떨어질 때가 있듯이 이러한 능력은 자칫 자만감으로 이어져 실패의 나락으로 떨어지는 결과를 낳기도 한다.

임신일주는 포태법으로 장생지에 자리하고 있다. 계획하고 진행하는 일에 복록이 따르게 되어 자신감이 충만한 일주가 된다. 한편 임신일주는 효신살과 홍염살을 놓고 있다. 이 때문에 가정 내 적잖은 근심이 생길 수밖에 없다. 특히 여성의 경우 남편과 사별의 가능성이 있다. 임신일주는 사람을 많이 만나고 상대해야 하는 일주에 해당한다.

10. 계유일주의 해석

癸
酉

계유일주는 이해타산적이다. 나에게 도움이 되고 안 되고의 상황을 냉철한 계산으로 판단한다. 매사 계획적으로 움직이며 머리가 매우 총명하다. 강한 정신력과 집념으로 천재지변이나 예상치 못한 돌발 사고에도 살아남을 수 있는 뛰어난 생존력을 갖추고 있다. **계수** 일간은 대개 권모술수가 능하며 무언가를 잘 숨기고 비밀이 많다. 이 때문에 쉽게 신뢰하기 어려운 일주에 해당한다. 물론 이 모든 내용은 사주의 구성에 따라 얼마든지 달라질 수 있다.

지지 **유금**은 도화살로 아름다움을 상징한다. 특히 **유금**으로 구성되는 도화살은, 미남이나 미녀의 사주에서 자주 언급되는 글자이다. 반드시 미인이 아니라 하더라도 자신의 매력을 타인에게 충분히 드러내어 뭇 이성들의 마음을 녹이는 **유금**만의 특별한 특징을 가지고 있다.

다른 지지에 비해 정이 많은 것이 특징이다. 그러나 좋은 일을 하고도 욕을 먹는 경우가 허다하니 참으로 알 수 없는 운명의 장난이다. **유금**은 금의 성질을 가지고 있어 자신과 관계되지 않은 일에는 매우 냉정한 편이다.

계유일주는 포태법의 병궁에 앉아있다. 그리고 일지에 도화살까지 갖추고 있어 부부궁이 안정적이지 못한 편이다. 배우자에게 집착하여 의처증이나 의부증이 나타나기도 한다.

11. 갑술일주의 해석

甲
戌

갑술일주의 지지 **술토**는 십이지지 중 개를 상징한다. 개는 한번 주인을 섬기면 절대로 배신하지 않는 충성심이 강한 동물로 평가되고 있다. 따라서 누군가를 한번 믿으면 쉽게 배신하지 않는 성격이다. 자기 눈으로 확인하기 전까지는 사건이나 정황을 쉽게 판단하지 않는다. 따라서 믿음을 함부로 바꾸는 사람이 아니며 일편단심 민들레형이 많다. 그러나 사주의 구성에 따라 불로소득을 바라는 사람도 있는데, 결혼 후 남편 혹은 아내의 사랑만 바라보려는 특징이 있다.

지지의 **술토**는 대개 미남미녀가 많다. 따라서 갑술일주를 구성하고 있는 사주는 온화하고 정감이 있는 얼굴이 많다. 개의 특성상 무언가를 잘 숨기는 버릇이 있고, 숨기면 자신 외에는 절대 찾을 수가 없다. 반대로 물건을 찾는데도 일가견이 있어 아이디어나 창의력을 요구하는 순간에 개의 본능이 십분 발휘되기도 한다.

갑술일주의 **술토**는 일간 대비 편재에 해당한다. 편재는 일간에 극을 당하는 육친이다. 따라서 배우자를 극하는 경우가 많은데 대개 잔소리를 많이 한다. 욕심이 없는 듯이 보이지만 그 이면에는 일확천금을 바라는 마음이 있다. 포태법으로는 양궁에 속한다. 이 때문에 어려서 친부모의 손을 떠나 다른 곳(외가)에서 양육되는 경우도 있다. 편안하고 만족스러우면 다른 것에 크게 관심을 두지 않지만, 힘든 일이 지속될 때는 우울증에 빠져 부정적인 시각으로 세상을 바라보거나 신세를 한탄하는 경우가 있다. 대체로 신앙심이 강하다.

12. 을해일주의 해석

|乙|
|亥|

을해일주는 **을목**일간 아래에 돼지가 자리하고 있는 일주이다. 돼지는 식복을 타고난 동물이다. 혼자 가만히 놔두면 차곡차곡 재물을 잘 모으지만, 문제는 주위 사람들이 이런 돼지를 가만히 내버려 두지 않는다는 것이다. 이 때문에 고달픈 삶을 살아가기도 하지만 천우신조의 도움이 따르니 한평생 먹을 복은 있다. 남녀 모두 생활력이 강한 사람이다.

비록 인덕은 약하지만 타인을 배려하는 인정이 많다. **을목**의 특징상 고집이 센 편이며, 한번 아니면 절대 아닌 것으로 밀고 나가는 성격이다. 을해일주의 가장 도드라지는 특징은 바로 뛰어난 직감력과 예지력이다. 일주에 효신살이 작용하고 있어 초년의 부모궁에 근심이 있다. 을해일주의 효신살은 일지가 정인으로 이루어져 있다. 정인의 효신살은 천륜을 거스르려 하지 않지만, 편인의 효신살은 천륜을 거스르는 것을 두려워하지 않는다. 결국 편인의 효신살이 정인의 효신살에 비해 작용면에서 더욱 강하게 나타나기 때문이다.

을해일주의 지지 해수는 지살이다. 이로 인해 일찍 고향을 등지고 객지 생활을 하게 되며, 활동성이 강하고 항시 생활이 분주하다. 천간의 을목과 지지의 해수는 수목응결의 기운이 강한 오행이 되니, 바람으로 인해 발생하는 풍질(감기, 구안와사, 중풍)이나 비위가 약하다. 따라서 평소에 몸을 따뜻하게 해주는 것이 건강에 이롭다. 을해일주는 포태법으로 사궁에 속한다. 일지가 사궁에 해당하니 부부궁은 안정보다 변동의 가능성이 농후하다.

13. 병자일주의 해석

丙
子

자, 오, 묘, 유는 모두 도화살이면서 사왕지에 속하는 글자이다. 일주에 도화살을 놓은 사람은 염세적인 생각보다 현실적인 사고방식을 가진 이들이 많다. 천간의 병화는 급진적인 성정을 가지고 있다. 이 때문에 인내력이 부족하다는 단점은 있지만, 성격이 화통하고 타인에게 베푸는 것을 좋아하는 이타적 성향을 지니고 있다. 병화일간이 신강한 사주인 경우 주거와 직업, 그리고 가정의 변동이 크다.

뒤끝이 없고 명랑 쾌활한 사람이 많다. 직선적인 성격으로 인해 구설이 따르게 되니 항시 말을 조심해야 한다. 사랑도 불같은 사랑을 하다가 이내 식어버리니, 애정 문제로 예상치 못한 문제를 겪게 될 수 있다. 사주에 불의 기운을 가진 사람은 타인에게 잘 속는 경향이 있다. 이는 불같이 급한 성격에 의해 발생하는 결과물이니 평소에 침착함을 유지하는 것이 좋다.

병자일주는 일지에 자수를 놓고 있다. 자수가 상징하는 동물은 쥐이다. 따라서 병자일주는 영리하고 약삭빠르며 청력 또한 뛰어나다. 성격은 밝지만, 예민한 편이다. 쥐는 십이지지 중 가장 첫 번째의 동물이라 무엇이든 시작을 잘하는 습성이 강하다. 그러나 시작 끝에 결실을 맺지 못하는 상황이 빈번하게 발생하게 되니, 분수에 넘치는 일은 애초에 시작하지 않는 것이 유리하다. 부모덕이 없음이 안타깝지만, 창의력이 뛰어나고 잔꾀에 능하니 어딜 가든 굶지는 않는다.

병자일주의 지지 자수는 직업이나 명예를 의미하는 정관이다. 따라서 직업은 공직 생활이나 일반 회사의 회사원이 가장 잘 맞는다. 포태법으로는 태궁에 속하는데, 태궁은 의리와 인정이 두텁고 인간미가 풍부한 성격을 소유하고 있는 사람이다. 하지만 항상 뒷심이 약하고 결단성이 부족하여 체념과 포기가 빠르다.

아울러 태궁에 속하는 일주들은 대개 아들보다는 딸을 많이 낳게 된다.

병자일주는 양차살로 불리는 고독살을 갖추고 있다. 고독살의 작용으로 부부 사이의 관계가 소원할 수 있으니, 결혼만큼은 반드시 만혼이 유리하다.

14. 정축일주의 해석

| 丁 |
| 丑 |

정화일간은 체력이 약하고 왜소해 보이지만, 내적으로는 외유내강형의 성정을 갖추고 있다. 무에서 유를 창조하는 비상한 능력을 지니고 있는데, 독자적으로 문제를 해결하려는 의지가 강해 자수성가의 대표적 일간이라고 말할 수 있다.

일지**축토**는 화개살로 종교에 귀의하거나 신앙생활에 심취하려는 성향이 강한 지지에 속한다. 이 때문에 **정화**일간을 대표적인 종교의 물상으로 판단하기도 한다. 이는 촛불을 의미하는 천간 **정화**의 상징성 때문인데, 어둠을 쫓아 빛을 밝힘으로써 만인의 눈이 되어주기 때문이다. 그러므로 **정화**일간은 타인을 위해 희생과 봉사를 할 수 있는 직업을 선택해야만 비로소 하늘이 내려준 복록을 받을 수 있게 되는 것이다. 따라서 공무원이나 의료인, 그리고 종교인과 같은 직업을 선택하는 것이 **정화**일간의 첫 번째 개운 방법이 된다.

지지 **축토**는 물상으로 감옥을 의미함과 동시에 답답함이나 스트레스를 의미한다. 정축일주는 일지에 **축토**를 놓고 있다. 결국 안정된 결혼 생활을 하려면, 활인업에 종사하는 배우자를 만나야만 가정의 평온함을 유지할 수가 있는 것이다.

정축일주는 포태법으로 묘궁에 자리하고 있다. 흉살로는 백호대살과 탕화살, 그리고 음착살이 있는데, 일지에 놓인 백호대살과 탕화살의 작용으로 음독이나 비관, 우울증 등의 기운이 내재하고 있다.

정축일주는 타인과 대화할 때 언행에 상당히 신중해야 한다. 말 한마디 한마디가 상대에게 비수로 작용할 수 있기 때문이다. 특히 활인을 행함에 있어 진실한 마음과 정성을 다하지 않으면, 배우자나 자손 중에 흉한 사건·사고가 발생할 수 있으니 이 점 명심해야 할 것이다.

15. 무인일주의 해석

무인일주는 온후하고 총명하며 어질고 인자하다. 무엇보다 정직과 신용은 무토의 기본 지성이다. 하지만 무인일주의 이면에는 자기 잘못이나 실수를 철저히 은폐하려는 심리가 숨어있다. 아무리 가까운 사람일지라도 본인의 마음을 쉽게 드러내지 않는다. 이 때문에 외로움과 고독의 성향이 짙은 일주로 해석되기도 한다.

겉으로는 강한 듯 보이나 마음이 모질지 못하고 약한 탓에 큰 일이 닥치면 감당하지 못하고 소심하게 대처한다. 허영심이 강해 헛된 명예를 쫓는 경우가 있다. 일주의 지지는 인목으로 정감이 많은 사람이다. 그러나 인목은 곧 편관 칠살이 되니, 부부궁이 좋다고 볼 수 없다.

일반적으로 토의 기운은 인내력과 지구력을 의미한다. 그러나 무인일주의 천간 무토는 일지 인목편관의 극을 받고 있어 오히려 지구력이 약하다고 판단한다. 결국 일주의 천간과 지지와의 관계가 육친으로 어떤 관계인지에 따라 그 의미와 해석이 다양하게 풀이될 수 있다는 점을 기억하길 바란다.

무인일주는 양차살이 있다. 이는 고독살을 의미한다. 하지만 다행인 점은 무인일주가 포태법으로 장생지에 앉아있어 배우자의 덕은 없으나 배우자의 복은 있다고 말할 수가 있다. 즉 부부 사이에 정은 없지만, 재물복이 있는 배우자를 만날 가능성이 크다는 뜻이다. 산사태로 인해 산이 붕괴하듯 한번 슬럼프에 빠지게 되면 걷잡을 수 없이 무너져 버리는 특성을 보이기도 한다.

16. 기묘일주의 해석

己
卯

　　기묘일주의 일지 **묘목**은 바로 현침살115)에 해당한다. 현침살은 글자의 모양이 침이나 주삿바늘과 유사하게 생겼다고 하여 붙여진 명칭이다. 현침살을 사주에 구성하게 되면 일반적으로 까칠한 성향이 강하게 나타난다. 타인에게 바늘로 콕콕 찌르는 듯한 말투로 소통하기 때문이다. 사주에 현침살을 가지고 있는 사람은 평상시에도 뼈 있는 말을 잘한다. 그래서 주위 사람들과 원활한 관계를 유지하기가 어렵다. 현침살을 사주에 갖추고 있는 이들의 직업을 살펴보면 의사나 간호사 혹은 바늘을 쓰는 의류 제조업, 펜을 자주 사용하는 문인이나 총칼을 다루는 군인 등에서 찾아볼 수 있다. 성격이 예민하고 세심하여 세밀한 기술을 요구하는 직업에 잘 어울린다.

　　기묘일주는 현실주의로 인식되고 있는 묘라는 글자가 지지에 자리하고 있다. 천간의 **기토** 또한 현실주의적인 성격이 강한 천

---

115) 현침살 : 바늘이 매달렸다는 살로 甲, 辛, 申, 卯, 午, 未의 글자가 사주원국에 놓이면 현침살이 작용하게 된다. 언변이 날카로우며 비판적 성향이 강하고, 예민한 것이 특징이다.

간이다. 따라서 기묘일주는 다른 일주보다 로맨스나 감성이 부족하다. 지지 **묘목**의 지장간을 살펴보면 **을목정관**이 있어 생각은 바르다. 그러나 매사 무리수를 두지 않기 때문에 이를 바라보는 편향적 관점에 따라 조금은 답답한 일주라고도 평가할 수 있다. 지지 **묘목**은 **기토**일간의 편관에 해당하며, 포태법으로는 병궁에 속하고 있어 부부궁이 좋다고 볼 수는 없다. 십이신살로는 역마살에 해당하는데, 이 살을 사주에 갖추게 되면 주변인들과 인연이 박하다. 특히 편관의 역마살인 경우 이동수단으로 인한 피해 즉 도로 위의 교통사고에 각별히 주의해야 한다.

일반적으로 사주의 천간과 지지에 을·기·축·사를 놓으면 이를 곡각살116)이라고 한다. 곡각살을 놓은 사주는 타인에게 베풀고 봉사하지 않으면 삶이 꼬이게 되어 한평생 어려움이나 고통이 많다. 평상시 길을 가다가도 잘 넘어져 뼈가 부러지는 상해를 입거나 심하면 장애를 당할 수도 있다. 이 또한 신약한 사주에서 발생하게 되는 상황이니 참고 하기를 바란다. 사주의 일지를 포함해 주중에 **묘목**이 자리하고 있다면, 일찍이 의료 계통의 공부를 하는 것이 가장 현명한 방법이다.

---

116) 곡각살 : 다리가 휘어져 있다는 뜻으로 뼈가 잘 부러지거나 뒤틀리게 된다는 흉살이다.

17. 경진일주의 해석

|庚|
|辰|

경진일주는 강직하다. 무엇보다 책임감이 강하고 보수적 성향이 뚜렷하며 의리가 있다. **경금**은 금의 성질 중에서도 양의 금에 속하기 때문에 과시욕 또한 대단하다. 일지의 **진토**는 물상으로 용을 의미한다. 용은 십이지지 중 유일하게 환상의 동물에 속하는 동물이다. 따라서 포부가 크고 의협심이 강하며 그릇이 큰 것이 특징이다. 그러나 이러한 원대한 꿈과는 다르게 현실에서는 섣부른 판단으로 일을 그르치는 경우가 종종 발생한다.

용은 다른 그 어떤 지지보다 중용을 확실하게 지켜야 한다. 그 이유는 잘되면 대박이지만, 안 되면 쪽박의 삶을 살아야 하는 극단적 운명의 흐름을 경험하기 때문이다. 애초에 용이란 동물은 평범하게 살아갈 수 있는 운명이 아닌 것이다. 삶 자체가 극적인 상황으로 치닫는 일이 많은데, 이는 **진토**가 화개살을 품고 있기 때문이다. 머리는 총명한 데 반해 공부의 끈이 짧고, 인기는 많으나 고독한 운명이다.

경진일주는 일지가 편인으로 효신살이 있고, 괴강살과 함께 천라지망살을 갖추고 있다. 괴강살은 '으뜸의 별'이란 뜻으로 타인에게 관심과 호기심을 불러일으키는 길신이다. 이러한 길신이 일지에 놓여있으니, 행운의 일주라고 평가할 수 있다. 일지가 토생금으로 천간을 생하여 더욱 강한 **경금**을 만들어 내는데 괴강살까지 갖추고 있으니, 사주의 구성만 좋다면 능히 좋은 사주가 될 수 있다.

지장간에 숨어있는 을목과 계수 그리고 무토는 무계합으로 진토를 생한다. 진토는 재차 토생금으로 천간을 생하고 있어 일주만 살펴보더라도 이미 신왕한 사주가 된다. 따라서 강건한 대장부의 상이라 권세욕이 강하다. 따라서 운이 좋을 때는 그 기세가 하늘을 찌를 듯하지만, 그렇지 못하면 끝없이 추락하게 되는 극과 극의 삶이 연출되는 일주가 바로 경진일주이다.

포태법으로 양궁의 자리에 있어 새어머니 손에서 자라게 되었거나, 그렇지 않으면 조부모의 손에서 자랐을 확률이 높다. 십이신살로는 천살과 화개살을 놓고 있다. 천살의 작용으로 천재지변과 같은 각종 사고수를 주의해야 하며, 화개살의 작용으로 고독과 번뇌의 삶이 따르게 된다.

18. 신사일주의 해석

辛巳 성품이 온화하고 총명하다. 판단력이 빠르고 기술적인 재능이 풍부한 사람이다. 인격과 사상이 건전할 뿐만 아니라 역마의 기질이 있어 항시 부지런하다. 이러한 성정으로 공직 생활에 적합한 일주라고 할 수 있다. 일지 사화 천문성은 학문을 의미하는 글자로, 고위공직으로 진출하게

된다면 안정된 삶을 누릴 수 있는 운명이 되기 때문이다.

　신금은 물상으로 보석이나 장신구를 의미하기 때문에 피부미인이 많다. 작은 흠집은 보석의 가치를 크게 떨어지는 법이다. 이 때문에 자신을 향한 비난이나 곱지 않은 시선에 쉽게 상처받는 특징이 있다. 자신을 보석처럼 아끼고 사랑해 주는 사람을 만나면 쉽게 마음을 여는 편이다.

　일지의 **사화**는 지살로 마음은 늘 필요 이상의 분주함으로 가득하다. 의심이 강한 편이며 여자의 경우 남편의 덕이 있는 듯 보이지만, 내실은 좋지 못한 편이다. 자신의 비밀은 감추고 타인의 비밀을 알아내려 하는 성향이 짙다. 여자의 경우 **사화**의 지장간에 있는 **병화**와 천간 **신금**이 암합을 하면 이성 간의 치정문제가 야기 될 수 있다. 이는 다른 이성을 만나 가족을 등지게 되는 이별수로 이어질 수 있다. 신사일주는 지살의 작용으로 맞벌이하는 부부가 많다.

19. 임오일주의 해석

壬午

　임오일주는 뛰어난 두뇌를 자랑하는 일주이다. 천간 **임수**는 계절로 겨울이라 타인들에게 차갑고 냉정한 인상을 줄 수 있으니, 무엇보다 관계와 소통을 중시해야 한다. 지지는 말을 상징하는 **오화**로 고집이 세다. 따라서 주위 사람들과 크고 작은 마찰이 일어나곤 하지만 겉보기와 다르게 마음이 약하고 정에 약한 사람이다. 불의 성질을 가지고 있어 위아래의 구분이 분명할 뿐만 아니라 예의 또한 바르다.

임오일주는 탕화살과 현침살이 있으며 포태법으로는 태궁에 놓여있다. 태궁은 의리와 인정이 많은 사람이라 할 수 있지만 아직은 독자적인 힘이 부족한 시기이다. 부부궁은 다소 불리하다고 볼 수 있다. 그리고 부모님의 유산을 물려받는다고 해도 가업을 이어 나가기가 어렵다.

지혜와 총명, 그리고 준법정신이 강한 사람으로 진실하며, 고집은 있으나 분별없이 함부로 행동하지 않는다. **오화**의 지장간에는 재성과 관성이 함께 있어 '재관쌍미격'117)이 된다. 이는 벼슬을 통해 돈과 명예를 함께 취하는 일주라는 뜻이다. 다만 이와 같은 격이 성립하려면 다른 주의 글자가 일주를 충하거나 극하지 않아야 한다. 결국 사주를 추명하는데 있어 판단의 모든 결론은 사주 전체를 살펴야 한다는 점을 유념하길 바란다.

임오일주 역시 지장간이 암합을 하는 일주이다. 임오일주의 최대 적은 바로 유흥과 주색이다. 남녀 모두 그 유혹의 틀을 벗어나기가 쉽지만은 않을 것이다.

---

117) 재관쌍미 : 일주에 재성과 관성이 함께 있는 것을 말한다.

20. 계미일주의 해석

| 癸 |
| 未 |

　　계미일주는 조직을 통솔하는 재능을 가진 사람들이 많다. 그러나 천간계수의 성정은 대장격이 아닌 바로 참모격이다. 지지 **미토**는 현침살과 화개살을 동시에 지닌 글자이다. **계수**는 종교의 물상으로 불교에 해당하기 때문에 종교인으로서 사회적으로 두각을 나타내는 예도 있다. 권모술수가 능한 사람이라고 할 수 있으며 처세술과 임기응변이 강하다. 변화와 환경에 잘 적응할 뿐만 아니라 출세와 야망 그리고 명예욕이 강한 일주에 속한다.

　　미토는 사람과 인연에 집착하는 성향이 있으며 정복력 또한 강하다. 일지 **미토**는 계수일간의 편관이 된다. 주중에 식신이 있어 식신제살로 조토인 **미토**를 다스려야 길함을 논할 수 있다.

　　지지 **미토**도 해수와 같이 식복을 상징하기 때문에 먹고 사는 데 있어 큰 어려움은 없다. 육친의 덕은 그다지 크지 않다. 포태법으로는 묘궁에 자리하고 있다. 묘궁은 무덤을 의미하는 것으로 남녀 모두 부부궁에 이별수가 있다.

21. 갑신일주의 해석

|甲|
|申|

갑신일주는 갑목일간이 일지에 신금을 놓아 구성된 일주이다. 재주는 많지만, 자만심으로 실패수가 따라다니는 일주이다. 매사 하는 일에 권태기를 빨리 느끼는 성향이 있다. 충동적인 사람으로 결과가 미흡하니 인내가 절실히 요구된다.

 항시 마음이 불안정하여 자신의 환경을 바꾸려고 한다. 얼핏 보면 부지런한 듯 보이지만, 철저하지 못한 자기관리에 일의 매듭을 짓지 못하게 되니 결과가 미흡한 것이다. 남녀 모두 색정의 문제를 초래하게 되니 주의해야 한다. 갑신일주는 끊어지는 자리에서 다시 새롭게 소생한다는 절처봉생의 일주이다. 따라서 시련 속에서 꽃이 피는 전화위복의 운명이다. 반복되는 역경과 시련이 있다고 해도 포기하거나 낙담하지 말아야 할 것이다.

 갑신일주는 포태법으로 절궁에 임하고 있다. 절궁은 십이신살로 구분하면 겁살에 해당한다. 재물이나 사람과 관련해 흉한 일이 빈번하게 나타날 수 있으니 매사 언행과 행실에 주의해야 한다. 성격은 대체로 내성적인 사람이 많으며, 인생의 전·후반기에 드러나는 운의 흐름이 극단적으로 나타난다. 즉 인생의 전반이 좋았다면 말년을 잘 대비해야 하며, 반대로 인생의 전반이 힘들었다면 좀 더 힘을 내어 후반생에 찾아올 행운을 잘 잡아야 할 것이다.

갑신일주는 현침살을 갖추고 있다. 현침살을 갖추고 있는 일주는 의료 계통이나 액세서리, 미용과 같은 집중력을 필요로 하는 일이나 펜을 이용해 글을 쓰는 직업을 선택하는 것이 좋다.

22. 을유일주의 해석

을유일주는 깨끗하고 아름다운 형상을 띤 일주이다. 정직하고 사심이 없으며 마음이 유순하고 총명·영리한 사람이다. 타인을 위해 열심 노력하나 매사 방해자가 많고 타인을 위해 희생을 하나 오해를 받는 경우가 많다. 일지 유금은 천인성을 의미한다. 천인성이란 하늘의 칼날을 의미하는 것이다. 인생에 걸쳐 크게 한두 번은 날카로운 비수에 의해 놀라거나 그에 따른 재난이 있게 된다. 그 예방책으로 몸에 칼을 대는 성형 수술이나, 묵은 병인 지병을 치료함으로써 개운을 하는 것이 좋은 방법이 될 수 있다.

을유일주는 포태법으로 절궁에 임하고 있다. 남녀 모두 손재수가 있으며, 부부의 정이 약하고 이별수가 있다. 절궁에 임하면 매사 계획은 없고 즉흥적이며 통솔력이 부족한 사람이 많다.

을유일주는 외유내강의 상징이다. 비록 소심한 성격이기는 하지만 일지에 유금의 칼을 차고 있어, 다정다감한 성격 이면에 권위적이고 날카로운 면을 갖추고 있다. 남녀 모두 유흥이나 주색에 빠질 수 있으니, 자기관리를 철저히 해야 할 것이다.

23. 병술일주의 해석

|丙|
|戊|

　　병술일주는 급진적이며 밝은 성격의 소유자이다. 천간의 병화는 창문에 드리워진 커튼의 형상을 띤 물상이다. 그러므로 병술일주는 분위기나 감성을 중요시한다. 일지는 지지술토로 개가 앉아있다. 개라는 동물은 이것저것 참견하는 것을 좋아하는데, 병술일주도 마찬가지다. 집념이 강하고 언변이 좋으며, 의협심도 강해 인기가 많은 편이다.

　　일지 술토의 지장간에는 수기운이 없으니, 고집이 강해 타인에게 비난을 받기도 한다. 병화일간의 특성상 지혜와 용기가 뛰어나지만, 속 빈 강정과 같아 내 속을 알아주는 이가 없음이 안타깝다. 백호대살을 갖추고 있어 고독의 운명을 타고난 일주에 해당한다. 일지는 술토로 식신이 되니 알뜰한 성격이다. 또한 언변과 문장력이 좋다. 병술일주는 재고귀인이라는 길신을 갖추고 있다. 재고귀인이란 지지에 진·술·축·미의 사고지가 자리하고 있으며, 그 속에 재성이 담겨 있으면 성립된다. 육십 일주에서는 갑진, 병술, 정축, 무술, 기축, 신미, 임술일주가 각각 이에 해당한다. 즉 재고를 깔고 앉아있으니 먹을 복은 타고난 셈이되는 것이다.

한편 병술일주는 '일락서산'118)의 형상과 '자고현상'이 나타난다. 일락서산이란 **병화**일간이 금의 기운에 이르면, 병궁과 사궁에 자리하게 되어 사라지게 되니 흉한 것이다. '자고'란 스스로 창고에 갇히게 되는 것을 말한다. 활동의 정지를 의미하기에 이 또한 흉한 것이다. 병술일주의 지지인 **술토**의 지장간에는 신금과 정화가 담겨 있다. 따라서 지장간에 담겨 있는 신금에 의해 일락서산이 되는 것이다. 그리고 술토에 담겨 있는 정화에 의해 스스로 입고가 되니 형제나 자매 혹은 남매의 근심이 있는 것이다. 또한 이해하기 어려운 극단적 성향이 나타나기도 한다.

병술일주는 포태법으로 묘궁에 자리하고 있으며 천라지망살과 백호대살을 구성하고 있다. 지지**술토**는 예술을 상징하는 천예성을 갖추고 있어 여러 방면의 재주가 많다. 항시 분주하고 타인에게 도움 주기를 즐거워하는 일주이다.

24. 정해일주의 해석

정해일주의 **정화**는 촛불의 형상이다. 그리고 지지**해수**는 신앙심을 의미한다. 따라서 육십일주 중에 신앙심이 가장 두터운 대

---

118) 일락서산 : 태양이 서쪽 산으로 떨어진다는 뜻으로 서산으로 해가 지는 모습을 말한다. 사주 명리에서는 병화가 금의 기운을 만나면 힘을 못 쓴다는 의미로 해석된다.

| 丁 |
| 亥 |

표적인 일주가 된다. 촉이 발달해 있어 예지력이 있으며, 절대 경거망동하지 않는다. 또한 고집이 세기 때문에 한번 화가 나면 좀처럼 타협하지 않는다. 겉으로는 해맑고 건전한 듯 보이나, 엉뚱한 욕심이 있어 분수에 넘치는 생각이나 행동을 하는 경우가 있다. 바람 앞의 등불과 같은 형상으로 속내를 좀처럼 알아차리기가 어렵다. 이러한 성격 탓에 이중인격자로 비치곤 한다.

정해일주의 지지 해수는 지살에 해당하여 한곳에 오래 정착하지 못하게 되니 객지 생활을 하거나 일상이 항시 분주하다. 이 때문에 가정과 직업의 변동이 잦다. 사업보다는 직장 생활이 유리하다. 자존심은 강하나 겉만 화려할 뿐이고, 겸손하기는 하나 항상 끈기와 인내가 부족한 편이다. 그러나 지장간에 담고 있는 갑목정인과 임수정관의 관인상생 조화를 잘만 살려낸다면 성공의 반열에 오르게 된다.

포태법으로는 태궁에 속해 있으며, 천수성119)의 자리에 임해 있고 천라지망살과 지살이 있다. 태궁의 사회적 특징은 관재구설이다. 정해일주는 타인의 시기나 질투가 끊이지 않는다. 언변이 탁월하여 상담직이나 강사직도 잘 맞다. 매사 시작하였으면 반드시 끝을 본다는 마음으로 인내와 끈기를 발휘해야만 큰 발전을 꾀할 수 있다.

---

119) 천수성 : 통찰력과 지혜로움을 갖추고 있음을 의미한다. 활동적이고 포용력이 있으며, 정직한 천성을 가지고 있다.

25. 무자일주의 해석

戊子 　　무자일주는 고집스럽지만, 중후한 성품을 지닌 일주이다. 오행 중에서 토는 산에 비유되고 있어 가볍지 않다. 그리고 신용과 의리를 중요시하는 일주이다. 그러나 평상시 무뚝뚝하고 한번 고집을 피우면 밀어붙이는 성향이 강하기 때문에 일을 그르치는 경우가 있다.

일지 자수는 천간 무토에 정재가 된다. 따라서 무자일주는 심성이 착하며 재물복도 두루 갖춘 일주가 된다. 그러나 허황한 재물 욕심을 부리게 되면, 오히려 자신이 손해를 보게 되니 정도를 지키며 살아가야 할 것이다. 지나치게 신중한 나머지 간혹 자신에게 다가오는 행운을 날려버리는 때도 있다.

무자일주의 일지 자수는 동물 중에서 쥐를 상징한다. 모사를 잘 꾸미며 때에 따라 뒷돈이나 검은돈을 잘 챙기는 일도 있다. 과시욕이 강하고 평범한 것에 만족하지 못하는 성격이다. 그래서 과욕을 부리게 되는데, 만약 이 같은 상황이 발생하게 된다면 예상치 못한 실패로 이어질 가능성이 크다.

포태법으로 태궁에 임하고 있어 대체로 답답한 일들이 많다. 무자일주는 물 위에 산이 있는 물상이다. 이는 곧 흙탕물이 되는데, 일지 자수의 지장간에도 온통 물이니 일주가 온통 탁한 것이 흠이다. 이런 경우 사주에 반드시 병화가 있어야 탁한 것을 막고 길함을 논할 수 있게 된다.

26. 기축일주의 해석

| 己 |
| 丑 |

　　기축일주의 성격은 다소 까다로운 편에 속한다. 세상을 바라보는 시야가 이상적이지 않고 지극히 현실적이기 때문이다. 중용을 지킬 줄 아는 성품으로 근면하고 성실하다. 고집이 세고 조급한 편에 속한다. 타인에 대한 배려가 깊지만 정작 자신은 실속이 없다. 음의 기운이 강한 탓에 의심이 많고 누구와도 함부로 친해지려 하지 않는다.

　포태법으로는 묘궁에 임하고 있으며, 일주에 탕화살과 곡각살을 갖추고 있다. 타인에게 베풀지 않으면 흉한 일을 당하게 되니 타인을 도와 적덕을 쌓아야 함을 잊지 말아야 한다. 특히 탕화살로 인해 신체에 화가 미칠 수 있음을 주의해야 한다.

　기축일주의 일지**축토**는 겨울의 흙으로 정적인 이미지가 담겨 있다. 평상시 기축일주가 점잖은 것처럼 보이는 이유는 바로 이 때문이다. 한겨울의 흙이 되고 있으니, 사주를 따뜻하게 데워줄 **병화**가 반드시 있어야 한다. 그렇지 않으면 나의 처지를 남에게 위탁해야 하는 지경에 이를 수도 있다. 기축일주의 지장간에는 재물을 의미하는 **계수**정재를 담고 있다. 평생을 살아가는 데 금전적 어려움은 없겠으나, 일지**축토**의 특성상 재물로 인한 근심과 걱정이 항시 따르게 된다.

27. 경인일주의 해석

경인일주의 **경금**은 의리의 상징이다. 반면 지지**인목**은 꿈과 이상 그리고 타인에게 베푸는 정감의 상징이다. 지장간에 재성과 관성을 모두 겸비하여 '재관이득'이 되며 부와 명예가 동시에 따르는 일주이다. 지지**인목**은 탕화살이 되며, 천간의 금과 지지의 목이 금목상전하는 일주가 된다. 따라서 경인일주는 폭력적 성향이 다른 일주들에 비해 강하게 드러난다.

경인일주는 남녀 모두 결혼 후 배우자를 고생시키는 경우가 많다. 이로 인한 재혼이나 '치정'120)과 관계되는 불미스러운 일들이 반복해서 나타나기도 한다. 또한 일지**인목**은 지살이 되는데, 이는 부부궁에 변동이 있음을 암시하는 것이니 주의해야 한다. 또한 일지**인목**은 '하늘의 권력'이라 불리는 천권성이 된다. 이는 굽히려는 마음보다 다스리려는 기질로 나타난다. 이러한 성향은 자칫 고립을 면치 못하게 되는 원인을 제공하게 된다.

 본인이 감당하기 어려운 일에 손을 대고자 하며 자만심과 자신감이 지나쳐 실패를 자초하게 된다. 스스로 고생을 사서, 이 같은 비운을 맞이하게 되니 참으로 알다가도 모를 일이다. 문제는 그 결과에 관한 책임을 회피하려 드니 주위 사람들로부터 신임을 잃는 일이 발생하게 된다. 일지에 재성을 놓은 일주는 대

---

120) 치정 : 남녀 간의 사랑으로 인해 발생하는 다양한 문제 거리를 말한다.

체로 영리하고 처세술이 뛰어나다. 수리에 밝으며, 재물보다는 명예와 의리를 우선시하는 일주에 해당한다.

28. 신묘일주의 해석

辛
卯

신묘일주는 신금과 묘목의 조화로 구성된 일주이다. 외유내강형으로 보석이나 장신구 등 일주만큼이나 예쁜 것을 매우 좋아하는 특징이 있다. 천간과 지지에 모두 현침살을 놓고 있어 평상시 말을 함부로 하는 경향이 있다. 자신의 의도와는 다르게 타인에게 마음의 상처를 줄 수 있으니, 신묘일주는 특히 이 점을 주의해야 한다.

일지묘목의 물상인 토끼는 성격이 급하고 경솔한 면이 있다. 그리고 지지의 묘목은 의약업과 관련이 있다. 특히 종교나 철학 분야에도 많은 관심과 흥미를 느끼는 글자에 해당한다. 묘목은 인체 기관으로 손바닥과 발바닥 그리고 관절을 의미한다. 따라서 경인일주와 신묘일주는 일주가 상하로 금목상전을 하고 있으니, 신경통이나 손발 저림 등의 증상으로 고통이 따를 수 있다.

신묘일주는 음착살이라고 불리는 고독살을 갖추고 있다. 그리고 재관이득을 갖춘 일주로 평생 살아가는데 큰 고통이 따르지는 않는다. 그러나 포태법으로 절궁에 임하니 손재수나 이별수를 조심해야 하고 인덕이 부족할 수 있으니 주의하길 바란다.

29. 임진일주의 해석

壬辰 임진일주는 모든 일에 자신감을 가지고 살아가는 일주에 해당한다. 대체로 염세적인 사고방식을 가지고 있다. 꿈과 이상이 높고 비상한 능력을 갖추고 있다. 일주가 포태법으로 묘궁이라 내성적인 성격이며, 천간 **임수**의 특성상 총명하기는 하나 조급한 것이 단점이다.

임진일주의 일지는 농사를 지을 수 있는 비옥한 땅인 **진토**이다. 따라서 반드시 **병화**를 봐야 혼탁을 면하게 된다. 자립정신이 강하고 속전속결의 타입이며, 때로는 영웅적 기질을 가지고 있어 위기 속에서 빛을 발하는 특징이 있다. 하지만 인내심이 부족하고 고집이 세니, 주위와 타협을 하지 않는다. 이는 임진일주의 최대 단점이라 할 수 있다.

진토는 만인의 '계도'[121]라는 의미가 담긴 글자이다. 주위에 많은 사람과 함께 하지만 정작 본인은 혼자 있는 시간을 중요하게 생각하며 고독을 즐긴다. 천라지망살과 화개살을 갖추고 있으며 포태법으로는 묘궁에 임하고 있다. 화개살은 종교나 번뇌를 상징하는 살이다. 이러한 살을 갖추고 있는 임진일주는 대체로 삶이 극단적으로 전개되는 경우가 많다.

한편 임기용배격이라 하여 특수격을 논하는 일주이다. 임기용배격이란 '**임수**가 용을 타고 있다'라고 하여 붙여진 이름으로 격

---

121) 계도 : 깨우치게 하여 이끌어 주는 것을 말한다.

국이 잘 짜여지면 귀하게 된다는 의미로 해석된다.

30. 계사일주의 해석

癸
巳

계사일주는 맡은 바 임무에 충실하고 주어진 기회를 잘 활용하며, 이를 통해 독자적인 발전을 이루는 총명한 일주에 해당한다. **사화**의 천문성을 타고 난 일주이며 공부로써 업을 삼아야 운명의 길함을 논할 수 있다. 그러나 계사일주의 일지 **사화**는 천라지망살로 인해 중도에 학업과의 인연이 끊기는 장애가 따를 수 있다. 그러나 학업의 성취 여부에 따라 삶의 희비가 엇갈리게 나타나는 일주가 되니 최선을 다해 학업에 정진해야 한다.

계사일주는 천을귀인으로 불리는 길성을 갖추고 있다. 천을귀인은 비록 위험한 처지에 놓여있더라도 하늘의 도움으로 기사회생할 수 있는 길이 열린다는 길신 중의 길신이다. 계사일주는 타고난 총명함을 갖추고 있어 이해력과 암기력이 뛰어나다. 재성과 관성을 갖추고 있는 재관쌍미격으로 노력한 만큼 운도 따르는 일주에 해당한다.

포태법으로 태궁에 자리하고 있어 관재구설이 끊이지 않고 발생하게 된다. 일지는 **사화**로 뱀의 혀를 가지고 있으니 항상 언행에 있어 주의를 기울여야 한다.

31. 갑오일주의 해석

|甲|
|午|

갑오일주는 총명을 상징하는 **갑목**이 천간에 있어 매사 수단이 뛰어나고 인정 또한 많은 일주이다. 천간과 지지에 현침살을 갖추고 있으며 탕화살과 홍염살, 그리고 상관살이 있다. 상관살이란 남녀 공히 일지에 상관을 두는 경우를 말한다. 상관은 정관을 극하는 흉신이다. 사주에 갑오일주를 놓는 경우 부부궁에 흠결이 생기게 되는데, 남자보다 여자의 사주에서 더 흉하게 작용한다. 상관견관 때문이다. 또한 상관의 작용으로 남의 돈을 잘 빌려 쓰는 습관이 있다.

홍염살이 있어 미모는 수려하나 색난에 주의해야 한다. 쓸데없이 재물의 출입이 빈번하니 재물 관리를 소홀히 하면 빚더미에 앉게 되어 여자의 경우 원치 않는 결혼까지 할 수 있다. 그러나 남편으로 인한 근심이 떠날 날이 없고, 혼외 자손까지 둘 수 있으니, 무엇보다 자기관리에 소홀함이 없어야 할 것이다.

천간의 **갑목**과 지지 **오화**의 두 기운이 서로 조화를 이루게 되면, 이는 일주 자체로 목화통명이 된다. 따라서 비상하고 총명함을 갖추게 되어, 학자로서의 반열에 오를 수 있는 자질을 갖추게 된다. 일지 **오화**는 도화살로 유흥이나 주색으로 인해 사회적·가정적 패망과 관련할 수 있으니 반드시 주의해야 한다.

32. 을미일주의 해석

|乙|
|未|

을미일주는 부드럽고 섬세하며, 단정하고 원만한 성품을 소유하고 있는 일주이다. 을목일간으로 내성적인 성품에 차분한 성격을 지니고 있으나 지지미토의 영향으로 다소 신경질적인 성향이 나타나곤 한다. 지지미토는 마치 메마르고 뜨거운 불과 같은 흙으로, 수기가 전혀 없어 건조한 흙인 조토가 된다. 따라서 사막의 선인장과 같이 남녀 모두 파란만장한 삶을 살아갈 수 있다. 부부궁 역시 편치 못하다.

계획성이 있고 계산적이며 현실적인 감각이 뛰어나다. 그러나 말이 앞서는 경향이 강하니 항시 언행일치의 중요성을 인식해야 할 것이다. 일복이 많아 항시 분주한 것이 특징이다.

천간 을목의 특성상 총명하고 똑똑한 편이다. 남녀 모두 일찍 부모 곁을 떠나 독립하게 되니 어려서부터 고생을 사서 하게 된다. 전형적인 자수성가형이라고 할 수 있다. 재물운은 강하나 지출 역시 만만치 않으니 늘 재물 관리에 소홀함이 없어야 할 것이다.

을미일주는 백호대살과 '병신살'[122]이라고 불리는 흉살을 갖추고 있다. 이로 인해 남녀 모두 부친의 '횡액'[123]을 면키 어려

---

122) 병신살 : 생일이나 생시에 을사을미기사를 갖추게 되면 병신살이 된다. 사주에서 병신살이 구성이 되면 몸이 아프거나 심하면 불구가 된다.
123) 횡액 : 예상치 못한 불행한 일이나 재앙을 의미한다.

우며, 특히 여자의 경우 시아버지가 이에 해당이 될 수 있으니 주의해야 한다. 남자의 경우에는 처와 사별의 여지가 따를 수도 있다. 부모 형제와의 인연이 약하고, 이복형제가 있을 수 있다. 한 직장에 오래 머물지 못하게 되니 개인사업이나 공직 생활이 유리한 일주에 해당한다.

33. 병신일주의 해석

丙
申

　　병신일주는 매너와 적당한 자신감을 갖추고 있어 타인의 주목을 많이 받는 일주이다. 새로운 일에 대한 추진력이 강해 급진적인 성향을 갖추고 있다. 그러나 자신과 관계없는 일에 손을 대거나 참견하여 관재구설에 휩싸이는 경우가 빈번하게 발생한다.

　병신일주의 일지는 **신금**이다. 원숭이처럼 재주가 많다 보니 오히려 꾀만 발달하게 되어 중요한 일을 그르치게 되는 경우가 많다. 이로 인해 예상치 못한 결과를 초래할 수 있으니, 지나침 없이 정도를 지키는 것이 중요하다. 병신일주는 포태법으로 병궁에 해당한다. 지지**신금**은 현침살이며 낙정관살에 해당한다.

　문창귀인으로 학문과 예술면에 있어 축복을 받은 사람이기는 하나 과욕이 가장 큰 걸림돌이 된다. 재능이 많다는 것은 한 곳에 집중하지 못하는 결과를 초래하기 때문이다. **신금**은 총명하지만, 고독을 상징하니 평소에는 밝은 모습을 하고 있다가도 깊은 외로움에 빠져드는 습성이 있다.

성격은 다소 신경질적인데 이것이 심하면 정신질환을 앓을 수도 있다. 그러나 이는 신약사주에서 드러나는 현상이다. 병신일주의 일지는 지살이 된다. 역마의 작용이 심하여 여성의 경우 남편을 벌어 먹여야 하는 운명에 해당한다.

34. 정유일주의 해석

丁
酉

정유일주는 지혜와 총명을 고루 갖춘 일주이다. 사심이 없는 깨끗한 성정으로 정직하고 의식이 풍족한 일주에 해당하지만, 결단력이 부족하고 부부의 연이 좋지 못하기 때문에 마음고생이 심하다.

일지유금은 도화살에 편재가 되니 금전적인 씀씀이가 큰 편에 속한다. 마음이 순수하고 예술적 성향을 갖추고 있어 미적 감각이 뛰어나고 용모가 단정한 편에 속한다. 정유일주는 일지에 천을귀인이 자리하고 있어 어려움을 당할 때는 천우신조의 도움으로 기사회생하게 된다. 어둠을 밝히는 등불의 물상으로서 타인에게 베풀어야 복록을 받는다. 다만 이성 간의 문제가 끊이지 않으니 특히 이점을 주의해야 한다.

일지유금은 천인성으로 몸에 반드시 흉터가 있다. 의사나 종교 혹은 역술인과 같이 타인에게 덕을 베푸는 일을 직업으로 삼게 되면 이 같은 신체의 액을 면하게 된다.

정유일주는 파쇄살을 갖추고 있다. 파쇄살이란 무엇이든 손을 대면 망가지거나 깨지게 되는 살이다. 이는 비단 물건뿐만 아니라 사람 간의 인연을 포함해 재물과도 연관되는 흉살이다. 따라서 정유일주는 대인관계뿐만 아니라 재물 관리에도 소홀함 없이 모두 신경을 써야 한다.

닭은 날개가 있으나 날지 못하는 새이다. 특히 일지에 도화살을 놓은 사주는 자신의 분수를 깨닫고 매사 신중하게 처신함이 무엇보다 중요하다.

35. 무술일주의 해석

무술일주는 양간의 성정과는 다르게 내성적인 성격을 지니고 있는 일주이다. 토의 상징성이라 할 수 있는 신뢰와 신용을 갖춘 사람이다. 지지에 자리하고 있는 술토는 조토로 마르고 뜨거운 흙이다. 이러한 기운 탓에 속이 좁은 편에 속한다. 따라서 무술일주는 이기적이고 인색한 면이 강한 일주에 해당한다. 부모의 덕이 약하니 자수성가를 삶의 원칙으로 삼아 능동적으로 인생을 개척해 나가야 이롭다. 상대의 마음을 잘 꿰뚫어 살피며, 나설 때와 물러설 때를 잘 판단한다. 또한 자신에게 주어진 일을 책임감 있게 수행하니 타인들로부터 좋은 평을 듣게 된다.

무술일주는 천라지망살과 괴강살, 그리고 음욕살을 갖추고 있다. 음욕살은 부모나 처자와의 인연이 박하고 고생이 많은 흉살이다. 포태법으로는 묘궁에 자리하고 있어 천성이 과묵한 편이지만, 천예성을 타고났기 때문에 예능과 재주 방면에는 남다른 재능을 가진 사람이라고 할 수 있다. 특히 의약계와 인연이 많으며 목적을 위해 최선의 노력을 아끼지 않는다.

한쪽으로 치우침 없이 중립을 지키는 성정으로 문제의 해법과 여러 비전을 제시하는데 탁월한 능력을 발휘한다. 일주가 괴강이라 성격 또한 대단하며 성인군자처럼 보이다가도 자기 맘대로 일이 풀리지 않으면 완력으로라도 제압하려는 기질을 가지고 있다. 행위의 목적을 타인을 위해 헌신하는 이타심으로 극복한다면 큰 복록이 따르게 된다.

36. 기해일주의 해석

|己|
|亥|

기해일주는 일지에 해수를 놓고 있어 예지력이 뛰어난 일주이다. 예로부터 돼지라는 동물은 식복을 상징하는 대표적인 동물로 식복뿐만 아니라 재물복까지 두루 갖춘 일주에 해당한다. 그러나 항시 주변 사람으로 인해 손재수가 발생할 수 있으니, 항시 가까운 사람을 조심해야 한다. 배짱이 두둑하지만 속은 소심한 사람이다.

기본적으로 사상이 건전하고 두뇌가 총명한 반면 비밀이 많고 겉과 속이 다른 이중인격의 성향이 짙다. 지지에 자리하고 있는 해수를 기준으로 그 직업군을 살펴보면 공무원이나 혹은 종교인과 같은 활인업에 많이 분포하고 있다.

기해일주는 정에 약해 재물을 지키는 힘이 다소 약하다. 함부로 사람을 사귀지 않는 특징이 있는데, 이는 신뢰를 구축하기 전까지 경계한다는 의미로 해석할 수 있다. 겉으로는 배짱이 있어 보이지만 속으로는 소심한 성격에 해당하며, 때로는 너무 소심한 탓에 좋은 기회를 놓치는 경우도 종종 발생하곤 한다.

기해일주는 일지에 지살을 놓고 있어 변화와 이동이 잦으며 항시 분주하게 살아간다. 재와 관을 갖춘 재관이득의 일주로 신왕한 사주일 경우 재물복은 타고난 사람이라 할 수 있다. 반면에 신약한 사주는 빙의에 걸릴 확률이 높다.

37. 경자일주의 해석

|庚|
|子|

경자일주는 성품이 강직하고 머리가 총명하며 명예욕과 출세욕이 강하다. 완벽주의자적인 기질로 인해 매사 정확한 것만을 추구하다 보니 성격이 급하고 화를 잘 내는 성격이다. '과청무어지상'이라는 말처럼 맑은 물에는 고기가 살 수 없으니, 성품은 비록 깨끗하나 본인의 고집으로 오는 복을 밀쳐내는 성향이 강하다. 또한 수입보다 지출이 많아 재물이 모이지 않으니, 재물 관리에 힘써야 한다.

예술적 기질을 갖추고 있으며 여러 방면에서 두각을 나타내는 다재다능한 능력을 보유하고 있어 팔방미인형으로 불리기도 한다. 귀가 얇은 탓에 타인에게 이용당하는 경우가 많고 자신이 옳다고 생각되는 일은 오로지 직진만 있으니, 주변을 항시 잘 살펴야 실패를 면할 수 있다.

경자일주의 지지자수는 동물로 쥐를 의미하는데, 이는 곧 영리함을 상징한다. 또한 천귀성[124]을 가지고 있어 하늘에 귀함이 가득한 일주이다. 포태법으로는 사지에 해당하고 일지인 지지는 상관으로서 상관살이 작용하게 되는데, 이는 앞서 밝힌 바와 같이 부부궁에 불리한 요소로 작용하게 된다. 결론적으로 재물보다는 명예를 위해 살아가야 하는 팔자로 재물에 대한 과욕을 삼

---

[124] 천귀성 : 조상의 음덕이 있어 초년 시절부터 복록을 누리게 된다. 준수한 용모를 갖추게 되며 삶에 많은 덕을 누리게 된다.

가야 하는 운명이다.

38. 신축일주의 해석

辛
丑

신축일주는 육십일주 중에서 가장 여성스러움이 묻어나는 일주에 해당한다. 천간의 신금은 보석이나 장신구와 같은 아름다움을 상징하는 글자이다. '독야청청'[125]이라 하여 자존감이 높은 신축일주는 사람을 사귀는 데 있어 나름의 까다로운 기준을 가지고 있다.

신축일주는 일지가 **축토**로 고집이 센 편에 속한다. 의심이 많고 질투심도 강하며, 혼자만의 쓸데없는 생각으로 인해 골머리를 썩이거나 일어나지 않은 일들에 관해 고민하는 일이 많다. 어릴 때 가족으로 인한 상처가 있는데, 특히 어머니와 애증의 관계에 놓이는 경우가 많다. 그렇지 않으면 아버지를 일찍 잃게 되어, 이복형제와 연이 있게 된다. 마음 씀씀이가 넓지 못하고 융통성이 부족하며 욕심이 많다.

신축일주의 일지**축토**는 편인이 되어 효신살이 된다. 또한 탕화살과 화개살도 갖추고 있다. 화개살의 영향으로 남녀 모두 종교와 깊은 관련이 있게 된다. 여자의 경우 남편의 덕이 없어 '일

---

125) 독야청청 : '홀로 푸르다'라는 뜻으로 세상이 변해도 변함없이 절개를 지킨다는 의미이다.

부종사'126)가 어려우며 자손의 덕도 불미하다. 이는 자신의 덕이 부족한 탓이니 타인에 대한 희생과 봉사를 항시 잊지 말아야 한다.

포태법으로는 양궁에 임하고 있어 마치 어린아이와 같이 철이 없다. 아니면 남들과 비교해 어려 보이는 동안인 경우가 많다. 현침살이 있어 의사나 간호사의 직업을 가지면 길하지만, 그렇지 않으면 귀함을 논하기 어렵다. 일지 축토는 물상으로 감옥을 의미하니 매사 답답한 일들이 많게 된다.

신축일주는 자신이 잘 아는 사람 외에는 소통을 적극적으로 하지 않는다. 사람을 가려 사귀게 되니 귀인을 만나면 귀하게 되지만, 천한 사람을 만나면 천하게 되는 것이다. 매사 근면 성실한 사람이다.

39. 임인일주의 해석

| 壬 |
| 寅 |

임인일주는 낙천적인 성격에 예의가 바르며 대인관계가 원만한 일주이다. 임인일주의 특징은 명석한 두뇌를 가지고 있다는 점이다. 여기에 인품까지 준수하니 뭇사람들이 선망하는 대상으로 손색이 없다. 일지에 탕화살이 있고 문창귀인과 관귀학관127), 그리고 암록 등의 길신을 놓고 있다.

---

126) 일부종사 : 한 남편만을 섬기는 것을 말한다.

임수 일간이 지지에 인을 놓고 있을 때 이를 암록이라 한다. 암록이란 평상시 길신의 작용이 나타나지 않다가 위기가 닥쳐왔을 때, 천우신조의 도움으로 위기에서 탈출하게 되는 아주 귀한 길신이다.

위기가 닥쳐도 적극적으로 해결하려는 배짱이 있으며, 힘과 권력에 아부하거나 기생하는 타입이 아니다. 따라서 아랫사람에게 좋은 평가를 받게 된다. 총명한 두뇌를 소유하고 있어 학업적인 성과가 따르지만, 학업을 지속할 수 있는 학업운이 약하니 안타깝다. 그러나 포기하지 않고 학업을 이어가게 된다면 학자나 교수로서 직업을 삼을 수 있다.

임인일주의 일지인목은 하늘의 권력을 상징하는 천권성에 해당한다. 천권성을 갖춘 사주는 높은 위치에서 권력을 휘두르게 된다는 길성이다. 일지는 식신으로 식복을 상징하는데 음식을 잘하는 의미로도 해석된다. 포태법으로는 병궁으로 배우자의 건강이 좋지 못하거나 이로 인한 부부궁에 근심이 있을 수도 있다.

---

127) 관귀학관 : 관귀학관을 갖추게 되면 사회적 성공과 조직에서 큰 성과를 이루게 된다. 일간이 甲·乙일 때 巳, 일간이 丙·丁일 때 申, 일간이 戊己일 때 亥, 일간이 庚·辛일 때 寅, 일간이 壬·癸일 때 寅이 되면 관귀학관에 해당한다.

40. 계묘일주의 해석

|癸|
|卯|

계묘일주는 재치가 뛰어나며 두뇌 회전이 빠르다. 아름다움을 추구하는 경향이 강한데 이것은 일지 **묘목**의 성정이 강하게 드러나기 때문이다. 기본적으로 총명한 머리를 지니고 있으며, 임기응변에 능하고 처세술 또한 강하다. 길신으로는 천을귀인과 학당귀인, 그리고 문창귀인을 갖추고 있다. 천간과 지지가 모두 수를 머금고 있는 일주로 남자의 경우에는 결혼을 일찍 하는 것이 유리하다. 그 이유는 계묘일주의 입장에서 배우자를 의미하는 재성은 곧 화가 되는데, 화의 따뜻한 기운으로 수목응결된 일주를 녹여주는 귀인이 되어주고 있기 때문이다.

일지에는 도화살이 있어 만인에게 인기가 많은 사람이다. 그러나 수목응결된 일주로 저능아나 혹은 말을 더듬는 등 신체적으로 드러나는 병적인 문제가 발생할 수 있다. 일례로 입이 삐뚤어지거나 혀가 짧은 소리를 내는 사람들이 주로 수목응결된 사주라고 할 수 있다. 이는 사주의 주중에 불이 전혀 없고, 물이 가득한 상황에 해당하는 것이니 판단에 착오가 없기를 바란다.

일반적으로 **묘목**은 습목으로 사주를 통변할 시 마음의 상처나 혹은 앙금으로도 해석한다. 직업은 의약업으로 진출하는 경우가 많다. 계묘일주는 포태법으로 장생궁에 해당하여 배우자의 복이 있다. 계묘일주의 일지 **묘목**은 천파성으로 무엇이든지 파괴하고 깨트리는 성정을 지니고 있다.

41. 갑진일주의 해석

갑진일주는 내성적 성향의 온후한 품성을 지닌 일주이다. 일지 **진토**는 보수적인 성향이 강한 지지에 해당한다. 성격이 조급하고 변덕이 심한 편이며, 전설의 동물인 용의 모습처럼 꿈과 이상이 크고 뚜렷한 목표 의식을 갖추고 있다. 반면 용은 '귀천'128)의 편차가 매우 크다. 따라서 길흉의 결과가 다른 지지에 비해 극명하게 나타난다. 쉽게 표현해 쪽박 아니면 대박의 운명이다.

재주는 많지만, 인덕이 부족한 탓에 큰 뜻을 이루기에는 무리가 따른다. 함께라는 개념보다는 혼자라는 개념이 강한 일주이다. 스스로 일을 도맡아 처리하는 습관이 강해 주위와의 협력이 요구된다. 학업의 운이 대체로 약하며 배우자의 덕 또한 약하다. 윗사람과 불화의 여지가 강하며, 이로 인한 하극상이 발생하기도 한다. 만일 이 같은 일이 지속해서 반복된다면 발전은커녕 불운한 운명이 되고 말 것이다.

갑진일주는 백호대살이다. 따라서 성격은 불같이 급하고 매사

---

128) 귀천 : 부귀와 빈천을 이르는 말로 귀함과 천함을 의미한다.

속성속패의 작용이 발생하며, 그로 인한 인연의 변화가 다양하게 나타난다. 분주한 것에 비해 그 결과가 미흡할 수 있으니, 항시 윗사람의 조언에 귀 기울여야 할 것이다.

42. 을사일주의 해석

| 乙 |
| 巳 |

을사일주는 겉으로 순하게 보이지만, 그 이면에는 고집이 세고 외골수 기질이 강하다. 타인에 대한 동정심은 많지만, 인덕이 부족한 탓에 대인관계가 좋다고 보기는 힘들다. 을사일주는 일주 자체에 '외로운 새가 홀로 슬피 운다'라는 뜻의 고란살을 놓고 있다. 따라서 부부궁이 매우 불리한 편에 속한다고 판단할 수 있다. 또한 지구력과 인내력은 부족한 편이다.

용모가 수려하고 감성이 풍부하여 소년·소녀와 같은 풋풋함이 가장 큰 매력으로 작용한다. 그러나 이 같은 성향으로 인해 이성과 적잖은 문제가 발생하기도 한다. 예민하고 민감한 성격으로 주변의 눈치를 잘 살핀다. 그러나 타인의 시선을 너무 의식한 탓에 정작 자신의 자존감은 바닥으로 떨어지게 되니 주위보다는 자기 삶에 집중하는 노력이 필요하다.

일지는 상관으로 상관살을 놓고 있으며, 지장간에 있는 경금과 명암합을 하고 있다. 이는 앞서 설명한 바와 같이 비운의 애정사를 자초하는 결과를 초래하게 되니 주의가 필요하다고 말할 수 있다. 포태법으로는 욕지에 자리하고 있어 부부궁에 흉으로 작용하고 있다. 이 때문에 조혼보다는 만혼이 유리하다. 을사일주는 남녀 모두 인내와 끈기가 부족한 일주에 해당한다. 인내심과 끈기를 유지하는 길만이 성공의 지름길이라는 사실을 기억해야 한다.

43. 병오일주의 해석

병오일주는 머리가 총명하다. 타인에게 간섭을 잘하는 편이지만, 정작 자신은 타인의 간섭을 받기 싫어한다. 자존심이 지나쳐 자만감이 유독 심한 사람들이 많다. 승부욕이 강해 주색과 도박에 빠져 재산을 탕진하는 예도 있으니, 사행심을 경계해야 한다. 허영과 허세가 강해 재물을 모으기가 쉽지 않다. 오로지 직진만 있으니 매사 속전속패의 결과만 따를 뿐이다.

병오일주의 일지오화는 흉신에 해당하는 겁재로 양인이자 간여지동이 됨으로써 부부궁에 근심이 있다. 병오일주는 포태법으로 왕궁에 자리하고 있다. 왕궁의 성정은 고집과 자만심의 기운이 가득한 궁이다. 따라서 매사 겸손을 무기로 삼아야 발전을 이룰 수 있다. 그 밖에 탕화살과 양차살, 홍염살, 현침살을 두루 갖추고 있는 일주에 해당한다.

44. 정미일주의 해석

丁
未

정미일주는 천간과 지지가 모두 음의 기운으로 이루어져 있다. 따라서 내성적인 성격을 소유하고 있는 일주에 해당한다. 불과 같은 뜨거운 열정과 성정을 지니고 있다. 화의 특성상 비밀을 지키기 어렵고, 성욕 또한 강한 것이 정미일주의 가장 큰 특징이다.

일지미토에 화개살을 놓아 희생정신이 강한 편에 속하지만, 이타심을 역이용하는 무리의 속임수나 꼬임에 속아 재물의 손해를 보는 경우가 있다. 포태법으로는 관대궁에 자리하여 능히 자수성가를 이루는 기반을 형성하게 된다. 그러나 모든 것을 자신 위주로 생각하고 판단하기 때문에, 자신에게는 늘 관대하고 타인에게는 늘 비판적인 잘못된 습성을 지니고 있다.

지장간에 을목은 편인으로 교육이나 육영 사업과 관련이 있다. 갑목 정인의 입묘지로 학업의 중도 포기가 따를 수 있다. 내성적인 성격에 비해 자유분방하고 개방적인 성향이다.

45. 무신일주의 해석

戊
申

　　무신일주는 일반적으로 호기심이 강한일주이다. 매사 사려가 깊지 못함이 흠이라 할 수 있지만, 동정심이 많아 인간관계는 좋은 편에 속한다. 일지는 **신금**식신으로 식복이 있고 재물을 벌어들이는 재주와 재능을 타고난 사람이다. 그러나 부모와 부부의 인연이 좋지 못하다는 점은 무신일주의 흠이라면 흠이라고 할 수 있다. 고란살의 작용으로 이별수가 작용하고 있기 때문이다.

　의협심이 강한 일주이기도 하다. 그리고 공명정대하게 정의를 추구하는 올바른 성정을 지니고 있다. 지지에 **신금** 현침살을 놓아 직선적인 성격이다. 그리고 입바른 소리를 잘하는데, 이것이 무신일주의 특징이다. 포태법으로는 병궁에 임하고 있다. 따라서 지지**신금**은 곧 역마살에 해당한다. 무신일주는 해외나 객지에서 성공의 인연이 있다.

46. 기유일주의 해석

己
酉

　　기유일주는 생활력이 강하다. 그리고 재능이 많고 성품이 온화하다. 명랑 쾌활하고 원만한 대인관계를 이루려는 성향을 지니고 있다. 자기 주관이 뚜렷하고 실리를 우선으로 판단하는 경향이 강하기 때문에 매사 신중하고 의심이 많다. 천간의 **기토**는 논과 밭, 작은 정원, 도로 등의 물상으로 비유된다. 반면 지지**유금**은 늦가을의 결실로 비유되어 식복과 재물을 의미한다.

기유일주는 일지가 식신으로 기본적으로 관성에 대한 거부반응이 있다. 특히 여성의 경우 일지에 자손에 해당하는 **유금**식신을 두고 있어 비록 자손은 어질고 현명하나 부부궁에 근심이 생길 수 있다. 따라서 본인의 결혼 시기를 잘 판단하여 현명하게 대처함이 옳을 것이다. 늦게 결혼할수록 유리하다는 뜻이다. 남자의 경우 신왕하면, 처가의 덕을 볼 수 있다.

포태법으로는 장생궁에 임하고 있다. 기유일주는 천주귀인[129]과 학당귀인, 문창귀인 등의 길신이 있으며, 곡각살과 같은 흉신도 함께 자리하고 있다. 직업적으로는 미용이나 의류, 교육과 음식, 그리고 종교 분야에서 눈에 띄는 성과를 나타낼 수 있다. 세무사, 귀금속 분야에도 사업적 재능과 자질을 갖춘 일주이다.

---

129) 천주귀인 : 한 평생 의식이 풍족하다는 길신이다. 일간이 甲·丙일 때 巳, 일간이 乙·丁일 때 午, 일간이 戊일 때 申, 일간이 己일 때 酉, 일간이 경일 때 亥, 일간이 辛일 때 子, 일간이 임일 때 寅, 일간이 계일 때 卯가 천주귀인에 해당한다.

47. 경술일주의 해석

庚戌

경술일주는 내면적으로 군인과 같은 강경함을 갖추고 있다. 정열적인 성향이 강해 자신이 맡은 바 임무를 성실히 수행하는 바른 성정을 지니고 있다. 남다른 추진력으로 강하게 밀어붙일 줄 아는 열정도 갖추고 있다. 독립심이 강하고 고집이 세며, 정이 깊고 의리도 있다. 일지 술토는 효신살로 부모와 적잖은 갈등이 있다. 여자의 경우 일지 편인이 식신을 극하는 도식이 되기 때문에 고부간의 갈등이 나타나게 된다. 남녀 모두 노력에 비해 일에 대한 성취가 만족스럽지는 못하다.

포태법으로는 쇠궁에 앉아있어 일간의 기운이 허약해지는 시점에 해당하지만, 아직은 제왕의 왕성한 기운이 남아 있어 백전노장의 시기라 할 수가 있다. 그러나 제아무리 강한 금의 기운을 가진 일주라 할지라도 그 속은 여리고 약한 경우가 많다.

경술일주는 효신살과 괴강살, 홍염살, 그리고 천라지망살이 있다. 지지 술토는 화의 고장지로 여자의 경우 남편이 '관고'130) 에 빠지는 형상이 된다. 이는 사별이라는 불행으로 이어질 수 있으니 주의해야 한다. 그렇지 않으면 무능력한 남편을 만나게 될 가능성이 있다.

---

130) 관고 : 관성의 고장지라는 뜻이다.

48. 신해일주의 해석

辛
亥

　　신해일주는 금수쌍청의 일주로 독립심이 강하고 총명하며 지혜가 뛰어나다. 인정이 많으며 의리도 있고 인간관계가 매우 활발한 점이 신해일주의 특징이다. 하지만, 건강한 체질은 아니며 부모와의 인연이 약하고 부부궁도 다소 불안한 모습이다. **경금**을 원석에 비유한다면 **신금**은 보석에 비유된다. 기본적으로 금의 기운은 의리를 상징하지만, 융통성의 부족으로 볼 수 있다. 따라서 금의 기운을 가진 일주는 사회적 혜안을 갖추는 것이 무엇보다 중요하다.

　신해일주의 지지 **상관**의 특징은 감수성이 풍부하고, 학문과 예술적 기질이 탁월하다는 장점이 있다. 자손에 대한 사랑이 애틋하고, 다른 일주에 비해 유별나다. 천간 **신금**의 현침살과 지지 **상관**의 작용만으로도 여러 구설이 따를 수 있으니, 항시 겸손함을 갖추는 것이 좋다.

　신해일주는 포태법으로 욕지에 속한다. 여자의 경우 그 자손이 사회적 성공을 거두는 경우가 많다. 자식 복은 없는 편이며, 독수공방에 일부종사가 쉽지 않다. 상관살, 고란살, 그리고 천라지망살을 일주에 놓고 있다.

49. 임자일주의 해석

壬子　　임자일주는 체력이 좋고 매사 정열적이지만, 고집이 매우 세다. 무뚝뚝하고 점잖은 모습에 사회적인 명예를 무엇보다 소중히 생각한다. 승부욕이 강한 편인데, 흥분하거나 분노하는 경우 스스로 절제가 안 된다. 이로 인해 일을 그르치는 상황이 적잖게 발생할 수 있으니, 항상 중용을 지키려는 인내와 노력이 필요하다.

일주의 지지 **자수**는 흉신인 겁재이자 양인살이다. 간여지동의 일주로 고집이 세다. 대개 자수성가형이라고 할 수 있다. 이 때문에 부부궁에 크고 작은 근심이 있을 수 있다. 포태법으로는 제왕궁에 자리하고 있으며, 양인살을 비롯해 홍염살, 음욕살[131]이 있다.

겉으로는 아무런 문제 없이 평범해 보이지만, 내면적으로는 걱정을 한가득 담고 살아가는 사람이다. 스스로 삶을 개척해 나가고 타인에게 덕을 베풀어야 하는 운명적 태생이다. 일주에 양인을 갖추고 있어 신약한 사주라면 도움이 된다. 하지만 신왕한 사주일 경우 타인과 시비가 잦아 이로 인한 관재구설이 끊이지 않으니 주의해야 한다.

---

[131] 음욕살 : 겉으로 드러나지 않은 은밀하고 음란한 욕구를 말하는 것이다. 甲寅일주, 乙卯일주, 丁未일주, 戊戌일주, 己未일주, 庚申일주, 辛酉일주, 壬子일주, 癸丑일주가 이에 해당한다.

50. 계축일주의 해석

|癸|
|丑|

계축일주는 겸손하면서 자신의 할 일에 최선을 다하는 노력형의 일주이다. 타인의 기분을 잘 살피고 관망하는 지혜를 갖춘 일주기도 하다. 인자하고 다정다감하며 주어진 임무에 묵묵히 최선을 다하고, 목표를 향해 끊임없이 정진하는 바른 성정을 지니고 있다. 하지만 평생에 재난의 불행이 끊이지 않는 일주이다. 항시 사고수를 조심하여야 하며, 탕화살의 작용으로 발생할 수 있는 화재의 위험을 특히 조심해야 한다.

직장 생활이 유리할 것이며, 교육사업에도 관련이 있는 일주이다. 적응력이 뛰어나며, 자존심보다 실속을 우선시하는 성향이다. 외유내강형으로 고집이 세며, 집념과 오기가 있다. 포태법으로는 관대궁에 해당한다. 뚝심이 있고 항상 열정과 활력이 넘친다. 일지 축토는 편관이자 백호대살이다. 따라서 남녀 모두 부부궁에 예상치 못한 근심이 따를 수 있다.

계축일주는 머리가 좋고 '이해타산'[132]이 빠른 편인데, 이것이 계축일주의 가장 큰 장점이자 단점이다. 좋고 싫음이 분명하여 자신과 맞고 안 맞는 사람을 가려 상대한다.

---

[132] 이해타산 : 이익과 손해 그리고 장·단점을 각각 분석하여 가장 현명한 방법을 끌어내는 모든 과정을 말한다.

51. 갑인일주의 해석

甲寅 갑인일주는 선하고 너그러운 성정이지만, 쉽게 다가가기 어려운 일주이다. 포태법으로는 건록궁에 임하고 있어 성격이 곧은 편이며 고집은 아주 세다. 여자의 경우 전업주부로 집안에서 살림만 할 게 아니라, 적극적으로 사회생활을 해야만 집안의 안정과 평화가 유지된다. 만약 다른 주에 뿌리가 튼튼한 **식신**이나 **상관**이 자리하고 있다면, 목화통명의 사주가 되어 길한 사주가 될 수 있다.

건록의 특징상 독립심이 강하기 때문에 자수성가를 이루는 일주가 된다. 박력이 있고, 배짱이 두둑하다. 하지만, 자만심이 강한 탓에 작은 성과는 눈에 차지도 않는다. 이 때문에 노력에 비해 요행을 바라는 경우가 있다. 그러나 인생은 그리 간단치가 않은 게 문제이다. 간여지동 일주에 고란살까지 작용하게 되니 부부궁에는 크고 작은 문제들이 나타날 수 있다.

일지의 건록은 곧 정록이 된다. 따라서 고집이 매우 강해 자존심만 내세우다 크게 실패하는 상황을 맞이하게 된다.

52. 을묘일주의 해석

|乙|
|卯|

을묘일주는 천간과 지지가 모두 음이다. 외유내강형이며, 글재주가 좋고 재물운이 따르는 일주라고 할 수 있다. 명랑하고 쾌활한 성격이기에 남의 간섭을 받기 싫어하고 독자적으로 행동하는 것을 좋아한다. 일주의 천간과 지지가 음양오행으로 같은 간여지동이며, 포태법으로 건록궁에 자리하고 있다. 따라서 승부욕이 강하다. 양보와 배려심이 모자란 탓에 주변인과 자주 마찰을 겪게 되니 구설이 끊이지 않는다.

을묘일주는 실패수가 빈번하게 발생한다. 그 원인은 대부분 애정사나 치정에 의해 발생하는 문제이다. 아버지가 일찍 돌아가시는 경우가 많다. 재주가 비상하여 이루어 내지 못할 일이 없다. 그만큼 인내와 끈기가 강하기 때문이다. 간여지동의 일주로 부부궁이 불미하여 이른 결혼은 불리하다. 늦게 결혼한다고 해도 여자의 경우 직업을 반드시 갖는 게 중요하다. 남녀 모두 유흥과 주색을 조심해야 한다.

언변이 좋고 임기응변이 뛰어나다. 욕심이 많은 일주로 눈앞에 보이는 현실적인 이익을 끊임없이 추구하려는 경향이 강하다. 자손의 덕이 약한 편이다. 희생과 봉사를 통한 개운의 노력이 필요하다.

53. 병진일주의 해석

丙辰

　　병진일주는 성격이 좋고 친화력이 강해 주변인들로부터 인기가 많다. 멋쟁이라는 소리를 자주 듣는 일주이다. 일지의 **진토**는 식신이다. 따라서 생각이 논리적이고, 학문과 공부에 인연이 깊은 일주가 된다. 인내심이 강해 한번 손을 댄 일은 반드시 끝을 보고자 하는 성향이 강하다. 겉은 유한 듯 보이나, 은근히 까다로운 성격을 소유하고 있다.

　　병진일주는 '선견지명'[133]의 능력을 갖춘 일주이다. 임기응변이 뛰어나 큰일을 저지르고도 이내 별일 없이 수습하는 특징을 가지고 있다. 병진일주는 관성이 지장간의 창고로 들어가 입묘되는 일주이다. 여자의 경우 남편의 덕을 바랄 수 없는 사람이다. 따라서 결혼 후에도 사회 활동을 유지하는 편이 자신에게 유리하다.

　　포태법으로는 관대궁에 자리하고 있다. 진취적 활동과 생동감이 넘치는 활동가이며 고집이 세다. 일지는 식신으로 순발력과 센스가 넘치는 성격을 지니고 있다. 평두살이라 하여 종교나 역술에 심취하게 되는 운명이다. 이로 인해 부부궁에 다소 어려움이 비칠 수 있다.

---

133) 선견지명 : 혜안이라고도 하며 앞일을 예측하는 지혜나 안목을 의미한다.

54. 정사일주의 해석

|丁|
|巳|

정사일주는 시기와 질투가 심한 일주이다. 정신력이 강하고 긍정적인 성격을 소유하고 있다. 그러나 그 정도가 지나쳐 주변 사람을 힘들게 하니 자신감은 오히려 정사일주의 흠이 되고 있다. 천간의 정화와 지지의 사화는 뜨겁고 강렬한 불의 형상으로, 강한 의지와 활동을 의미한다. 따라서 주관이 뚜렷하고, 자기중심적 사고방식이 강하다. 이 때문에 화합이 어렵고 매사 혼자 결정하고 혼자 결론을 내리니, 위로부터 비합리적인 사람으로 평가받는다.

포태법으로는 제왕궁에 자리하고 있다. 일주 자체로 고란살과 곡각살을 갖추고 있다. 그리고 간여지동에 천라지망살을 두고 있어 부부의 연은 매우 박한 편이다. 그러나 이 모든 상황의 근원은 바로 자신의 강한 성격 탓이니, 겸손하고 양보하는 미덕을 갖추는 것이 무엇보다 중요하다.

정사일주는 일지에 사화겁재가 자리하고 있다. 대체로 늦은 결혼인 만혼이 유리하다. 예의가 바르며 바른말을 잘하는 사람이지만, 비밀을 지킬 줄 모르니 항시 구설을 따르게 된다.

55. 무오일주의 해석

戊
午

무오일주는 승부욕이 강하고 성격이 급하다. 자기중심적인 성향이 강해 독자적인 행동을 자주하는 편이다. 좋고 싫음이 분명하며 주체 의식이 강해 배짱이 두둑하다. 반면 포용력이 있다. 성욕이 강한 탓에 망신살이 늘 드리우고 있으니, 항시 주의해야 한다. 일생을 살아가는데 괴롭고 힘든 일들이 많다. 만일 사주에 금수의 기운이 약하면, 오화의 뜨거운 열기로 인해 고통의 늪에서 헤어 나오기 쉽지 않다. 하지만 승부사 기질이 강하다 보니 이를 큰 문제로 여기지 않을 만큼 정신력이 강하다.

부모와 형제를 떠나 객지 생활을 해야 하는 일주이다. 강한 성격 탓에 주위 사람들과 거리를 좁히지 못해 고독한 삶이 되기 쉽다. 무오일주는 일지가 오화로 양인살이다. 전문 직종의 자격증이나 학위를 취득하는 것이 유리하다.

남녀 모두 자기중심적인 성향이 짙다. 따라서 부부궁에 근심이 있을 수 있으니, 만혼이 길하다. 포태법으로는 제왕지에 해당하여 호탕하고 당당한 성격에 언변과 수완이 좋다. 특히 여자의 경우 남자 못지않게 사회생활을 잘 이끌어가는 성격이다. 때로는 집안의 가장 역할을 도맡아 하는 경우가 있다.

56. 기미일주의 해석

己
未

기미일주는 두뇌가 총명하고 보수적이며, 정복력이 강하다. 마음이 넓고 생각이 깊어 책임감도 강하지만 타인에 대한 의심이 많은 편이다. 일생을 살아가는데 굴곡이 많다. 엉뚱하고 허망한 욕심을 가지려는 성향이 있다. 이 때문에 일을 그르치는 경우가 있으니, 현실적인 기준을 통해 객관적 근거를 확보한 후 판단하는 것이 자신에게 이로운 길임을 알아야 한다.

기미일주는 철저히 자기중심적인 사람이다. 반면 쓸데없는 걱정과 근심으로 마음고생을 자처하는 일도 많다. 일지에는 암록과 복성귀인[134], 태극귀인을 갖추고 있어 평생 금전에 관한 고통은 없다. 천간과 지지가 모두 같은 음양오행으로 이루어진 간여지동의 일주로 명예욕과 자존심이 강한 편이다. 포태법으로는 관대궁으로 청년의 기상을 가지고 있다. 굽히지 않는 기상과 진취적인 성향이 더해져 사회적 성공을 이룰만한 능력과 자질을 갖추고 있다.

감정이 격하면 물·불을 가리지 않고 폭발하는 성격으로 사회 초년에는 경험 부족으로 인해 다양한 시행착오를 겪을 수 있다. 그러나 금세 자기반성을 할 줄 아는 겸손한 모습을 갖추고 있다. 훗날 발전의 기회를 만들어 내기에 충분한 인성을 갖춘 일

---

134) 하늘의 복록을 의미하며, 부귀영화가 따르게 된다는 길신을 말한다.

주이다. 일반적으로 사교성이 좋으며 이치에 어긋나는 행동을 하지 않는다. 육십갑자 중에 가장 합리적인 사고방식을 가진 일주라고 할 수 있다.

57. 경신일주의 해석

경신일주는 간여지동의 사주로 자존심과 명예심, 그리고 독립심이 강하다. 사람을 다루는 기술이 뛰어나다. 내면적으로는 유순하고 성품도 좋아 타인들로부터 칭찬을 많이 듣게 된다. 하지만 한번 고집을 부리면 독불장군식의 리더십을 발휘하게 되어 타협을 모르는 사람이 되기도 한다. 금전을 쥐는 힘이 강해 대체로 재물과의 인연이 깊다.

경신일주는 일주 자체가 건록으로 정록이 된다. 이로써 배우자와는 소통과 화합이 쉽지 않다. 직업적으로는 국가 공무원이나 교육 및 특수 행정직과 관련이 있다. 신살로는 홍염살과 음욕살, 그리고 현침살을 가지고 있다. 그리고 권력에 대한 욕망이 그 어떤 일간보다 강한 일주가 바로 경신일주이다. 용맹스러울 뿐만 아니라 영웅적 기질까지 갖추고 있다. 임기응변에 능하고 융통성이 매우 뛰어나다.

58. 신유일주의 해석

辛
酉

　　신유일주는 두뇌가 총명하고 명예욕이 강하다. 실천력이 왕성한 일주에 속한다. 성품이 정직하고 쥐는 힘이 강해 부를 이루기 쉬운 행운의 일주가 된다. 그러나 독단적인 성향이 강한 탓에 대인관계가 원만치 못한 경우가 많다. 간여지동의 일주로 부부의 연은 좋지 못하다.

　한번 사람을 믿으면 최선을 다하는 성격이지만, 인연이 끊어지게 되면 매우 냉철하게 선을 긋는다. 양금인 경금과 달리 음금인 신유일주는 생각하는 범위가 좁고 대범하지 못한 게 흠이다. 이러한 성격 때문에 독신으로 살아가는 사람도 많다.

　비견의 기운이 강해 경쟁심과 고집이 세고, 교만한 마음이 발동하여 타인을 낮추어 보거나 하찮게 여기기도 한다. 직업적으로는 무관이나 스포츠, 의약업 등이 적합하다. 포태법으로는 건록에 임하고 있으며 음착살과 홍염살, 음욕살이 있어 이성 간의 문제로 인한 예상치 못한 상처가 발생하기도 한다. 이는 신유일주가 지닌 팔자이자 운명이라 말할 수 있다. 자손의 덕이 약하니 일찍 독립시키는 것이 유리하다.

59. 임술일주의 해석

壬戌

　　임술일주는 지지에 편관과 백호대살, 그리고 괴강살이 모여 있는 일주이다. 주체성이 강하고 친화력도 좋은 편이다. 하지만 한번 화가 나면 분노 조절이 안 되어 일을 그르치는 경우가 종종 발생하게 된다. 야무진 성격에 영악한 기운이 담겨 있으니, 타인에게 미움을 사는 경우가 많다. 괴강살에 백호대살까지 갖추다 보니 타인과 화합이 잘 안되어 소통의 문제가 적잖게 발생하곤 한다.

　고독성이 짙고 자신의 속내를 드러내지 않는다. 매사 비밀스럽게 일을 처리한다. 겉모습은 밝은 편이지만, 속마음은 늘 우울하고 공허하다. 악의를 가진 사람이 아닌데도 불구하고 주변으로부터 오해와 미움을 사기도 한다. 포태법으로는 관대지에 해당하여 고집이 세다. 지지 편관은 이를 더욱 부채질하는 형국이다.

　임술일주는 **임수**의 직감과 **술토**의 영감이 뛰어난 일주에 속한다. 처세술이 뛰어나며 구속을 싫어한다. 만인을 구원하고 새롭게 태어나게 하는 기운을 가지고 있어 평생 지도자로서 살아가는 경우가 많다. 건강 면으로는 비뇨기 계통의 건강을 유의해야 하며 특히 당뇨를 조심해야 한다.

60. 계해일주의 해석

癸亥 계해일주는 매사 자신이 맡은 일에 열정적이며 항상 자신감이 넘친다. 독립심과 열정이 가득한 일주이다. 계해일주의 계수는 천간의 마지막 글자이다. 지지해수 역시 십이지지의 마지막 글자에 속한다. 따라서 매사 모든 상황에서 끝마무리를 잘하는 편이다. 천간과 지지가 모두 음의 수기운으로 구성되어 있다. 이 때문에 항시 양기를 그리워하게 되니, 현실보다는 이상적 목표를 추구하는 일주가 된다.

계해일주의 지지해수는 겁재로써 매사 경쟁을 통해 성취하려 한다. 포태법으로는 제왕지에 임하고 있다. 자존심과 독립심, 그리고 명예심이 강하며 예지력이 뛰어나다. 타인의 눈에는 항상 성과가 많은 사람으로 비치게 되니, 항상 주위 사람들의 시기와 질투를 불러일으킨다. 감수성이 예민하여 항상 자신의 감정에 휩싸이게 된다. 따라서 타인과의 교류가 쉽지 않은 편이다.

계해일주는 음착살과 천라지망살을 놓고 있어 부부궁에 근심이 나타날 수 있다. 다정다감하고 낙천적이며 소극적인 성격이다. 그러나 자신의 목적을 달성하기 위해서는 수단 방법을 가리지 않는다. 예술이나 종교 계통에서 남들과 다른 비상한 재능을 가지고 있다.

제7편 일주강약 판단과 생극제화

제1장 일주강약의 판단과 이해

　사주를 추명함에 있어 가장 중요한 점은 일주의 강약과 왕쇠를 정확히 구분하고 판단하는 것이다. 만약 이를 제대로 이해하지 못한다면 올바른 추명을 할 수 없을 뿐만 아니라 사실과 전혀 다른 해석으로 혼란만을 가중하게 될 것이다. 한편 일주의 강약에 따라 길신이 흉신이 되기도 하고, 흉신이 길신으로도 바뀔 수 있다. 따라서 일주의 강약을 정확히 끄집어낼 수만 있다면 사주 공부의 칠분 능선을 넘었다고 해도 과언이 아닐 만큼 중요한 단원이니 잘 숙지하기를 바란다. 특히 이번 단원에서 주의 깊게 살펴봐야 할 점은 바로 지지의 합국에 의해 새롭게 구성되는 세력의 변화이다.

　가령 해월에 출생한 사주가 있다고 가정할 때 주중에 금의 기운이 강한 경우 금생수로서 이미 강력한 수의 기운을 형성하고 있어 주중에 묘목이나 미토를 만나 합국이 된다고 하더라도 좀처럼 목의 기운으로 바뀌지 않는다는 것이다. 이는 사주를 추명함에 있어 매우 중요한 부분에 해당하고 있으니 유념하길 바란다.

1. 득령

　득령이란 자신을 상징하는 일간이 월지에서 인성이나 혹은 비겁을 만나는 경우를 말하는 것이다. 그리고 '계절을 얻었다'라고 표현한다. 월지는 곧 월령으로 사주원국에서 가장 강한 강자로 자리매김하고 있어 다른 지지의 세력보다 월등한 힘을 가지고 있다.

　일간이 출생한 달에 득령을 했는지를 정확히 구분해 내기 위해서는 일간과 월령 간의 '왕·상·휴·수·사'에 따른 상호 작용과 그 관계를 잘 숙지하고 있어야 한다. 여기서 '왕·상·휴·수·사'란 계절 및 오행간의 탄생 계절에 의해 영향을 받는 사주와 운세의 강약을 판단하는 것으로서 일간이 어느 계절에 태어났을 때 강하고 약한가를 판단하는 기준이 된다. 먼저 '왕·상·휴·수·사'의 개념부터 살펴보면 아래와 같다.

왕 : 일간과 월지가 같은 오행이다.
상 : 월지가 일간을 생하는 오행이다.
휴 : 일간이 월지를 생하는 오행이다.
수 : 일간이 월지를 극하는 오행이다.
사 : 월지가 일간을 극하는 오행이다.

〈 일간과 월지의 관계에 따른 오행의 왕상휴수사 〉

일간 월자	갑·을(목)	병·정(화)	무·기(토)	경·신(금)	임·계(수)
왕	인묘 (목·득령)	사오 (화·득령)	진술축미 (토·득령)	신유 (금·득령)	해자 (수·득령)
상	해자 (수·득령)	인묘 (목·득령)	사오 (화·득령)	진술축미 (토·득령)	신유 (금·득령)
휴	사오 (화·실령)	진술축미 (토·실령)	신유 (금·실령)	해자 (수·실령)	인묘 (목·실령)
수	진술축미 (토·실령)	신유 (금·실령)	해자 (수·실령)	인묘 (목·실령)	사오 (화·실령)
사	신유 (금·실령)	해자 (수·실령)	인묘 (목·실령)	사오 (화·실령)	진술축미 (토·실령)

위의 도표에서 보는 바와 같이 **갑을목**의 일간이 비겁이나 인성이 되는 봄이나 겨울에 출생하게 되면, 각각 왕과 상이 되어 득령한 것으로 판단한다. 그리고 **갑을목**의 일간이 가을에 출생하게 되면, 일간은 금극목으로 극을 받게 되어 사가 되는 것이다. 한편 득령이 되지 않는 경우를 가리켜 실령이라고 한다. 따라서 휴·수 역시 마찬가지로 실령이 된다.

이처럼 출생한 월을 기준으로 일간의 득령 여부를 판단할 수 있다. 오월생이라면 오월은 화토의 기운을 가진 일간이 득령하게 된다. 자월이라면 수와 목의 기운을 가진 일간이 득령 하게 된다. 반면 득령과 실령에 있어 예외적인 상황이 있다. 묘월의 화일간과 자월의 목일간, 그리고 미월과 술월의 금일간이다. 이는 일간이 출생 월의 패지에 앉아있거나 혹은 **경신금** 일간의 조토가 되고 있기 때문이다. 이상의 내용은 득령이 되지 않는 조건 중에서 예외적인 상황으로 구분되고 있으니 잘 기억해 두어야 한다.

월령은 곧 어머니의 자리이다. 사람이라면 누구나 어머니의 뱃속에서 10개월의 잉태의 시간을 거쳐 세상 밖으로 탄생하게 된다. 사주를 추명함에 있어 월령을 가장 중요시 보는 이유는 바로 이 때문이다. 월령이 다른 지지와 함께 합을 이루어 다른 오행으로 변화하거나 혹은 충으로 인해 충극을 받게 되면 이는 일간의 불안정한 요인으로 작용하게 된다. 이러한 상황을 제대로 판단하고 이해할 줄 알아야 한다.

2. 득지

득지란 일간이 일지에 비겁이나 혹은 인성을 놓아 자신의 세력을 얻게 되었을 때를 말한다. 득지는 육친의 관계를 잘 알고 있다면 쉽게 구분할 수 있다. 득지 역시 득령과 마찬가지로 예외적인 부분이 있다. 예를 들어 병술일주는 일지가 식신이 되어 휴가 되지만 **술토**의 지장간에는 **정화**가 있어 뿌리가 되니, 이 경우에는 득지로 판단한다. 정미일주 역시 **미토**의 지장간에 **정화**와 **을목**이 있어 각각 비겁과 인성으로 **정화**의 뿌리가 되니 득지가 되는 것이다.

　득지에서 주의해야 할 점은 일지에 담긴 지장간도 함께 살펴 비겁이나 인성이 되는 경우 득지로 판단한다는 것이다. 득지는 득령 다음의 순으로 판단한다. 그 이유는 생명의 시작은 부모에게 기인하지만, 삶의 여정은 배우자와 함께하듯 득령이 부모라면 득지는 곧 배우자가 되기 때문이다.

3. 득세

　득세는 사주원국에 속한 글자들의 생극제화 관계를 토대로 그 세력을 판단하는 것이다. 일간 기준으로 비겁과 인성을 얻었을 때 세력이 커지게 된다. 여기서 주의해야 할 점은 통근하지 못한 천간(비겁과 인성)은 득세에 포함하지 않는다는 것이다. 또한 형·충으로 인해 피상135)되거나 지지의 육합·삼합·방합으로 오행의 변화가 나타나는데, 화한 오행이 일간에 힘이 되지 않는 경우 역시 실세가 된다.

---

135) 피상 : 천간과 지지로부터 충극(형·충)을 받은 글자가 사주 내에서 제구실을 하지 못하는 경우를 말한다.

4. 득령·득지·득세의 실례

지금까지 일주의 강약을 판단하는 방법으로 득령·득지·득세에 관하여 설명하였다. 결론적으로 이와 같은 일련의 과정을 통해 일주의 신강과 신왕, 그리고 신약과 극신약으로 각각 구분할 수가 있는 것이다. 좀 더 부연 설명을 하면 득령·득지·득세를 통해 삼자(득령·득지·득세)를 모두 만족한 경우 신강한 사주로 판단한다. 그리고 삼자 중 이자(득령·득지, 득령·득세, 득지·득세)를 얻게 되면 신왕한 사주로 판단한다. 삼자 중 일자(득령, 득지, 득세)를 얻으면 신약의 사주로 판단한다.

사주가 신강하다고 하여 길한 운명이 되는 것은 아니며, 반대로 사주가 신약하다고 하여 흉한 운명이 되는 것도 아니다. 오행의 생극제화의 이치가 사주원국이라는 틀 안에서 얼마만큼 균형과 조화를 잘 이루고 있는지가 중요한 것이다. 결과적으로 중강격 사주에서 가장 이상적이고 안정적인 운의 흐름이 이루어진다고 할 수 있다. 앞서 언급하였듯이 신약한 사주라고 해서 흉하다고 판단하지 않는다. 그러나 신약한 사주에서 식상이 강한 경우나 재성이 강한 경우, 그리고 관성이 강한 경우는 흉하다고 판단하게 된다. 이런 경우 사주 내에서 조건만 허락한다면 외격으로 분류되는 종격[136]의 사주로 구분하여 귀격을 논하기도 한

---

136) 종격 : 일간의 뿌리가 없거나 매우 약하고 육친(십신)의 힘이 강할 때 육친이 이끄는 힘과 방향으로 따라가는 것을 말한다. 즉 일간이 한가지 오행으로 치우친

다.

 예를 들어 식상에 종을 하면 종아격, 재성에 종을 하면 종재격, 관성에 종을 하면 각각 종관격으로 각각 구분한다. 이는 후에 설명하게 될 격국론에서 자세히 논하고자 한다. 그러면 지금까지 설명한 내용을 중심으로 신강·중강·신약의 구분 방법에 관해 설명하고자 한다. 먼저 신강사주에 관한 예이다.

예1) 신강사주

남자	시주	일주	월주	년주
	乙- (편인)	丁- (일간)	甲+ (정인)	癸- (편관)
	巳+ (겁재)	巳+ (겁재)	寅+ (정인)	未- (식신)

 목왕절인 인월에 출생한 정화일간이 월지에 정인인목을 놓아 일간정화의 인성이 되니 득령이 되었다. 일지에는 일간과 같은 오행인 겁재사화가 자리하고 있어 득지까지 하고 있다. 시주 천간에는 편인을목과 겁재사화가 자리하고 있어 득령·득지·득세를 모두 갖추었다. 따라서 신강사주가 되었다.

 오행의 세력을 따르는 것이다.

예2) 신강사주

여자	시주	일주	월주	년주
	己- (겁재)	戊+ (일간)	庚+ (식신)	庚+ (식신)
	未- (겁재)	辰+ (비견)	辰+ (비견)	戌+ (비견)

목왕절인 진월에 출생한 **무토**일간이 월지에 비견**진토**를 놓아 득령이 되었다. 일지 역시 일간과 같은 비견**진토**가 자리하고 있어 득지를 하였고, 년주의 지지**술토**와 시간, 그리고 시지에 각각 일간과 오행이 같은 비견과 겁재가 자리하고 있다. 따라서 득령·득지·득세를 모두 갖추고 있어 신강사주가 되었다. 다음은 중강사주에 관한 예이다.

예1) 중강사주

여자	시주	일주	월주	년주
	乙- (식신)	癸- (일간)	甲+ (상관)	庚+ (정인)
	卯- (식신)	酉- (편인)	申+ (정인)	午- (편재)

금왕절인 신월에 출생한 **계수**일간이 월지에 **신금**정인을 놓아

득령을 하였다. 일주의 지지가 되는 일지에 일간의 인성인 편인 유금이 자리하고 있어 득지까지 하였다. 그러나 사주원국이 전체세력을 얻지 못해 실세가 되었다. 결국 득령·득지·득세 중에서 득령과 득지만을 하여 이자를 득하였으므로 중강사주가 되었다.

예2) 중강사주

여자	시주	일주	월주	년주
	壬+ (편관)	丙+ (일간)	丙+ (비견)	壬+ (편관)
	辰+ (식신)	午- (겁재)	午- (겁재)	辰+ (식신)

화왕절인 오월에 출생한 병화일간이 월지에 오화겁재를 놓아 득령을 하였다. 병오일주에 해당하는 일지 역시 월지와 동일한 오행인 오화겁재가 자리하고 있어 득지까지 하였다. 그러나 사주원국이 전체세력을 얻지 못해 실세가 되었다. 따라서 득령·득지·득세 중 득령과 득지만 하여 이자만을 득하였으므로 중강사주가 되었다. 다음은 신약사주에 관한 예이다.

예1) 신약한 사주

여자	시주	일주	월주	년주
	辛− (편재)	丁− (일간)	甲+ (정인)	癸− (편관)
	亥+ (정관)	酉− (편재)	子− (편관)	亥+ (정관)

　수왕절인 자월에 출생한 **정화**일간이 월지에 **자수**편관을 놓아 실령을 하였다. 그리고 정유일주의 일지에는 **유금**편재가 자리하고 있어 득지를 하지 못해 실지가 되었다. **유금**편재는 일간**정화**의 비겁이나 인성이 아니기 때문이다. 주변의 세력 또한 얻지 못해 실세까지 하였다. 따라서 득령·득지·득세 중 단 일자도 득하지 못해 신약사주가 되었다.

예2) 신약사주

여자	시주	일주	월주	년주
	甲+ (정관)	己− (일간)	癸− (편재)	己− (비견)
	子− (편재)	亥+ (정재)	酉− (식신)	巳+ (정인)

　금왕절인 유월에 출생한 **기토**일간이 월지에 **유금**식신을 놓아

실령하였다. 일지에는 **해수**정재가 자리하고 있어 **기토**일간의 정재가 되니 실지하였다. 주변 세력 또한 얻지 못하였으므로 실세까지 되었다. 따라서 득령·득지·득세 중 단 일자도 득하지 못해 신약사주가 되었다.

제2장 오행의 생극제화와 희기

오행의 생극제화에는 사계절 변화의 중심이 되는 대자연의 오묘한 이치와 진리가 담겨져 있다. 그러므로 생극제화에 따른 희기를 제대로 이해하지 못한다면 후에 공부하게 될 격국용신에서 큰 어려움을 겪을 수밖에 없다.

처음부터 대자연의 이치를 모두 이해한다는 것은 무리다. 그러나 한 걸음 한 걸음 꾸준히 학습을 이어가다 보면 분명 오행의 심오한 이치와 개념을 깨닫게 될 때가 올 것이다. 생극제화의 희기에 따른 오행과 육친의 기본 원칙은 아래와 같다.

오행의 생극제화에 따른 인성의 해

- ① 금은 토생금을 하는 토의 '생조'[137)]에 의지하지만, 토가 많으면 오히려 금이 매몰된다. - (토다매금)
- ② 토는 화생토를 하는 화의 생조에 의지하지만, 화가 많으면 오히려 토가 건조하게 된다. - (화다토조)[138)]
- ③ 화는 목생화를 하는 목의 생조에 의지하지만, 목이 많으

---

137) 생조 : 오행이 생하고 돕는 것을 말한다. 즉 약한 것을 생하여 조력 해주는 것이다.
138) 화다토조 : 화가 많으면 토는 메마르게 된다는 뜻이다.

면 오히려 화가 꺼진다. - (목다화식)139)
- ④ 목은 수생목을 하는 수의 생조에 의지하지만, 수가 많으면 오히려 목이 표류하게 된다. - (수다부목)140)
- ⑤ 수는 금생수를 하는 금의 생조에 의지하지만, 금이 많으면 오히려 물이 탁하게 된다 - (금다수탁)141)

오행의 생극제화에 따른 식상의 해

- ① 금은 금생수로 수를 생하지만, 수가 너무 많으면 오히려 금이 가라앉는다. - (수다금침)142)
- ② 수는 수생목으로 목을 생하지만, 목이 많으면 오히려 물이 고갈된다. - (목다수축)143)
- ③ 목은 목생화로 화를 생하지만, 화가 많으면 오히려 목은 흔적 없이 사라진다. - (화다목분)144)
- ④ 화는 화생토로 토를 생하지만, 토가 많으면 오히려 화의 빛을 잃게 된다. - (토다화매)145)

---

139) 목다화식 : 목이 많으면 불이 꺼진다는 뜻이다.
140) 수다부목 : 수가 많으면 나무는 물에 뜬다는 뜻이다.
141) 금다수탁 : 금이 많으면 수가 탁해진다는 뜻이다.
142) 수다금침 : 수가 많으면 금은 가라앉는다는 뜻이다.
143) 목다수축 : 목이 많으면 수는 나무에 흡수되어 사라진다는 뜻이다.
144) 화다목분 : 화가 많으면 나무는 불에 타 사라진다는 뜻이다.
145) 토다화매 : 흙이 너무 많으면 불이 파묻힌다는 뜻이다.

- ⑤ 토는 토생금으로 금을 생하지만, 금이 많으면 오히려 토가 약하게 된다. - (금다토변)146)

오행의 생극제화에 따른 재성의 해

- ① 금은 금극목으로 목을 극하지만, 목이 많으면 오히려 금이 일그러지게 된다. - (목다금결)147)
- ② 목은 목극토로 토를 극하지만, 토가 많으면 오히려 목이 꺾이게 된다. - (토다목절)148)
- ③ 토는 토극수로 수를 극하지만, 수가 많으면 오히려 토가 무너지게 된다. - (수다토붕)149)
- ④ 수는 수극화로 화를 극하지만, 화가 많으면 오히려 수가 증발하게 된다. - (화다수증)150)
- ⑤ 화는 화극금으로 금을 극하지만, 금이 많으면 오히려 화가 꺼지게 된다. - (금다화식)151)

---

146) 금다토변 : 금이 많으면 토는 변질된다는 뜻이다.
147) 목다금결 : 목이 많으면 금이 부러진다는 뜻이다.
148) 토다목절 : 토가 많으면 목이 꺾인다는 뜻이다.
149) 수다토붕 : 수가 많으면 토는 붕괴된다는 뜻이다.
150) 화다수증 : 화가 많으면 수는 증발한다는 뜻이다.
151) 금다화식 : 금이 많으면 화가 꺼진다는 뜻이다.

오행의 생극제화에 따른 관성의 해

- ① 금이 약한데 화를 만나면 금이 녹는다. (금약봉화소용)
- ② 화가 약한데 수를 만나면 화가 꺼진다. (화약봉수멸식)
- ③ 수가 약한데 토를 만나면 수가 사라진다. (수약봉토이색)
- ④ 토가 약한데 목을 만나면 토가 무너진다. (토약봉목경함)
- ⑤ 목이 약한데 금을 만나면 목이 부러진다. (목약봉금절작)

목·화·토·금·수의 기운을 원류로 대자연의 이치를 담아낸 생극제화는 작게 보면 한 인간의 일생에 해당하고 있으며, 크게 보면 대자연의 순환이 되고 있다. 지금부터 생극제화의 기본 원리를 좀 더 쉽게 이해하기 위해 몇몇 예문을 들어 설명하고자 한다.

1. 신약관살해

　신약관살해란 일주의 기운이 약한데 주중에 관살의 기운이 태왕하여 일주를 극하는 것을 말한다. 일간의 의지처가 전혀 없어 힘이 없는데, 일간을 극하는 자가 나타나 더욱 힘들고 고달프게 만드는 것이다.

　그러나 여기서 주의해야 할 점은 일간의 힘이 전혀 없고, 일간을 지탱해 줄 뿌리도 전혀 없다는 조건이 성립되면 '종'152)을 논하게 된다는 것이다. 관살의 극이 심한 경우 종관격이나 혹은 종살격으로 구분하는데, 이 같은 격으로 격을 이루면 귀격의 사주로 분류하게 된다.

예/ 여자	시주	일주	월주	년주
	庚+ (편관)	甲+ (일간)	癸- (정인)	己- (정재)
	午- (상관)	申+ (편관)	酉- (정관)	未- (정재)

　금왕절인 유월에 출생한 **갑목**일간이 월지에 **유금**정관을 놓아 실령하였다. 일지에도 **신금**편관을 놓아 실지하였다. **갑목**일간에 유일한 원류인 월간의 **계수**정인은 그 뿌리가 없다. 년지의 **미토**

---

152) 종 : 일간이 강력한 오행의 세력을 따르는 것으로 종격과 같은 의미이다.

정재와 시지의 **오화**상관까지 자리하고 있어 **갑목**일간은 세력을 잃었다. 득령·득지·득세 중 단 일자도 득하지 못해 본 사주는 신약사주가 되었다.

　시간의 **경금**편관은 각각 월지와 일지에 각각 제왕과 건록으로 뿌리를 두고 있으며, 년간에 자리하고 있는 **기토**정재가 년지의 **미토**에 뿌리를 두고 있으니, 재성과 관성의 기세가 강하다. 따라서 **갑목**일간은 어느 곳에도 의지할 바가 없으니, 무능력한 상태가 되어 홀로 고립되고 말았다.

예/ 남자

시주	일주	월주	년주
戊+ (정인)	辛- (일간)	丁- (편관)	丁- (편관)
戊+ (정인)	巳+ (정관)	未- (편인)	未- (편인)

　화왕절인 미월에 출생한 **신금**일간이 월지에 편인**미토**를 놓아 실령하였다. 월지가 인성이기 때문에 득령을 한 것이 아니냐고 의문을 제기할 수 있지만, 미월과 술월에 출생한 금일간은 월지가 조토가 되어 득령이 되지 않는다. 일지는 **사화**정관을 놓아 실지하였다. 년간과 월간에 자리하고 있는 편관의 기세가 강하다 보니 일지 사화인 정관 역시 정관이 아닌 편관으로 판단하게 된다. 다행인 것은 시간의 **무토**정인이 년지**미토**와 월지**미토**, 그리

고 시지술토에 각각 뿌리를 두고 있다. 무력한 신금일간의 의지처가 되어주고 있다. 따라서 삼자 중 일자를 얻어 신약사주가 되었다.

　신금일간에 원류가 되는 무토가 일간과 가까이 붙어 있어 살인상생의 구조를 갖추고 있다. 본 사주는 인성의 역할이 매우 중요하게 작용하는 사주로 토와 관련된 직업이나 공부를 통해 적극적으로 개운하는 것이 삶을 살아가는 데 유리하다고 말할 수가 있는 것이다.

2. 인성과다해

　인성은 나를 생하는 자이자 어머니이고 모든 만물의 시작이며 원류가 된다. 하지만 나를 생하는 자라 하더라도 사주에 너무 많거나 과하면 이는 곧 병이 되고 마는 것이다. 이는 어머니의 과도한 사랑이 오히려 자식을 망치게 되는 결과를 낳는 것이다. 인수가 많은 사주는 홀로 난관을 헤쳐 나가는 힘과 자립심이 부족하게 된다. 또한 현대사회에 적응하지 못하고 정신적 불구자가 되어 버리는 경우가 발생하는데, 이를 가리켜 사주에서는 '모자멸자'153)라고 한다.

예/ 여자	시주	일주	월주	년주
	戊+ (정인)	辛- (일간)	辛- (비견)	己- (편인)
	戌+ (정인)	丑- (편인)	未- (편인)	未- (편인)

　화왕절인 미월에 출생한 **신금**일간이다. **신금**일간과 가까이 자리하고 있는 월간의 **신금**비견을 제외하고는 사주원국에 온통 토의 기운인 인성으로 가득하다. 본 사주는 인성과다해로 토다매

---

153) 모자멸자 : 어머니의 지나친 자식 사랑은 오히려 자식을 망치게 된다는 뜻으로 사주 명리에서는 다자무자라는 말과 같은 뜻으로 활용되고 있다.

금의 전형적 사례에 해당한다. 어려서부터 어머니에게 모든 걸 의지하고 위탁하게 되니 자립심이 부족하다. 이렇게 구성된 사주는 성인이 되어서도 사회에 적응하기 힘들다.

예2) 인성과다해

여자	시주	일주	월주	년주
	辛− (편인)	癸− (일간)	庚+ (정인)	戊+ (정관)
	酉− (편인)	酉− (편인)	申+ (정인)	申+ (정인)

금왕절인 신월에 출생한 **계수**일간이 월지에 정인**신금**으로 득령하였고, 일지에 **유금**편인이 자리하고 있어 득지하였다. 주위에 온통 일간**계수**를 생조하는 기운으로만 가득하다. 일간은 득세까지 하여 삼자 중 삼자를 모두 얻게 되니 매우 신강한 사주가 되었다. 이러한 사주를 가리켜 금의 기운이 강해 수의 기운이 탁해지는 수금다수탁의 사주라고 한다. 금의 기운이 너무 강하다 보니 일간**계수**는 혼자서 할 수 있는 일이 아무것도 없.

년간에 자리하고 있는 **무토**관성이 있어 일간을 극하니 그나마 다행이라고 볼 수 있다. 그러나 **무토**관성은 자신을 지탱해 줄 뿌리가 전혀 없으니, 이미 그 자격을 상실하고 말았다. 게다가 주위에 온통 금의 기운으로만 가득하니 토생금을 하기에도 정신이 없다.

3. 식상과다해

　식상이란 식신과 상관의 줄임말이다. 사주에서 식상이 과다한 구성을 이루면 일주가 자연 약해지게 되며 결국 해가 된다는 것이다. 가령 예를 들면 병든 어머니가 자손을 살피는 격으로 자신의 건강이 좋지 않음에도 불구하고 죽을힘을 다해 자손 걱정만 하는 것이다. 결국 어머니의 삶은 자손으로 인해 망가지게 되는 이치이다.

　한편 식상은 소비나 지출을 의미하는데, 수입에 비해 지출이 많다 보니 균형 잡힌 살림을 할 수 없는 것이다. 이런 상황이 길어지면 망하는 것은 시간문제요, 발전할 수 없음은 불 보듯 뻔한 일이다. 결국 빈천한 운명을 맞이할 수밖에 없는 것이다. 그러나 식상과다해 역시 사주 내에서 최약격이 되는 경우 종아격을 논하게 될 수 있다.

예/ 여자	시주	일주	월주	년주
	己- (정재)	甲+ (일간)	庚+ (편관)	甲+ (비견)
	巳+ (식신)	午- (상관)	午- (상관)	子- (정인)

　화왕절인 오월에 출생한 갑목일간으로 월지가 상관이 되니 실

령하였고, 일지에 **오화**상관이 자리하고 있으니 실지까지 하였다. 년간의 **갑목**비견은 자신을 지탱해 줄 뿌리가 없어 위태로우니 **갑목**일간에 전혀 힘이 되어주지 못하고 있다.

년지의 **자수**정인 역시 강한 화기에 의해 증발하기 일보 직전에 놓여있다. 엎친 데 덮친 격으로 **갑목**일간의 주위에는 온통 일간을 극하거나 기운을 빼는 육친으로만 가득하여 실세까지 하였다. 따라서 삼자 중 삼자를 모두 얻지 못해 일간은 매우 신약한 화다목분의 사주가 되었다.

예/ 남자	시주	일주	월주	년주
	丁- (편재)	癸- (일간)	甲+ (상관)	甲+ (상관)
	巳+ (정재)	巳+ (정재)	戌+ (정관)	寅+ (상관)

금왕절인 술월에 출생한 **계수**일간이다. 년간과 월간, 그리고 년지에 상관으로 가득하다. 그러나 **계수**일간의 원류이자 힘이 될 수 있는 금의 기운과 수의 기운은 사주원국 어디에도 찾아볼 수가 없다. 시주를 중심으로 일지**사화**까지 이미 화의 기운이 득세하고 있다. 그러나 본 사주에는 없지만 **오화**의 기운을 살릴 수만 있다면, 인오술 삼합이 되어 종아격을 논할 수 있는 사주이다.

4. 재성과다해

일간이 극하는 육친을 재성이라고 한다. 이 재성이 사주의 절반 이상을 차지하는 경우를 재성과다해라고 말한다. 즉 일간이 극하는 세력인 재성이 일간보다 강하다 보니 오히려 내가 상처 받고 피해를 보게 되는 것이다. 이는 마치 집안의 가장인 남편보다 아내의 힘이 강하면 남편은 곧 무능력한 남성으로 변하게 된다는 이치가 되는 것이다.

예/ 남자	시주	일주	월주	년주
	丁- (편재)	癸- (일간)	甲+ (상관)	丙+ (정재)
	巳+ (정재)	丑- (편관)	午- (편재)	午- (편재)

화왕절인 오월에 출생한 계수일간이 년주와 월지에 각각 병화정재와 오화편재를 놓고 있다. 시주에도 거듭 화의 기운이 가득하니, 재성의 기운으로 가득하다. 계수일간은 삼자 중 삼자를 모두 잃게 되어 신약한 사주가 되었다. 사주에 재성이 많으면 자연히 일간은 신약하게 되는데, 이를 두고 재다신약의 사주라고 한다.

예/ 남자	시주	일주	월주	년주
	戊+ (편인)	庚+ (일간)	甲+ (편재)	乙- (정재)
	寅+ (편재)	寅+ (편재)	申+ (비견)	丑- (정인)

　금왕절인 신월에 출생한 **경금**일간이다. 월지에 **신금**이 자리하고 있어 건록격이 되어 득령하였다. 일지는 편재**인목**이 자리하고 있어 실지하였다. 사주원국의 전체 기세가 재성의 기운으로 흐르고 있다. 따라서 실세가 되니 **경금**일간은 신약한 사주가 되었다. 시간**무토**의 뿌리가 되는 년지**축토**는 **무토**편인의 힘이 되어주기에 그 거리가 너무 멀어 아쉽다. 그러나 **무토**편인의 뿌리가 되는 세운이 오면 충분히 발전할 수 있는 사주가 될 것이다.

5. 신왕관살반희

사주에서 일간이 강하면 이를 극하는 자가 필요하다. 신왕관살반희란 신왕한 사주는 일간인 나를 극하는 관살을 반긴다는 뜻이다. 일간이 너무 강하면 자만심이 지나쳐 '안하무인'154)이 되는데, 이러한 독단적 사고를 견제하는 대안이 되는 것이다. 결국 중용을 지킴으로써 길한 운명을 만들어 가는 것이다.

예/ 남자	시주	일주	월주	년주
	甲+ (정재)	辛- (일간)	丙+ (정관)	辛- (비견)
	午- (편관)	丑- (편인)	申+ (겁재)	巳+ (정관)

금왕절인 신월에 출생한 신금일간이 월지에 신금겁재를 놓고 있어 득령하였다. 그리고 일지에는 축토편인을 놓아 득지까지 하였다. 이로써 신금일간은 삼자 중 이자를 득하였으므로 신왕한 사주가 되었다.

본 사주가 좋다고 말할 수 있는 부분은 년지사화와 시지오화에 뿌리를 두고 있는 월간 병화정관이 신금일간의 관살이 되어 본연의 역할을 충실히 수행하고 있다는 것이다. 다만 시간에 자

---

154) 안하무인 : 교만하고 방자하여 사람을 업신여기는 것이다.

리하고 있는 **갑목**정재의 뿌리가 없는 것은 다소 아쉬운 부분이라고 할 수 있다. **갑목**재성은 **병화**정관의 원류가 되는 육친이기 때문이다. 그러나 **갑목**의 뿌리가 되는 재성운이 오는 경우 재물운이 상승하게 된다는 점을 참고하길 바란다.

예/ 여자	시주	일주	월주	년주
	甲+ (편인)	丙+ (일간)	丙+ (비견)	壬+ (편관)
	午- (겁재)	午- (겁재)	午- (겁재)	申+ (편재)

화왕절인 오월에 출생한 **병화**일간이 월지와 일지에 각각 양인에 해당하는 겁재를 놓고 있다. 일간은 득령과 득지를하여 신왕하다. 그러나 년간의 **임수**편관은 주변의 강한 화기에 비해 그 힘이 상대적으로 약하다는 것이 흠이 되고 있다. 다행스러운 점은 년지 **신금**에 **임수**편관이 뿌리를 내리고 있어 능히 화기를 대적할 수 있다는 것이다. 부귀를 누리는 데는 부족함이 없는 사주가 되고 있다.

이처럼 재성이 상대적으로 약한 편관을 도와 관성을 바로 쓸 수 있게 만드는 것을 가리켜 '재자약살'155)이라고 한다. 아울러 강한 화기에 의해 불타 사라질 위기에 처해있던 시간의 **갑목**편

---

155) 재성이 약한 편관을 살린다는 뜻이다.

인마저 임수편관이 구원해주고 있으니 총명함이 빛을 발하는 사주가 되는 것이다.

6. 신왕식상반희

　신왕식상반희란 신왕한 사주가 식신과 상관을 통해 타인에게 베풀고 양보하면 복을 받아 길하게 된다는 의미가 담겨 있다. 이는 마치 건강한 어머니가 건강한 자식을 낳아 온 힘을 다해 그 자손을 길러내고 나니 그 자손은 노모를 정성껏 봉양한다는 의미로 해석할 수가 있다. 결국 희생을 통해 다시 살아나게 되는 이치라고 할 수 있다.
　예를 들어 목일간이 화를 만나 목생화로 세상을 밝히는 이치이다. 화일간이 토를 만나 화생토로 열기를 식히는 것이다. 토일간이 금을 만나 토생금으로 굳은 땅을 부식시켜 철분 가득한 비옥한 땅을 조성하는 것이다. 금일간이 수를 만나 금생수를 함으로써 계절의 순환을 이루는 것이며, 수일간이 목을 만나 수생목으로 새로운 생명과 하루의 시작을 알리는 것이다.

예/ 여자	시주	일주	월주	년주
	乙 - (정재)	庚 + (일간)	癸 - (상관)	丁 - (정관)
	酉 - (겁재)	辰 + (편인)	丑 - (정인)	丑 - (정인)

    수왕절인 축월에 출생한 경금일간이 년지와 월지, 그리고 일지에 각각 정인과 편인을 놓아 신왕하다. 년간의 정화정관은 뿌리가 그 어디에도 없는 상태이다. 시간의 정재는 일지진토에 뿌리를 내리고자 하나 이미 시지유금에 의해 금극목을 당하는 절궁에 임하고 있어 그 힘이 매우 무력하다.

    다행히 월간의 계수상관이 년지와 월지, 시지에 각각 뿌리를 내리고 있어 그 역할이 지대하다고 볼 수가 있다. 다만 안타까운 점이 있다면, 한겨울에 출생한 경금일간의 사주가 전체적으로 화의 기운이 약해 한랭하다는 것이다.

제8편 격국용신 1

제1장 격국의 구분

격국은 변화와 분리의 모든 자연 현상을 담은 음양오행과 시간 및 계절이라는 정성적 요인을 바탕으로 광범위한 활용 체계를 구성하고 있다. 또한 한 인간의 성향과 능력 그리고 그 가치를 사회적 배경과 환경이라는 유한한 범위로 한정하여 이를 엄격히 구분하고 있다. 격국은 인간의 운명적 이해를 주도면밀하게 이끄는 객관적 차원의 해석 방식이자 정량적 판단의 주체가 되는 핵심 알고리즘이 되는 것이다.

1. 격국분류의 기본 원칙

격국을 구분함에 있어 기본적인 원칙이 있다. 이는 격국을 정하는 데 중요한 판단 지침서가 되고 있으니 반드시 숙지하기를 바란다. 격국을 정하는 기본 원칙은 다음과 같다.

통근 : 천간이 지지에 뿌리를 두고 있다는 의미로 천간이 지지에 자신과 같은 오행이 자리하고 있어 '동류'[156]의 기운을 얻은 것이다.
통관 : 오행이 서로 상극, 상충으로 막혀 있어 병이 되고 있을 때 이것을 통하게

---

156) 같은 종류나 같은 부류를 말한다.

함으로써 사주의 흐름이 막힘없이 잘 흐르게 해 주는 것이다.
조후 : 목·화·토·금·수를 기반으로 삼고 있는 사주의 핵심은 오행의 계절적 흐름이라고 해도 과언이 아니다. 조후란 한·난·조·습의 기운에 의해 운영되는 사주에 담긴 계절적 변화와 그 흐름을 의미하는 것이다.
청탁 : 청탁은 사주가 맑은지 혹은 탁한지를 구분하는 것이다.
허실 : 어떤 오행이 지나치게 약한 것을 의미하며, 반대로 왕한 것을 실이라고 한다.
희기 : 희기란 희신과 기신을 뜻하는 것이다. 또한 사주 내에서 일간을 돕는 오행을 '희'라고 하고 일간을 해하는 오행을 '기'라고 한다.
병약 : 병이란 원류의 흐름을 방해하는 오행을 의미한다. 병이 되는 오행을 극하거나, 설기함으로써 일간을 보호하는 역할을 할 때 해당 오행을 '약'이라 한다.
종 : 사주 내에 일간의 의지처가 전혀 없는 경우 일간이 주중에 가장 왕한 기운을 따라가는 것으로 마치 백의종군하는 말단군인과 같은 모습이다.
기반 : 천간에서만 작용하는 것으로, 천간이 합이 되었다는 의미이다. 합이 된 천간이 본연의 임무를 상실하고 활동이 정지된 상태를 말한다.
화기 : 천간이 합을 하여 '합화'[157]된 것을 말한다.

2. 격을 정하는 방법

사주에서 격을 정하는 방법은 월지에 담긴 지장간의 본기를 격으로 취하는 것을 가장 우선으로 한다. 그 이유는 월지가 바로 부모님의 자리이자 나를 낳아주신 어머니의 자리로 선천적인 개념의 의미가 담겨 있기 때문이다. 하지만, 월지장간 본기를 격으로 정하는 방법 외에 월지장간의 여기와 중기를 격으로 정

---

157) 합화 : 합하여 변화된 것을 말한다.

하는 때도 있다. 한편 월지가 형이나 충으로 피상되는 경우 월지장간에서 '투출'158)한 순으로 격을 정하게 된다. 이런 경우 천간에 투출한 자를 우선순위로 정하게 되는데, 반드시 투출하여야만 하는 것이 아니라 투출하지 않았더라도 왕한 기운을 가지고 있다면 격으로 정할 수 있게 된다.

  월지가 자·오·묘·유 사왕지에 해당하면 월지의 힘이 주중의 어떤 자보다 강력하다는 것이다. 따라서 천간에 월지장간이 투출하지 않았다 하더라도 해당 월지장간의 정기를 격으로 삼게 된다. 반면 월지가 인신사해의 사생지에 해당하면 월지장간이 투출한 것을 기준으로 격을 삼으면 된다. 월지의 정기가 아닌 여기나 중기가 투출한 경우에는 투출한 천간의 세력을 비교하여 가장 강한 자를 격으로 취한다. 결론적으로 격을 정하는 방식은 월지장간의 본기가 가장 우선시 되며 중기, 여기의 순으로 기억하면 된다.

---

158) 투출 : 지지의 지장간이 천간으로 나오는 것을 말한다.

3. 월률장간

〈 월률 장간표 〉

월 \ 구분	여 기	중 기	본 기
인 월	무 - 7일	병 - 7일	갑 - 16일
묘 월	갑 - 10일		을 - 20일
진 월	을 - 9일	계 - 3일	무 - 18일
사 월	무 - 7일	경 - 7일	병 - 16일
오 월[159]	병 - 10일	기 - 10일	정 - 10일
미 월	정 - 9일	을 - 3일	기 - 18일
신 월	무 - 7일	임 - 7일	경 - 16일
유 월	경 - 10일		신 - 20일
술 월	신 - 9일	정 - 3일	무 - 18일
해 월	무 - 7일	갑 - 7일	임 - 16일
자 월	임 - 10일		계 - 20일
축 월	계 - 9일	신 - 3일	기 - 18일

　월률장간은 월령에만 해당하는 법칙이다. 따라서 월지에만 국한하여 사용하는 것으로, 월지가 아닌 지장간에 여기·중기·본기라는 말을 사용하지 않는다는 점을 다시 한 번 강조한다.

---

[159] 월률장간 중 오화의 여기, 중기, 본기를 각각 10일, 9일, 10일로 표기하거나 혹은 10일, 9일, 11일로 표기하는 경우도 있다.

4. 내격과 외격의 구분

 사주의 격은 크게 내격과 외격으로 구분한다. 내격에는 총 열 개의 정격이 있다. 이를 십정격이라고 말한다. 외격은 내격의 십정격을 제외한 특수격으로 사주의 기운이 한쪽으로 편중된 구성을 의미하며 그 종류도 다양하게 나타난다. 기본적으로 내격과 외격의 종류를 살펴보면 다음과 같다.

1) 내격

- 정인격 / 편인격
- 정재격 / 편재격
- 식신격 / 상관격
- 정관격 / 편관격
- 건록격 / 양인격

2) 외격

① 종격
- 종강격 / 종왕격 / 종재격 / 종살격 / 종아격

② 일행득기격

- 곡직격 / 염상격 / 가색격 / 종혁격 / 윤하격
- 화기격

이 외에도 수많은 외격이 있다. 그러나 이는 격국을 이해하고 활용하는 데 혼동만을 초래할 뿐 지금까지 나열한 격국의 기준에서 크게 벗어남이 없다. 또한 본 저서에서 설명하고 있는 격국만을 머릿속에 잘 숙지한다면 사주를 감정하는 데 결코 부족하거나 모자람이 없으리라 사료 된다.

제2장 격국의 종류

1. 십정격

- 정인격 - 사주원국의 월지가 정인일 때 정인격에 해당한다.
- 편인격 - 사주원국의 월지가 편인일 때 편인격에 해당한다.
- 정재격 - 사주원국의 월지가 정재일 때 정재격에 해당한다.
- 편재격 - 사주원국의 월지가 편재일 때 편재격에 해당한다.
- 식신격 - 사주원국의 월지가 식신일 때 식신격에 해당한다.
- 상관격 - 사주원국의 월지가 상관일 때 상관격에 해당한다.
- 정관격 - 사주원국의 월지가 정관일 때 정관격에 해당한다.
- 편관격 - 사주원국의 월지가 편관일 때 편관격에 해당한다.
- 건록격 - 사주원국의 월지가 비견일 때 건록격에 해당한다.
- 양인격 - 사주원국의 월지가 겁재일 때 양인격에 해당한다.

2. 일주로 구성을 이루는 격

- 전록격 - 전록격이란 일주에 건록을 놓은 것을 의미한다.
  예) 갑인일주, 신유일주, 경신일주, 을묘일주.
  어떠한 격이든 기본적으로 형·충·파·해를 당하게 되면 사주 구성에 좋지 않은 영향을 끼치게 된다. 그리고 전록격의 경우에는 신왕사주나 신강사주가 아닌 신약사주에서 길하다.

- 일귀격 - 일귀격이란 일주에 천을귀인을 놓은 것을 말한다. 전록격과는 반대로 일주가 신왕하거나 신강함을 요한다.
  예) 정유일주, 계사일주, 계묘일주, 정해일주
- 괴강격 - 괴강격이란 일주에 괴강살을 놓은 것을 말한다. 신왕사주에서 길하다.
  예) 임진일주, 경술일주, 무술일주, 임술일주, 경진일주.
- 임기용배격 - 임기용배격이란 **임수**일간이 용을 타고 있다는 뜻이다. 임진일에 출생한 자가 사주의 주중에서 거듭 진자를 보았을 때 임기용배격이 성립되는 것이다. 주중의 '진'자와 '인'자를 보게 되면 명예운과 재물운이 크게 발전하여 귀하게 된다.
  예) 임진일주
- 재관쌍미격 - 재관쌍미격이란 일주에 정재와 정관을 놓은 것을 말한다. 형·충·파·해를 당하게 되면 사주 구성에 좋지 않은 영향을 끼치게 된다. 일간이 신왕하거나 신강함을 요한다.
  예) 임오일주, 계사일주
- 일인격 - 일인격이란 일지에 양인을 놓은 것을 말한다. 신약사주에서 길하다.
  예) 병오일주, 임자일주, 무오일주.

3. 사주 전체로 구성을 이루는 격

종강격 : 종강격이란 지지가 전부 인성으로 놓여있거나 혹은 인성으로 '합국'[160]하여 일간을 생하는 것이다. 천간에도 일간을 극하는 세력이 없어 강한 인성에 종을 하는 경우 종강격이라고 한다. 인성과 비겁 운이 길하고, 식상과 재성, 그리고 관성운은 좋지 못하다.

종재격 : 종재격이란 종강격과 반대로 일간이 득령·득지·득세를 못하고 무근하여 최약한 상태에서 지지가 재국을 이루고 있을 때 재를 따라간다고 하여 종재격이라고 한다. 식상과 재성운은 길하고, 인성과 비겁운은 좋지 못하다.

종아격 : 종아격이란 종재격과 마찬가지로 일주가 최약하고, 지지가 식상국을 이루고 있을 때 식상을 따라간다고 하여 종아격이라고 한다. 식상과 재성운 길하고, 인성과 비겁운은 좋지 못하다.

종관격 : 종관격이란 종재격이나 종아격과 마찬가지로 일주가 최약하고 지지가 관국을 이루고 있을 때, 관을 따라간다고 하여 종관격이라고 한다. 관성을 생하는 재성과 관성운은 길하고, 인성과 비겁, 그리고 식상운은 좋지 못하다.

곡직격 : 곡직격이란 목일주가 지지에 목국을 구성하고 있을 때 곡직격이라고 한다. 수목화운에 발복하며, 금토운은 흉하다.

염상격 : 염상격이란 화일주가 지지에 화국을 구성하고 있을 때 염상격이라고 한다. 목화토운에 발전하며, 금수운은 흉하다.

가색격 : 가색격이란 토일주가 지지에 토국을 구성하고 있을 때 가색격이라고 한다. 화토금운에 발전하며, 수목운은 흉하다.

종혁격 : 종혁격이란 금일주가 지지에 금국을 구성하고 있을 때 종혁격이라 한다. 토금수 운에 발복하며, 화목운은 흉하다.

윤하격 : 윤하격이란 수일주가 지지에 수국을 구성하고 있을 때 윤하격이라 한다. 금수목 운에 발복하며, 화토운은 흉하다..

화기격 : 화기격이란 일간이 다른 주의 천간과 합하여 합화된 오행이 지지에 구성되는 것을 말한다.

---

160) 합국 : 합을 하여 세력을 구성한 것을 말한다.

- 예1) 일간 갑+기, 일간 기+갑이 서로 합화하여 토가 되고, 지지가 토국을 이루는 경우.
- 예2) 일간 경+을, 일간 을+경이 서로 합화하여 금이 되고, 지지가 금국을 이루는 경우.
- 예3) 일간 병+신, 일간 신+병이 서로 합화하여 수가 되고, 지지가 수국을 이루는 경우.
- 예4) 일간 임+정, 일간 정+임이 서로 합화하여 목이 되고, 지지가 목국을 이루는 경우.
- 예5) 일간 무+계, 일간 계+무가 서로 합화하여 화가 되고, 지지가 토국을 이루는 경우.

화기격에서 주의해야 할 점은 일간과 다른 천간 간에 서로 '쟁합'[161]이나 '투합'[162]이 되는 경우 화기격을 논하지 않는다는 것이다. 그리고 합화를 방해하는 운은 좋지 못하지만, 반대로 합화를 돕는 운에는 발전하게 된다는 점을 주의해야 한다.

이 밖에도 천간이 모두 같은 글자로 구성되어 격을 이루는 천원일기격과 지지가 모두 같은 글자로 구성되어 격을 이루는 지지일기격이 있다. 물론 지금까지 언급한 격국 외에도 다양한 격이 존재한다는 사실을 인지하길 바란다.

---

161) 쟁합 : 두 개의 양천간이 하나의 음천간을 두고 다투는 것을 말한다.
162) 투합 : 두 개의 음천간이 하나의 양천간을 두고 다투는 것을 말한다.

4. 시주로 구성을 이루는 격

시상일위정재격 : 시상일위편재격이란 시주에 정재를 놓고 그 정재가 용신이 되는 경우 성립되는 격이다. 일간은 신왕재왕 해야만 격의 성립을 논할 수 있다.
시상일위편재격 : 시상일위편재격이란 시주에 편재를 놓고 그 편재가 용신이 되는 경우 성립되는 격이다. 일간은 신왕재왕 해야만 격의 성립을 논할 수 있다.
시상일위정관격 : 시상일위정관격이란 시주에 정관을 놓고 그 정관이 용신이 되는 경우 성립되는 격이다. 일간은 신왕관왕 해야만 격의 성립을 논할 수 있다.
시상일위편관격 : 시상일위편관격이란 시주에 편관을 놓고 그 편관이 용신이 되는 경우 성립되는 격이다. 일간은 신왕관왕 해야만 격의 성립을 논할 수 있다.

5. 생시로 구성을 이루는 격

귀록격 : 귀록격이란 시주에 건록을 구성하는 경우를 말한다. 신약사주에는 길하나 신왕사주와 신강사주에는 흉하다.
  예) 갑일의 인시생, 을일의 묘시생, 병무일의 사시생, 정기일의 오시생. 경일의 신시생, 신일의 유시생, 임일의 해시생, 계일의 자시생.
전재격 : 전재격이란 시지에 재물의 창고 즉 재고를 놓은 것을 말한다. 역시 신왕사주에 길하다.
  예) 계수일간의 술시생 : 계수일간의 시지에 자리하고 있는 술토의 지장간은 신, 정, 무이다. 그중에 정화는 재고로써 계수일간에 편재가 된다.

앞서 밝힌 바와 같이 지금까지 언급한 내용 외에도 수많은 격국이 있으나, 일반적으로 자주 접하는 격국을 위주로 설명하였다는 점을 밝힌다.

제3장 용신의 의의와 종류

1. 용신의 이해

　용신이란 사주원국에서 가장 중요한 생명선이다. 사주의 균형과 조화를 잡아주는 역할을 하는 길신이기 때문이다. 용신을 일명 조절신이라 부르기도 한다. 어떠한 사주건 간에 용신이 없는 사주는 없으며, 사주원국에서 반드시 용신을 찾아야만 제대로 된 해석과 함께 사주에 담긴 다양한 문제를 올바르게 해결할 수가 있다. 만약 제대로 된 용신을 찾지 못하는 경우 사주의 해석이 바르지 않게 됨은 물론이거니와, 운의 흐름과는 반대되는 이해와 해석을 도출하게 된다. 결국 '가'와 '불가'의 구분이 모호해질 뿐만 아니라 성공이 실패로, 실패가 성공으로 뒤바뀌게 되는 그릇된 추명을 하게 되는 것이다. 용신은 중화의 기본 원칙에 따른 조절신으로서 본연의 역할을 다하기 위해 최적화된 역량을 발휘하게 된다.
　한편 용신이 한 인간의 사주 안에서 본연의 임무를 수행하는데 필요한 네 가지 선결 조건이 있다. 첫째, 용신이 튼튼해야 한다. 둘째, 득국을 해야 한다. 셋째, 천간에 투출한 것을 원칙으로 삼는다. 넷째, 년월에 자리하고 있는 용신보다 일시에 자리한 용신이 더 좋다. 그 이유는 천지시종163)의 도리이자 이치가 담긴 근묘화실의 궁성론에서 그 근거를 찾을 수 있다. 즉 년주와 월주는 과거인 반면 일주는 현재가 되고 시주는 미래가 된다. 만약 용신이 일시에 자리하고 있다면 발전의 기운도 그만큼 오래도록 유지될 수 있기 때문이다. 그러나 무엇보다 가장 중요한 점은 사주의 조절신인 용신이 다른 주의 글자에 의해 피상되지 말아야 한다는 것이다.

2. 용신정법

　용신정법이란 말 그대로 용신을 정하는 방법이다. 사주원국에서 용신을 정하는 첫 번째 방법은 사주의 격을 구분하는 것이다. 두 번째 방법은 사주원국에 자리하고 있는 일간의 신·강약을 정확히 구별해 내는 것이다.

　가령 일주가 강하면 나를 극하는 자인 관살로 용신을 정하고, 관살이 없는 무관의 사주라면 차선책으로 내가 극하는 재성을 용신으로 정한다. 만약 관성과 재성이 없는 무관·무재의 사주라면 식·상관의 순으로 용신을 정하면 된다.

　반대로 일주가 신약한 경우에는 인성으로 용신을 삼게 된다. 만일 인성이 없는 무인성의 사주라면 차선책으로 비겁을 용신으로 삼으면 된다. 지금부터 용신을 정하는 방법을 좀 더 자세한

---

163) 천지시종 : 세상의 시작과 끝을 의미한다.

설명과 함께 깊이 있게 살펴보도록 하겠다.

1) 인성이 많아 신강한 경우

- ① 주중에 인성이 많아 신강한 사주인 경우 재성으로 용신을 정한다.
- ② 재성이 없는 무재사주인 경우 관성으로 용신을 정한다.
- ③ 관성이 없는 무관사주인 경우 식상관으로 용신을 정한다.

2) 비견겁이 많아 신강한 경우

- ① 주중에 비·겁이 많아 신강한 경우 관성으로 용신을 정한다.
- ② 관성이 없는 무관사주인 경우 식상관으로 용신을 정한다.
- ③ 식상관이 없는 무식상사주인 경우 재성으로 용신을 정한다.

여기서 주의해야 할 점은 비·겁이 많아 사주가 신강한 경우 용신의 우선순위를 재성보다 식·상관에 둔다는 것이다. 그 이유는 비겁의 용신이 재성이 되는 경우 '군겁쟁재'[164]가 되어 탈재현상이 나타나기 때문이다.

---

164) 군겁쟁재 : 비견과 겁재가 재물을 두고 다투는 형국을 말한다.

탈재 현상이란 여러 비겁이 용신인 재성을 두고 서로 다투는 상황을 말하는 것이다. 따라서 재성을 용신으로 쓸 때는 반드시 군겁쟁재의 여부를 살펴 판단해야 한다.

3) 관성과 식상관이 많아 신약한 경우

- ① 주중에 관성과 식·상관이 많아 신약한 경우 인성으로 용신을 정한다.
- ② 인성이 없는 무인성사주인 경우 비견·겁으로 용신을 정한다.

4) 재성이 많아 신약한 경우

- ① 주중에 재성이 많아 신약한 경우 비견·겁으로 용신을 정한다.
- ② 비견·겁이 없는 무비·겁사주의 경우 인성으로 용신을 정한다.

여기에서도 주의할 점이 있다. 사주원국에 재성이 너무 많아 인성이 재성으로부터 과도한 극을 받게 되면 용신인 인성은 파괴되고 만다. 이를 '탐재괴인'165)이라 한다. 즉 재를 탐한 나머

---

165) 탐재괴인 : 재를 탐하면 인성이 무너진다는 말이다.

지 인간의 도리를 저버리는 형국이 되는 것이다. 이러한 경우에도 인성을 용신으로 사용할 수 없다.

3. 용신의 종류

용신은 총 다섯 가지로 구분된다. 격국용신·억부용신·통관용신·조후용신·병약용신이 그것이다. 이 다섯 가지 용신정법 중에서 어떤 방법으로 용신을 취하든지 간에 용신은 모두 같아야 한다. 즉, 격국용신과 병약용신의 용신이 서로 다를 수 없으며, 억부용신과 통관용신, 그리고 조후용신의 용신이 각각 다를 수 없다는 것이다.

만약 용신정법을 통해 사주의 용신을 정했는데 저마다 용신의 결과가 다르게 나타난다면 이는 용신을 잘못 정한 것이다. 따라서 용신정법을 잘 숙지하여 이 같은 혼동이 없도록 해야 할 것이다.

1) 격국용신

일간을 기준으로 월지에서 격국이 정해지게 되면 일간의 강약을 구분하여 비로소 용신을 정하게 된다. 신왕하면 격이 곧 용신이 되고, 반대로 신약하면 인성이나 비겁이 용신이 된다. 이와 같은 일련의 과정을 통틀어 격국용신이라고 한다.

예/ 남자	시주	일주	월주	년주
	辛 - (편재)	丁 - (일간)	甲 + (정인)	戊 + (상관)
	丑 - (식신)	酉 - (편재)	寅 + (정인)	辰 + (상관)

정유일주가 목왕절인 인월에 출생하여 득령을 하였다. 일간 정화는 일지 유금편재에 앉아 실지하였다. 년지와 월지가 인진 방합을 하여 목기가 활성화되니 월간갑목이 힘이 있다고 하겠지만, 일지유금과 시지축토가 유축 삼합을 하여 금국으로 득국을 하니 일간의 득세를 말하기 어려운 사주이다. 이를 물상으로 표현하면 화의 기운은 꽃이 되고, 금의 기운은 열매가 된다. 꽃이 적어 아쉬운 신약사주가 자신의 역량에 비해 결실의 기대가 크다 보니 재물욕으로 인해 허송세월할 수 있는 것이다. 매사 큰 욕심을 가지지 말고 정도를 지키며 살아가는 것이 옳은 길일 것

이다.

위의 사주는 신약사주이다. 따라서 인성에 해당하는 목을 용신으로 삼아야 자신이 원하는 바를 성취할 수 있는 것이다. 월지는 정인으로 정인이 곧 격이자 용신이 되는 정인용인격의 사주이다.

예/ 여자	시주	일주	월주	년주
	丁- (정인)	戊+ (일간)	壬+ (편재)	壬+ (편재)
	巳+ (편인)	辰+ (비견)	子- (정재)	申+ (식신)

무진일주가 수왕절인 자월에 출생하여 실령하였다. **무토**일간은 일지에 **진토**비견을 놓아 득지한 것으로 판단할 수 있겠으나, 수왕절에 신자진으로 합국을 이뤄 수의 기운이 태왕하니 결국 실지하고 말았다. 그러나 다행히도 시주에 **무토**의 원류가 되는 시간**정화**가 시지**사화**에 뿌리를 내리고 있다. 두 인성이 시주에 자리하면서 신약한 일간을 돕고 있으니, 인성이 곧 용신이 되는 것이다. 편재용인격의 사주이다.

2) 억부용신

억부용신은 격을 정하지 않고 일주가 강왕하면 관성과 재성, 식상 순으로 억제하거나 설기하는 것이다. 반대로 신약한 경우 인성이나 비겁으로 용신을 정한다.

예/ 남자	시주	일주	월주	년주
	丙+ (식신)	甲+ (일간)	戊+ (편재)	乙- (겁재)
	寅+ (비견)	寅+ (비견)	子- (정인)	未- (정재)

갑인일주가 수왕절인 자월에 출생하여 득령하였다. 일지는 인목비견으로 득지하였다. 또한 년간을목과 시지인목까지 목의 세력을 갖추게 되니 신강한 사주임에 틀림이 없다.

앞서 말한 바와 같이 신강한 사주의 용신은 관성과 재성, 그리고 식상의 순으로 용신을 정한다고 언급하였다. 따라서 관성을 용신으로 삼아야 하겠으나, 위의 사주는 관성이 없는 무관사주이다. 따라서 편재를 용신으로 삼게 된다. 다만 수왕절인 계절적 요인을 참작한다면 조후용신의 개념을 더해 자월의 한기를 녹여줄 시간의 병화로 용신을 정하는 것이 좀 더 합당하다고 판단할 수 있다.

예/ 여자	시주	일주	월주	년주
	丁− (상관)	甲+ (일간)	戊+ (편재)	己− (정재)
	卯− (겁재)	戌+ (편재)	辰+ (편재)	未− (정재)

    갑술일주가 토왕절인 진월에 출생하였다. 월지는 편재가 되니 실령하였고, 일지도 편재가 되어 실지하였다. 신약해진 일간은 무엇보다 자신의 의지처를 찾아야 하는데, 다행히도 시지**묘목**에 뿌리가 있어 **갑목**일간의 의지처가 되니 바로 겁재가 용신이 되는 것이다.

    시지가 일지**술토**와 묘술합으로 합화하여 화가 될 것 같았으나, 천만다행으로 월지와 일지가 진술충으로 합화를 하지 못하였다. 따라서 일간**갑목**의 의지처가 된 것이다. 합은 충으로 풀고 충은 합으로 해소하는 이치에 따른 것이다.

3) 조후용신

조후용신은 추우면 따뜻하게 하고, 뜨거우면 차갑게 하고, 습하면 건조하게 하고, 건조하면 습하도록 조절해 주는 조절신이다. 즉 계절의 기후를 이용해 사주를 중화시키는 것이며, 그 주체가 바로 용신이 되는 것이다.

예/ 남자	시주	일주	월주	년주
	辛- (정인)	壬+ (일간)	辛- (정인)	辛- (정인)
	丑- (정관)	寅+ (식신)	丑- (정관)	丑- (정관)

임인일주가 수왕절인 축월의 엄동설한에 출생하였다. 월령뿐만 아니라 년지와 시지까지 모두 축토를 놓고 있다. 온 지지가 한파에 얼어버려 동토가 되어 버리고 말았다. 사주의 구성에 단 한 점의 화기도 없으니, 사주원국의 조후는 그야말로 몹시 춥고 냉기로 가득하다.

그나마 다행인 것은 일지인목의 지장간에 담고 있는 병화가 온기를 띠고 있다. 이를 일간임수의 '구응신'[166)으로 삼게 된다.

---

166) 구응신 : 사주원국에서 흉신인 기신을 제압하고 오행의 배합을 맑게 해주는 길신을 말한다.

따라서 본 사주는 일지식신으로 자리하고 있는 **인목**이 바로 조후용신이 되는 것이다.

4) 통관용신

주중에 강한 세력이 서로 대립하고 있는 경우 사주에서는 이를 '상전'이라고 한다. 상전의 기운을 대립에서 소통으로 원활하게 환기해 주는 역할을 하는 용신을 가리켜 통관용신이라 한다. 금목상전의 경우 수의 기운으로, 수화상전이면 목으로 통관시키고 그 주체가 되는 오행을 용신으로 삼는다.

예/ 여자	시주	일주	월주	년주
	庚+ (편재)	丙+ (일간)	戊+ (식신)	辛- (정재)
	寅+ (편인)	午- (겁재)	戌+ (식신)	酉- (정재)

병오일주가 금왕절인 술월에 출생하였다. 월지와 일지, 그리고 시지가 인오술 삼합으로 화국을 이루고 있다. 위의 사주에서 병이 되는 원인은 바로 년주와 시간에 자리하고 있는 금의 세력 때문이다. 이 금의 세력은 금기와 화기가 서로 대치하게 만들어

금화상전을 부추기고 있다. 다행히 월간의 **무토**가 화생토, 그리고 토생금으로 이 같은 상전을 막아주고 있어 월간의 **무토**를 통관용신으로 삼는 것이 마땅한 것이다.

예/ 여자	시주	일주	월주	년주
	己 - (편관)	癸 - (일간)	己 - (편관)	乙 - (식신)
	未 - (편관)	未 - (편관)	卯 - (식신)	巳 + (정재)

계미일주가 목왕절인 묘월에 출생하였다. 월지와 일지가 묘미로 삼합이 되어 목국을 이루고 있다. 목의 기운이 강력한 가운데 목의 기운인 식신과 토의 기운인 편관이 서로 대립하고 있다. 다행히 년지 **사화**가 있어 목생화와 화생토로 이들의 대립을 화해시키고 있으니, 년지 **사화**를 통관용신으로 삼은 것이다.

5) 병약용신

주중에 강한 세력이 일간을 극할 때, 그 강한 세력을 '병'이라고 한다. 그리고 강한 세력의 영향으로 사주는 한쪽으로 치우치게 된다. 이처럼 사주가 중화를 잃고 세력의 무게중심을 잃게 되는 경우, 운의 향방은 흉으로 흐르게 된다.

예를 들어 금의 기운에는 철분을 다량 함유하고 있는데, 금의 기운이 너무 강한 경우 물은 오히려 탁하게 변한다. 하지만 오행의 편중을 막기 위해 토의 기운을 살려 왕성한 물의 기운을 막아낸다면 이는 반대로 약이 된다고 할 수 있는 것이다.

예/ 남자	시주	일주	월주	년주
	丙+ (식신)	甲+ (일간)	戊+ (편재)	己- (정재)
	寅+ (비견)	辰+ (편재)	辰+ (편재)	未- (정재)

갑진일주가 토왕절인 진월에 출생하였다. 태왕한 토의 기운이 금방이라도 목일간을 집어삼킬 듯 코앞까지 다가와 있는 상황이다. 다행히 시지인목이 있어 갑목일간의 의지처가 되고 있다. 그러나 인목은 병화에게 목생화를 해 주고 있어 용신으로써 본연의 임무를 수행하기는 쉽지 않다.

제9편 격국용신 2

제1장 내격과 외격

1. 내격의 종류와 구성

1) 건록격

건록격이란 월지에 비견을 놓음으로써 성립되는 격이다. 비견격이라고도 말하는 사람이 있으나, 현대 명리학에서는 건록격이라고 부르고 있다. 일반 격국과 마찬가지로 형이나 충이 있으면 '파격'167)이 된다. 파격이 되면 그만큼 귀격을 논하기 어렵다는 의미로 판단한다.

일주에 록을 놓은 사주를 전록격이라 하고, 시지에 록이 있으면 귀록격이라고 한다. 사주에 록이 많으면 좋은 의미로만 해석하는 사람들이 있으나 이는 잘못된 판단이다. 그 이유는 사주 구성에 록이 많다는 것은 곧 비견이 강하다는 의미로 재·관·인의 기운이 상대적으로 약해지고 있다는 것을 의미하기 때문이다. 따라서, 사주에 록이 태과하면 오히려 귀격의 사주가 아니라 파격의 사주로 분류한다.

일반적으로 건록격을 갖춘 사주는 조달하여 일찍 철이 들고

---

167) 파격 : 격을 이루는 조건이 부족하거나 온전치 못하여 격을 이루지 못하는 경우 파격이라고 한다.

장남 혹은 장녀로 태어나는 경우가 많다. 만일 그렇지 않은 경우라도 집안의 살림을 책임져야 하는 운명이라 할 수 있다. 자수성가형으로 조상 혹은 부모님의 유산을 상속받기 어렵다.

나라의 록을 먹는 공무원으로서 직업을 삼게 되면 출세가 빠른 편이다. 자신의 분수를 지킬 줄 알고 매사 책임감 있는 행동을 하는 사람이지만, 격의 특징상 고집이 센 탓에 부부궁이 다소 불안정하다.

건록격의 용신은 관성·재성·식상의 순이다. 그러나 식상이 없는 신강한 사주일 경우 오행의 성향에 따라 곡직격, 윤하격, 가색격, 염상격, 종혁격으로 용신을 정하게 된다. 반대로 일간이 신약한 경우 인성·비겁의 순으로 용신을 정하면 된다.

다음의 예시 사주는 건록격의 사주를 육친별로 나누어 구분하고 이를 내격 위주로 분석하여 각각의 용신을 표출한 것이다. 격국을 이해하는 데 큰 도움이 되리라 생각된다.

① 건록용인격

건록용인격의 사주는 건록격이 주중에 관살이나 식상의 작용으로 일간이 허약한 중 다행히 인성이 자리하고 있어 이를 용신으로 취하게 되는 격국이다.

교육이나 문화·예술계로의 진출이 삶에서 가장 유리한 선택이라고 할 수 있다. 인성을 용신으로 삼는 사주의 특성상 재를 추구하는 사업은 불리하다.

예/ 여자	시주	일주	월주	년주
	辛- (식신)	己- (일간)	庚+ (상관)	己- (비견)
	未- (비견)	丑- (비견)	午- (편인)	亥+ (정재)

　화왕절인 오월에 출생한 **기토**일간으로 여자의 사주이다. 월지에 **오화**편인를 놓고 있어 자칫 인수격으로 논할 수 있을 것 같다. 하지만 월지의 **오화**편인은 **기토**의 록지가 되니(화와 토를 화토동궁) 이와 같은 경우 인수격이 아닌 건록격으로 격을 정하게 된다.

　혹자는 위의 사주를 신왕한 사주로 판단할 수 있을 것이다. 그러나 일지의 **축토**는 일간**기토**의 묘지에 해당하고 시지의 **미토**와 축미충으로 뿌리가 흔들린 상태이다. 따라서 신약한 **기토**일간은 월지편인에 의지처를 삼게 되니 건록용인격의 사주가 된 것이다. 신약한 일간을 돕는 화·토운이 길하다.

② **건록용겁격**

　건록용인격의 사주는 건록격이 관살이나 재성의 세력이 강하여 일간이 허약한 중 다행히 주중에 비겁이 있어 이를 용신으로 취하는 격국이다.

　건록용겁격은 격과 용신의 육친이 일치함으로 환경의 변화보다는 매사 지구력과 인내력이 요구되는 격이다. 따라서 형제나 친구의 도움이 크다 하겠다. 대인관계에 있어 실수가 없도록 처신을 잘해야 한다.

예/ 여자	시주	일주	월주	년주
	甲+ (정재)	辛- (일간)	丁- (편관)	丙+ (정관)
	午- (편관)	未- (편인)	酉- (비견)	午- (편관)

　금왕절인 유월에 출생한 **신금**일간이 월지에 **유금**비견을 두고 있어 건록격이 되었다. **신금**일간의 주변에 온통 목화의 기운으로 둘러싸여 있어 **신금**일간은 자연히 신약한 사주가 되었다. 의지처라고는 월지에 자리하고 있는 **유금**비견뿐이니 비견을 용신으로 하는 건록용겁격의 사주가 되었다. 일간의 생조를 돕는 토·금운이 길하다.

③ 건록용식상격

건록용식상격의 사주는 신왕한 건록격의 사주가 주중에 재·관이 없고, 식상이 유기할 때 이를 용신으로 취하는 격국이다. 매사 베풀고 살아야 할 것이며, 아랫사람의 덕이 있으니 후덕한 성품을 지녀야 한다.

예/ 여자

시주	일주	월주	년주
甲+ (정재)	辛- (일간)	癸- (식신)	甲+ (정재)
午- (편관)	卯- (편재)	酉- (비견)	戌+ (정인)

금왕절인 유월에 출생한 신금일간이 월지에 유금비견을 두어 건록격이 되었다. 년지와 월지의 유술합으로 일지 묘목의 묘유충을 해소하여 중화를 이룬 사주이다. 한편 금목상전을 화해시키는 통관용신으로 계수식신을 용신으로 취하니 건록용식상격의 사주가 되었다. 수·목운이 길하다.

④ 건록용재격

건록용재격의 사주는 신왕한 건록격의 사주가 주중에 관성이 없고 재성이 유기할 때 재성을 사주의 용신으로 취하는 격국이다. 재성 용신을 쓰는 사주는 자연히 재물에 관한 집착이 강해지기 때문에, 관재나 구설수가 따르게 된다. 무엇보다 재성을 용신으로 쓰는 사주는 중용을 지키려는 노력이 매우 중요하다.

예/ 여자	시주	일주	월주	년주
	乙- (정인)	丙+ (일간)	辛- (정재)	庚+ (편재)
	未- (상관)	申+ (편재)	巳+ (비견)	午- (겁재)

화왕절인 사월에 출생한 **병화**일간이 월지에 건록에 해당하는 **사화**비견을 두고 있어 건록격이 되었다. 년지와 월지에 사오 방합을 이루게 되니 화국이 구성되었다. 시주에 **을목**인성이 **미토**에 뿌리를 내려 유기하다보니 **병화**일간은 자연히 신왕한 사주가 되었다.

신왕해진 **병화**일간은 관성을 용신으로 삼고자 하나 사주원국에서 전혀 수기를 찾아볼 수 없는 무관사주이다. 따라서 일지**신금**에 건록으로 뿌리를 내려 통근하고 있는 년간의 **경금**재성을 용신으로 취하게 된다. 일지**신금**의 지장간에는 **임수**편관이 있으니 병화일간의 용신으로 삼은 이유이기도 하다. 금·수운이 길한 운이 된다.

⑤ 건록용관격

건록용재격은 신왕한 건록격 사주가 주중에 관성이 있을 때 취하는 격국이다. 길운만 만난다면 관운이 좋다고 할 수 있겠으나, 평생을 일과 관계하는 것 외엔 관심이 없을 수 있다. 세상의 이치가 조화와 균형이라는 점을 고려해 볼 때 삶의 재미와 흥미를 느끼는 것 또한 삶의 중요한 부분이라고 할 수 있다.

예/ 여자	시주	일주	월주	년주
	丙+ (겁재)	丁- (일간)	壬+ (정관)	乙- (편인)
	午- (비견)	丑- (식신)	午- (비견)	亥+ (정관)

정화일간이 오월인 화왕절에 출생한 건록격이다. 시간 병화는 시지 오화에 뿌리를 내리고 있다. 년간의 을목은 년지 해수에 통근하고 있어 본 사주의 조후는 조열한 상황이다. 다행인 점은 월간에 임수가 자리하고 있어 뜨거운 사주를 식혀 줄 단비 같은 역할을 하고 있다는 것이다. 따라서 월간 임수인 정관을 용신으로 취하니 건록용관격의 사주가 되었다. 금·수운이 길하다.

2) 양인격

양인격은 일간과 월지의 오행이 같고 음양이 다른 경우에 성립되며 음일간은 제외한다. 갑일간의 묘월, 병일간의 오월, 무일간의 오월, 경일간에 유월, 임일간에 자월이 이에 해당한다. 즉 양일간이 월지에 양인을 놓으면 양인격이 되는 것이다.

양인격의 구조적 특징은 월지가 자·오·묘·유로 구성된다는 점과 병화일간과 무토일간은 화토동궁으로 월지가 오월일 때 양인격이 된다는 점이다. 다만, 주의할 점은 무토일간은 오월이 곧 인성이 되기 때문에, 주중에서 거듭 오화를 만나면 양인격이 아닌 인수격으로 판단하게 되니 착오 없기를 바란다. 천간에 양인이 투출하거나 강한 세력을 이룬 경우 양인격으로 판단한다.

양인격 역시 건록격과 마찬가지로 쟁재를 가장 두려워한다. 이런 경우 재와 관으로 적절히 견제하는 것이 중요하다. 양인은 편관 칠살을 반기는데 이를 '양인합살'168)이라고 한다. 양인합살이 성립되는 경우 이를 귀격으로 판단하며 신왕이 아닌 신약한 사주에 길한 작용이 나타난다.

사주에서 적잖게 사용되는 용어 중 '살인상정', '매씨합살', '권인상정' 모두 같은 의미이다. 이는 모두 편관칠살의 횡포를

---

168) 양인합살 : 편관칠살이 일간을 극할 때 양인으로 편관칠살을 합하여 일간을 보호해 주는 것이다.

잠재우는 방법론으로 활용되고 있다.

　신약한 양인격이 형·충을 당하면 불길한데, 이는 나의 의지처가 피상되기 때문이다. 반대로 신왕한 사주일 경우 형·충을 만남으로써 오히려 양인을 제거하게 되니 손재·극처·극부의 불안을 해소하여 길하다. 그러나 신왕한 사주든 신약한 사주든 주중에 양인을 놓으면 기본적으로 흉한 기운이 머물게 되므로, 횡액이나 구설이 끊이지 않는다.

　양인격의 직업으로는 변호사·의사·군인·경찰·교도관·법조인 등이 잘 맞는다. 그러나 신왕한 사주에 양인격을 갖추게 되는 경우 귀함이 반감하여 성품이 단정치 못하게 된다.

① 양인용인격

　신약한 일간이 월지에 양인을 놓고 그 양인을 용신으로 쓰게 되니 기본적으로 마음이 바르다고 할 수 있다. 대개 의사나 간호사의 사주가 이에 해당한다.

예/ 여자	시주	일주	월주	년주
	辛- (상관)	戊+ (일간)	戊+ (비견)	癸- (정재)
	酉- (상관)	申+ (식신)	午- (정인)	亥+ (편재)

무토일간이 화왕절인 오월에 출생하여 월지에 **오화**양인을 놓았으니 양인격이 되었다. 자칫 월지가 정인이 되니 정인격으로 이해할 수도 있으나, **병화**와 **무토**는 화토동궁으로 월령이 **오화**일 때 역시 양인격이 성립된다는 점을 유념하길 바란다.

식상과 재성이 강한 사주로 신약하다. 따라서 **오화**정인은 격이자 용신으로서의 두 가지 역할을 모두 다 수행하고 있다. 따라서 화·토운이 길한 운이 된다.

② 양인용겁격

월지에 양인을 두고 비겁 용신을 쓰니 탈재나 쟁재의 상황이 나타나게 된다. 비겁 용신일 때는 그나마 낫다고 볼 수 있으나, 겁재 용신이라면 매사 손재수가 발생할 수 있다.

예/ 여자	시주	일주	월주	년주
	丙+ (편관)	庚+ (일간)	癸- (상관)	己- (정인)
	戌+ (편인)	寅+ (편재)	酉- (겁재)	亥+ (식신)

경금일간이 금왕절인 유월에 출생하여 월지에 겁재를 놓으니 양인격이 되었다. 일간을 생조하는 기운보다 인술 합국으로 인한 칠살의 영향과 식상의 설기가 강하니 **경금**일간은 신약한 상

황이다.

년간의 **기토**정인으로 용신을 삼아야 하겠으나 **해수**의 자리에 앉아있어 힘이 없고, 월지**유금**을 토생금을 하느라 **경금**일간에 큰 도움이 되지 못하고 있다. 따라서 월지**유금**을 용신으로 삼게 되니 양인용겁격의 사주가 되었다. 다행인 점은 월지**유금**의 지장간에 자리하고 있는 **신금**겁재가 시간의 **병화**와 합살하여 귀격의 사주가 되었다는 것이다. 금의 기운을 돕는 토·금운이 길하다.

③ **양인용식상격**

신왕한 양인격에 재성이나 관성이 없고, 식상이 유기한 경우 취하는 격국이다.

예/ 남자	시주	일주	월주	년주
	己− (정재)	甲+ (일간)	乙− (겁재)	癸− (정인)
	巳+ (식신)	子− (정인)	卯− (겁재)	未− (정재)

갑목일간이 목왕절인 묘월에 출생하여 양인격이 되었다. 관성이나 재성으로 용신을 삼고자 하나 사주원국에 관성이 없는 무관사주이다. 년지의 **미토**정재는 묘미로 합국이 되어, 이미 재성

으로서의 역할을 할 수가 없다. 어쩔 수 없이 시지**사화**를 용신으로 취하게 되었다.

④ **양인용재격**

신왕한 양인격에 관성이 없고 재성이 유기한 경우 취하게 되는 격국이다.

예/ 남자	시주	일주	월주	년주
	甲+ (비견)	甲+ (일간)	乙- (겁재)	戊+ (편재)
	子- (정인)	戌+ (편재)	卯- (겁재)	辰+ (편재)

갑목일간이 목왕절인 묘월에 출생하여 양인격이 되었다. 묘진 방합이 되어 목국이 되니 일간의 기운이 강하다. 월간과 시간의 갑목과 을목마저 각각 왕록으로 통근하여 신왕한 사주가 되었다. 신왕하기 때문에 관성으로 용신을 삼고자 하나 관성에 해당하는 금의 기운이 주중에 하나도 없다. 어쩔 수 없이 년간에 자리하고 있는 **무토**편재를 용신으로 취하여 양인용재격의 사주가 되었다. 그러므로 화·토 운이 길하다. 다만 양인격의 특성상 토 운은 재성운으로 군겁쟁재가 발생할 수 있다.

⑤ 양인용관격

주중에 비겁과 인성이 많아서 일간이 신왕할 때 관성을 용신으로 취하는 격국이다.

예/ 남자

	시주	일주	월주	년주
	辛- (정관)	甲+ (일간)	乙- (겁재)	癸- (정인)
	未- (정재)	寅+ (비견)	卯- (겁재)	卯- (겁재)

갑목일간이 목왕절인 묘월에 출생하여 양인격이 되었다. 묘미와 인묘로 방합을 하여 목국을 이루는 중에 월간 을목마저 투출하여 갑목일간은 매우 신강하다. 따라서 시간에 자리하고 있는 신금정관을 용신으로 취하게 되니 양인용관격의 사주가 되었다. 그러나 본 사주는 신강하므로 용신으로 쓸 수 있는 식·재·관 중에서 관성밖에 없으니 관성을 용신으로 취한 것이다. 강한 일간의 세력에 비해 상대적으로 관성의 힘이 약하기 때문에, 용신으로서 역할을 하기 부족하다. 금의 기운을 돕는 토·금운이 길한 운이 된다.

3) 식신격

　식신격은 월지가 식신이거나 월지 지장간으로부터 식신이 투출한 경우, 혹은 용신이 되는 경우 식신격이라 한다. 식신격 역시 재격과 마찬가지로 신왕을 바란다. 편인은 식신을 극하여 식신의 활동력을 정지시키므로 이 같은 사주로 구성된 사주는 항시 정신적 스트레스나 상황의 어려움을 주의해야 한다.
　식신격의 특징은 예지력과 응용력, 그리고 표현력이 뛰어나고 예술과 교육 분야에서 두각을 나타낸다. 무엇보다 식신격에서 눈여겨봐야 할 부분은, 일주가 신왕하면서 식신제살이 원활하게 이루어지고 있는지다. 만일 그렇지 않으면 '진법무민'169)의 '제살태과'170)가 되어 유명을 달리할 수도 있기 때문이다. 식신이 생월에 자리하고 있으면 식신과 관살의 균형이 알맞다고 보아 식신이 득령을 한 것으로 판단한다. 따라서 평생 의식과 부유함이 영속된다고 할 수 있다.

---

169) 진법무민 : 국법을 상징하는 관의 위세가 세력을 잃고 추락하여 혼란스러워졌다는 뜻이다. 사주에서는 제살태과를 이르는 말이다.
170) 제살태과 : 극이 지나쳐 관성을 쓸 수 없는 상태를 말하는 것이다.

① **식신용인격**

 선출후득의 상이 바로 식신격이다. 윗사람의 조언을 잘 따라야 실패가 적고 학당귀인이나 문창귀인 등의 길신과 함께하므로 늘 공부에 힘써야 한다.

예/ 여자	시주	일주	월주	년주
	甲+ (비견)	甲+ (일간)	癸- (정인)	辛- (정관)
	戊+ (편재)	戊+ (편재)	巳+ (식신)	卯- (겁재)

 갑목일간이 화왕절인 사월에 출생하여 식신격이 되었다. 신약한 일간에 묘술합까지 가세하니 본 사주는 상관격에 가깝다고 볼 수 있다. 따라서 갑목일간은 설기가 심해 쓰러지기 일보 직전에 놓여있는 상황이다. 다행히 월간에 정인 계수가 있어 용신으로 취하니 식신용인격의 사주가 되었다.
 그러나 계수가 갑목의 의지처가 되어줄 만큼 세력이 강하지 못해 아쉬운 사주이다. 신약한 일간을 조력해 줄 수 있는 인·비운에 해당하는 수·목운이 길한 운이 된다.

② **식신용겁격**

식신격이 신약한데 주중에 재다 혹은 식상다하여 비겁을 용신으로 취하는 경우 이 격에 해당한다. 매사 얻는 것보다 잃는 것이 많으니 항시 경제관념에 주의를 기울여야 한다.

예/ 남자	시주	일주	월주	년주
	己- (겁재)	戊+ (일간)	庚+ (식신)	戊+ (비견)
	未- (겁재)	申+ (식신)	申+ (식신)	申+ (식신)

무토일간이 금왕절인 신월에 출생하여 식신격이 되었다. 지지에 식신이 태왕하여 일간이 신약하게 되니, 시간에 자리하고 있는 **기토**겁재에 의지할 수밖에 없는 상황이다.

그러나 참으로 안타까운 점은 **기토**겁재 역시 왕한 금의 기운을 토생금하고 있어 일간에 큰 도움이 되어주지 못하고 있다. 따라서 일간을 조력해 줄 화·토운이 온다 해도 큰 발전을 기대하기 어려운 사주이다.

③ **식신용식상격**

비겁을 다봉하여 태왕한 일간이 주중에 재성과 관성이 없어 식신을 용신으로 취하게 된 격이다. 재격과 마찬가지로 타인에게 덕과 선을 베푸는 데 인색하지 말아야 한다.

예/ 남자	시주	일주	월주	년주
	戊+ (비견)	戊+ (일간)	丙+ (편인)	辛- (상관)
	午- (정인)	戌+ (비견)	申+ (식신)	丑- (겁재)

금왕절인 신월에 출생한 **무토**일간으로 주중에 재성과 관성이 없고, 인성과 비겁이 중중하다. **무토**일간이 매우 신강하여 재성이나 관성으로 용신을 삼고자 하나 무재·무관의 사주이다. 어쩔 수 없이 월지에 자리하고 있는 식신으로 용신을 취해 식신용식상격이 되었다.

이 사주는 강력한 토의 기운을 바탕으로 년지의 **축토**겁재에 통근하고 있는 **신금**상관을 보고 있다. 행운만 받쳐준다면 능히 박사나 혹은 교수로서 명성을 떨치기 충분한 귀격의 사주이다. 식·재운인 금·수운이 길하다.

④ 식신용재격

비겁을 다봉하여 신왕한 일간이 주중에 관성이 없고, 재성이 있는 경우 재성을 용신으로 취하는 격이다. 자연스럽게 식신이 재성을 생조 함으로써 사주의 흐름을 원활하게 한다. 식신용재격의 가장 큰 특징은 아랫사람의 덕이 풍부하다는 것이다. 따라서 대인관계에 충실해야 길하다.

예/ 여자	시주	일주	월주	년주
	乙- (정재)	庚+ (일간)	辛- (겁재)	壬+ (식신)
	酉- (겁재)	申+ (비견)	亥+ (식신)	寅+ (편재)

경금일간이 수왕절인 해월에 출생하였다. 월지해수의 장간에서 임수가 투출하여 격으로 삼으니 식신격이다. 금의 기운이 강하고 을경합으로 을목마저 경금의 편이 되니 경금일간은 신강하다. 주중에 관성이 없어 관용신을 삼을 수가 없으니, 년지의 인목편재를 용신으로 삼아 식신용재격이 되었다.

본 사주에서 안타까운 점은 군겁쟁재가 되고 있다는 사실이다. 그러나 군겁쟁재의 사주도 행운에서 재운만 받쳐준다면 얼마든지 발복을 논할 수 있다. 식·재·관의 운인 수·목·화운이 길하다.

⑤ 식신용관격

인성과 비겁이 중중하여 태왕한 일간이 주중에 관성이 있어 그 관성을 용신으로 취한 격이다.

예/ 여자	시주	일주	월주	년주
	癸- (식신)	辛- (일간)	庚+ (겁재)	辛- (비견)
	巳+ (정관)	丑- (편인)	子- (식신)	卯- (편재)

수왕절인 자월에 출생한 신금일간으로 식신격이다. 주중에 금수의 기운이 강하니 조후를 맞춰줄 화의 기운이 시급하다. 다행히 시지에 사화정관이 있어 이를 용신으로 삼고자 한다. 그러나 사화는 일지축토와 함께 사축으로 삼합이 되어 금의 기운으로 가려고 한다. 다행스럽게도 사축 삼합은 왕지에 속하는 유금이 빠진 합으로 그 합력이 약해 가까스로 사화를 관용신하였다.

하지만, 사화를 용신으로 취하기에는 힘이 부족한 것이 흠이다. 또한 강한 식상의 기운으로 관이 상하게 되는 제살태과가 되고 있어 식신용관격이자 제살태과격의 사주이다. 조후가 시급한 사주로 화운이 길하다.

4) 상관격

상관격은 월지가 상관일 때와 상관이 투출하여 힘이 있는 경우, 혹은 용신이 되는 경우를 말한다. 상관격의 종류는 다른 격국에 비해 상당히 다양한 것이 특징이다. 먼저 상관격은 진상관격과 가상관격으로 분류한다. 상관이 월령에 있고 그 힘이 강한 경우 진상관격이라 하고, 상관의 힘이 미약하여 관을 상하게 하지 못하는 경우 가상관격이라고 한다.

상관의 힘이 강하고 약하고의 판단은 일간의 왕쇠를 살펴보면 된다. 만약 일간이 강하면 가상관격이 되고, 반대로 일간이 허약하면 진상관격으로 판단한다. 상관격은 다른 격들과 마찬가지로 총 5가지로 분류하는데 그 종류는 다음과 같다.

① 상관용인격

　상관용인격이란 상관격이 인성을 용신으로 취하는 것이다. 이는 일간이 신약하고 상관이 힘이 있는 경우로 주중의 인성을 용신으로 취해 상관을 견제하고 동시에 일간을 생조하는 것이다. 다만 운에서 재성운을 가장 꺼리게 되는데, 재성은 곧 용신이 되는 인성을 극하기 때문이다. 따라서 상관용인격의 사주가 비겁이 있어 용신을 보호하게 되면 더욱 길한 사주로 판단하게 된다.

예/ 여자	시주	일주	월주	년주
	己- (상관)	丙+ (일간)	辛- (정재)	己- (상관)
	丑- (상관)	寅+ (편인)	未- (상관)	丑- (상관)

　화왕절인 미월에 출생한 **병화**일간이다. 사주원국에 상관이 중중하여 설기가 심한 상황이다. 또한 천간과 지지로 상관이 강하다 보니 자연 **병화**일간은 신약한 상황에 이르게 되었다. 다행스럽게도 **병화**일간이 일지인목의 지장간 **병화**에 통근하고 있다. 따라서 일지인목이 용신이 된다. 목·화운이 길하다.

② 상관용겁격

　상관격이 주중에 식상과 재성을 다봉하여 일간이 신약한 데, 주중에 인성이 없고 비겁만 있는 경우이다. 매사 얻는 것보다 잃는 것이 많으니 항상 경제관념에 주의해야 한다.

예/ 남자	시주	일주	월주	년주
	己- (겁재)	戊+ (일간)	辛- (상관)	癸- (정재)
	未- (겁재)	申+ (식신)	酉- (상관)	亥+ (편재)

　무토일간이 금왕절인 유월에 출생하여 토금상관격을 이루고 있다. 상관과 재성이 중중하여 세력을 갖추니, 자연히 **무토**일간은 신약하다. 그러나 다행스럽게도 시지에 **미토**겁재가 있어 **무토**일간의 뿌리가 되어 용신이 되었다. 화·토운이 길하다.

③ 상관용식상격

　상관용식상격은 주중에 인성과 비겁이 많은 데, 재관이 없고 상관이 있는 경우 상관을 용신으로 취하는 격이다. 타인에게 덕을 베풀수록 그 적덕이 다시 나에게 돌아오니 선을 베푸는 데 인색하지 말아야 한다.

예/ 여자	시주	일주	월주	년주
	庚+ (정관)	乙- (일간)	丙+ (상관)	丁- (식신)
	辰+ (정재)	酉- (편관)	午- (식신)	丑- (편재)

　을목일간이 화왕절인 오월에 출생하여 식신격이 되었다. 그러나 월간의 **병화**가 투출하여 상관격이 되었다. 일지에는 **유금**편관이 자리하고 있어 시지의 **진토**와 유진합으로 금국을 이루니 살지가 되었다. 시간의 **경금** 역시 일지와 시지가 금국이 되면서 세력을 갖추게 되니 **을목**일간은 신약한 지경에 이르고 말았다.
　사주가 극신약이 되는 경우 나를 버리고 기세에 따르는 종이 원칙이나, 사주원국의 화와 금의 대립으로 금화상전이 되니 종을 할 수가 없어 평생 이러지도 저러지도 못하는 빈천한 사주가 되고 말았다. 관살이 왕하면 식상은 내 편이 되니 어쩔 수 없이 화를 용신으로 삼았다. 마치 포악한 남편이 그의 자손 눈치를 살피는 격이다.

④ **상관용재격**

상관격이 주중에 인성과 비겁을 다봉하여 일간이 신왕할 때, 재성이 왕한 경우 재성을 용신으로 취하는 격이다.

예/ 여자	시주	일주	월주	년주
	壬+ (겁재)	癸- (일간)	丙+ (정재)	甲+ (상관)
	子- (비견)	酉- (편인)	寅+ (상관)	子- (비견)

계수일간이 목왕절인 인월에 출생하여 상관격이 되었다. **계수**일간이 년지와 시지에 통근하여 신왕하다. 관성이 없는 무관사주로 월간의 **병화**정재를 용신으로 취하니, 상관용재격의 사주가 되었다. 신왕하고 재성도 왕한 사주로 귀격의 사주이다.

⑤ 상관용관격

　상관격이 주중에 인성과 비겁을 다봉하여 일간이 신왕한데, 주중에 재성이 없고 관살이 있는 경우 이를 용신으로 취하는 격이다.

예/ 남자	시주	일주	월주	년주
	丙+ (편관)	庚+ (일간)	壬+ (식신)	丁- (정관)
	子- (상관)	子- (상관)	子- (상관)	巳+ (편관)

　경금일간이 수왕절인 자월에 출생하여 상관격이 되었다. 주중에 인성과 비겁이 없어 일간은 매우 신약하다. 무엇보다 사주에 한기가 가득하니, 년간에 자리하고 있는 **정화**관성을 조후용신 하였다. 식상이 강하면 관성은 곧 나의 편이 된다. 여기서 중요한 점은 식상이 강하면 관성이 용신이 되고, 관성이 강하면 식상이 용신이 된다는 것이다.

5) 정재격

일간이 극하는 자를 두고 재성이라고 하는데, 재성의 음양이 일간과 다르면 정재가 된다. 정재격은 월지가 정재이거나 월지 지장간이 천간으로 투출한 경우 정재격이라고 한다. 정재격을 이룬 사람은 성품이 온후하고, 계산이 빠르며 부모의 덕이 있다. 학업에도 충실하며 공부를 잘하는 사람이 많다. 성공의 크기는 저마다 다르지만 정재격을 이룬 사주는 매사 모든 일을 계획적으로 처신하기 때문에 성공이 빠르고 항상 자신감을 가지며 살아간다. 정재격은 신왕하고 재왕한 사주를 가치 있게 판단하지만, 군겁쟁재나 혹은 군비쟁재가 되는 경우 손재수가 발생할 수 있으니 무조건 신왕하거나 신강한 사주가 좋다고 판단해서는 안 된다.

정재격 역시 월지에 형·충이 있는 경우 파격이 된다. 재성은 식상과 관성을 반긴다. 식상은 재성을 생해주는 역할뿐만 아니라 재성이 꺼리는 비겁의 통관 역할을 동시에 하기 때문이다. 그리고 재성은 관성을 반긴다. 재성을 극하는 비겁을 관성이 극하기 때문이다.

① **정재용인격**

　식상이나 관성이 많아 일간이 신약한데, 주중에 인성이 있는 경우 이를 용신으로 취하는 격이다.

예/ 남자	시주	일주	월주	년주
	壬+ (식신)	庚+ (일간)	己- (정인)	庚+ (비견)
	午- (정관)	辰+ (편인)	卯- (정재)	午- (정관)

　경금일간이 목왕절인 묘월에 출생하여 정재격이 되었다. 묘진 방합을 하여 목국을 이루었고, **오화**정관까지 있어 일간은 신약하다. 다행히 월간에 투출한 **기토**정인이 있어 이를 용신으로 취하였다. 재성이 관성을 생하는 재생관과 관성이 인성을 생하는 관인상생이 잘 구성된 사주로 토·금운이 길하다.

② 정재용겁격

  식상이나 재성이 왕하여 일간이 신약할 때, 주중에 인성이 없고 비겁만 있어 비겁을 용신으로 취하는 격이다. 따라서 형제나 친구, 동료에 의지하는 것이 유리하다. 하지만 쟁재나 탈재 현상이 나타날 수 있어 주의해야 한다.

예/ 여자	시주	일주	월주	년주
	丁- (겁재)	丙+ (일간)	丁- (겁재)	辛- (정재)
	酉- (정재)	寅+ (편인)	酉- (정재)	未- (상관)

  병화일간이 금왕절인 유월에 출생하여 정재격이 되었다. 일지 인목은 월지에 자리하고 있는 유금정재와 시지에 있는 유금정재의 '협극'171)을 받고 있다. 동시에 병화일간을 목생화로 생조하느라 탈진하여 기진맥진한 상태에 이르고 있다. 다행히 월간과 시간의 정화겁재가 년지와 일지에 각각 뿌리를 두고 있다. 따라서 월간정화를 용신으로 취하였다. 목·화운이 길하다.

---

171) 협극 : 좌우로 극을 받는 것을 말한다.

③ 정재용식상격

　일간이 신강한데 주중에 재성과 관성이 없고, 식상이 있는 경우 식상을 용신으로 취하는 격이다. 용신이 식상이라 항시 격을 생하니 기회가 타인에 비해 많은 편이다. 매사 적극적인 자세로 노력한다면 능히 성공을 거둘 수 있는 격이다.

예/ 여자	시주	일주	월주	년주
	丙+ (상관)	乙- (일간)	戊+ (정재)	甲+ (겁재)
	子- (편인)	亥+ (정인)	辰+ (정재)	寅+ (겁재)

　을목일간이 목왕절인 진월에 출생하여 정재격이 되었다. 월지 진토는 년지인목과 방합을 하고 있다. 일지해수와는 인해합으로 목국을 이루고 있다. 시지의 자수는 목국을 수생목으로 생조까지 하고 있으니, 을목일간은 매우 신강한 상태이다.
　관성으로 용신을 삼고자 하나 금기가 없는 무관사주로 월지진토에 뿌리를 둔 무토정재를 용신으로 취하고자 한다. 그러나 진토가 이미 목국으로 합국을 하여 그 뿌리가 약해졌고, 군겁쟁재로 인해 무토정재가 오히려 피상되어 힘이 없다. 시간의 병화상관을 용신으로 삼을 수밖에 없다. 아쉬운 것은 병화상관의 뿌리가 시지에 있었다면, 사주 구성이 좀 더 좋았을 것이라는 점이다. 식·재운에 해당하는 화·토운이 길한 운이 된다.

④ 정재용재격

일간이 신강한데 주중에 식상과 관성이 없고, 재성이 있는 경우 재성을 용신으로 취하는 격이다. 격이 곧 용신이 된다. 경제계에서 능히 발전을 꾀할 수 있으며, 성공의 가능성이 농후한 격이다.

예/ 여자	시주	일주	월주	년주
	甲+ (편인)	丙+ (일간)	丁- (겁재)	辛- (정재)
	午- (겁재)	寅+ (편인)	酉- (정재)	巳+ (비견)

금왕절인 유월에 출생한 병화일간으로 월지에 정재를 놓았고, 년간의 신금정재도 투출하여 정재격이 되었다. 년지와 월지의 사유 삼합으로 금국을 이루었고, 일지와 시지가 인오합으로 화국을 이루어 금화상전의 사주가 되었다. 위의 사주에서 안타까운 점은 재성이 이미 재국을 이루고 있다는 사실이다. 그러나 금화상전을 화해시켜 줄 토의 기운이 없으니, 재물의 수입보다 지출이 과다해질 수밖에 없는 사주가 되었다. 오직 토운이 다가오기를 기다릴 수밖에 없는 것이다.

⑤ **정재용관격**

일간이 인성과 비겁을 다봉하여 신강할 때 주중에 관성이 있는 경우 관성을 용신으로 취하는 격이다. 재생관을 하는 격으로 정재격 중에서 가장 귀한 격이다.

예/ 남자	시주	일주	월주	년주
	庚+ (정관)	乙- (일간)	甲+ (겁재)	丁- (식신)
	辰+ (정재)	卯- (비견)	辰+ (정재)	卯- (비견)

목왕절인 진월에 출생한 **을목**일간으로 월지에 정재를 놓아 정재격이 되었다. 지지는 묘진 방합으로 목국을 이루고, 월간의 **갑목**마저 투출하여 일간은 매우 신강하다. 태왕한 목의 기운을 극제하는 **경금**정관을 용신으로 삼게 되니 정재용관격의 사주가 되었다. 아쉬운 점은 식상뿐만 아니라 관성 모두 지지에 통근하지 못해 그 힘이 약하다는 것이다. 따라서 토·금운이 온다면 발전을 꾀할 수 있게 된다.

6) 편재격

　일간이 극하는 자를 두고 재성이라고 하는데, 재성의 음양이 일간과 같으면 편재가 된다. 월지가 편재일 때와 편재가 용신이 되는 경우 편재격이라고 한다. 편재격은 일간이 신왕한 것을 반기는데, 만약 그렇지 않고 일간이 신약하게 되면, 재다신약의 신세를 면키 어렵게 된다. 그러나 반대로 비겁이 강하여 일간이 신왕해지는 경우 군겁쟁재가 되기 때문에, 역시 사주에 부정적인 영향을 초래하게 된다. 따라서 무조건 일간이 신왕해야 길하다는 선입견은 금물이다.
　편재격에서 특히 주의해야 할 점은 바로 재와 살이 합심하여 재생살이 되는 경우이다. 재생살이 되는 사주 구성은 빈천한 삶을 면키 어렵게 된다. 편재격이 정재격과 다른 점은 바로 그릇의 크기이다. 일간이 신왕하여 편재를 능히 다스릴 힘이 있는 경우 특별한 존재가 되어 그들 위에 설 수 있는 큰 인물이 될 수 있는 것이다. 편재격의 용신을 정리하면 다음과 같이 구분된다.

① 편재용인격

관성이나 식상이 중중하여 일간이 허약할 때, 주중에 인성이 있는 경우 이를 용신으로 취하는 격이다. 용신과 격이 상반되니 길흉이 반복될 수 있으며, 사업 또한 불가하다.

예/ 남자	시주	일주	월주	년주
	丁- (정인)	戊+ (일간)	戊+ (비견)	壬+ (편재)
	巳+ (편인)	辰+ (비견)	申+ (식신)	子- (정재)

금왕절인 신월에 출생한 무토일간으로 식신격이다. 그러나 사주를 자세히 살펴보면 신자진으로 삼합하여 수국이 되고 있다. 따라서 신금의 지장간에 임수가 천간에 투출하여 편재격이 되었다. 수기가 태왕한 사주로 일간은 당연히 신약하게 되는데, 다행히 시주의 사화에 통근하고 있는 정화인성이 있어 무토일간의 의지처가 되고 있다. 따라서 인성을 용신으로 취하니 편재용인격의 사주가 되었다. 용신운이 되는 화토운이 길한 운이다. 여기서 중요한 점은 수기를 쫓게 되면 재극인이 되어 용신을 극하게 되니 재물에 관한 욕심은 금물이다.

② 편재용겁격

　재를 다봉하여 일간이 신약할 때, 주중에 인성이 없고 비겁이 있어 이를 용신으로 취하는 격이다. 앞서 밝힌 정재격과 마찬가지로 형제나 친구, 그리고 동료의 덕이 있으니 매사 대인관계에 힘써야 한다.

예/ 여자	시주	일주	월주	년주
	庚+ (겁재)	辛- (일간)	乙- (편재)	癸- (식신)
	寅+ (정재)	卯- (편재)	卯- (편재)	酉- (비견)

　목왕절인 묘월에 출생한 신금일간으로 월간의 을목편재가 투출하여 편재격이 되었다. 월·일·시에 재성이 중중하다 보니 재다신약의 사주가 되었다. 그러나 시간의 경금이 년지유금에 통근하여 신약한 신금일간의 조력자가 되고 있다. 그러나 기대할만큼의 큰 힘이 되는 것은 아니다. 토·금운이 오게 되면 비겁의 힘을 얻어 '득비이재'172)를 하게 되니 그때는 길을 논할 수 있게 된다.

---

172) 득비이재 : 비견·겁의 힘을 얻어 재성을 다스리는 것을 말한다.

③ 편재용식상격

인성이나 비겁을 다봉하면 일간이 신왕하게 되는데, 주중에 재·관이 없고 식상만 있을 때 식상을 용신으로 취하는 격이다.

예/ 여자	시주	일주	월주	년주
	壬+ (겁재)	癸- (일간)	甲+ (상관)	辛- (편인)
	子- (비견)	酉- (편인)	午- (편재)	亥+ (겁재)

화왕절인 오월에 출생한 계수일간으로 월지로부터 투출한 천간이 없다. 따라서 월지오화가 바로 격을 이루는 편재격이 되었다. 득령을 하지 못한 일간이 주위 세력에 의해 신왕해진 약변위강의 사주이다. 비겁이 강한 사주로 관성으로 용신을 삼으려 했으나, 주중에 관성이 없어 월간의 갑목상관을 용신으로 취하였다. 상관이 재성을 생하는 상관생재격으로 목·화운이 길하다.

③ 편재용재격

인성이나 비겁을 다봉하면 일간이 신왕하게 되는데, 주중에 재·관이 없고 식상이 있을 때 식상을 용신으로 취하는 격이다.

예/ 여자	시주	일주	월주	년주
	己- (비견)	己- (일간)	丙+ (정인)	己- (비견)
	巳+ (정인)	巳+ (정인)	子- (편재)	酉- (식신)

수왕절인 자월에 출생한 기토일간으로 월지 자수로부터 투출한 천간이 없다. 따라서 월지의 자수편재가 그대로 격을 이루게 되어 편재격이 되었다. 비록 득령은 하지 못했으나 득지·득세가 되어 약변위강의 사주가 되었고, 신강해진 기토일간은 월지의 자수편재를 용신으로 취하게 되었다.

용신을 생조하는 년지유금은 기토일간의 희신으로 작용하고 있다. 따라서 용신운은 식·재의 기운이 되는 금·수운이 되는 것이다.

⑤ 편재용관격

  일간이 비겁을 다봉하여 신왕할 때, 주중에 관성이 있게 되면 그 관성을 용신으로 삼아 관용신을 취하는 격이다. 재·관을 모두 겸비했으니 편재격 중에서도 가장 귀격에 속하는 격이다.

예/ 여자	시주	일주	월주	년주
	庚+ (비견)	庚+ (일간)	丙+ (편관)	甲+ (편재)
	辰+ (편인)	申+ (편인)	寅+ (편재)	戌+ (편인)

  목왕절인 인월에 출생한 경금일간으로 월지인목으로부터 월간 병화가 투출하여 편관격이 되었다. 인신충으로 격국이 피상되었다고 판단할 수도 있겠으나, 년지의 술토와 인술합으로 화국이 되어 충보다 합이 앞서는 이치에 따라 파격을 면하게 되었다. 일지편인 역시 시지의 진토편인과 합을 하고 있다. 이를 두고 '탐합망충'173)이라고 하는 것이다.

  경신일주는 일지에 록근을 하고 있으며, 시주 역시 인성과 비겁으로 일간을 생조하고 있다. 따라서 신왕한 사주이다. 년주와 월주는 목생화로 화국을 이루니 신왕관왕한 사주가 되었다. 목·화운이 길한 운이 된다.

---

173) 합을 탐하여 충을 잊었다는 뜻이다.

7) 정관격

정관격은 월지가 정관이거나 정관이 투출한 경우 또는 사주 원국에서 용신이 될 때 정관격이 성립된다. 주의해야 할 점은 정·편관이 혼잡일 경우 격이 맑지 못해 혼탁으로 판단한다는 것이다. 또한 정관격이 성립되는 경우 당연히 일간은 신약해지므로 일간의 신왕을 바라게 되는데, 그렇다고 무조건 신왕한 것만을 고집해서도 안 된다. 그 이유는 일간이 왕성해질수록 관성은 반대로 약해지기 때문이다. 이렇게 되면 정관격 자체가 파괴되는 것이니, 어떠한 격이고 적당함이 중요하다는 것을 명심하길 바란다.

결국 신왕관왕한 사주가 좋은 것이다. 혹은 약간의 신약이나 관약으로 흐르면서 세운에서 부족한 육친을 생조할 때, 운이 발전하게 되는 것이니 조화와 균형을 최우선 과제로 삼아야 한다.

정관격의 구성이 잘 이루어진 사주는 대개 좋은 가문의 출신이다. 그리고 인덕이 후중하고 변화보다는 안정을 추구하는 사람이다. 정관격에 재·관·인이 잘 구비되면 귀격의 사주가 된다. 정관격 사주의 용신을 구분하면 다음과 같다.

① 정관용인격

　식상이나 관성을 다봉하여 일간이 신약한데, 주중에 인성이 있어 인성을 용신으로 취하는 격이다. 용신이 곧 인성이 되니, 공부하는 길만이 자신의 운명을 바꾸는 열쇠가 되는 것이다.

예/ 여자	시주	일주	월주	년주
	甲+ (정관)	己- (일간)	庚+ (상관)	丙+ (정인)
	子- (편재)	未- (비견)	寅+ (정관)	子- (편재)

　목왕절인 인월에 출생한 **기토**일간이다. 월지**인목**의 장간인 **갑목**정관이 시간으로 투출하여 정관격이 되었다. 사주 내에 재성과 관성의 세력이 왕하니, **기토**일간은 탈기가 되고 있다. '재살태왕'[174]격이 되었고, 그로 인해 일간은 매우 신약하게 되었다. 따라서 **기토**일간의 원류가 되면서 월지의 **인목**정관에 뿌리를 내리고 있는 년간의 **병화**정인을 용신으로 취하게 되었다. 인월은 아직 냉랭한 한기가 남아 있는 시기로 년간의 **병화**정인은 **기토**일간을 조력함과 동시에 조후의 역할까지 겸하는 용신의 역할을 하고 있다.

---

174) 재살태왕 : 재성과 관성이 강하여 일간이 신약해진 경우를 말한다.

여기서 주의해야 할 점은 바로 기토일간의 용신이 되는 병화 정인을 극제하는 수운 즉 재성운이 도래하는 경우, 그때는 본 사주의 대흉운이 된다는 사실이다. 수운은 기토일간의 재운으로 만약 기토일간이 용신을 극하는 재성운에 재를 탐하게 되면, 이는 재극인이 되어 용신인 병화인성을 파괴되는 탐재괴인의 상황을 조장하기 때문이다.

② 정관용겁격

주중에 식상과 재성이 왕하여 일간이 신약한데, 인성이 없고 비겁이 있는 경우 비겁으로 용신을 취하는 격이다.

예/ 남자	시주	일주	월주	년주
	甲+ (정관)	己- (일간)	甲+ (정관)	戊+ (겁재)
	戌+ (겁재)	卯- (편관)	寅+ (정관)	辰+ (겁재)

목왕절인 인월에 출생한 기토일간이다. 인중갑목의 정관이 투출하여 정관격이 되었다. 인묘진 방합으로 정관이 왕하니 기토일간이 매우 신약하게 되었다. 다행히 시지에 술토겁재가 있어 일간을 돕고 있으니, 술토가 귀인이 되어 정관용겁격의 사주가 되었다. 그러나 시지 술토겁재는 시간의 갑목정관과 인묘진 방

합으로 목국을 이룬 강한 목기에 의해 협극을 받고 있다. 따라서 **기토**일간에 큰 힘이 되어주지는 못하고 있다. 일간을 조력하는 화·토운이 길하다.

③ **정관용식상격**

비겁이나 인성이 왕하여 일간이 신강할 때, 주중에 재성이나 관성이 없고 식상만 있는 경우 식상을 용신으로 취하는 격이다.

예/ 남자

	시주	일주	월주	년주
	己 - (정관)	壬 + (일간)	癸 - (겁재)	丁 - (정재)
	酉 - (정인)	寅 + (식신)	丑 - (정관)	酉 - (정인)

임수일간이 수왕절인 축월에 출생하였다. 축중의 **기토**정관이 시간에 투출하여 정관격이 되었다. 월간의 **계수**겁재를 비롯해 년지와 월지, 그리고 시지는 유축 삼합으로 금국을 이뤄 일간은 매우 신강하다.

따라서 시간의 **기토**정관으로 용신을 취하고자 하나 수왕절의 정관은 힘이 없고, 월지**축토**는 이미 금국으로 변하여 **기토**정관의 뿌리가 되지 못하고 있다. 어쩔 수 없이 일지의 **인목**식신으로 용신을 취하니 정관용식상격의 사주가 되었다. 목·화·토운이 길하다.

④ **정관용재격**

비겁이나 인성이 왕하여 일간이 신강할 때, 주중에 관성이 없고 재성만 있는 경우 재성을 용신으로 취하는 격이다. 재생관이 되어 배우자의 덕이 있으며, 돈을 버는 만큼 명예를 얻을 수 있다. 다만, 관성이 강해지니 남명의 경우 자손의 덕이 없는 것이 흠이다.

예/ 남자	시주	일주	월주	년주
	戊+ (정재)	乙- (일간)	甲+ (겁재)	庚+ (정관)
	寅+ (겁재)	亥+ (정인)	申+ (정관)	子- (편인)

을목일간이 금왕절인 신월에 출생하였다. 월지에 자리하고 있는 **신금**정관에 장축되어 있는 **경금**정관이 년간에 투출하여 정관격을 구성하고 있다. 년지와 월지의 신자합과 일지와 시지의 인해합으로 각각 수국과 목국을 이루게 되니, **을목일간**은 매우 신강한 사주가 되고 있다.

년간의 **경금**정관을 용신으로 취하려고 하나 이미 수기가 세력을 갖추었고, **경금**정관의 뿌리마저 미약하다 보니 **을목일간**의 용신으로 삼기에는 부족함이 많다. 따라서 수의 범람을 막아낼 시간의 **무토**정재를 용신으로 삼게 되니, 정관용재격의 사주가 되었다. 그러나 **무토**정재 역시 뿌리를 내릴 곳이 없어 아쉽다. 결국 행운에서 화·토운이 오기를 기다릴 수밖에 없는 것이다.

⑤ 정관용관격

비겁이나 인성이 왕하여 일간이 신강할 때, 그리고 주중에 식상이 왕하여 제살태과가 될 때 관성을 용신으로 취하는 격이다.

예/ 남자

시주	일주	월주	년주
庚+ (식신)	戊+ (일간)	乙- (정관)	辛- (상관)
申+ (식신)	戌+ (비견)	未- (겁재)	丑- (겁재)

을목일간이 화왕절인 미월에 출생하였다. 미토겁재의 장간에 있는 을목정관이 월간에 투출하여 정관격을 구성하고 있다. 월간에 자리하고 있는 을목정관으로 격을 삼기는 하였으나, 주중에 금의 기운이 세력을 갖추어 을목정관은 고립되었다.

축술미 삼형살로 신약해진 일간에 비겁으로 용신을 삼고자 하나 이미 형살에 의해 파격된 사주이다. 또한 왕한 식상을 대적하려면 관성을 이용해야 하므로 어쩔 수 없이 월간의 을목을 용신으로 취하긴 하였으나 제살태과격이다. 수·목운이 길한 운이다.

8) 편관격

편관격은 월령이 편관이거나 지장간에 있는 편관이 천간에 투출한 경우, 그리고 편관이 세력을 갖춘 경우, 그리고 용신이 되는 경우이다. 일간이 허약한데 정관이 힘이 있는 경우에는 정관도 관이 아닌 살이 되어 편관격으로 판단하게 된다.

편관격은 신왕·관왕을 최우선으로 삼는다. 그 이유는 신왕·관왕해야 귀격을 논할 수 있기 때문이다. 반대로 신약한 사주에 재살태왕한 사주는 빈천격으로 판단한다. 편관은 칠살의 흉이 일간을 극하므로, 여기에 관살혼잡까지 갖추게 된다면 평생 재앙이 끊이질 않게 된다. 정관격의 구성이 잘 갖춰지게 되면 고위공직의 사주가 되며, 편관격의 구성이 잘 갖춰지게 되면 난세의 영웅이 된다.

그러나 만약 사주가 신약하다면 살인상생과 양인합살, 그리고 식·상을 이용한 제살만이 유일한 살길임을 명심해야 한다. 먼저 살인상생은 인성으로 강력한 살의 기운을 설기하고, 그 인성으로 다시 일간을 생하는 것이다. 따라서 편관칠살은 강한 인성의 힘으로 '탐생망극'[175]하게 되니, 이것이 곧 살인상생의 힘이다. 살인상생은 '살성구인반중화'[176]라 하여 사주를 천격에서 귀격으로 변화시키는 긍정의 원류라고 할 수 있는 것이다.

---

175) 탐생망극 : 생을 탐하여 극하는 것을 잊어버린다는 뜻이다.
176) 살성구인반중화 : 편관칠살을 인성이 잡아 중화를 이룬다는 뜻이다.

아울러 양인합살은 비겁 혹은 양인으로 편관칠살을 합하여 나의 편으로 만든 것이다. 만약 신약한 **갑목**이 **경금**편관을 보니 두려운데, 겁재 **을목**이 있어 을경합으로 묶게 되면 **경금**이 **갑목**을 극하는 것을 잃어버리게 된다. 즉 탐생망극이 되는 것이다. 이를 두고 매씨합살, 권인상정, 살인상정이라고도 부른다.

마지막으로 식상을 이용하여 제살하는 방법이다. 이를 식상제살이라고 하는데, 이 방법은 주중에 인성이나 비겁이 없는 경우 최종 선택이라고 할 수 있다. 앞서 언급한 살인상생, 양인합살에 해당하지 않는 사주라면 어쩔 수 없이 식상으로 편관칠살을 제거해야만 한다. 따라서 식신으로 제살하면 식신제살이라고 하고, 상관으로 제살을 하면 상관제살이 된다.

한편 편관과 정관이 동시에 만나 관살혼잡이 되면 갖가지 불행이 따르게 되어 흉하다. 특히 신왕한 사주보다 신약한 사주에서 불행이 더 가중된다. 하지만 '거관유살'이라 하여 정관을 합하고 편관칠살만 남기는 경우 길명이 되는 예도 있으니 이점 명심하길 바란다. 편관격의 용신을 구분하면 다음과 같다.

① 편관용인격

편관격이 식상이나 관성을 다봉하여 일간이 신약한데, 주중에 인성이 있어 인성을 용신으로 취하는 격이다.

예/ 여자	시주	일주	월주	년주
	辛- (정인)	壬+ (일간)	戊+ (편관)	丙+ (편재)
	丑- (정관)	戌+ (편관)	戌+ (편관)	寅+ (식신)

금왕절인 술월에 출생한 **임수**일간이다. 월간의 **무토**편관이 투출하여 편관격이 되었다. 관살이 중중하니 살을 설기하여 당장이라도 말라버릴 것 같은 **임수**일간을 돕는 것이 시급하다.

다행스럽게도 시간의 **신금**정인이 살인상생을 하여 신약한 일간을 돕고 있으니, 편관용인격의 사주가 구성되었다. 따라서 신약한 일간을 돕는 금·수운이 길한 운이 된다.

② **편관용겁격**

　편관격으로 주중에 식상과 재성이 왕하여 일간이 신약한데, 주중에 인성이 비겁만 있는 경우 비겁으로 용신을 취하는 격이다.

예/ 남자	시주	일주	월주	년주
	甲+ (편인)	丙+ (일간)	壬+ (편관)	壬+ (편관)
	午- (겁재)	辰+ (식신)	子- (정관)	辰+ (식신)

　수왕절인 자월에 출생한 병화일간이다. 월지가 자수정관으로 정관격이나 년지와 월지, 그리고 일지의 자진 삼합으로 수의 세력이 강하니 편관격이 되었다. 참으로 다행인 점은 시지에 오화 겁재가 있어 신약한 병화일간이 착근하니, 편관용겁격의 사주가 되었다. 병화일간이 시지오화에 왕록으로 착근하였다고는 하나 수극화가 강하고 자오충으로 불안하다. 또한 시간의 갑목인성이 있어 병화일간의 의지처가 될 수 있을 것 같으나, 월지 자수와 일지 진토의 자진 삼합으로 그 뿌리를 상실하였다. 더욱이 시지의 오화겁재를 목생화까지 하고 있어 병화일간의 의지처가 되지 못하는 것이다. 목·화운이 길하다고 하겠으나 수의 기세가 너무 강한 탓에 대운의 역량 발휘가 쉽지만은 않을 것이다.

③ 편관용식상격

비겁이나 인성이 왕하여 일간이 신강할 때, 주중에 재성이나 관성이 없고 식상만 있는 경우 식상을 용신으로 취하는 격이다.

예/ 남자	시주	일주	월주	년주
	丙+ (식신)	甲+ (일간)	庚+ (편관)	乙- (겁재)
	寅+ (비견)	申+ (편관)	辰+ (편재)	丑- (정재)

갑목일간이 목왕절인 진월에 출생하였다. 월지 진토편재의 지장간에 담겨 있는 을목겁재가 년간에 투출하여 양인격이 될 것 같지만, 월간의 경금편관과 을경합을 이루게 되니 양인격이 파격되었다. 결국 월간의 경금편관의 기세를 따르게 되니 본 사주의 격은 편관격이 되었다.

신약한 갑목일간은 시지의 인목비견에 뿌리를 내려 통근하고자 하나 시지인목은 일지인 신금편관과 상충이 되어 그마저도 여의치가 않은 모습이다. 또한 갑목일간의 원류가 되는 인성이 주중에 없으니, 시간의 병화식신을 용신으로 삼아 식신제살을 하고 있다. 수·목운이 길하다.

④ 편관용재격

주중에 인성이 왕하여 일간이 신왕할 때, 관성이 없고 재성이 있는 경우 재성을 용신으로 취하는 격이다.

예/ 남자	시주	일주	월주	년주
	辛- (정인)	壬+ (일간)	壬+ (비견)	丙+ (편재)
	丑- (정관)	子- (겁재)	辰+ (편관)	寅+ (식신)

목왕절인 진월에 출생한 임수일간이다. 투출한 지장간이 없어 월지진토를 그대로 격을 삼게 되니 편관격이 되었다. 임수일간이 일지 자수에 왕록으로 앉아있으며, 수국을 이루니 신강하다. 년지에 자리하고 있는 식신인목을 용신으로 삼고자 하나 인진방합으로 이미 목국이 되어 용신으로 삼을 수가 없다. 년간의 병화편재를 용신으로 취하였다. 목·화·토운이 길한 운이다.

⑤ 편관용관격

　비겁이나 인성이 왕하여 일간이 신왕할 때, 주중의 편관으로 용신을 취하는 격이다.

예/ 여자	시주	일주	월주	년주
	甲+ (편인)	丙+ (일간)	壬+ (편관)	壬+ (편관)
	午− (겁재)	戌+ (식신)	子− (정관)	寅+ (편인)

　병화일간이 수왕절인 자월에 출생하였다. 월간에 투출한 지장간이 없어 정관격이 되나 이미 편관이 세력을 갖추었으니 편관격이 되었다. **병화**일간은 신약한 상황이나 인오술로 화국이 되었고, 시간의 **갑목**인성이 살인상생을 하고 있어 약변위강의 사주가 되어 편관을 용신으로 취하였다. 금·수운이 길한 운이다.

9) 인수격

　일간을 생해주는 자를 가리켜 인성이라고 하는데, 인성으로 격을 이루는 경우 인수격이라고 한다. 월지가 인성이거나 혹은 격을 이루는 경우, 그리고 용신이 되는 경우 모두 인수격이 되는 것이다. 인수격은 정인격과 편인격으로 구분된다.

　인수격은 일간을 생하는 역할을 하니 일간이 자연 신왕·강왕하게 된다. 따라서 사주의 중화를 꾀하기 위해 일간을 극하는 것이 당연한 이치라 할 수 있겠으나, 사주의 구성상 극하는 것이 여의치가 않은 때는 차선책으로 일간을 설기하는 것이 하나의 방법이 된다.

　인수격이 성립된다 해도 형·충으로 인해 피상이 되면 이를 파격이라고 한다. 인수격은 재성을 꺼리는데, 그 이유는 재성이 인수를 극하기 때문이다. 따라서 사주에 반드시 관성이 있어야만 재생관이나 관인상생을 통해 길명이 될 수가 있다.

　주중에 인수가 많으면 이는 곧 병이 되는데, 이 같은 경우 인수를 극하는 재성이 있어 인성을 극해야 길명이 되니 생극제화에 관한 이치를 소홀히 해서는 안 될 것이다. 인수격의 구성이 균형과 조화를 이루게 되면 부모의 덕이 있고, 세인의 모범이 된다. 그리고 심성이 착하고 인품이 후중한 사람으로 평가받게 되는 것이다.

　일반적으로 신왕·관왕한 사주는 법조계, 신왕·재왕한 사주는 경제계, 신왕·식상왕한 사주는 교육계에서 각각 입신양명하는 경우가 많다. 격의 성립도 중요하지만 가장 중요한 점은 재·관·식 모두가 주중에서 튼튼해야 한다.

　신약한 인수격은 재성운과 식상운을 꺼리게 된다. 그 이유는 탐재괴인이 되기 때문이다. 탐재괴인이 되는 경우 심하면 자살이나 각종 사건·사고와 관계된 운을 맞이하게 되니 주의해야 한다. 이 같은 경우 비겁이 있어 재성을 극하거나 관성이 있어 재생관이 되면 전화위복의 상황을 기대할 수도 있는 것이다.

　신약한 인수격에 식상운은 일간의 탈기뿐만 아니라 용신의 자리가 절지가 되어 매우 흉하다. 인수격의 용신을 이해하기 쉽게 정리하면 다음과 같다.

① 인수용인격

　인수격으로 주중에 식상이나 관성이 왕하여 일간이 신약할 때, 인성을 용신으로 취하는 격이다. 인성은 재성의 원류가 되는 식상을 극하기 때문에 사업은 불가하다.

예/ 남자	시주	일주	월주	년주
	戊+ (식신)	丙+ (일간)	丁- (겁재)	己- (상관)
	戌+ (식신)	辰+ (식신)	卯- (정인)	丑- (상관)

　병화일간이 목왕절인 묘월에 출생하였다. 투출한 지장간이 없어 월지묘목으로 격을 정하니 정인격이 되었다. 년주와 시주, 그리고 일지가 모두 식상의 기운으로 가득하니, 월지에 자리하고 있는 묘목정인으로 용신을 삼아 강한 세력을 갖추고 있는 식상을 억제하고 있다. 그러나 묘목정인만으로 식상의 기운을 극하는 것은 쉽지 않아 보인다. 목·화운이 길한 운이지만, 본 명조는 어떠한 운이 와도 발전하기가 쉽지 않다.

② 인수용겁격

　인수격이 재성이 왕하여 일간이 신약한데, 주중에 비겁이 있을 때 비겁을 용신으로 취하는 격이다. 매사 실패의 기운이 강하며 인수용인격과 마찬가지로 사업은 불가하다.

예/ 여자

시주	일주	월주	년주
丙+ (비견)	丙+ (일간)	己- (상관)	庚+ (편재)
申+ (편재)	申+ (편재)	卯- (정인)	申+ (편재)

　병화일간이 목왕절인 묘월에 출생하였다. 투출한 지장간이 없어 월지묘목으로 격을 정하니 정인격이 되었다. 년간의 경금편재가 년지와 일지, 그리고 시지에 각각 록근하였고, 시간의 기토상관은 병화일간을 설기하며 동시에 시간의 경금편재 돕고 있다. 강한 금의 기운이 병화일간의 용신인 월지묘목을 협극하고 있으나, 이를 구원해 줄 단 하나의 수기가 보이지 않으니 어쩔 수 없이 시간의 병화비견을 용신으로 삼게 되었다. 목·화운이 길한 운이다.

③ 인수용식상격

주중에 비겁을 다봉하여 일간이 신왕하고, 재성이나 관성이 없으며 식상이 있을 때 식상을 용신으로 취하는 격이다.

예/ 남자	시주	일주	월주	년주
	丁- (상관)	甲+ (일간)	癸- (정인)	癸- (정인)
	卯- (겁재)	寅+ (비견)	亥+ (편인)	亥+ (편인)

갑목일간이 수왕절인 해월에 출생하였다. 신강한 사주의 경우 강한 기운을 극하는 육친을 용신으로 삼게 된다. 그러나 위의 사주는 무관사주이자 무재사주로 신강한 갑목일간을 극하는 육친이 없는 상황이다. 다행히 시간에 정화상관이 있어 강한 일간의 기운을 설기하고 있으니 이를 용신으로 삼게 되었다. 따라서 인수용식상격의 사주가 되었다. 시간의 정화상관 대신 병화식신이 있었다면 대학자의 사주로 손색이 없었을 것이다. 화·토운이 길하다.

④ 인수용재격

주중에 비겁을 다봉하여 일간이 신왕하고, 관성이 없으며 재성이 있을 때 재성을 용신으로 취하는 격이다.

예/ 남자	시주	일주	월주	년주
	戊+ (편재)	甲+ (일간)	丙+ (식신)	己- (정재)
	辰+ (편재)	子- (정인)	子- (정인)	亥+ (편인)

갑목일간이 수왕절인 자월에 출생하여 정인격이 되었다. 해자 방합으로 사주원국의 지지가 온통 수국을 이루니 일간갑목은 부목이 되어 위태로울 지경이다. 그러나, 시주에 세력을 갖춘 재성을 있어 토극수로 수기를 극하고 있다. 따라서, 시주의 무·진 토편재는 갑목일간의 병이 되고 있는 수를 극함으로써, 수의 범람을 막는 약신이 되고 있다. 화·토운이 길하다.

⑤ 인수용관격

주중에 인성이나 비겁을 다봉하여 일간이 신왕하고, 관성이 있을 때 관성을 용신으로 취하는 격이다.

예/ 여자	시주	일주	월주	년주
	乙- (정재)	庚+ (일간)	丁- (정관)	己- (정인)
	酉- (겁재)	申+ (비견)	丑- (정인)	卯- (정재)

경금일간이 수왕절인 축월에 출생하여 축중 기토가 년간에 투출해 정인격이 되었다. 월지와 일지, 그리고 시지에 각각 뿌리를 내린 경금일간은 매우 신강한 상태이다. 따라서 월간의 정화정관을 용신으로 삼게 되었다. 아쉬운 점은 정화정관의 뿌리가 없다는 것이다. 목·화운이 길한 운이다.

10) 잡기재관격

　잡기재관격은 월지가 진·술·축·미로 이루어질 때 성립되는 격이다. 진·술·축·미는 토의 고장지로써 용신이 창고에 갇혀 있다. 따라서 용신을 개고 시켜 창고 밖으로 끄집어내는 것이 무엇보다 중요하다. 그 이유는 사고지에 담긴 지장간은 재·관이 되어 일간의 길신이 되고 있기 때문이다. 토의 지지를 '잡기'라고 하는 것은 재·관을 암장하고 있는 창고이기에 붙여진 이름이다. 변화를 이루어 낼 중요한 재료를 담고 있는 토의 지지는 이러한 이유로 다른 지지보다 더 신경을 써서 분석해야 한다.

　잡기재관격에서 주의해야 할 점은 재·관이 반드시 천간에 투출해야만 격이 성립된다는 것이다. 만약 지장간의 재관이 투출하지 않았다면 이는 파격이 된다. 또한 잡기재관격에서 중요한 것은 바로 형·충이다. 형·충으로 창고를 열어 개고시켜야 재·관을 얻을 수 있기 때문이다. 그렇다고 무조건 형·충을 반긴다는 것은 아니다. 형·충도 적당해야지 너무 과하면 창고의 문을 여는 것이 아니라 창고 자체를 부숴버리는 결과를 초래하기 때문이다.

　결론적으로 잡기재관격의 성격은 신강이나 혹은 신왕이 기본이며 형·충을 통해 재·관이 반드시 투출해야 하는 것이다. 그러나 개고가 된 지장간이 다른 천간과 명·암합을 하게 되면 이는 얻는 것이 아니라 합거로 잃게 됨을 주의해야 한다. 잡기재관격에 관한 설명은 다음과 같다.

예) 잡기재관용재격

남자	시주	일주	월주	년주
	丁- (상관)	甲+ (일간)	己- (정재)	戊+ (편재)
	卯- (겁재)	寅+ (비견)	未- (정재)	子- (정인)

갑목일간이 화왕절인 미월에 출생하여 월령이 **미토**로 **기토**정재가 투출하여 잡기재관격이 되었다. **갑목**일간이 일지에 록근하였고, 지지로는 각각 인묘 방합으로 목국을 이루고 있다. 년지**자수**는 일간을 수생목으로 생조를 하고 있으니, 일간은 신왕하다.

주중에 관성이 없어 재성으로 용신을 삼게 되니 잡기재관용재격이 되었다. 화·토운이 길한 운이 된다. 그리고 축·술운에 개고가 된다.

예) 잡기재관인수격

여자	시주	일주	월주	년주
	甲+ (식신)	壬+ (일간)	丁- (정재)	己- (정관)
	辰+ (편관)	辰+ (편관)	丑- (정관)	酉- (정인)

임수일간이 수왕절인 축월에 출생하였다. 월령은 **축토**로 년간의 **기토**정관이 투출하여 잡기재관격이 되었다. 년지의 **유금**정인과 월지의 **축토**정관이 유축 삼합으로 **임수**일간을 생조하고 있다.

반면 **진토**에 착근한 **갑목**식신이 월간의 **정화**정재를 생조하고 있고, 월간의 **정화**정재는 또다시 년간의 **기토**정관을 생조하고 있다. 따라서 **임수**일간은 신약한 상태다. 신약해진 **임수**일간은 년지정인과 월지**축토**가 삼합으로 합국을 하여 금국을 이루고 있는 인성에 의지하게 되니 잡기재관인수격이 되었다. 금·수운이 길하며 술·미운에 개고가 된다.

2. 외격의 종류와 구성

1) 일주로 구성을 이루는 격

① 전록격

　일지에 건록을 놓은 사주이다. 앞서 밝힌 바와 같이 월지에 건록을 놓으면 건록격, 일지에 건록을 놓으면 전록격, 시지에 건록을 놓으면 시록격이 되는데, 그중에서도 일지에 건록을 놓은 전록격은 총 4가지 일주에만 해당한다.

구 분	일 주	일 주	일 주	일 주
	갑인	을묘	경신	신유

예/ 여자	시주	일주	월주	년주
	丙+ (정관)	辛- (일간)	壬+ (상관)	戊+ (정인)
	申+ (겁재)	酉- (비견)	戌+ (정인)	戌+ (정인)

　신금일간이 금왕절인 술월에 출생하였다. 신금일간은 신유일

주로써 전록격을 갖추고 있다. 지지가 온통 금의 기운으로 가득하니 시간의 병화정관으로 용신을 취하였다. 아쉬운 점은 정관의 뿌리가 없다는 것이다. 따라서 정관을 생조할 수 있는 목·화운이 길하게 된다.

 일지가 전록격이라고 하여 무조건 운이 좋다고 판단하는 것은 금물이다. 아무리 격국이 좋다고 하여도 격이 피상되거나 혹은 운에서 용신과 상반되는 기운을 맞이하게 된다면 언제든지 쇠락할 수 있다는 점을 염두에 두기를 바란다.

 전록격은 신약사주에서 더 길하게 되는데, 인성을 용신으로 취했을 때 건록의 기운이 더욱 빛을 발하기 때문이다. 그러나 일지가 형·충을 당하면 좋지 않으니 주의해야 한다. 신왕하고 관왕한 경우에는 반드시 관용신으로 용신을 정해야 하며, 그렇지 않으면 격이 가치가 현저히 떨어지는 상황이 발생하게 된다.

② **일귀격**

　일귀격이란 일지에 천을귀인을 놓은 사주이다. 이 같은 일주는 총 4가지 일주가 있으며 이 4가지 일주는 다음과 같다.

일귀격	일 주	일 주	일 주	일 주
	정해	정유	계묘	계사

　천을귀인은 길신중에서도 최고의 길신으로 평가받고 있다. 천을귀인을 갖춘 사주는 인품이 후중하여, 귀인의 덕이 따르는 사람이다. 하지만 천을귀인도 형·충이나 공망을 맞으면 길신의 작용이 일어나지 않는다.

예/ 여자	시주	일주	월주	년주
	庚＋ (정재)	丁－ (일간)	甲＋ (정인)	乙－ (편인)
	戌＋ (상관)	酉－ (편재)	申＋ (정재)	卯－ (편인)

　정화일간이 금왕절인 신월에 출생하였다. 일지에 **유금**편재로 천을귀인을 놓아 일귀격이 되었다. 아울러 '벽갑인정'[177]을 구

---

177) 벽갑인정 : 경금 도끼로 나무를 쪼개어 불을 붙인다는 뜻으로 사주원국의 천간

성하고 있는 사주로 귀격이 된다. 물론 이 사주를 내격으로 분류하면 정재격이 된다.

③ **일덕격**

일덕격에는 총 5가지 일주가 해당하는데 그 내용은 다음과 같다.

일덕격	일 주	일 주	일 주	일 주	일 주
	갑인	병진	무진	경진	임술

일덕격은 형·충과 공망, 그리고 강왕한 재·관이 회합함을 꺼린다. 이 격이 반기는 것은 일주가 신왕한 것이며, 운에서도 일주를 생조하는 운을 반기게 된다.

예/ 남자	시주	일주	월주	년주
	甲+ (편인)	丙+ (일간)	乙- (정인)	乙- (정인)
	午- (겁재)	辰+ (식신)	酉- (정재)	卯- (정인)

금왕절인 유월에 출생한 **병화**일간으로 일지에 **진토**를 놓아 일

에 경금·갑목·정화를 구성하면 부와 귀를 얻는다는 뜻이다.

덕격의 사주가 되었다. 득령·득지를 못했으나 년지묘목에 정인 을목이 통근하였고, 시간의 갑목편인 역시 년지에 통근하였다. 년지와 월지가 묘유충으로 갑을목의 뿌리가 될 수 없을 것 같지만, 진토와 유금의 육합으로 인해 '탐합망충'이 되어 위기를 모면했다.

④ 괴강격

괴강격은 성품이 총명하고 지혜로운 것이 특징이다. 과감하고 용맹스러운 면이 강하고 카리스마가 있다. 신왕함을 반기고 형·충을 꺼린다. 괴강격의 구성은 총 5가지의 일주가 있다.

괴강격	일주	일주	일주	일주	일주
	경진	경술	임진	임술	무술

특히 신왕한 여명에 괴강격은 남편의 덕이 없는 것이 특징이다. 괴강격의 예는 다음과 같다.

예/ 여자	시주	일주	월주	년주
	庚+ (비견)	庚+ (일간)	丁− (정관)	辛− (겁재)
	辰+ (편인)	戌+ (편인)	酉− (겁재)	酉− (겁재)

금왕절인 유월에 출생한 경금일간으로 일지에 술토를 놓아 괴강격의 사주가 되었다. 괴강격이 가장 꺼리는 진술충이 있지만 유술합과 유진합이 있어 이를 막아냈다. 그러나 일간경금이 매우 강왕하다. 신강한 일간을 설기해 줄 수기운이 없고, 냉랭한 사주를 견제해 줄 월간의 정화정관은 상대적으로 그 힘이 약한 게 흠이 되고 있다.

⑤ 임기용배격

임기용배격은 임수가 진토인 용에 올라타 격을 이루었다는 의미로 임진일주를 가리키는 말이다. 주중에 거듭 진토와 인목을 보면 부와 명예를 얻게 된다. 그 이유는 거듭 진토를 보면 술을 끌어와 진술충으로, 관을 개고시켜 명예를 얻기 때문이다. 거듭 인목을 보면 인술 삼합으로, 오화를 끌어와 부를 겸비하게 된다.

구 분	일 주	격국의 성립요건
내 용	임 진	주중에서 거듭 진을 보면 - 귀 주중에서 거듭 인을 보면 - 부

그러나 사주에 이미 무토나 술토가 자리하고 있다면, 이는 '전실'178)한 것으로 판단하여 귀하게 판단하지 않는다.

---

178) 전실 : 사주원국에 이미 있는 자리하고 있는 글자를 말한다.

2) 사주로 전체로 구성을 이루는 격

주중 전체로 격을 이루는 구성을 변격이라고 표현하는데, 변격은 크게 세 가지로 구분할 수 있다.

첫째는 종격이다. 종격은 사주 구성에서 하나의 오행이 강하여 일간이 그 오행의 세력을 쫓아가는 것을 말한다. 둘째는 전왕격이다. 종왕격이라고도 한다. 지지가 전부 비겁국으로 이루어진 격이다. 셋째는 화기격이다. 화기격은 일간이 주중의 천간과 합을 하여 전혀 다른 오행으로 변화하는 것을 말한다. 그럼, 먼저 종격을 시작으로 전왕격, 화기격의 순으로 각각 살펴보도록 하겠다.

● 종격

종격에서 종이란 의미는 사주 내에서 일간의 의지처가 전혀 없는 경우를 말한다. 좀 더 쉽게 설명하면 사주의 주중에 인성이나 비겁이 전혀 없고, 일간도 무근한 상태를 말하는 것이다. 여기서 주의할 점은 주중에 인성이나 비겁이 있다고 하더라도, 무근하고 무력하여 일간에 아무런 힘이 되어주지 못하는 경우 종이 될 수 있다는 것이다.

오행으로 구분하여 주중에 목이 왕성하면 목으로 종하고, 화가 왕성하면 화로 종한다. 이하 토·금·수도 마찬가지이다. 음간의 경우 조건만 갖춰진다면 종을 잘하는 특성이 있으나, 양간의 경우 일간에 조금의 의지처만 있어도 종을 하지 않는다. 그리고 식상에 종을 하면 종아격, 재성에 종을 하면 종재격, 관성에 종을 하면 종관격, 인성에 종을 하면 종강격, 비겁에 종을 하면 전왕격이 된다. 종격의 성립 조건은 여러 가지가 있는데, 그 내용을 살펴보면 다음과 같다.

- 일간이 무근하여 사주 내 그 어디에도 통근하지 말아야 한다.
- 지지는 하나의 오행이나 합국을 이루어야 한다.
- 국을 이룬 오행이나 국을 생조하는 오행이 반드시 천간에 투출해야 한다.
- 무근한 일간을 돕는 인성이나 비겁이 조금의 세력을 갖추고 있다면 종격은 성립되지 않는다.

한편 종격의 희기는 다음과 같다.

희 : 종하는 오행을 생조하는 운.
기 : 종하는 오행을 극하거나 설기하는 운.

종을 하는 사주의 특징은 맡은 바 임무에 충실하고, 처세술에 능하며, 임기응변이 강하고, 재주가 뛰어나다. 그럼, 이제부터 종격의 종류와 그 특징을 좀 더 심층적으로 설명하기로 하겠다.

① **종아격**

종아격은 일간이 무근하고 사주 어디에도 의지처가 없는데, 주중에 식신이나 상관이 식상국을 이루고 있어 일간이 식상국을 따르는 사주를 말한다. 천간에 비겁이나 인성이 있다면 일간은 종을 하지 않는다. 만약 비겁이나 인성이 있다고 해도 무근하여 일간에 도움을 주지 못하는 경우라면, 종아격이 성립될 수 있다.

식신이나 상관은 일간이 생하는 육친으로 여자에게는 자손을 의미한다. 일간이 무근하여 의지할 곳이 없으니, 자손을 의지하며 따라간다고 하여 종아격이라 불리는 것이다. 운에서 종을 생조하는 오행이 오면 길하며, 반대로 종을 방해하는 오행이 오면 기하게 된다.

종아격으로 사주가 구성되는 경우 교육이나 예체능 분야에 남다른 소질이 있어 큰 발전을 이룰 수 있게 된다. 종아격에는 희생과 봉사의 함축적 의미가 담겨 있다. 어느 정도의 재물은 얻을 수 있겠으나 큰 욕심은 금물이며, 명예욕이 강해도 운이 불리하게 작용하게 된다.

예/ 여자	시주	일주	월주	년주
	壬+ (비견)	壬+ (일간)	甲+ (식신)	戊+ (편관)
	寅+ (식신)	寅+ (식신)	寅+ (식신)	寅+ (식신)

목왕절인 인월에 출생한 임수일간으로 월지의 인중갑목이 투출하여 식신격의 사주가 되었다. 식신의 기운이 강하니 임수일간은 극신약의 상태가 되었다. 따라서 임수일간은 시간의 임수 비견에 의지하려 하지만, 시간의 임수비견 역시 뿌리가 없어 일간에 힘이 되어주지 못하고 있다.

임수일간은 어쩔 수 없이 자신을 버리고, 갑목식신을 따라나서니 종아격이 되었다. 양간은 웬만하면 종을 하지 않는다고 하였으나, 일간의 의지처가 무력한 사주에서는 양간 역시 종을 한다는 점을 명심하길 바란다. 식·재·운에 해당하는 목·화운이 길하며 종을 방해하는 토·금운은 흉하다.

② **종재격**

종재격은 일간이 무근하고 의지처가 없는데, 주중에 재성이 재국을 이루고 있어 일간이 재국을 따르는 사주를 말한다. 종아격과 마찬가지로 천간에 비겁이나 인성이 있다면, 일간은 종을 하지 않는다. 그러나 비겁이나 인성이 모두 무근하여 일간에 도움을 주지 못한다면 종재격이 성립된다.

　종재격으로 사주가 구성되는 경우 경제계에서 크게 두각을 나타내거나 금융과 관련한 기타 여러 분야에서 남다른 발전을 이룰 수가 있다. 운만 잘 만난다면 큰 재물을 얻을 수 있고 그로 인한 명예도 성취할 수 있다.

예/ 남자	시주	일주	월주	년주
	戊+ (편인)	庚+ (일간)	壬+ (식신)	壬+ (식신)
	寅+ (편재)	寅+ (편재)	寅+ (편재)	子- (상관)

　목왕절인 인월에 출생한 경금일간으로 월지에서 투출한 지장간이 없어 편재격 사주가 되었다. 경금일간은 득령과 득지, 그리고 득세하지 못 해 매우 허약한 상태에 이르고 있다. 월·일·시에 자리하고 있는 지지는 모두 인목편재로 목국을 이루고 있으며, 년지의 자수는 수생목을 하고 있어 종재격이 분명하다.

　시간의 무토편인은 지지인목에서 장생에 임하고 있지만, 강한 목기에 의해 목극토로 극제를 받고 있다. 따라서 경금일간을 생조해 줄 힘이 없으니, 비록 양간이라 할지라도 어쩔 수 없이 종을 하게 되는 것이다.

③ 종관격

　종관격을 종살격이라고도 부른다. 일간이 무근하고 의지처가 없는데, 주중에 관성이 관국을 이루고 있어 일간이 관국을 따르는 사주를 말한다. 앞의 종아격이나 종재격과 마찬가지로 천간에 비겁이나 혹은 인성이 있다면 일간은 종을 하지 않는다. 그러나 비겁이나 인성이 모두 무근하여 일간에 도움을 주지 못한다면 종관격이 성립하는 것이다.

　관성은 일간을 극하는 육친으로 남녀 모두 직업이나 직장, 그리고 명예를 상징한다. 특히 남자 사주에는 자손을 의미하고 여자 사주에는 남편을 의미한다. 즉 내 자손이나 남편에게 내 몸과 마음을 모두 맡기고 의지하는 것이다. 관성은 곧 명예를 상징하는 것이므로, 흡사 국가의 녹을 먹는 관리에 비유되고 있다. 운을 잘만 만난다면 큰 재물과 명예를 동시에 성취할 수 있다.

예/ 여자	시주	일주	월주	년주
	乙− (정관)	戊+ (일간)	乙− (정관)	癸− (정재)
	卯− (정관)	寅+ (편관)	卯− (정관)	卯− (정관)

　목왕절인 묘월에 출생한 **무토**일간으로 묘중을목이 투출하여

정관격 사주이다. 전지지가 인묘 방합으로 목국을 이루고 있으며, 천간 역시 관성이 투출해 있다. 따라서 일간은 극신약이 되는데, 주중에 의지처가 그 어디에도 없으니, **무토**일간은 강한 목기에 순응하여 종관격이 되었다. 수·목운이 길한 운이 된다.

④ **종강격**

종강격은 종아격이나 종재격, 그리고 종관격과는 반대로 일간의 기운이 강하여 이루어지는 격이다. 지지에 인수국을 이루며 천간에는 식상과 재성, 그리고 관성이 없어야 한다. 그렇지 않으면 일간은 종을 하지 않는다.

종강격에서 주의하여야 할 점은 일간을 극하는 관성은 종강격을 파하는 흉신이 되나, 행운에서 만나는 관성은 인성의 기운으로 스며들어 관인상생의 역할을 하게 되는 것이다. 따라서 길한 운으로 판단한다는 것이다. 따라서 사주원국에 자리하는 관성과 행운에서 오는 관성을 구분 지어 숙지해야 한다.

종강격으로 구성된 사주는 인성으로 종을 하게 되니 전형적인 학자의 명이며, 학문 연구나 교육 분야에서 '입신양명'[179]하는 운이다. 인성운과 비겁운에 발전하며, 인수국을 파하는 식상운과 재성운은 기하다.

---

179) 입신양명 : 뜻을 세워 자신의 이름을 떨친다는 의미로 사회적인 성공을 의미하는 것이다.

예/ 남자	시주	일주	월주	년주
	丙+ (정인)	己- (일간)	己- (비견)	甲+ (정관)
	寅+ (정관)	巳+ (정인)	巳+ (정인)	午- (편인)

　화왕절인 사월에 출생한 **기토**일간으로 사중**병화**가 투출하여 정인격의 사주이다. 사오 방합으로 화의 기운이 세력을 갖추었으니, 지지는 인수국을 갖추게 되었다. 년간에 **갑목**정관이 자리하고 있어 종을 방해할 것으로 판단할 수 있으나, **갑목**은 목생화로 강한 화기를 생조하고 있어 문제가 되지 않는다. 또한 월간의 **기토**비견과 갑기합까지 하고 있으므로 관성의 역할을 할 수 없는 것이다. 화·토운에 길하며 금·수운은 기하다.

● 전왕격

　전왕격을 종왕격이라고도 하는데, 지지에 비겁국을 이루는 격이다. 사주원국이 일간과 같은 오행이며, 종강격과 마찬가지로 천간에 식상과 재성, 그리고 관성이 없어야 한다. 천간에 식상이나 재성, 그리고 관성이 있다면 일간은 종을 하지 않는데, 만약 일간에 도움을 주지 못하는 경우라면 격이 성립될 수 있다.
　전왕격으로 구성된 사주는 비겁으로 종을 한다. 따라서 자존심이 강해 남 밑에서 일을 못 하니 소규모라도 개인사업을 하는 경우가 많다. 전왕격의 구성에 따라 목이나 화로 종을 하면 학계에서, 토로 종을 하면 종교계서, 금으로 종을 하면 법조계에서, 수로 종을 하면 연구 분야에서 두각을 나타낸다.
　전왕격에서 주의해야 할 점은 비겁으로 격을 이루다 보니 격을 파괴하는 재성이나 관성의 운을 매우 꺼린다. 재는 곧 금전이고, 관은 곧 명예이다. 따라서 재·관을 탐하게 되면 스스로 자멸하는 결과를 초래하게 된다.
　전왕격은 각기 종을 하는 오행에 따라 또 다른 이름으로도 불리게 되는데, 목으로 종을 하면 곡직격, 화로 종을 하면 염상격, 토로 종을 하면 가색격, 금으로 종을 하면 종혁격, 수로 종을 하면 윤하격으로 분류된다. 그럼, 지금부터 각각의 격들에 관하여 살펴보도록 하겠다.

⑤ 곡직격

　곡직격은 **갑을목**의 일간이 지지에 목국을 두었을 때 성립되는 격이다. 곡직이라는 의미는 굽으면서 곧게 뻗은 나무의 성질을 상징하여 붙인 이름이다. 수·목·화운이 길한 운이다.

예/ 여자	시주	일주	월주	년주
	癸- (편인)	乙- (일간)	乙- (비견)	甲+ (겁재)
	未- (편재)	卯- (비견)	亥+ (정인)	寅+ (겁재)

　수왕절인 해월에 출생한 **을목**일간으로 해중**갑목**이 투출하여 양인격의 사주이다. 해묘미 삼합과 년지의 **인목**겁재가 있어 지지에 전목국을 이루고 있으며, 천간 역시 **계수**편인과 **갑목**겁재로 목의 기운이 세력을 갖추고 있다. 따라서 곡직격이 되었다. 수·목·화 운이 길한 운이다. 이를 '일행득기격'[180]이라고도 한다.

---

180) 일행득기격 : 한가지 오행으로 이루어진 사주를 말한다.

⑥ 염상격

　염상격은 **병정화**의 일간이 지지에 화국을 두었을 때 성립되는 격이다. 염상이라는 의미는 불이 타오르는 모양을 의미하는 것이다. 천간과 지지에 모두 화의 기운만으로 이루어져 있어 붙여진 이름이다. 목·화·토운은 길하며 금·수·운은 기하다.

예/ 여자	시주	일주	월주	년주
	戊+ (식신)	丙+ (일간)	甲+ (정인)	丙+ (비견)
	戌+ (식신)	寅+ (편인)	午- (겁재)	戌+ (식신)

　화왕절인 오월에 출생한 **병화**일간으로 월지인 **오화**겁재 중 투출신이 없어 양인격이 되었다. 인오술 삼합으로 지지에 화국을 이루고 있다. 천간 역시 인성과 비겁으로 화기가 세력을 갖추게 되니 염상격이 되었다. 시간에 **무토**식신이 있어 강한 화기를 설기 시키니 귀격의 사주라고 할 수 있다. 목·화·토운은 길한 운이다.

⑦ **가색격**

　가색격은 **무기토**의 일간이 지지에 토국을 두었을 때 성립되는 격이다. 가색이라는 의미는 농사를 짓는다는 뜻이다. 즉 농사지을 수 있는 비옥한 흙으로 사주가 구성되었다고 하여 붙여진 이름이다.

예/ 여자	시주	일주	월주	년주
	己- (비견)	己- (일간)	戊+ (겁재)	己- (비견)
	巳+ (정인)	丑- (비견)	辰+ (겁재)	丑- (비견)

　토왕절인 진월에 출생한 **기토**일간으로 지지가 토국이며, 시지의 식신**사화**가 화생토로 토의 기운을 북돋아 주니 가색격이 되었다.

　이를 좀 더 세밀하게 살펴보면 시지**사화**는 일지**축토**와 사축 삼합으로 금국을 형성하고 있다. 이는 강한 토기를 설기 시키는 역할을 하니 귀격의 사주라고 할 수 있다. 화·토·금운이 길하며 수·목운은 흉하다. 특히 수운은 군겁쟁재가 되어 매우 흉한 운이 된다.

　가색격에서 주의해야 할 점은 미월에 출생한 사주는 큰 발전을 이루기 어렵다는 것이다. 그 이유는 미월의 경우 물기가 없는 조열한 땅이 되기 때문이다.

⑧ 종혁격

종혁격은 **경신금**의 일간이 지지에 금국을 두었을 때 성립되는 격이다. 종혁이라는 의미는 혁신을 통해 갱신하고 개혁한다는 뜻으로, 그러한 기운에 따른다는 것이다. 또한 천간과 지지에 모두 금의 기운만으로 이루어져 있어 붙여진 이름이다.

예/ 여자	시주	일주	월주	년주
	庚+ (비견)	庚+ (일간)	乙− (정재)	庚+ (비견)
	辰+ (편인)	戌+ (편인)	酉− (겁재)	申+ (비견)

금왕절인 유월에 출생한 **경금**일간으로 투출한 지장간이 없어 양인격이 되었다. 월간의 **을목**과 을경합을 이루었고, 지지에 신유술로 방합을 구성하고 있어 종혁격의 사주가 되었다. 토·금·수운은 길하고 목·화운은 흉하다.

⑨ 윤하격

　윤하격은 임계수의 일간이 지지에 수국을 두었을 때 성립되는 격이다. 수가 왕성한 가운데 금의 생조가 있는 경우 같은 조건으로 판단하게 된다. 윤하라는 의미는 만물을 적시며 아래로 흘러내린다는 자연의 이치를 바탕으로 격을 이루고 있다.

　윤하격은 토의 기운을 가장 꺼린다. 그 이유는 토를 만나면 파도가 일어 안정을 취할 수 없고, 흙탕물이 되어 맑음을 상실하기 때문이다. 윤하격의 구성이 올바를 경우 지혜롭고 총명하여 귀격을 논할 수 있지만, 반대의 경우라면 '음천'181)한 사주가 될 수도 있다.

예/ 여자	시주	일주	월주	년주
	庚+ (편인)	壬+ (일간)	壬+ (비견)	壬+ (비견)
	子- (겁재)	辰+ (편관)	子- (겁재)	子- (겁재)

　수왕절인 자월에 출생한 임수일간으로 투출한 지장간이 없어 양인격의 구성을 이루고 있다. 일지의 진토편관은 자진 삼합으로 수국을 이루고 있다. 일간을 거스르는 오행이 없으므로 윤하

---
181) 음천 : 생활이 문란하다는 뜻이다.

격의 사주가 되었다. 수·목·금운이 길하고 화·토운은 흉하다.

⑩ 화기격

화기격이란, 일간이 천간과 천간합을 이루어 천간 본연의 성정을 잃고 다른 오행으로 변화하는 것을 말한다. 변화된 오행으로 사주 내에서 본연의 임무를 수행해 나아가는 격으로 이해하면 된다.

예를 들어 **갑목**이 **기토**와 합을 하여 목의 성정을 버리고 토라는 새로운 기운으로 격을 이끄는 것이다. 즉 **을목**은 **경금**과, **병화**는 **신금**과, **정화**는 **임수**와 **무토**는 **계수**와 각각 합화하여 격을 이루게 된다. 화기격 역시 격이 성립되기 위한 조건이 있다.

- 월지가 화기오행의 계절이어야 한다.
- 지지는 하나의 오행이나 합국을 이루어야 한다.
- 화기오행이 천간에 투출해야 한다.

반대로 화기격의 성격을 방해하는 요소로는 다음과 같다.

- 천간의 합을 방해하는 쟁합과 투합이 없어야 한다.
- 천간의 합을 방해하는 충이나 극이 없어야 한다.

뛰어난 중재 역할의 재능을 발휘하는 화기격은 종격의 모든 범주를 포함하고 있다. 화기격에도 그 종류가 있으니 각각의 예시 사주를 통해 소개하도록 하겠다.

예) 갑기합화토격

여자

시주	일주	월주	년주
戊+ (편재)	甲+ (일간)	己- (정재)	庚+ (편관)
辰+ (편재)	午- (상관)	丑- (정재)	戌+ (편재)

수왕절인 축월에 출생한 **갑목**일간이다. 지지가 전토국이며 월간의 **기토**정재와 일간**갑목**이 합화하고 있다. 그리고 이를 방해하는 세력이 전혀 없다. 년간의 **경금**편관은 토의 기운을 설기하니 귀격이 되고 있다. 화·토·금운에 길하며 수목운은 기하다.

예) 을경합화금격

남자

시주	일주	월주	년주
庚+ (정관)	乙- (일간)	壬+ (정인)	戊+ (정재)
辰+ (정재)	酉- (편관)	戌+ (정재)	申+ (정관)

금왕절인 술월에 출생한 을목일간이다. 지지가 신유술 방합으로 전금국이며 일간을목과 시간의 경금정관 또한 합화하여 강한 금국을 이루고 있어 을경합화금격이 되었다. 합화와 금의 기운을 돕는 토·금·수운이 길하다.

예) 병신합화수격

남자	시주	일주	월주	년주
	丙+ (정관)	辛- (일간)	壬+ (상관)	壬+ (상관)
	申+ (겁재)	酉- (비견)	子- (식신)	午- (편관)

　수왕절인 자월에 출생한 신금일간이다. 지지에 신유 방합으로 금국이 되었고, 일간신금과 시간의 병화정관 또한 합화하여 강한 수국을 이루고 있다. 년지의 오화와 월지 자수가 상충하여 격이 성립되지 않을 것 같으나, 강한 수기에 의해 오화가 제거되니 격이 성립되었다. 이 외에도 정임합화목격과 무계합화화격이 있으나 모두 이 같은 논리 체계의 범주를 벗어나지 않으니 이하 유추하여 판단하기를 바란다.

⑪ **천원일기격**

천원일기격이란 천간이 모두 동일한 글자로 이루어진 격을 말한다.

예) 천원일기격

남자	시주	일주	월주	년주
	壬+ (비견)	壬+ (일간)	壬+ (비견)	壬+ (비견)
	寅+ (식신)	寅+ (식신)	寅+ (식신)	寅+ (식신)

천원일기격은 반드시 천간의 기운이 지지로 설기됨으로써 귀격을 논하게 된다. 반대로 지지에서 천간을 극한다면, 이는 귀격이 아닌 빈천격이 된다.

⑫ 지지일기격

예) 지지일기격

여자	시주	일주	월주	년주
	戊+ (비견)	戊+ (일간)	丙+ (편인)	壬+ (편재)
	午− (정인)	午− (정인)	午− (정인)	午− (정인)

지지일기격은 사주원국의 지지가 모두 동일한 글자로 이루어진 사주 구성을 뜻하는 것이다. 화왕절인 오월에 출생한 무토일간이다. 연·월·일·시지에 모두 오화를 두고 있어 지지일기격이 되었다.

지지일기격 역시 천원일기격과 마찬가지로 성격만 된다면 귀격으로 논하게 된다. 다만 천원일기격과 다른 점이 있다면 천간에 비해 지지의 다양한 특성이 세심하게 발휘될 수 있다는 것이다. 무엇보다 일간의 신왕이 필요하다.

⑬ 현무당권격

현무는 북방의 임계수를 말하는 것이다. 현무당권이란 권세를 가졌다는 뜻으로 관의 힘과 재물의 힘을 모두 가졌다는 의미이다. 즉 임계수일간이 인오술, 사오미 화국이나 진·술·축·미의 관을 갖추어 격을 이루었다는 것이다.

예/ 여자	시주	일주	월주	년주
	癸- (비견)	癸- (일간)	壬+ (겁재)	戊+ (정관)
	亥+ (겁재)	酉- (편인)	戌+ (정관)	戌+ (정관)

금왕절인 술월에 출생한 계수일간이다. 지지에 술토정관을 두고 있어 현무당권격이 되었다. 계수일간은 지지에 유술 방합으로 신왕하게 되니 귀격의 사주가 되고 있다.

현무당권격 역시 우선으로 일간의 신왕함을 바라는 격국이다. 일반적으로 지지에 재·관을 갖추면 일간은 신약하게 된다. 이런 경우 종을 해야만 성격할 수 있다.

⑭ 복덕격

예/ 남자	시주	일주	월주	년주
	乙- (편관)	己- (일간)	辛- (식신)	癸- (편재)
	亥+ (정재)	丑- (비견)	酉- (식신)	巳+ (정인)

　　복덕격은 음의 일간이 사·유·축 중의 한 날에 출생하여 지지에 금국을 놓는 경우 성립되는 격이다. 복덕격을 이루는 일간은 음간일 수밖에 없으니, 이를 오음격이라고 부르기도 한다. 금국이 중심이 되는 격으로 유월생을 가장 귀격으로 판단하게 된다.

　　복덕격은 종격으로 성립이 된다. 그 이유는 을목일간의 경우 종살격, 정화일간은 종재격, 기토일간은 종아격, 신금일간은 종혁격, 계수일간은 종강격이 되기 때문이다.

⑮ **정란차격**

　정란차격은 경자·경진·경신일주가 지지에 신자진의 삼합 수국을 이루어 성립되는 격이다. 사주에 인오술과 병·정·사·오가 없는 경우 성격이 된다.

　정란차격의 원리는 주중에 국을 이루고 있는 신자진 삼합이 허충으로 인오술 삼합을 불러오는 것이다. 즉 재·관·인의 삼기를 끌어오는 데 그 의미가 있는 것이다. 그러나 사주원국에 이미 인·오·술이나 병·정·사·오가 자리하고 있다면 이는 전실된 것으로 판단하다.

예/ 남자	시주	일주	월주	년주
	癸- (상관)	庚+ (일간)	戊+ (편인)	庚+ (비견)
	未- (정인)	辰+ (편인)	子- (상관)	子- (상관)

　수왕절인 자월에 출생한 **경금**일간이다. 년지의 **자수**와 월지의 **자수**는 정관오화를 허자182)용신으로 가용하기 위해 '허충'183)으로 불러들이고 있다. 이때 시지의 **미토**는 인종된 허관인 **오화**와

---

182) 허자 : 사주원국에는 없는 글자를 끌어오는 것이다.
183) 허충 : 어느 한 기운이 충만하면 이를 상쇄시킬 반대의 기운을 끌어오는 것을 말한다.

오미합으로 육합하여 관성으로 변하게 되니 귀격이 되었다.

⑯ **구진득위격**

　구진득위격은 **무토**나 **기토** 일간이 지지에 신자진 삼합이나 해자축 방합을 갖추거나 혹은 해묘미 삼합이나 해자축 방합을 갖추었을 때 성립되는 격이다. 즉 지지에서 재·관을 얻는 것이다. 일간의 신왕함을 바라는 격이다.

예/ 남자	시주	일주	월주	년주
	己- (겁재)	戊+ (일간)	丁- (정인)	甲+ (편관)
	未- (겁재)	寅+ (편관)	卯- (정관)	辰+ (비견)

　목왕절인 묘월에 출생한 **무토**일간으로 지지에 인묘진 방합으로 목국을 놓아 구진득위격의 사주가 되었다. 시주에 세력을 갖춘 겁재와 시지의 **미토**겁재에 통근한 **정화**정인이 있어 살인상생을 하니 일간은 신왕하다. 따라서 귀격의 사주가 되었다.

3) 시주로 구성을 이루는 격

① 시상일위정재격

　시상일위정재격은 시주에 정재를 놓은 사주로 일간이 신왕하여 정재를 용신으로 쓰는 격을 말한다. 여기서 말하는 시주의 범위는 시주의 천간과 지지를 모두 포함한다. 일간이 신약하면 파격이 되며 남자의 경우 평생 금전과 이성의 문제로 고민하게 된다.

예/ 남자	시주	일주	월주	년주
	癸- (정재)	戊+ (일간)	丙+ (편인)	庚+ (식신)
	丑- (겁재)	申+ (식신)	戌+ (비견)	午- (정인)

　금왕절인 술월에 출생한 **무토**일간으로 시간에 **계수**정재가 있고 일간을 제외한 어디에도 정재에 해당하는 수기운이 없다. 지지의 오술합과 년지에 통근하고 있는 월간의 **병화**편인이 **무토**일간을 돕고 있어 **무토**일간은 신왕하다. 따라서 시간의 **계수**정재를 용신으로 취하게 되니 시상일위정재격의 사주가 되었다.

② **시상일위편재격**

시상일위편재격은 시주에 편재를 놓은 사주로 일간이 신왕하여 편재를 용신으로 쓰는 격을 말한다. 일간이 신약하면 파격이 되며 여자의 경우 평생 금전과 친아버지 혹은 시댁과의 갈등으로 고민하게 된다.

예/ 남자	시주	일주	월주	년주
	壬+ (편재)	戊+ (일간)	戊+ (비견)	庚+ (식신)
	戌+ (비견)	申+ (식신)	寅+ (편관)	戌+ (비견)

목왕절인 인월에 출생한 **무토**일간으로 시간에 **임수**편재가 있고, 일간을 제외한 어디에도 편재에 해당하는 수기운이 없다. 득령과 득지를 하지 못해 일간은 신약하다. 인술합이 있으나 불의 기운을 지펴줄 화기가 없어 안타깝다. 만약 화·토운이 받쳐준다면 급반전할 수 있는 사주이다.

③ 시상일위정관격

　시상일위정관격은 시주에 정관을 놓은 사주로 일간이 신왕하여 정관을 용신으로 쓰는 격을 말한다. 다른 주에 정관이나 편관이 놓여 있으면 파격이다. 그러나 거관유살이나 합살유관이 되면 다시 귀격을 논할 수 있다. 운에서 관성을 돕는 운이 오면 길하게 된다.

예/ 여자	시주	일주	월주	년주
	丁- (정관)	庚+ (일간)	甲+ (편재)	戊+ (편인)
	丑- (정인)	申+ (비견)	寅+ (편재)	寅+ (편재)

　목왕절인 인월에 출생한 **경금**일간으로 시간에 **정화**정관이 있고 일간을 제외한 어디에도 정관에 해당하는 화의 기운이 없다. 따라서 시상일위정관격이 되었다. 그러나 득령하지 못 한 **경금**일간은 거듭되는 인신충으로 신약하여 파격이 된 상황이다. 만약 운에서 일간을 도울 수 있는 토·금운이 와준다면 길한 사주가 될 수 있다.

④ 시상일위편관격

　시상일위편관격은 시주에 편관을 놓고 그 편관이 용신이 되는 경우 성립하게 된다. 시상일위정관격과 마찬가지로 신왕·관왕을 바란다.

예/ 여자	시주	일주	월주	년주
	甲+ (정재)	辛- (일간)	乙- (편인)	乙- (편재)
	午- (편관)	巳+ (정관)	丑- (편인)	酉- (비견)

　수왕절 축월에 출생한 신금일간으로 지지에 사유축 삼합으로 금국을 이루니 신금일간은 매우 신강하다. 따라서 관성을 용신으로 취하고자 한다. 다행히 시지에 오화편관이 있어 이를 용신으로 삼게 되니 시상일위편관격이 되었다.
　그러나 조후의 관점으로 보았을 때 축월은 아직 엄동설한의 계절이다. 즉 화기가 필요한 것은 조후로써 지극히 당연한 이치가 되나 사주 전체를 따뜻하게 해 줄 화기가 부족하니 아쉬운 상황이다. 따라서 편관 화용신을 도울 수 있는 목·화운이 와준다면 발전할 수 있는 사주가 된다.

4) 생시로 구성을 이루는 격

① 귀록격

　귀록격은 일간의 록이 시지에 있어 격을 이루는 것이다. 생시의 건록은 곧 만년의 부귀를 뜻함과 동시에, 시주는 자손궁에 해당하니 자손의 운이 길한 것으로 판단한다. 일간이 신왕하고 관왕해야 하며, 일지와 형·충을 하거나 공망이 되면 파격이 된다. 귀록격의 구성은 다음과 같다.

일 간	갑	정·기	무	경	임	계
시 간	인	오	사	신	해	자

② 전재격

　전재격이란 시간에 재를 놓아 이루어진 격이다. 재를 '마'라고도 하는데, 이를 합쳐서 '재마' 혹은 '시마'라고도 부른다. 신왕하고 재왕해야 하며 군겁쟁재의 원흉이 되는 비겁을 꺼린다. 전재격의 구성은 다음과 같다.

일 간	갑·을	병·정	무·기	경·신	임·계
시 지	진술축미	신유	해자	인묘	사오

③ 시묘격

시묘격은 일간이 진술축미 시에 출생하는 것을 의미한다. 즉 일간이 묘시에 출생하면서 묘고를 얻게 되는 것인데, 시지에 암장된 재·관을 형·충을 하여 개고 시킴으로써 길한 운을 맞이하게 되는 것이다. 시묘격의 구성은 다음과 같으나 일간에 상관없이 진·술·축·미시가 되면 적용되고 있다.

일 간	갑·을	병·정, 무·기	경·신	임·계
시 지	미	술	축	진

④ 공록격

공록격은 일간과 시간이 같고, 일간의 록이 일지와 시지 사이에 껴있으면서 년·월지에 록이 없으면 이 격이 성립한다. '공협'184)된 록이 타지에 자리하고 있으면, 이는 전실되어 격이 성립되지 않는다. 편관이 있거나 록이 충을 받아도 파격이 된다. 공록격의 구성은 다음과 같다.

일 주	계해	계축	무진	기미	정사
시 주	계축	계해	무오	기사	정미

---

184) 공협 : 십이지지 중 인접한 글자 사이에 한 글자가 빠져 있는 경우 그 빠진 글자를 허공에서 불러들인다는 뜻이다.

⑤ 공귀격

공귀격은 일간과 시간이 같고 일지와 시지 사이에 천을귀인이나 혹은 정관이 끼어있는 경우 격이 성립한다. 천을귀인과 정관은 길신인데 만약 사주원국에 자리하고 있지 않다고 해도, 일지와 시지 사이에 공협되어 있으면 이를 귀하게 여긴다. 다른 주에 공귀격을 구성하는 글자가 자리하고 있는 경우 전실되어 격이 성립되지 않는다. 일지와 시지가 각각 충을 받아도 파격이 된다. 공귀격의 구성은 다음과 같다.

일 주	갑신	갑인	무신	을미	신축
시 주	갑술	갑자	무오	기유	신묘

⑥ 공재격

공재격은 일지와 시지 사이에 재고를 놓으면 공재격이 된다. 이 격이 성립되는 경우 부유하고 귀한 삶을 살 수 있게 된다. 사주원국에 재성이 없어야 하고, 일지와 시지를 형·충 하거나 편관이 있으면 파격이다. 공재격의 구성은 다음과 같다.

일 주	갑인	기묘	경오	계유
시 주	갑자	기사	경신	계해

⑦ 자요사격

자요사격은 갑자일주가 갑자시에 출생하여 성립하는 격이다. 자수의 지장간에 있는 계수가 사화의 지장간에 있는 무토와 무계합을 하기 위해 사화를 불러오는데, 불려 온 사화의 지장간 병화는 병신합을 하기 위해 신금을 불러들인다.

결국 불려온 신금은 갑목일간의 정관이 되니 귀격이 성립하는 것이다. 자수를 충하는 오화와 함께 자수를 합으로 묶는 축토가 있으면 격은 성립되지 않는다. 또한 사주원국에 관성이 있으면 전실되어 파격이 된다.

예/ 여자	시주	일주	월주	년주
	甲+ (비견)	甲+ (일간)	壬+ (편인)	丙+ (식신)
	子− (정인)	子− (정인)	辰+ (편재)	寅+ (비견)

목왕절인 진월에 출생한 갑목일간으로 월지에서 투출한 지장간이 없어 편재격의 사주가 되었다. 일주와 시주가 갑자로만 구성되어 있고, 사주원국에 관성이 없어 자요사격이 격을 이루었다. 편재격과 자요사격을 겸한 겸격의 사주를 이루고 있다.

⑧ 축요사격

　축요사격은 계축일주와 신축일주가 사주원국에서 축토를 만남으로써 성립되는 격이다. 계축일주의 축토 중의 계수는 사화를 끌어와 사화 중의 무토를 암합함으로써 정관을 얻는 것이다. 신축일주는 축토 중의 신금으로 사화 중의 병화를 끌어와 암합함으로써 역시 정관을 얻는 것이다.

　결국 신계일간이 사주원국의 지지에 자리하고 있는 축토를 이용하여, 사화를 요합하니 축요사격이라고 하는 것이다. 축토를 합으로 묶는 자수가 있으면 격은 성립되지 않으며, 사주원국에 사화가 있거나 관성이 있으면 전실되어 파격이 된다.

예/ 남자

시주	일주	월주	년주
癸- (비견)	癸- (일간)	辛- (편인)	辛- (편인)
丑- (편관)	丑- (편관)	丑- (편관)	丑- (편관)

　수왕절인 축월에 출생한 계수일간으로 축토 중의 신금이 투출하여 편인격 사주가 되었다. 사주원국의 년·월·일·시에 해당하는 지지에 축토가 자리하고 있고, 사주원국에 관성이나 사화가 없어 축요사격이 된다. 편인격과 겸격을 이루고 있다.

⑨ 육을서귀격

　육을서귀격은 을목일주가 자시를 놓아 격을 이룬 것이다. 육을은 을축·을해·을유·을미·을사·을묘일을 말하는 것이다. '서'는 쥐를 의미하는데 자시를 뜻하는 것이다. 따라서 육을일의 병자시에 출생한 자를 말하는 것이다. 을일의 자는 곧 천을귀인을 의미한다. 자수 중의 계수가 사화 중의 무토를 무계합 하는데, 이를 본 사화가 합이 탐이나 지지의 신금과 육합을 하여 지지의 신금 중의 경금을 끌어온다. 을목은 이를 정관으로 삼아 귀격을 이루게 되는 것이다.

　육을서귀격은 역시 관성에 해당하는 천간의 경·신금과 지지의 신·유금, 그리고 사화 및 자오충, 자축 육합이 없어야 한다.

⑩ 육음조양격

　육음조양격은 신금일주의 시주가 무자시로 구성되는 것이다. 육음이란 신미·신사·신묘·신축·신해·신유를 말하는 것이다. 조양이란 음이 끝나고 양이 시작된다는 뜻으로 자시부터 새로운 시작을 상징하는 법칙에서 비롯된 말이다.

　무자시로 격이 구성되는 이유는 자수 중의 계수가 사화 중의 무토를 무계합하여 사화 중의 병화를 흔들어 놓음으로써 정관을 얻게 되니 귀격이 되는 것이다. 사주원국의 병·정·사·오화를 꺼리며, 축토 역시 자축 육합이 되어 꺼린다.

제10편 사주 해석과 판단 요결

제1장 육친의 작용과 해석

1. 인성다봉

인성은 일간을 보호하고 일간의 기운을 채워주는 생성 기반이다. 인성의 조력을 바탕으로 일간은 비로소 운명의 주체적 활동을 이어 나가게 된다. 생물학적 관계로 살펴보면 인성은 곧 어머니를 의미한다. 따라서 양육의 주체가 되는 어머니와 직접적인 관계가 있으며, 대개 윗사람이나 부모의 보호를 받는 힘의 원천이 된다.

그러나 인성다봉으로 인해 인성이 과다해지면, 불미스러운 문제가 발생하게 된다. 인성의 과도한 애정과 사랑이 지나친 간섭으로 이어지며, 일간의 자립과 독립의 의지를 꺾어 버리기 때문이다. 즉 계부나 편모슬하의 자손이 되기 쉽고, 배우자궁이 불미하며, 친모를 떠나서 살 수 없는 마마보이의 성향이 짙어지게 된다. 고집이 세고 일의 시작과 끝을 알 수 없으며, 매사 무사안일주의로 일관하는 경우가 많다. 특히 여자의 경우 관성을 탈기시켜 부부관계에 심각한 불화가 나타나게 된다.

2. 비겁다봉

비겁은 일간과 같은 세력으로 일간의 지지기반이 그만큼 왕성하다는 의미이다. 세상의 중심은 바로 자신이라는 유아적 태도를 지향하며 객관적인 시각과 관점으로 자신을 성찰하는 힘이 부족하다. 즉 자신만의 세상을 꿈꾸며 오로지 자신만의 방식으로 삶을 살아가려는 성향이 강한 것이다. 일간의 기운이 과도해지는 경우 일간은 신강해지고, 오행의 균형과 조화가 무너져 여러 형태의 부작용이 나타나게 된다. 이처럼 비겁다봉으로 인해 나타나는 현상을 살펴보면 다음과 같다.

비겁은 재성을 극하는 육친이다. 따라서 비겁다봉자는 조별부친이나 계모 혹은 이복형제가 있을 수 있다. 매사 자기 위주로 일을 처리하기 때문에 소통의 부재가 나타나게 된다. 그리고 형제나 친구와의 관계가 좋지 못해 배신하거나, 배신을 당하는 불미스러운 상황이 끊임없이 반복된다. 따라서 동업은 불가하다.

모처가 불화하는 경우가 많고 탈처지명185)으로 부부관계도 좋지 못하다. 의처증이 깊거나 처의 질병으로 근심하게 된다. 여명의 경우 상부의 기운이 강하고, 탈부지명186)이 되니 시댁과의 관계가 소원하고 가정을 지키기 어렵다. 결국 오행의 균형과 조화를 이루지 못하고 한쪽으로 편중된 사주가 되면 풍파가 많

---

185) 탈처지명 : 처를 빼앗기게 되는 운명이라는 뜻이다.
186) 탈부지명 : 남편을 빼앗기게 되는 운명이라는 뜻이다.

은 운명이 되고 마는 것이다.

3. 식상다봉

　식상은 일간이 가지고 있는 욕망을 표현하고 배출하는 것이다. 이를 다른 말로 설기라고도 한다. 따라서 식상이 많아 설기가 되면 일간은 자연히 약해지게 되므로, 일간은 균형과 조화를 잃고 갖가지 부조화 현상들이 나타나게 된다. 남자에게 식상은 육친으로 처가가 된다. 따라서 처가를 받들고 살아야 하는 운명이 되는 것이며, 여자의 경우 타인의 자손을 거두기도 한다. 또한 희생과 봉사를 상징하는 식상의 특성상 비영리 목적의 사회사업을 하게 된다. 정작 자신의 삶은 크게 신경 쓰지 않기 때문에 사업은 불가하다.

　식상은 표현이라 했으니, 말과 글로 인해 온갖 구설이 끊이지 않는다. 반면 식상의 희생과 봉사의 이면에는 탐욕이 동시에 작용하고 있다. 따라서 이중인격자가 되어 재를 탐하게 되니 '탐재반화'[187]가 된다. 또한 이를 실행시키는 과정에서 배신과 사기성이 함께 드러나기도 한다. 여자의 사주에서 식상은 관성을 극하게 되니, 공방살이 작용하여 상부하거나 재가의 운명이 되기도 한다.

---

187) 재물을 탐내면 오히려 화가 미치게 된다는 뜻이다.

4. 재성다봉

식상이 일간의 욕망을 표현하고 배출하는 것이라면, 재성은 욕망을 실현하기 위한 일간의 의지이자 열정이다. 식상보다 더 적극적인 행위를 하는 육친이기 때문이다. 재성의 실현 의지가 강할수록 일간은 그 기운을 소진하게 된다. 따라서 일간은 자연히 신약해지면서 균형과 조화를 잃게 되는데, 이 과정에서 여러 부조화 현상이 나타나게 된다.

먼저 재극인이 되어 일간의 조력 기반이 되는 부모님과 조별하게 되거나, 형제의 발전이 없으며 집안의 덕이 없다. 남자의 경우 처가를 의미하는 재성이 강하게 되니 악처와 인연이 깊다. 또한 상처살이 작용하여 도처에 여자로 가득하니, 편안한 가정을 꾸리기가 어렵다. 고부간의 갈등이 심하고 재물로 인한 관재가 끊이지 않으며, 여자에게 기대어 내 일신을 기탁하게 된다. 그리고 학업의 부진 및 중단이 따르기도 한다.

노력한 만큼의 결실을 기대하기 어렵고, 매사 욕망만 앞서게 되니 실천보다는 말이 먼저 앞서 일을 그르치게 된다. 여자의 경우 시댁이 여러 곳이니 일부종사가 어려우며, 남편을 의미하는 관성이 다봉한 재성에 의해 재생몰이 된다. 이로 인해 재가나 '소실지명'[188]이 되고 마는 것이다.

---

[188] 정식 부인의 권리를 모두 누릴 수 없는 아내를 말한다.

5. 관성다봉

　재성이 욕망을 실현하기 위한 일간의 의지와 열정이라고 말한다면, 관성은 일간의 맹목적 성향을 중화시키는 억압의 힘이자 이를 통해 관록을 취하는 명예의 상징이다. 따라서 관성은 개인의 차원에서 벗어나 사회적이며 공식적인 힘을 가지고 있다. 그러나 관성이 지나치게 강하면 이는 곧 병이 되고 만다. 명예를 좇다가 정작 자신의 안위를 돌보지 못해 소심해지거나 위축되어 사회성의 결여로 이어지게 된다.

　남자의 경우 자손이 불미하여 불효자를 두거나, 자손으로 인해 패망에 이르게 된다. 배우자의 덕도 없으며 배우자로 인한 파재가 따르게 된다. 송사와 시비가 끊이지 않으며 사건·사고가 빈발하고 의지가 박약하다. 정신 건강도 좋지 못해 매사 결과에 이르지 못하고 방황하게 된다. 여자의 경우 실연과 배신의 기운이 강하게 나타나고 평생 남편의 덕이 없으며, 독수공방에 소실지명이 된다.

제2장 사주통변론

1. 육친간명법

1) 자신의 운명을 판단하는 방법

　자신의 운명을 판단하는 법은 먼저 일간의 음양오행을 구분하고 일간의 강약과 오행의 생극관계를 분별하고, 일간과 월령과의 관계를 살핀 후 육친 관계를 정한다. 그리고 격국을 정하면 되는데 격국에는 정격과 별격이 있으니, 이를 꼼꼼하게 분석하여 어느 격에 해당하는지를 판단한다.

　격국이 정해지면 용신과 기신 및 흉신을 각각 구분하여 사주의 순쇄와 청탁을 판단한다. 여기서 청탁이란 형·충·파·해가 되지 않는 것을 의미한다. 또한 흉신이 없고 길신이 유기하며 일간까지 생왕하면 청하다고 판단한다. 일간의 청탁 단계를 구분하면 청, 중청, 중탁, 탁의 4단계로 나누어 판단할 수 있으니, 추명에 참고하기를 바란다.

　일간이 청하게 되면 선조나 육친의 덕이 있고 편안한 가정을 이루게 되며 부귀함과 동시에 자손의 번영이 따르게 된다. 그러나 반대로 탁하게 되면 육친의 덕이 없고 가업을 이을 수 없으며, 횡액과 재화가 빈번히 발생하여 종래에는 사람 구실을 하기 힘들 지경에 이르고 만다. 또한 입신양명은 커녕 입에 풀칠하기 힘들 정도로 매사 근심과 재앙이 따르게 되는 것이다.

   또한 십이운성을 기준으로 일지가 살지나 패지에 자리하게 되면 배우자덕이 없고 매사 실패수가 따르며, 인간관계에서는 배신과 우유부단함으로 자신의 자리를 확고히 할 수 없는 지경에 이르게 된다. 물론 이 같은 판단의 기준은 사주의 전체 구성을 자세히 살펴 최종적으로 판단하는 것이지 단순히 일주만 보고 결정짓는 것은 아니니 추명에 착오 없기를 바란다. 마지막으로 대운과 세운 및 월운을 각각 일주와 대조하여 운의 향방 및 그 흐름을 가늠하고 추명하면 될 것이다.

2) 선조덕의 유무를 판단하는 방법

선조라는 말은 친할아버지와 친할머니를 의미한다. 아버지를 낳아주신 분으로 아버지를 상징하는 편재를 응용하여 판단하게 된다. 즉 편재를 생하는 육친은 식상이 되므로 식상은 곧 할머니가 되고, 식상을 극하는 인성이 곧 할아버지가 된다. 따라서 식상과 인성이 사주의 어느 곳에 자리하고 있으며, 자리한 곳에서 일간과 그 주변 오행들과의 관계를 살펴 추명하게 된다.

또한 궁성론에 근거하여 조상궁에 해당하는 년주와 일간과의 관계를 생극법으로 판단할 수 있으며, 십이운성으로 운을 적용하여 해당 육친의 생왕을 분별하고 주중의 길신과 흉신의 생왕 여부도 살핀다. 여기에 십이신살을 적용하면 좀 더 세밀한 동향을 파악할 수가 있는 것이다.

가령 예를 들어 식상이 생·록·왕에 임하고 식상생재가 잘 되는 사주는 그의 할머니께서 인내력이 강하여 집안을 일으키는데 큰 몫을 하신 분으로 평가하게 되는 것이다. 또한 관인상생이 잘 되는 사주는 그의 할아버지가 훌륭한 가문 출신이며 인품이 후덕한 분이었다는 것을 알 수가 있는 것이다.

3) 부모덕의 유무를 판단하는 방법

　부모덕의 유무를 판단하는 방법은 월주의 임하고 있는 육친으로 판별할 수 있다. 그 이유는 월주가 곧 부모궁이기 때문이다. 또한 사주의 주중에 자리하고 있는 인성으로도 판단하게 되는데, 대개 정인은 친모가 되지만 정인이 사주 내에 없고 편인만 있다면 이때는 편인을 친모로 판단하게 된다.

　십이운성으로 월주의 생왕함을 판단하고, 길신과 흉신의 여부와 함께 십이신살을 이용하여 인성의 동향과 성격을 파악한다. 만일 인성이 용신이 되는 사주라면 어머니는 나에게 더할 나위 없는 길성으로 작용하여 어머니의 덕이 많은 사주가 되는 것이다. 여기에 재·관·인의 삼재까지 구비되는 사주라면 그의 어머니 인품까지 후덕할 뿐만 아니라 본인 사주 또한 매우 귀한 사주가 되는 것이다. 그러나 귀격의 사주를 갖추었으나 형·충으로 인해 피상된다면 이는 파격이 되어 정반대의 상황에 직면하게 되는 것이다.

　아버지의 덕은 재성으로 판단하게 된다. 일간이 신왕하고 재성이 세력을 갖추어 일간의 재로 그 역할을 충실히 수행하고 있다면 이는 아버지의 덕이 있는 사주로 판단한다. 반대로 부모덕이 없는 사주는 월주가 십이운성의 살지나 패지에 임하거나, 인성 혹은 재성이 이와 같은 자리에 임해 있거나, 형·충·파·해가 되고 십이신살의 겁살이나 재살에 임하게 되면 부모덕이 없는 사주로 구분한다.

예) 부모덕이 있는 사주

여자

시주	일주	월주	년주
辛- (식신)	己- (일간)	戊+ (겁재)	丁- (편인)
未- (비견)	巳+ (정인)	申+ (상관)	酉- (식신)

기토일간이 금왕절인 신월에 출생하였다. 월령에서 투출한 지장간이 없어 월지가 그대로 격을 이루게 되었다. 신왕하고 식상도 왕성한 사주로 상관격이다. 년주의 천간에 자리하고 있는 정화편인은 일간에게 조부가 되고 년지 유금식신은 곧 조부의 재물이 된다. 따라서 년지의 유금식신과 월지의 신금상관, 그리고 일지의 사화정인이 각각 삼합과 육합을 하며 정화편인의 재물을 기토일간의 자리로 끌어당기는 형국이다.

월간의 무토겁재는 기토일간의 아버지가 되고 있다. 아버지의 재물을 상징하는 수의 기운은 월지신금의 지장간 임수에 자리하고 있다. 월주의 상생관계를 살펴보면 천간의 무토겁재는 지지의 신금상관을 생하고 있고, 지지 신금상관은 신금 중의 임수정재를 생하고 있다. 지장간의 임수는 신금에서 장생지에 임하고 있어 재복이 많음을 알 수 있는 것이다. 따라서 위의 사주는 부모덕이 있는 사주가 되는 것이다.

예) 부모덕이 없는 사주

여자

시주	일주	월주	년주
乙 − (겁재)	甲 + (일간)	丙 + (식신)	戊 + (편재)
亥 + (편인)	戌 + (편재)	辰 + (편재)	戌 + (편재)

갑목일간이 목왕절인 진월에 출생하였다. 월지의 진토편재에 장축되어 있는 무토편재가 투출하여 편재격이 되었다. 갑목일간이 진월에 출생하여 실령하였다. 주중에 편재와 식신이 세력을 갖춰 일간의 기운을 설기하니 일간은 신약하다. 신약한 갑목일간을 생조하는 인성이나 비겁이 절실히 필요한데, 다행히 시주에 을목겁재와 해수편인이 있어 을목겁재를 용신으로 삼아 편재용겁격의 사주가 되었다.

한편 본명 사주의 월지와 년지, 그리고 일지는 진술충이 되고 있다. 사주에서 월주는 부모궁에 해당하는데, 이처럼 부모궁에 거듭된 상충은 일간에게 매우 불리하게 작용할 수밖에 없다. 월주는 곧 월령이 자리한 곳이기 때문이며, 재성을 의미하는 육친에 해당하고 있기 때문이다. 결국 부모와 재물을 의미하는 월주 및 편재의 거듭된 상충으로, 부모덕이 없고 일신이 고단한 사주가 되고 있다.

4) 형제덕의 유무를 판단하는 방법

형제덕은 비견과 겁재로 판단하게 된다. 즉 사주 내에서 비겁의 위치를 살펴 생극제화의 이치로 판단하는 것이다. 또한 비겁이 놓인 자리가 십이운성으로 어느 자리에 임하고 있는지를 분석하고, 이를 십이신살에 적용하여 비겁이 용희신에 해당하는지 아니면 기구신에 해당하는지를 판단한다. 이와 더불어 형·충·파·해와 길신과 흉신이 여부를 살피게 된다.

예) 형제덕이 있는 사주

남자	시주	일주	월주	년주
	戊+ (비견)	戊+ (일간)	戊+ (비견)	丙+ (편인)
	午- (정인)	午- (정인)	戌+ (비견)	辰+ (비견)

　무토일간이 금왕절인 술월에 출생하였다. 월지의 술중무토가 투출하여 비견격이 되었다. 이 사주는 사주원국에 식·재·관이 없고 오로지 화·토의 기운으로만 사주가 구성되어 있다. 따라서 강한 화·토의 기운에 종을 하는 사주가 되었다.
　월지와 일지가 오술합을 하여 화국을 이루니 종강격이 될 것 같으나, 비겁이 월령이라 비겁으로 종을 하는 종왕격이 되었다. 형제궁인 월지와 일지가 합을 이루고 있다. 비겁용신의 사주로서 형제덕이 있는 사주가 되고 있다.

예) 형제덕이 없는 사주

남자

시주	일주	월주	년주
癸- (식신)	辛- (일간)	庚+ (겁재)	辛- (비견)
巳+ (정관)	丑- (편인)	子- (식신)	卯- (편재)

　신금일간이 수왕절인 자월에 출생하였다. 월지의 자중 **계수**가 투출하여 식신격이 되었다. 신왕하거나 신강한 사주에서는 형제덕이 약한 것이 일반적이다. 그 이유는 신왕하고 신강한 명에서 비겁은 곧 기·구신이 되기 때문이다.

　위 사주의 년지에 자리하고 있는 **묘목**은 편재인데, 천간의 **경금**과 **신금**, 그리고 일지와 시지의 사유 삼합으로 군겁쟁재가 되고 있다. 평생 금전의 고통과 형제간의 불화로 마음의 안정이 어려운 사주이다.

5) 배우자덕의 유무를 판단하는 방법

일반적으로 배우자덕은 재성으로 판단하게 되는데, 정재는 본처가 되고, 편재는 첩이나 애인이 된다. 그러나 주중에 정재가 없고 편재만 있는 경우에는 편재를 본처로 판단하게 된다.

배우자덕의 유무는 정재의 생왕의 여부에 따라 길흉을 가리게 되는데, 정재가 생왕하고 일간의 길신이 되거나 용신이 될 때 비로소 배우자덕이 있다고 판단하게 된다. 또한 관성이 유기하지 못한 중 재생관으로 관을 생하는 구조가 갖춰질 때 처복이 있다고 할 수 있다. 따라서 신왕하고 신강한 사주가 대체로 배우자덕이 있다고 말할 수 있는 것이다.

상관견관이나 재자약살 등 식상이 관성을 극하거나 관성이 미약할 때 재성이 있어 식상생재하고 이를 다시 재생관을 함으로써 관성을 생하는 구조가 되면 배우자덕이 있다고 판단한다.

또한 인성이 많을 때 재성이 있어 재극인으로 인성을 극하는 경우와 일지에 재성이 있고 길신이나 용희신이 되는 경우, 그리고 제살태과가 될 때 통관용신으로 중재하는 경우는 모두 배우자덕이 있다고 할 수 있다.

예) 배우자덕이 있는 사주

남자	시주	일주	월주	년주
	丁- (정관)	庚+ (일간)	乙- (정재)	癸- (상관)
	丑- (정인)	申+ (비견)	丑- (정인)	卯- (정재)

　경금일간이 수왕절인 축월에 출생하여 상관격이 되었다. 천간의 을경합으로 인해 더욱 강왕해진 **경금**일간은 년지의 **묘목**정재로 용신을 취하고, 년간의 상관**계수**를 희신으로 삼고 있다. 아내를 의미하는 정재가 용신이니 배우자덕 있는 사주가 되는 것이다.

예) 배우자덕이 없는 사주

남자	시주	일주	월주	년주
	庚+ (편재)	丙+ (일간)	辛- (정재)	丙+ (비견)
	寅+ (편인)	申+ (편재)	丑- (상관)	申+ (편재)

　병화일간이 수왕절인 축월에 출생하여 정재격이 되었다. 년·월·일·시의 천간과 지지에 재성이 혼잡해 있다. 재성이 많으면 일간은 신약해지게 되는데, 이를 재다신약이라고 한다. 과다한

재성은 일간을 쇠락시키는 기신에 해당한다. 그 이유는 일간의 원류가 되는 인성을 재성이 극하기 때문이다.

6) 자손덕의 유무를 판단하는 방법

자손덕은 남자면 관성으로, 여자면 식상으로 판단한다. 따라서 각각의 사주내에서 관성과 식상의 생·왕을 살펴 그 덕을 논하는 것이다. 즉 관성과 식상이 주중에서 형·충·파·해가 없고 길신으로 임하고 있으면 자손덕이 있는 것이다. 신왕·관왕한 사주에 재생관이 잘 되는 사주도 마찬가지이다.

시주는 자식궁이 되기 때문에 시주에 재성을 놓게 되면 부모에게 큰 힘이 되는 효자 자손을 두게 된다. 이 모든 사례는 신왕한 사주에 해당하고 있음을 명심하길 바란다. 또한 시주에 정관이 있으면 자식의 용모가 단정하고 성품 또한 후덕한 자손이라 판단할 수 있다. 만약 신약한 사주일 때 시주에 자리하고 있는 비겁이 있어 신약한 일간을 도울 때도 자손덕이 있다고 판단하게 된다.

예) 자손덕이 있는 사주

여자

시주	일주	월주	년주
庚+ (편관)	甲+ (일간)	丙+ (식신)	辛- (정관)
午- (상관)	戌+ (편재)	申+ (편관)	酉- (정관)

갑목일간이 금왕절인 신월에 출생하여 편관격이 되었다. 신유술 방합으로 편관이 강하고 년간의 신금정관으로 인해 관살혼잡까지 되고 있다. 다행인 것은 월간의 병화식신이 신금정관을 합하니 합관유살이 되고 있다는 것이다. 또한 식신제살로 자손의 덕이 많은 사주가 된다. 그러나 안타까운 점은 갑목일간의 뿌리가 주중에 없어 오로지 자신의 운명을 행운에 기댈 수밖에 없다는 것이다.

예) 자손덕이 없는 사주

남자

시주	일주	월주	년주
丁- (정인)	戊+ (일간)	丁- (정인)	丁- (정인)
巳+ (편인)	戌+ (비견)	未- (겁재)	酉- (상관)

무토일간이 화왕절인 미월에 출생하여 정인격이 되었다. 사주

가 매우 조열하여 수기가 절실히 필요한 상황이나, 주중은 물론 연·월·일·시 그 어디에도 수기운을 찾아볼 수 없다. 궁여지책으로 건조하고 강한 화기를 설기 시켜줄 년지 유금상관을 쓰고자 하나 강한 화기에 일그러져 이미 쓸모가 없는 상황이다. 월지미토에 장축된 정관을목 또한 이미 화다목분이 되어 버렸다. 을목은 위의 사주에서 자식을 의미하는 데 무토일간에 아무런 도움이 못 되고 있다.

7) 부자의 사주를 판단하는 방법

부자사주는 신왕관왕과 함께 식상이 재성을 생하는 식상생재의 사주가 부자사주의 기본 요건이 된다. 일간이 왕성하고 주중에서 재성이 세력을 갖추며, 재성이 용신이 되는 경우 역시 부자사주가 된다. 인성 역시 주중에서 힘이 있는 경우 부자가 되는데, 인성으로 신왕한 사주는 반드시 식상이 있어야 부자를 논할 수 있다.

또한 재성이 비겁에 극을 당하고 있을 때, 관성이 다시 비겁을 극하여 재성을 보호하는 경우와 왕성한 식상을 재성이 설기를 시켜줄 때, 그리고 재성 용신에 식상이 세력을 갖추고 재성을 생하는 등 부자 사주의 구성 요소는 참으로 다양하다.

결론적으로 일간의 신왕과 식·재·관의 세력이 부자 사주의 가장 중요한 요건이라 할 수 있다. 여기에 주중의 인성이 길신으로 적절한 균형과 조화를 갖추게 된다면, 큰 부자라 말할 수 있는 것이다. 재물을 쥐는 힘은 결국 인성으로 판단하기 때문이다.

예) 부자의 사주

남자

시주	일주	월주	년주
辛− (정인)	壬+ (일간)	丙+ (편재)	甲+ (식신)
亥+ (비견)	寅+ (식신)	子− (겁재)	申+ (편인)

임수일간이 수왕절인 자월에 출생하여 양인격이 되었다. 년지와 월지의 신자합으로 수국이 되고 시간의 신금과 시지의 해수까지 합세하니 임수일간은 신강한 상태이다. 다행한 것은 년간의 갑목식신이 부목될 것 같지만, 일지인목에 록근하여 문제없고, 월간의 병화 역시 인목에 뿌리를 두고 있어 식상생재가 되고 있다. 결국 신왕재왕한 사주로 부자 사주가 되는 것이다.

8) 빈천한 사주를 판단하는 방법

빈천한 사주의 대표적 사례는 재다신약과 군겁쟁재, 그리고 관살태왕 등이 있다. 용신으로 재성을 취하려고 하는데 다른 주와 합을 하여 재성이 다른 육친으로 변화하게 되는 경우 빈천한 사주가 된다. 그리고 재성이 형·충으로 인해 피상되는 경우도 마찬가지이다.

예/ 남자	시주	일주	월주	년주
	乙- (정관)	戊+ (일간)	辛- (상관)	丙+ (편인)
	卯- (정관)	寅+ (편관)	卯- (정관)	午- (정인)

무토일간이 목왕당인 묘월에 출생하여 정관격이 되었다. 관성혼잡에 목의 기운이 강하니, 년주의 인성을 용신으로 취하였다. 그러나 화용신을 삼게 되니, 사주가 너무 조열한 것이 문제이다. 따라서 수기가 절실히 필요한데 주중뿐만 아니라 지장간 조차 수기운이 없다. 위의 사주에서 수기는 곧 재물을 의미하는 재성이다. 그러나 무재사주에 관살혼잡, 그리고 일간이 신약하다 보니 빈천한 사주가 되고 말았다.

자미두수

▶ 자미두수 입문
- 16×23㎝ 양장 / 427쪽
  25,000원 / 김선호
  22년 5쇄

자미두수를 처음 접하는 분들을 위하여 만든 책. 자미두수 명반작성과 명반 보는 법을 기초로 14정성과 잡성을 명쾌하게 풀이하고 명반추론의 순서를 밝혀 놓았다.
명반 CD는 웹하드에서 다운 받으세요. 〔초급〕

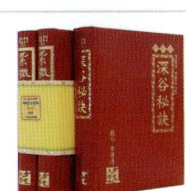
▶ 별자리로 운명 읽기(5권)
- 16×23㎝ 양장 / 이연실
  1권 336쪽 20,000원
  2권 392쪽 25,000원
  3~5권 320쪽, 각 25000원

2020년 신간 1권은 자미두수 명반의 선천을 보는 방법, 2권은 대운편, 3권은 자미가 묘유궁, 4권은 진술궁, 5권은 축미궁. 이두 선생의 록기법, 부록에 격국, 직업찾기, 명반으로 생일찾기, 거상연동 정리

▶ 자미두수 전서 上 下
▶ 심곡비결 - 전자책
- 19×26㎝ 양장 / 김선호 譯
  전서 1,700쪽 100,000원
  심곡 700쪽 50,000원

13년 동안의 풍부한 임상경험을 바탕으로 한, 대만과 홍콩의 어떤 해설도 따라오지 못하는 치밀한 해설과 역자주! 이 책은 자미두수를 연구하려는 모든 사람들에게 가장 확실한 스승이 될 것이다.
한국 자미두수의 결정판 심곡비결. 〔중급〕

▶ 중급자미두수 ❶❷❸
- 16×23㎝ 양장 본문2도 /
  ❶격국편 ❷궁합편 ❸두수선미(전자책) 각권 400쪽
  20,000원 / 김선호

『실전자미두수』와 『자미두수입문』의 간극을 메워줄 중급자를 위한 안내서! 특히 ❸권은 자미두수의 준고전인 『두수선미』를 번역, 30페이지에 걸친 실전예제 수록.
❶❷ 16년 2월 2쇄. ❸ 전자책 구매 가능 〔중급〕

▶ 자미심전(신간)
- 16×23㎝ 양장 / 박상준
  ❶ 사회적 지위 456쪽
  25,000원 (2018년) 전자책
  ❷ 인생의 굴곡 496쪽
  30,000원 (2020년 신간)

십사정성과 십이사항궁의 새로운 해석, 외모특출격, 인감노출격 등 어느 책에서도 볼 수 없는 창의적인 격국들, 그리고 특수격에 대한 심도 있는 해석이 실려 있다. 또한 운추론 순서를 밝히고 재벌가인 삼성 삼대의 운추론을 80여쪽에 걸쳐 해설. 〔중급〕

▶ 실전 자미두수 ❶❷
- 16×23㎝ 양장 본문2도
  / ❶이두식록기법 ❷징험편
  각권 448쪽 25,000원 / 김선호 / 17년 11월 2판 1쇄

2017년 개정판 사람의 명반을 놓고 "이때 왜 이 사건이 벌어졌는가?"에 대해 일일이 별들과의 관계를 추론해 나간 책. 이 두 권만 다 소화한다면 누구나 자미두수를 자유자재로 활용할 수 있다. 〔상급〕

▶ 전문가용 자미두수 CD
- 가격 500,000원 / 2018년 개정 / 총괄 : 김재윤
- 구성 : CD 1매, usb락, 프로그램 메뉴얼.

2018년 개정판 번들용과 다른 다양한 기능. 별에 대한 자세한 설명을 pdf로 볼 수 있으며, 삭망일 균시차 인명저장 별의 강약 사화를 조정할 수 있는 옵션. 기문과 육효 명리의 기본포국 제공. **윈도우 8, 10버전 사용** 〔중급〕

육임

▶ 2020 육임입문 ❶❷❸
- 16×23㎝ 양장 본문2도 / 소3권 1,052쪽 80,000원 / 이우산 / 20년 5월 개정

2020년 개정판 기초편, 이론편, 활용편으로 나누어 육임을 체계적으로 공부하도록 만든 교재.
프로그램을 활용하여 육임명반을 보고 해석하는 방법을 제시한 책. 〔초급〕

▶ 육임필법부
▶ 육임을 알면 미래가 보인다(신간)
- 16×23㎝ 35,000원
  / 19×26㎝ 25,000원 이우산

대육임필법부의 원전에 의한 정확한 번역과 해설. 육임의 이해와 연구에 도움이 되도록 초점을 맞춘 책.
필법부 100법의 요약과 육임서적 소개 등을 부록하였다. 〔중급〕

▶ 대육임직지(6권 완간)
- 16×23㎝ 양장 본문2도 / 각권 526~640쪽 / 1~3권 30,000원 4~6권 34,000원/ 이우산 주해 / 19년 6월 완간

고대로부터 현대에 이르기까지 인사(人事)는 육임이 최고! 토정비결처럼 바로 활용하는 책, 육임 720과 주석서 '대육임직지'가 육임학사 최초로 부활하다!!
『대육임직지』로 구체적인 답을 도출했으므로 누구나 활용할 수 있다. 〔중급〕

▶ 육임상담소
- 16×23㎝ 양장 본문2도 / 742쪽 45,000원 / 이우산 / 23년 6월 신간

상담가와 일반인들을 위해 현대적으로 집필한 육임 정답서. 상대의 인성, 장래성, 이로움, 궁합, 결혼 성사 시기, 결혼 이후 배우자와 나의 부모와의 화목, 금슬과 백년해로, 가정의 경제상황, 자녀의 유무, 여성의 결혼 길월 등을 기록. 〔누구나〕

▶ 전문가용 육임 CD
- 가격 150,000원 / 2018년 개정 / 총괄 : 윤상철
- 구성 : CD 1매, usb락, 프로그램 메뉴얼.

2018년 개정판 삼전조식된 육임식반과 더불어 9종 10과체에 대한 간단한 설명. 720과에 대해 총운 공명 가정 행인 투자 등 각 25개 항목으로 나누어 육임점의 길흉이 단답형으로 설명되어 있습니다. **윈도우 8, 10 버전 사용 가능. 인쇄, 저장 가능** 〔누구나〕

명리

▶ 운명, 사실은 나도 그게 궁금했어
- 15×23㎝ 본문2도 / 390쪽 20,000원 / 윤여진 지음 / 21년 9월

운명학의 궁금증을 객관적으로 바라보며 썼다. 사주와 신점의 차이, MBTI와의 관점 차이, 사주가 같으면 같은 삶을 사는지, 정해진 운명이라는 게 있는지, 사주로 어떤 일의 승패를 알 수 있는지, 운 vs 실력, 체질과 체형, 관상학, 일주론을 다룸. 〔누구나〕

▶ 어디 역학공부 좀 해 볼까?
- 15×23㎝ 본문2도 / 390쪽 20,000원 / 이연실 지음 / 21년 4월

역학공부의 기초를 다지기 위해 꼭 필요한 책이다. 동양학을 배우기 위해서는 음양 오행, 십간 십이지, 십신에 대해 기초지식을 가져야 한다. 그런 점에서 이 책은 기본에 매우 충실한 책으로 찬찬히 따라가다 보면, 어느새 기초 공부를 마치게 된다. 〔누구나〕

대유학당 출판물 안내
(2023년 11월~)

- 블로그 : http://blog.naver.com/daeyoudang
- 유튜브 : youtube.com/@daeyoudang
- 카카오톡 채널 : '대유학당'으로 검색해서 들어가서 친구 추가해 주세요. 다양한 혜택이 쏟아집니다.
- 프로그램 자료실(웹하드) : www.webhard.co.kr 아이디 : daeyoudang 패스워드 : 9966699
- 문의 02-2249-5630   010-9727-5630
- 입금계좌 국민은행 805901-04-370471
  예금주 (주)대유학당
- 대유학당 후원회원 모집
  1년 회비 100,000원 6가지 회원특전
  ① 대유학보 1년분 ② 개인운세력
  ③ 도서할인 20% ④ 프로그램할인 20%
  ⑤ 수강료 할인 20%
- 대유학당 도서구매
  www.daeyou.or.kr 10% 할인 + 3% 적립

강의 안내

요일	월(타로)	화(기문/주역)	수(육임/구성)	목(관상/사주)	금(자미/육임)
강좌명 시간		동양천문 11:00~1:00	중급자미 11:00~1:00		자미대운 11:00~1:00
강좌명 시간	주역타로 2:00~4:00	주역원전 2:00~4:00	명리&구성 3:30~5:30	자연명리중급 2:00~4:00	육임입문 2:00~4:00
강좌명 시간		홍국기문 5:00~7:00		공감풍수 4:00~6:00	

2020년 4월 이후에 있었던 대유학당 강의를 모두 영상으로 보실 수 있습니다. 코로나 19 장기화로 대면 수업이 어려운 분들께 추천합니다. 시간과 장소에 구애 받지 않고 어디서나 반복해서 들을 수 있으므로 효과적으로 공부할 수 있습니다. (육효/ 북파자미/ 성명학/ 주역점법/ 육임기초)
수강료는 오프라인 수업과 동일합니다. 현재 진행중인 강의는 현장수업에 참여하셔도 됩니다.

점 (누구나)
- 팔괘카드 셋트 22,000원(구성:카드 8장+설명서+나전케이스)
- 설시용 서죽 4,000원(구성:50개+2)
- 주사위 셋트 5,000원(구성:평면 주사위 2+육면 주사위 1)
- 척전 동전 10,000원(구성:동전 3개)

찾아오는 길
서울시 성동구 아차산로17길 48. SK V1 센터 1동 814호 (우 04799)
- 화양사거리에서 영동대교로 가는 방향 우측에 있습니다.
- 2호선 성수역 → 4번 출구로 나와 성동 10번 탑승 → 4 정거장 후 성수대우 프레시아 아파트 하차 / 7호선 어린이대공원역 4번 출구 하차
- 버스는 302, 3220, 3217, 2222번을 타고 화양사거리 하차.

주역

▶ 주역입문(周易入門) — 기초/입문
- 19×26㎝ 본문2도 / 324쪽 16,000원 / 윤상철 / 19년 11월 3판 2쇄

2017년 개정판 누구나 쉽게 입문하도록 주역의 역사와 용어, 괘의 생성과정과 뜻, 주역원문 보는 법, 점치는 법 등을 그림과 더불어 소상하게 풀이. 오행과 간지, 하도와 낙서를 쉽게 소개한 동양철학 입문서.

▶ 대산주역강의 ❶❷❸ — 입문
- 16×23㎝ 양장 본문2도 / 속3권 1,856쪽 90,000원 / 김석진 지음 / 22년 3쇄

2019년 신간 대산 선생님의 주역강의를 그대로 옮겨놓아 직접 강의를 듣는 느낌이 난다. 『대산주역강해』가 흥사단 강의와 여러 학자들의 연구를 종합한 것이라면, 이 책은 오롯이 흥사단 강의만을 정리하여 좀더 친근감 있게 읽을 수 있는 것이 장점이다.

▶ 주역전의대전역해(周易傳義大全譯解) 상 하 — 원문공부용
- 19×26㎝ 양장 / 각권 800쪽 35,000원 / 김석진 譯 / 상 21년, 하 19년 수정

주역 해석의 양대 산맥이라 할 수 있는 정자의 程傳과 주자의 本義를 국내 최초로 완역한 책. "이 책을 읽어야 주역을 안다고 할 수 있을 것이다"라고 한 주역 연구의 최고 필독서. 조선일보 추천도서

주역응용

▶ 황극경세(皇極經世) — 상급
- 16×23㎝ 양장 본문2도 / 속5권 3472쪽 200,000원 / 윤상철 譯 / 11년 4월 2판 1쇄

주역의 대가 소강절 선생의 역작 황극경세를 황기 왕식 장행성 등의 주석과 더불어 현토완역. 세상에서 발생하는 모든 일에 대해, 왜 그런 일이 발생하고 그 시기는 언제인가를 이치뿐만 아니라 수리적·상학적으로 분석 설명한 책.

▶ 하락리수(河洛理數) — 중급
- 16×23㎝ 양장 본문2도 / 속3권 1,680쪽 90,000원 / 김수길·윤상철 共譯 / 14년 12월 수정 2쇄 **부록 〈하락리수 쉽게보기〉 포함**

진희이 선생이 창안하고, 소강절 선생이 완성한 하락리수의 상세한 해석과, 작괘 풀이법을 설명. 자신의 사주에 따라 일생의 운과 년운 월운 일운의 길흉을 판단할 수 있는 학문으로, 놀라운 적중률의 주역활용서.

▶ 전문가용 하락리수 CD — 중급
- 가격 550,000원 / 2016년 개정 / 총괄 : 윤상철
- 구성 : CD 1매, usb락, 프로그램 메뉴얼

2018년 개정판 생년월일시를 입력하면 사주 간지와 선천운 후천운을 즉시 확인함은 물론 12조건에 따른 길흉을 확인. 또 평생운·대상운·년운·월운·일운을 볼 수 있고, 참평결과 주역점, 궁합점수 등 종합 주역운세물입니다. **윈도우 8, 10버전 사용 가능**

▶ 개인운세력 — 누구나
- 19×26㎝ 본문 4도 / 주문 당월 포함 총 13개월치 30,000원 / 윤상철

개인운세력은 **하락리수를 바탕으로** 하여 각자의 사주에 맞게 인쇄된 운세력입니다. 항상 곁에 두고 살펴, 길한 날은 적극적으로 살고, 흉한 날은 조심한다면 웃을 일이 많아질 것입니다. 운세의 자세한 설명은 『주역점비결』 참조하세요.

관상

▶연해자평(淵海子平) 〈중급〉
- 19×26㎝ 양장 / 830쪽 50,000원 / 오청식 譯 / 20년 6월 5쇄

사주학 하면 자평학을 친다. 일주 위주로 사주를 풀이하는 방식을 처음 도입한 서자평의 자평학의 진수 연해자평! 미래예측학을 전공한 오청식씨의 해박함으로 해석되었다.

▶관상학사전 〈누구나〉
- 19×26㎝ 양장 / 687쪽 50,000원 / 박중환 / 22년 4월 2쇄

신체 각 부위에 대한 자세한 그림과 상세한 해설을 하고, 관상의 개선방법을 실은 것이 특징이다. 또한 상속에 숨어 있는 음성의 상학에 대해 깊이 있게 다루었다.
그 양과 깊이에서 단연 독보적이다.

불교

▶마음의 달 ❶ ❷ 〈누구나〉
- 14×22㎝ / ❶연화생 수련 181쪽 10,000원 ❷마음 닦는 법 334쪽 10,000원 / 만행큰스님

6년간 굴속에서 장좌불와를 통해 도를 통하고도, 세속에서의 수행이 더 어렵다고 한 젊은 스님의 해탈기.
❶14년 1월 3쇄(*연화생 수련 CD는 다운받으세요) ❷ 15년 4월 4쇄

▶항복기심 ❶ ❷ ❸ 〈누구나〉
- 16×23㎝ 양장 / ❶권 536, ❷권 520쪽, ❸권 528쪽, 각권 20,000원 / 18년 8월 1쇄 / 만행큰스님

2018년 완간 부처님을 믿는 것에서 한걸음 나아가 부처가 되는 마음자세와 수행법을 설명한 책이다. 7년간의 무문관수련을 통해서 실질적으로 경험하고 깨달은 수련법을 제자들에게 가감없이 설명하였다.

▶덕행천하 〈누구나〉
- 13×22㎝ / 190쪽, 10,000원 / 21년 8월 / 만행큰스님

▶마음에 평안을 주는 천수경
- 14×22㎝ 본문4도 / 80쪽 10,000원 / 2014년 4월 2쇄

2021신간 이 책은 만행스님이 동화선사를 증축하면서 설법한 내용을 도덕의 관점으로 정리한 설법집.
천수경의 의미를 설화와 다양한 이야기를 통해 한구절 한구절 설명. 불보살들의 행적인 대다라니와 42수 진언을 그림으로

손에 잡히는 경전 〈누구나〉

💧 암송을 하거나 틈틈이 음미하실 분들을 위해 만든 속이 알찬 손에 잡히는 경전 시리즈. 총 16권 출시.
💧 대학, 중용, 논어, 맹자, 사자소학/추구는 왼쪽 면에는 원문과 정음, 오른쪽 면에는 해석으로 구성.
💧 주역관련도서는 주역점, 주역인해, 주역점비결로 함께 보시면 더 좋습니다.
💧 9×15cm / 288~336쪽 / 비닐커버 / 2도 인쇄 / 각권 10,000원 / 총 17권

① 주역점 ② 주역인해 ③ 대학/중용 ④ 경전주석인물사전 ⑤ 도덕경/음부경(전자책) ⑥ 논어
⑦ 절기체조 ⑧ 맹자 1 ⑨ 맹자 2 ⑩ 주역신기묘산(품절) ⑪ 자미두수 ⑫ 관세음보살
⑬ 사자소학/추구 ⑭ 시경 1-국풍편 ⑮ 시경 2-소아편 ⑯ 시경 3-대아 송 ⑰ 주역점비결

동양천문

▶천상열차분야지도 그 비밀을 밝히다 〈중급〉
- 16×23㎝ 양장 / 448쪽 25,000원 / 윤상철 지음 / 20년 5월 초판

2020년 신간 고구려별과 조선별의 동거! 1467개의 붙박이별에, 10간의 태양, 12지의 달이 떠있고, 그 밑에서 인간이 길흉화복을 나누며 산다. 비석으로 세워놓기 위한 것이 아니라 탁본을 뜨기 위해 땅 속에 보관. … 별을 공경해서 복을 받고 기운을 받자.

▶세종대왕이 만난 우리별자리 ❶❷❸ 〈누구나〉
- 16×23㎝ 본문4도 / 각권 256쪽 12,000원 / 윤상철 / ❶14년 6월 2판 1쇄 ❷❸13년 6월 2쇄

천문류초보다 쉽게 동양천문을 이야기로 해설한 책. 우리별을 쉽게 찾을 수 있게 하는 28수나경(별자리판) / 자기가 태어난 해와 달에 따라 내 별을 찾을 수 있음 / 전해오는 이야기와 그림! 우리 고유한 문화에 대한 자부심과 정서를 느낄 수 있다.

▶2021 천문류초(天文類抄) 〈중급〉
- 16×23㎝ 양장 / 510쪽 30,000원 / 김수길·윤상철 共譯 / 21년 신간

세종대왕의 명을 받아 천문학자 이순지가 간행한 천문학의 개략서. 원문과 더불어 자세한 번역을 하고 주석을 달아 알기 쉽게 재편집. 문화관광부에서 우수학술도서로 선정한 책.

▶태을천문도(총9종세트) 〈중급〉
- 천문도6종 + 나경2종 + 천문도해설 / 총9종 100,000 / 윤상철 / 16년 6월 2판 1쇄

천상열차분야지도, 태을천문도, 28수를 우리나라에 배당한 지도, 휴대용 동서양 비교 천문도, 28수 나경 2종, 태을천문도 한글판, 해설서로 구성. 휴대하기 좋게 만든 천문도 통이 보태져서, 주변 분들에게 좋은 선물.

천상 우양산 〈누구나〉

▶천상열차분야도 우양산
- 국보 228호 천상열차분야지도를 그대로 재현한 4계절 암막 우양산. 자신의 수호별과 함께하는 특별한 상품입니다.
장우산 - 50,000원

- 60cm 자동 장우산 / 12살
① 도시의 푸른 밤(네이비)
② 두메 산골 밤(그린)

족자 & 블라인드

▶종류	천문	① 천상열차분야지도 ② 태을천문도(블랙베리/라일락)
	불교	① 42수 진언(그린/레드) ② 신묘장구 대다라니(그린/레드)
▶블라인드		① 대(150×230) 300,000원 ② 중(120×180) 250,000원
	족자	① 중(65×150) 150,000원 사찰용 ② 소(54×130) 120,000원 가정용

42수 진언 족자 신묘장구대다라니 족자

천문족자를 구매하시면 『천문도해설』을, 불교족자를 구매하시면 『마음에 평안을 주는 천수경』을 드립니다.

주역 점 운세

▶ **주역인해**(周易印解)
- 15×21㎝ 비닐커버 본문2도 / 344쪽 20,000원 / 김수길·윤상철 共譯 / 20년 3월 수정 5쇄

컬러인쇄로 읽기 쉬워진 주역원문. 휴대하여 외울 수 있도록 작아진 크기. 주역 원문에 있는 음과 현토를 표기하고, 정자의 의견에 따라 간단한 해석을 덧붙여, 주역원문과 좀 더 가깝게 접근할 수 있도록 한 책. — 누구나

▶ **초씨역림**(焦氏易林)(상하)
- 19×26㎝ 양장 본문2도 / 全2권 2,464쪽 180,000원 / 윤상철 譯 / 17년 3월 1쇄 / **자천우지 동전 3개 포함**

2017년 신간 주역의 괘상 변화를 경전과 고사를 활용하여 문학적으로 승화한 책. 64괘를 64변 해서 확장한 4096효에 대한 점풀이를 다 했으므로 '역림'이라는 명칭이 생겼다. 중국의 황실에서 비장하며 몰래 전한 점학의 귀족. 주역점, 육효점에 활용 가능!! — 중급

▶ **대산주역점해**(大山周易占解)
- 19×26㎝ 양장 본문2도 / 592쪽 35,000원 / 김석진 / 23년 1월 3판 7쇄

점하는 방법부터 해석하는 방법까지 그림과 함께 자세히 설명. 구체적인 예단을 실어, 누구나 쉽게 일상생활에서 응용할 수 있도록 편집. 출판하자마자 조선일보 중앙일보 등에서 격찬을 한 점해석의 필독서. — 누구나

▶ **매화역수**(梅花易數)
- 16×23㎝ 양장 본문2도 / 496쪽 25,000원 / 김수길·윤상철 共譯 / 23년 7월 2판 5쇄

"알기는 소강절"이라는 말이 인구에 회자될 정도로, 주역의 대가이자 점의 최고봉이었던 소강절 선생. 그 점학의 진수와 대가들의 비결을 합리적으로 설명하고, 각종 점법에 따른 점치는 방법과 해석을 실전위주 정리. — 누구나

▶ **육효증산복역**(상 하)
- 16×23㎝ 양장 본문2도 / 全2권 830쪽 50,000원 / 김선호 譯 / 21년 9월 2판 3쇄

점학의 황제 복서정종을 야학노인이 증산(넣고 줄임)해서 좀 더 쉽게 와 닿도록 만든 육효학의 진수. 20년 임상 경험을 쌓은 역학계의 거목 김선호씨의 번역. — 중급

▶ **주역점비결**
- 16×23㎝ 양장 본문2도 / 440쪽 25,000원 / 윤상철 / 2020년 3월 2쇄

2019년 신간 주역을 몰라도, 숫자 세 개만 뽑으면 미래의 길흉을 알 수 있는 비법! 저자의 20년 노하우가 들어있는 점법의 완성판. 3,1,5를 뽑았다면, → 책에서 315를 찾아 읽기만 하면 → 총론과 21가지 세부항목의 점비결을 얻을 수 있다. — 누구나

▶ **팔자의 시크릿**
- 15×23㎝ 본문 2도 / 336쪽 16,000원 / 윤상철 지음 / 23년 1월 2쇄

2021년 신간 운명을 고치고자 하는 사람을 돕기 위해 만든 책. 전체 힘에서 2% 정도 모자란다면! 이 책에는 약간의 방향을 바꾸고 뒷받침이 되는 '2% 도움이 되는 방법'을 모아 놓았다. — 구나

오행

▶ **오행대의**(五行大義) 상 하
- 16×23㎝ 양장 / 상 384쪽 22,000원 하 378쪽 22,000원 / 김수길·윤상철 共譯 / 20년 8월 수정 4쇄

수나라 이전의 모든 전적들을 망라하여 정리한 오행학의 필독서이다. 봄에는 목의 기운을 받아 모든 만물이 자라기만 해야 하는데, 왜 냉이 같은 풀은 하얗게 시들어 죽는가? 등등에 관한 획기적인 해결책을 제시. — 중급

기문

▶ **이것이 홍국기문이다**①② 직업상담편 / 직업찾기편
- 16×23㎝ 양장 본문2도 384쪽, 23,000원 448쪽, 30,000원 / 정혜승 / 2021년 9월 2쇄 / 2022신간

우리나라 기문인 홍국기문을 포국법, 해석법, 실례편을 들어 설명한 책이다. 특히 학운과 직업보는 법, 오행의 왕쇠에 따른 직업 분류를 만들었다. 2권에서는 기문을 배우지 않은 분들도 직업을 찾아 활용할 수 있도록 분류하였다. — 중급

▶ **서산 스님의 기문이야기**
- 16×23㎝ 양장 본문4도 / 432쪽 30,000원 / 서산스님 / 23년 9월 신간

기문의 기초 지식과 프로그램 활용법이 자세하게 나와 있어, 기문을 차근히 공부하고 싶은 분들에게 유용하다. 유튜브를 통해 책의 내용을 들을 수 있다. 4부의 용어풀이는 기문의 장벽을 허물어 주었다. — 중급

작명

▶ **작명연의**(作名演義)
- 19×26㎝ 본문2도 / 288쪽 25,000원 / 최인영 / 20년 10월 2쇄

인생을 좌우하는 이름 짓기 『작명연의』 삼원오행과 81수리의 원문과 해석을 담아 이름을 지을 수 있는 지침을 전하는 책. 이름을 지을 때 필요한 사주와 한자에 대해 설명.

사서

▶ **집주완역 대학/ 중용**
- 16×23㎝ 양장 본문2도 / 대학/494쪽 25,000원 중용/상 528쪽 25,000원 하 496쪽 25,000원 / 김수길 譯 / 19년 10월 개정

국내 최초로 주자장구는 물론 주자문인들의 소주까지 현토완역하고, 備旨와 퇴계 율곡 등의 주석 역시 현토완역 하였다. 인용선유 성씨들의 약력을 부록에 넣었다. 이 한 권의 책으로 大유학자 50여 명의 해설을 모두 볼 수 있음. — 중급

전자책

인기도서와 품절도서를 만날 기회

교보문고에서 구매하세요.

주역
- ▶ 대산주역강해 1~3 각 20,000원
- ▶ 손에 잡히는 주역인해 8,000원
- ▶ 팔자의 시크릿 1 11,200원
- ▶ 주역점비결 20,000원

도덕경 음부경
- ▶ 동이음부경 강해 20,000원
- ▶ 손에 잡히는 도덕경 10,000원

육임
- ▶ 육임실전 1 24,000원
- ▶ 육임실전 2 24,000원

자미두수
- ▶ 핵심쏙쏙 북파자미 28,000원
- ▶ 심곡비전 30,000원
- ▶ 중급자미두수 3 20,000원
- ▶ 자미심전 1 20,000원
- ▶ 자미심전 2 25,000원
- ▶ 별자리로 운명읽기 1 15,000원
- ▶ 별자리로 운명읽기 2 20,000원
- ▶ 어디 역학공부 좀 해 볼까? 15,000원

기문
- ▶ 기문둔갑신수결 16,000원

〈 납음오행 도표 〉

구 분	갑자	을축	병인	정묘	무진	기사	경오	신미	임신	계유
납 음	해중금		노중화		대림목		노중토		검봉금	
육 갑	갑술	을해	병자	정축	무인	기묘	경진	신사	임오	계미
납 음	산두화		간하수		성두토		백랍금		양류목	
육 갑	갑신	을유	병술	정해	무자	기축	경인	신묘	임진	계사
납 음	천중수		옥상토		벽력화		송백목		장류수	
육 갑	갑오	을미	병신	정유	무술	기해	경자	신축	임인	계묘
납 음	사중금		산하화		평지목		벽상토		금박금	
육 갑	갑진	을사	병오	정미	무신	기유	경술	신해	임자	계축
납 음	복등화		천하수		대역토		차천금		상자목	
육 갑	갑인	을묘	병진	정사	무오	기미	경신	신유	임술	계해
납 음	대계수		사중토		천상화		석류목		대해수	

〈 십이신살 〉

신 살 \ 생 년	해묘미	인오술	사유축	신자진
겁 살	신	해	인	사
재 살	유	자	묘	오
천 살	술	축	진	미
지 살	해	인	사	신
년 살	자	묘	오	유
월 살	축	진	미	술
망신살	인	사	신	해
장성살	묘	오	유	자
반안살	진	미	술	축
역마살	사	신	해	인
육해살	오	유	자	묘
화개살	미	술	축	진

〈 월률 장간표 〉 - 괄호 안의 숫자는 해당하는 날수

월	인	묘	진	사	오	미	신	유	술	해	자	축
여기	무(7)	갑(10)	을(9)	무(7)	병(10)	정(9)	무(7)	경(10)	신(9)	무(7)	임(10)	계(9)
중기	병(7)		계(3)	경(7)	기(10)	을(3)	임(7)		정(3)	갑(7)		신(3)
본기	갑(16)	을(20)	무(18)	병(16)	정(10)	기(18)	경(16)	신(20)	무(18)	임(16)	계(20)	기(18)

○ 서적구매
www.daeyou.or.kr

○ 도서목록
주역
주역입문
대산주역강의
전의대전역해
주역인해
개인운세력

주역활용
황극경세/하락리수
매화역수/주역점해
주역점 비결
육효증산복역
팔자의 시크릿
초씨역림

사주명리
어디, 역학공부 좀 해 볼까?
오행대의/연해자평
박창원의 구성학 강의
쉽게 시작하는 사주명리
육효증산복역
관상학사전
홍국기문
서산스님 기문이야기
별자리로 운명읽기

전문가용 프로그램
하락리수, 자미두수, 육임

〈 일간 대 천간의 육친 표출법 〉

육친\일간	갑	을	병	정	무	기	경	신	임	계	육 친	성 정
비견	갑	을	병	정	무	기	경	신	임	계	형제, 자매 친구, 동료	자존심, 불화, 이별
겁재	을	갑	정	병	기	무	신	경	계	임	이복형제, 남편의 첩	불손, 투쟁 파산, 야망
식신	병	정	무	기	경	신	임	계	갑	을	남:조카, 손자 여:자식, 손자	소득, 활동 풍류, 색정
상관	정	병	기	무	신	경	계	임	을	갑	남:조모 여:자식	방해, 경쟁 교만, 비방
편재	무	기	경	신	임	계	갑	을	병	정	남:친부, 첩 여:친부, 시댁	풍류, 착첩
정재	기	무	신	경	계	임	을	갑	정	병	남:정처, 백부 여:시댁	신용, 알뜰 명랑, 지혜
편관	경	신	임	계	갑	을	병	정	무	기	남:자식, 직장 여:직장, 외부	완강, 고집 투쟁, 흉폭
정관	신	경	계	임	을	갑	정	병	기	무	남:직장, 자식 여:직장, 남편	용모, 재주 단정, 명예
편인	임	계	갑	을	병	정	무	기	경	신	남:편모 여:편모	박명, 파재 실권, 질병
정인	계	임	을	갑	정	병	기	무	신	경	남:친모, 손자 여:친모	지혜, 총명 인격, 온후

〈 천간별 십이운성의 순역 및 운영방식 〉

천간\각궁	갑	을	병	정	무	기	경	신	임	계
절궁	신	유	해	자	해	자	인	묘	사	오
태궁	유	신	자	해	자	해	묘	인	오	사
양궁	술	미	축	술	축	술	진	축	미	진
장생궁	해	오	인	유	인	유	사	자	신	묘
목욕궁	자	사	묘	신	묘	신	오	해	유	인
관대궁	축	진	진	미	진	미	미	술	술	축
건록궁	인	묘	사	오	사	오	신	유	해	자
제왕궁	묘	인	오	사	오	사	유	신	자	해
쇠궁	진	축	미	진	미	진	술	미	축	술
병궁	사	자	신	묘	신	묘	해	오	인	유
사궁	오	해	유	인	유	인	자	사	묘	신
묘궁	미	술	술	축	술	축	축	진	진	미

● 강의안내
매주 수요일
육효강의/사주명리
구성학 강의

● 주소
서울 성동구 아차산
로 17길 48 SK V1
센터 1동 814호

● 강의문의
010-9727-5630

● 대유학당
블로그
대유학당 갑시다

대유학당 후원회원 모집

동양학의 보급과 발전에 힘써 온 대유학당에서 후원회원을 모집합니다.
더 좋은 강의와 도서로 보답하겠습니다. 유튜브·블로그 : '대유학당'으로 검색하세요.

1년 회비 **100,000원**   02-2249-5630
◯계좌 국민 805901-04-370471 (주)대유학당

회원특전
① 대유학보 1년분 / ② 개인운세력 / ③ 도서할인 20%
④ 프로그램할인 20% / ⑤ 수강료 할인 20%
⑥ 택일민력 증정 ⑦ 손에 잡히는 주역점비결 증정

개인운세력

개인운세력은 하락리수를 바탕으로 각자의 사주에 맞게 제작한 달력입니다. 항상 곁에 두고 살펴, 길한 날은 적극적으로 행동하고, 흉한 날은 조심한다면 웃을 일이 많아질 것입니다.

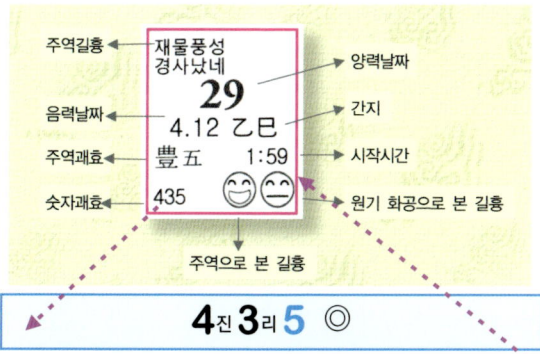

운세의 자세한 설명은 『주역점비결』에 나온 소망, 사업, 개업, 승진, 시험, 혼인, 출산, 매매, 재수, 소송, 출마, 증권, 여행, 가출, 실물, 질병, 기후, 의상, 음식, 사람, 장소의 21가지 항목을 참고한다.

소망 크게 이룬다.
사업 능력 있고 어진 사람을 영입하여 진전 된다.
개업 길하다. 앞날이 밝다.
승진 된다. 혹 좋은 사람의 추천으로 된다.
시험 합격이다.
혼인 좋은 혼처를 소개받는다.
출산 남아를 낳는다.
매매 성립된다.
재수 크게 얻는다.
소송 점차 유리해진다. 현명한 변호사를 선임하면 더욱 좋다.
출마 당선된다.
증권 공급량이 적어서 오른다.
여행 길하다.
가출 서쪽에 있다.
실물 서쪽에 있다.
질병 안면, 특히 눈이 안 좋아진다.
기후 흐리고 가끔 비 내린다.
의상 청록색과 흰색, 소박한 옷, 겸손하지만 위엄 있는 옷, 잘 재단된 옷.
음식 채소 겉절이, 물고기 회, 양고기, 매운맛.
사람 지원자, 배우자, 초대해서 만나는 능력 있는 사람.
장소 서방, 바닷가, 호수주변, 변두리 오지, 서향집, 밝고 환한 곳.

▲ 개인운세력 예시

개인운세력 보는 법

① 얼굴 위의 숫자는 그날의 운세 시작하는 시간이자, 그 전날 운세가 끝나는 시간이다. 예를 들어 5월 29일에 '1:59'이고 30일에 '2:55'라면 29일의 운세는 새벽 1시 59분에 시작해서 30일 새벽 2시 54분에 끝난다.
② 좌측 상단의 여덟 글자는 그 날의 주역운세를 요약해서 표현한 것이다.
③ 좌측 하단에 숫자가 세 자리로 되어 있는데, 예를 들어 '123'이면 상괘수는 1건天이고, 하괘수는 2태澤이고, 동효수는 3이므로 삼효동이다(괘환산표에서 가로로 1, 세로로 2가 만나면 천택리괘이다). 그러므로 천택리괘 3효가 동한 것이 된다.
④ 운세력의 길흉은 먼저 괘효를 보고, 두 번째로 화공과 원기를 본다. 왼쪽의 얼굴이 괘효의 길흉을 뜻하고, 오른쪽의 얼굴이 화공과 원기로 본 길흉이다. 원기는 윗사람의 도움, 화공은 동년배와 아랫사람의 도움을 뜻한다.
⑤ 길흉은 다음과 같이 다섯 단계(😁→🙂→😐→😣→😫)로 되어 있다.
⑥ 😁😁 두 얼굴 모두 좋으면 하는 일이 잘 풀린다.
⑦ 🙂😣 왼쪽 얼굴은 좋고 오른쪽 얼굴이 나쁘면 보통이다. 혹 생각지 않은 실수나 잘못이 생긴다.
⑧ 😣🙂 왼쪽 얼굴이 나쁘고 오른쪽 얼굴이 좋으면, 막히다가도 풀릴 기회가 생긴다.
⑨ 😣😣 두 얼굴 모두 나쁘면 조심하고 또 조심해야 한다.

괘환산표

상괘 하괘	1건 天	2태 澤	3리 火	4진 雷	5손 風	6감 水	7간 山	8곤 地
1건 天	중천건	택천쾌	화천대유	뇌천대장	풍천소축	수천수	산천대축	지천태
2태 澤	천택리	중택태	화택규	뇌택귀매	풍택중부	수택절	산택손	지택림
3리 火	천화동인	택화혁	중화리	뇌화풍	풍화가인	수화기제	산화비	지화명이
4진 雷	천뢰무망	택뢰수	화뢰서합	중뢰진	풍뢰익	수뢰둔	산뢰이	지뢰복
5손 風	천풍구	택풍대과	화풍정	뇌풍항	중풍손	수풍정	산풍고	지풍승
6감 水	천수송	택수곤	화수미제	뇌수해	풍수환	중수감	산수몽	지수사
7간 山	천산돈	택산함	화산려	뇌산소과	풍산점	수산건	중산간	지산겸
8곤 地	천지비	택지취	화지진	뇌지예	풍지관	수지비	산지박	중지곤

⊙ **대유학당 도서목록** 주역 ▌주역입문, 대산주역강의, 주역전의대전역해, 주역인해 **주역활용** ▌황극경세, 하락리수, 매화역수, 대산주역점해, 주역점 비결, 육효증산복덕, 시의적절 주역이야기, 팔자의 시크릿, 초씨역림 **음양오행** ▌오행대의, 어디 역학공부좀 해 볼까?, 운명 사실은 나도 그게 궁금했어, 연해자평, 이것이 홍국기문이다 1~2, 박창원의 구성학 강의 **전문가용 프로그램** ▌하락리수, 자미두수, 육임

⊙ **서적구매** www.daeyou.or.kr   ⊙ **주소** 서울 성동구 아차산로 17길 48 SK V1 센터 1동 814호
⊙ **대유학당 블로그** https://blog.naver.com/daeyoudang

9) 사주로 직업을 판단하는 방법

자신의 타고난 장점을 직업과 연관시켜 명예와 금전적 이익을 동시에 취하고자 하는 인간의 바람은, 운명을 논하는 과정에서 결코 빠트릴 수 없는 일생일대의 가장 중요한 순간이자 영광에 해당할 것이다. 하지만 '천지불인'[189]이라는 말처럼 세상에 태어났다고 하여 모든 운명의 주인공들이 모두 행운을 움켜쥐고 행복하게 살아가는 것은 아니다. 그렇다고 해서 무작정 자포자기의 심정으로 삶을 방관할 수 있는 노릇만도 아닌 것이다.

자본주의 국가에서 돈 없이 살아갈 순 없는 법이다. 비록 내가 꿈꾸던 이상과 현실의 괴리가 존재 하더라도 최대한 나의 적성에 걸맞은 직업을 택함으로써 삶의 가치와 균형을 유지하는 것은 운명을 마주하고 있는 인간에게 무엇보다 중요한 일이 아닐 수 없는 것이다.

일반적으로 직업운은 사주의 기세와 오행의 향방, 그리고 사주내 용신 등으로 논하게 되는데 그 기준은 다음과 같다.

① **오행에 따른 직업 구분.**

목의 기운 : 교육, 식품, 기획 분야, 의류, 창조 분야, 건축과 토목, 법조계, 종교계
화의 기운 : 전기, 전자, 통신, IT, 컴퓨터, 소방, 우체국, 정유, 교육, 화학
토의 기운 : 유통, 슈퍼, 마트, 부동산, 컨설팅, 건축과 토목, 종교계

---

189) 천지불인 : 하늘과 땅은 인자하지 않다.

금의 기운 : 법조계, 의료, 세무, 금융, 자동차, 조선, 항공
수의 기운 : 외교, 수출입, 냉동, 숙박, 임대, 투자, 약물

② 내 사주의 용신을 나의 직업으로 삼는 것.

목용신의 사주 : 목공, 가구업, 학원, 서점, 화원, 조경, 원예, 의류, 식품, 요식
화용신의 사주 : 섬유, 화공, 화학, 비서, 종교
토용신의 사주 : 농업, 부동산, 정육점, 요식업, 역학, 종교
금용신의 사주 : 가공, 상업, 기계, 자동차, 조선
수용신의 사주 : 의사, 목욕, 호텔, 유흥

③ 내가 필요한 육친이나 혹은 용신을 돕는 육친

비겁이 강하면 : 개인사업을 하는 경우가 많으며, 직업군으로는 변호사, 언론, 운동선수, 영업직, 프리랜서가 이에 해당한다.
인성이 강하면 : 교사, 연구원, 학자, 종교인이 이에 해당한다.
식상이 강하면 : 교사, 예술가, 기술·생산직, 교육, 요식업, 실업가가 이에 해당한다.
재성이 강하면 : 자영업, 금융업, 무역, 상업, 영업직이 이에 해당한다.
관성이 강하면 : 공무원, 기업대표, 교육업이 이에 해당한다.

④ 오행의 조화와 균형이 맞는 육친.

■ 오행구족격[190]을 갖추게 되면 대개 모든 분야에서 두각을 나타내나 재주 많은 자가 '조석'[191]을 굶는다고 하였듯이

---

190) 오행구족격 : 사주원국에 다섯 가지 오행을 모두 갖추고 있는 경우를 말한다.
191) 조석 : 아침과 저녁을 아우르는 말이다.

한 직장에서 오래 머무르는 것이 중요하다.
- 사주에 형살이 많으면 군인이나 경찰이 유리하고 식상이 강한 경우 의약 계통과 관련이 있다.
- 사주에 역마가 중중하거나 용·희신이 충을 당하는 경우 해외에서 직업을 구하거나, 운수업 또는 제화업과 관계가 있다.
- 식상과 재성이 강하며 식상생재가 되는 사주는, 운만 잘 만난다면 사업가로서 출세하게 된다.
- 재·관·인이 사주에 잘 구비되어 있으면, 공직자로서 입신양명하게 된다.

이 외에도 사주 구성과 변화에 따라 다양한 직업의 기준을 정할 수가 있다. 각자 음양오행에 담긴 다양하고 폭넓은 생극제화의 이치를 적용하여 입체적인 관점으로 활용해 보기를 바란다.

10) 장수하는 사주를 판단하는 방법

- 오행구족격을 갖추게 되면 건강한 사주로 판단하게 되는데, 신약한 사주보다는 신왕한 사주가 일반적으로 더 건강하고 장수한다.
- 형·충·파·해가 없거나 적은 사주일수록 장수하게 된다.
- 대운이나 세운의 용신이 다른 오행으로부터 피상되지 않는 경우 역시 장수하게 된다.

11) 단명하는 사주를 판단하는 방법

- 일간이 매우 신약한 극신약의 사주인데, 대운이나 세운에서 일간을 천충지충 할 때.
- 인성을 용신으로 쓰는 극신약의 사주가 인성이 피상이 될 때.
- 극신약 사주가 식상이나 재성, 그리고 관성의 운이 유기할 때.
- 금수태왕한 사주가 천간과 지지에 습토로만 구성되어 있을 때.
- 신강한 사주가 인성운을 만날 때.
- 제살태과의 사주가 운에서 식상운을 만날 때.

- 재다신약의 사주가 운에서 재성운을 만날 때.
- 극신약의 사주인데 월령이 형·충으로 피상이 되고 있을 때.
- 극신약이나 신강한 사주인데, 대운과 세운의 흐름이 일간의 오행과 반대가 되었을 때.

이상 단명하게 되는 조건을 다양한 관점으로 살펴보았다. 그럼, 다음의 예시 사주를 통해 이를 단명하는 사주에 관하여 좀 더 자세히 추명을 해보기로 하겠다.

예) 단명하는 사주

남자	시주	일주	월주	년주
	丁- (편재)	癸- (일간)	癸- (비견)	丙+ (정재)
	巳+ (정재)	未- (편관)	巳+ (정재)	午- (편재)

화왕절인 사월에 출생한 계수일간이다. 사중병화의 지장간에 담고 있는 병화정재가 년간에 투출하여 정재격의 사주가 되었다. 년·월과 일·시가 사오 방합을 하여 강력한 화국을 이루고 있다.

뜨거운 화의 조열함을 식혀 줄 수기가 절실히 필요하나, 월간의 계수비견은 그 뿌리가 없어 증발하기 직전의 상황에 놓여 있다. 계수일간 역시 의지처가 없어 사면초가가 되니 극신약의 상태에 이르고 말았다. 다행히 강한 화기를 따르는 종을 함으로써 삶의 전환점을 모색할 수 있는 사주가 되었다. 이 경우 월간 계수비견의 조력이 있어 종을 하지 못했다면 오히려 단명의 화를 면키 어렵게 된다.

예) 단명하는 사주

여자

시주	일주	월주	년주
丁- (상관)	甲+ (일간)	癸- (정인)	壬+ (편인)
卯- (겁재)	戌+ (편재)	卯- (겁재)	子- (정인)

목왕절인 묘월에 출생한 갑목일간으로 월지 지장간에서 투출한 신이 없으니, 양인격의 사주가 되었다. 일간은 매우 신강한 사주로 시간의 정화상관을 용신으로 취하게 된다. 그러나 용신 정화를 피상하는 금·수운으로 흐르게 되면서 단명하게 된 사주이다.

12) 사주로 건강과 질병을 판단하는 방법

질병의 유추는 오행의 과다와 충극에 의해 발생할 수 있는 갖가지 상황에 관한 정보를 중심으로 판단한다. 즉 오행의 기운이 사주 내에서 어떠한 구성과 관계를 이루고 있는지를 종합적으로 비교하고 분석하여 건강과 질병에 관한 추명을 하게 되는 것이다.

- ① 사주에 목이 없거나 많은 경우와 충극에 의해 발생하는 질병.
  간암, 담, 신경쇠약, 두통, 정신병, 담석증, 우울증, 과로, 뇌염, 황달 등.
- ② 사주에 화가 없거나 많은 경우와 충극에 의해 발생하는 질병.
  심장병, 소장, 뇌일혈, 관절염, 중풍, 변비, 설사, 각기병, 중풍, 눈병 등.
- ③ 사주에 토가 없거나 많은 경우와 충극에 의해 발생하는 질병.
  위장병, 비장, 피부병, 복부, 허리, 디스크 등.
- ④ 사주에 금이 없거나 많은 경우와 충극에 의해 발생하는 질병.
  폐암, 대장, 기관지, 천식, 축농증, 골절, 피부질환, 치질, 결핵, 맹장염 등.
- 사주에 수가 없거나 많은 경우와 충극에 의해 발생하는 질병.

 신장병, 방광, 당뇨, 뇌일혈, 이병, 부인병, 혈액, 생식기, 담석증 등.

예) 질병이 있는 사주

여자

시주	일주	월주	년주
癸- (식신)	辛- (일간)	庚+ (겁재)	癸- (식신)
巳+ (정관)	酉- (비견)	申+ (겁재)	未- (편인)

금왕절인 신월에 출생한 **신금**일간으로 월지 지장간에서 투출한 **겁재경금**이 있어 양인격의 사주가 되었다. 득령과 득지, 그리고 득세까지 하여 일간은 매우 신강한 사주이다. 지지가 금국을 이루어 종혁격의 사주가 되니 귀격의 사주가 되었다. 그러나 용신운이 금·수인데 반해 실제 행운은 목·화운으로 흘러 간암에 걸리게 된 사주이다.

13) 미인의 사주를 판단하는 방법

사주 내에서 음양오행이 어떠한 구성과 관계를 이루고 있을 때 미인의 사주에 해당하는지를 살펴보면 다음과 같다.

- ① 식상이 왕성하면 미인 사주가 되지만, 너무 지나치게 강하면 미인이긴 하나 정조관념이 없다.
- ② 일간이 도화살에 앉아있거나 '녹방도화'[192]에 해당하면 미인이다. 화기가 왕성하거나 수기가 왕성한 경우, 그리고 수화가 잘 어우러져 있는 사주는 미인이다.
- ③ 사주에 **인목**이나 **자수**가 많으면 미인이다.
- ④ 사주에 괴강살을 놓은 사주는 미인이다.
- ⑤ 천간에 **정화**와 **신금**을 놓거나, 지지에 **술토**와 **축토**를 놓은 자는 미인이다.
- ⑥ 금수식상격[193]을 갖추고 있는 사주는 미인이다.

이 외에도 다양한 형태로 구성된 미인형의 사주가 많으니, 수학자 스스로 미인 사주에 관해 연구해 보기를 바란다.

---

192) 녹방도화 : 『삼명통회』에 기록되어 전해지는 도화살로 권력욕과 야망을 갖춘 도화살이다.
193) 금수식상격 : 금의 일간(庚·辛)이 식상에 해당하는 해월이나 자월에 출생한 경우를 말한다.

2. 행운을 판단하는 방법

1) 전각·개두·절각·전극

① 전각

　전각이란 운이 닫히는 시점과 새롭게 열리는 시점을 기준으로 운이 서로 교차하는 지점을 말한다. 이는 방위에 의한 계절의 변화를 살피는 것으로, 각 간방에 속하는 진·술·축·미의 대운이 곧 전각운에 해당하는 것이다. 즉 **진토** 운에서 **사화** 운으로, 술 토운에서 **해수** 운으로, **축토** 운에서 **인목** 운으로, **미토** 운에서 **신금** 운으로 대운이 교차할 때를 말한다.

　전각의 시기에 들게 되면 길격의 사주이건 흉격의 사주이건 공통으로 흉의 작용이 나타나게 되는데, 특히 운의 변화에 취약할 수 있는 어린이나 노약자의 경우 접목 운을 가장 주의해야 한다. 각 사주의 개인차로 인해 그 길흉의 범주도 각각 다르게 나타날 수 있다. 또한 그 종류도 다양해 대운의 전각, 세운의 전각, 월운의 전각, 하루의 전각, 일시진의 전각이 각각 발생한다고 판단하는데 대개 대운과 세운의 전각만을 살핀다.

② 개두

개두는 대운과 세운에서 각각 운이 들어오는 천간과 지지와의 관계를 살펴보는 것으로써 과거 『명리정종』이라는 책에서 나온 명리이론이다. '머리를 덮는다'라는 뜻의 개두는 천간이 지지를 극함으로써 당운의 기운을 현저히 감소시킨다는 의미로 해석한다. 이를 육십갑자로 예를 들어 설명하면 다음과 같다.

〈 개두가 나타나는 천간과 지지 〉

간 지 오 행	천간과 지지			
목	갑 술	갑 진	을 미	을 축
화	병 신	정 유		
토	무 자	기 해		
금	경 인	신 묘		
수	임 오	계 사		

주의해야 할 점은 천간에서 지지를 극한다고 하여 무조건 개두라는 표현을 쓰는 것은 아니다. 즉 행운에서 다가오는 지지가 사주의 용신이나 희신의 역할을 하는 경우에만 해당하고 있으니, 아무 때나 개두를 논하지 않길 바란다.

③ 절각

절각이란 개두의 반대적 해석이다. 절각이란 '다리가 잘렸다'라거나 혹은 '다리를 전다'라는 뜻으로 그만큼 흉운의 기세가 강하니 발복에 어려움을 겪게 된다는 의미가 담겨 있는 것이다.

개두는 천간이 지지를 극함으로써 발생하는 현상이라면 절각은 반대로 지지가 천간을 극함으로써 발생하는 현상이다. 절각 역시 지지에서 천간을 극한다고 하여 무조건 절각이라는 표현을 쓰는 것이 아니라, 행운에서 다가오는 천간이 사주의 용신이나 희신의 역할을 하는 경우에만 해당하는 것임을 기억하길 바란다. 절각 역시 육십갑자로 설명하면 다음과 같다.

〈 절각이 나타나는 천간과 지지 〉

오행 \ 간지	천간과 지지			
목	갑신	을유		
화	병자	정해		
토	무인	기묘		
금	경오	신사		
수	임진	임술	계축	계미

④ 전극

전극은 대운과 세운 사이의 천간과 지지끼리 서로 충극을 하는 것이다. 특히 천간과 지지가 동시에 충극을 한다면 그 흉은 예측 불가능한 수준으로 확대될 수밖에 없는 것이다. 예를 들어, 용신이 **경금**인데 경오대운에 병자세운이 들었다고 가정하면, 세운의 천간과 지지가 모두 대운을 극하게 되어 전극이 발생하게 되는 것이다.

반대로 대운이 세운을 극하는 예도 있다. 즉 경오 대운에 갑신 세운이라면 이는 대운이 세운의 천간과 지지를 동시에 극하는 형국이 되는 것이다. 이 모든 상황을 가리켜 전극이라고 하며 천간과 지지 중 어느 한쪽의 충극만 발생하더라도 이를 전극이라 판단하게 되니 참고하길 바란다.

2) 대운을 판단하는 방법

대운을 판단하는 방식은 이를 이해하고 해석하는 각 개인의 성향이나 성격, 그리고 그들이 지금까지 살아온 삶의 다양한 경험을 바탕으로 이루어지기 때문에, 저마다 내세우는 자신만의 주관적 해석 방식을 따르고 있다. 이는 개인의 능력치에 따라 다양한 해석의 차이를 만들어 내곤 하는데, 여기서는 대운을 해석하는 데 필요한 기본적인 판단 방식과 함께 필자가 대운을 이해하고 판단하는 방식을 간단히 설명해 보고자 한다.

- 대운의 판단은 대운의 천간과 지지가 각각 5년씩 작용하여 사주원국에 영향을 발휘하는 것으로 판단한다. 하지만 전체적인 운명의 감정은 대운의 천간과 지지 모두의 영향을 받는 것으로 판단한다.
- 대운의 천간이 용희신에 해당이 될 때, 대운의 지지에서 극을 받으면 절각이 되어 용신의 작용력은 감소하게 된다.
- 대운의 천간이 기신에 해당이 될 때, 대운의 지지에서 극을 받으면 그 흉은 감소하게 된다.
- 대운의 천간이 용희신인데, 대운의 지지가 천간을 생하면 최상의 길운을 맞이하게 된다.
- 대운의 지지가 용희신인데, 대운의 천간이 지지를 생하여도 역시 최상의 길운을 맞이하게 된다.
- 대운의 천간이 기신인데, 대운의 지지가 천간을 생하면 흉운을 맞이하게 된다.
- 대운의 지지가 기신인데, 대운의 천간이 지지를 생하면 그 흉은 매우 중하게 된다.
- 대운의 지지가 기신인데, 대운의 천간이 지지를 극하면 개두가 되어 그 흉은 가볍다고 판단하게 된다.
- 대운의 지지가 용희신인데, 대운의 천간이 지지를 극하면 역시 개두가 되어 용희신의 길운은 감소하게 된다.

- 대운의 천간과 지지가 사주원국과 충을 하면 충 하는 글자와는 동하는 작용이 나타나게 되고, 합이 되어 회국하면 합을 하는 글자와 묶이는 작용이 나타나게 된다.
- 대운의 흐름이 욕·사·절·묘로 흐르는 경우 질병과 이별사가 발생하게 되며 매사 추진하는 일들에 막힘이 있다. 특히 욕지는 때에 따라 길로 작용하기도 하고, 흉으로 작용하기도 하니 통변하는데 주의가 필요하다.
- 대운이 길하고, 세운이 흉하면 길흉이 번갈아 나타나게 되며 대운이 흉하고, 세운이 길하여도 마찬가지다.
- 지지가 진술축미에 해당하는 전각운에는 큰 흉이 발생할 수 있으니 각별한 주의가 필요하다.
- 대운은 천간보다는 지지를 위주로 해석하게 된다. 그 이유는 대운의 흐름 자체가 계절적 변화 요인을 주도하는 사주원국의 월령에서 비롯되었기 때문이다.

이 외에도 대운을 판별하는 방법은 폭넓고 다양하다. 수학자 스스로 심화적인 학습과 경험을 통해 자신만의 비법을 축적하고 완성해 나가는 노력이 뒷받침되어야 할 것이다.

3) 세운을 판단하는 방법

　매 10년간의 운을 주관하는 대운과 달리 세운은 매 1년간의 운을 주관한다. 비록 대운이 좋지 못하다고 하더라도 세운이 길하면 그 흉은 다소 가벼운 법이며, 반대로 세운이 좋지 못하다고 하더라도 대운이 길하면 그 흉은 중하지 않은 법이다.

- 세운은 천간을 위주로 해석하게 된다. 그 이유는 1년마다 변하는 운은 그 흐름이 10년마다 변하는 대운에 비해 동적이기 때문에 이를 음양으로 구분하면 양에 해당하기 때문이다.
- 대운과 세운 모두 사주원국의 용신을 충하거나 합하면 흉하다고 판단하게 된다.
- 세운에서 충을 만나면 겉으로 드러나는 사건이고, 형을 만나면 겉으로 드러나지 않는 정신적인 사건과 연계하게 된다.
- 세운의 충은 흉한 사건이나 타의에 의해 어쩔 수 없이 움직여야 하는 이동수를 의미하지만, 세운의 합은 길한 사건이나 자의로 인한 이동수를 의미하기 때문에 사주에 유리한 이동으로 판단하게 된다.
- 세운의 운이 사주원국의 용신을 생하면 매우 길하다.
- 역마살의 합·충은 이동을 의미하고, 도화살의 합·충은 애정사와 관련하게 된다.

- 대운과 마찬가지로 세운 역시 운이 욕·사·절·묘로 흐르면 발복과는 무관하나 대운의 흐름이 좋은 경우 무난한 운을 보내게 된다.

☆ 마치며

　인간의 삶으로 투영되는 '영속된 갈등'의 본질은 개인 차원의 심미적 주관주의와 사회 차원의 관료제적 합리주의로 구분된다. 이를 철학의 관점으로 환기하면, 내부지향적 정체성과 사회지향적 정체성으로 구분할 수 있다. 결국 이 두 정체성은 그 사회가 추구하는 시대적 지향성에 따라 양립과 모순을 반복한다. 그리고 삼라만상의 순환과 반복에 버금가는 영속된 사회적 갈등을 양산하기에 이른다. 이는 시대적 주체인 인간으로 하여금 양극단적 논쟁거리를 재생산하며, 인간의 의식 속에서 다양한 이산적 개념의 결과물을 내놓게 된다.

　관념과 일상을 지배하는 인간의 세계관에는 과학을 신뢰하는 사람들이 눈살을 찌푸릴 만한 불편한 진실이 숨어있다. 그것은 바로 인간의 삶이 '운명'이라는 인과율의 지배를 받고 있다는 것이다.

　대다수 사람은 광활한 삼라만상의 이치를 성숙한 영혼의 눈으로 보려 하지 않는다. 제한적 실재론을 동경하며 현실 세계의 복잡한 현상을 그저 단방향으로 이해하고 호흡하려 한다. 그 결과 과학적이지 않으면 이는 곧 혹세무민이라는 대립과 갈등의 구실을 제공한다. 과학 외의 현상이나 양상을 그저 우연에 따른 상황으로 분류하거나, 유사 과학 혹은 미신의 값싼 영역으로 치부한다. 비과학적인 현상에 대한 경계와 맹신에 휘둘리지 않는 내공의 팁까지 알려 주면서 말이다.

그렇다면 과학적 믿음을 맹종하는 이들에게 묻고 싶다. 빅뱅이론의 진위여부와 동시에 터널효과로 알려진 '자신이 이길 수 없는 벽을 뚫고 나간다'라는 플랑크 시간[10^{-43}]을 우리 같은 일반인들은 과연 어떻게 체감하고 인식해야 하는지 말이다. 합리적 지식체계를 갖춘 과학은 이 같은 물음에 명확한 답을 제시할 수 있어야 한다.

일반인들이 과학적 발견에 의미를 부여하는 이유는 과학이 그저 소박한 실재론에 근거하고 있다는 사실 때문이다. 애초에 과학은 자연현상에 따른 그 실체와 실재를 증명하는 학문이다. 현상으로 드러나는 대자연의 신비로움을 비교·분석하고 이를 종합하는 중립적 태도를 보임으로써, 양방향의 지혜를 모아 통섭의 가치를 추구하려는 노력이 과학의 본질인 셈이다.

현재 우주의 탄생 비밀은 빅뱅설로 자리를 잡아가는 모양새다. 이는 광활한 우주의 신비로움을 그저 그들만의 언어와 상상에 담아 합의에 이른 것일 뿐, 우주의 기원을 증명한 실체는 결국 아무것도 없다. 이러한 문제는 비단 우주의 기원으로만 국한

된 것은 아니다. 인간이 지닌 의식의 본질과 자유의지, 윤리·도덕과 개인의 감성, 그리고 진정한 삶의 의미와 죽음 이후의 삶에 대한 생명 현상들에 관해 과학은 무엇을 발견하였고 또 증명했는지 묻고 싶다. 저자는 이렇게 말한다. '과학은 그저 우리가 감지하는 상식의 범위를 인식하고, 그것을 활용하는 데 쓰이는 가장 합리적인 형태의 도구일 뿐이다.'라고 말이다.

우연이 곧 필연이고, 무한이 곧 유한이며, 무극이 곧 태극이라는 논리로 삼라만상의 우주 현상을 설명하고 동양 문화의 근본 사상과 그 체계를 완성해 놓은 것이 바로『주역』이라는 책이다. 20세기 과학 혁명을 이끈 알베르토 아인슈타인과 물질의 최소 단위인 원자 모델을 제시한 닐스 보어, 그리고 우주 탄생의 비밀을 빅뱅 이론으로 설명한 스티븐 호킹 박사. 이들의 공통적 특징은 바로 주역을 신봉했던 과학자라는 점이다. 이들의『주역』사랑은 과학 역사에 널리 알려진 진실이자 상식이 되어 버린 지 오래다.

진실은 늘 어색하고 불편하다. 우리가 진실을 말할 땐 언제나 신념과 리스크 사이에 이익과 옹호라는 사심의 축을 두기 마련이다. 과학을 신봉하는 사람들은 자신만의 생각과 결정을 과학이라는 프레임에 호소함으로써 그들의 정당성을 강조하려 한다. 하지만 안타깝게도 우리는 과학적 프레임이 이미 그 한계에 다

다르고 있는 시대에 살고 있다. 인간의 구체적 행동 지침인 자유와 권리가 더욱 유용해지는 세상에 살고 있기 때문이다. 따라서 인간 본연의 삶과 도덕적 가치에 바탕을 두고 있는 사주 명리야말로 도덕적 실천뿐만 아니라, 사회적 긴장과 불안을 극복하기 위한 구체적 제시안이 되는 것이다.

본 저서를 통해 사주 명리가 널리 인식되고 보급될 수 있는 공동부유에 작은 힘을 보태고자 한다. 아울러 사주 명리를 둘러싼 해묵은 편견과 논란을 불식시킬 수 있는 소중한 계기가 되기를 바란다.

찾아보기

찾아보기

ㄱ

가색격	443,539
가색지토	188
간여지동	244
간지의 생과 사	281
간지의 선천수	210
간지의 후천수	210
갑목	51,282
갑술일주	346,454,472
	475,573,579,588
갑신일주	360,420,509
갑오일주	264,371,425
	543
갑인일주	115,257,393
	453,473,516,520
갑자일주	83,246,279
	331,471,517,558
갑진일주	115,274,382
	458
강렬지화	290
강목	282
개고	316
개두	593
개운	164
거류서배	161
건강과 질병 판단	589
건록격	461
건록궁	180,199
건록용겁격	464
건록용관격	467
건록용식상격	465
건록용인격	462
건록용재격	466
겁살	219,222
겁재	149,158
격을 정하는 방법	436
경금	57,299
경술일주	389,526,540
경신일주	245,268,399
	478,497,518,553,577
경오일주	131,168,340
경인일주	367,428,470
	532
경자일주	204,249,263
	378,485
경진일주	258,261,355
	432,487,549
계도	369
계묘일주	85,382
계미일주	359,457,587
계사일주	370,426
계수	60,305
계유일주	152,253,345
	412,424,484,495,547
계축일주	250,392,427
	559
계해일주	243,247,402
고란살	257
고신과수살	267
곡각살	354
곡직격	443,537
공귀격	557
공록격	556
공망	134,271
공재격	557
공협	556
관고	389
관귀	155
관귀학관	380
관대궁	180,198
관살혼잡	164
관성다봉	567
관성이 강하면	584
관운	163
관인상생	290
관재구설	196
괘의 형상	37
괴강격	526
괴강살	258
구신	332
구응신	455

구진득위격	550	기축일주	366,463,539	독수공방	206
군겁쟁재	448		548	독야청청	378
군인쟁식	165	기토	56,297	동량지목	282
궁성론	73	기해일주	377,414	득령	406
궁위	243	길신과 흉살	235	득령·득지·득세	410
귀록격	445,555			득비이재	494
귀문	260			득세	409
귀문관살	259	**ㄴ**		득지	408
귀성	259	낙정관살	255,262	등라계갑	289
귀천	382	남명의 육친 관계	172		
근묘화실	73	납음오행	209~212		
금다목약	283	내격	439	**ㅁ**	
금다수탁	417	내격과 외격	461	망신살	219,226
금다토변	418	내격의 종류와 구성	461	명암부집	161
금다화식	418	년살	218,224	모자멸자	423
금목상전	284	년주를 세우는 방법	72	목다금결	418
금수식상격	591	노치니화	317	목다수축	417
금수쌍청	306	녹방도화	66,591	목다화식	417
금여성	237	농아살	263	목욕궁	179,198
금용신의 사주	584			목용신의 사주	584
금의 기운	584			목의 기운	583
금의 성정	45	**ㄷ**		목의 성정	44
급각살	261	다자무자	165	목토상전	284
기묘일주	353,500	다자병·쇠자병	29	목화통명	283
기미일주	398,499	단교관살	265	묘궁	182,202
기반	436	단명하는 사주	586	묘목	62,106,313
기사일주	232,265,339	대운을 판단	595	무근지목	282
	496,535,575	대운의 구성법	83	무례지형	139
기신	222	도기	302	무술일주	118,375,477
기유일주	387	도식	166		504,579

무신일주	267,387,469		515,577	사주구성법	69
	476,482,551,552	병약	436	사주통변론	568
무오일주	272,397,546	병약용신	458	사화	63,106,316
	574	병오일주	100,385,413	살성구인반중화	505
무은지형	138		430,456	살인균정	273
무인일주	239,352,533	병인일주	116,251,334	살인상생	164
	550,582		481,488,490,538	삼합의 분류 특성	220
무자일주	118,365	병자일주	260,275,348	삼형살	138
무정지극	92	병진일주	116,395,508	상관	149,160
무정지생	89		514,525	상관격	480
무진일주	123,203,338	병화	54,290	상관견관	302
	412,452,493	복덕격	548	상관용겁격	482
무토	55,295	본신	114	상관용관격	485
문곡귀인	238	부모덕의 유무	571	상관용식상격	483
문창귀인	240	부목	187	상관용인격	481
물상	114	부자의 사주	580	상관용재격	484
미인의 사주	591	비겁다봉	564	상문조객살	266
미토	65,107,320	비겁이 강하면	584	상부상처살	267
		비견	148,157	상생과 상극	95
		비견겁이 많아 신강	448	상형살	137
		빈격	134	색기	116
ㅂ		빈천한 사주	582	색정	157
반안살	218,227			생극제화	147
배우자덕의 유무	576			생시로 구성을 이루는 격	
백호대살	279	ㅅ			445,555
벽갑	286	사고지	130	생장염장	282
벽갑인정	524	사궁	181,201	서자평	13
병궁	181,201	사목	282	선조덕의 유무	570
병술일주	362,511	사주 구성 예시	82	선천수와 후천수	210
병신살	372	사주 해석과 판단	561	설기	187
병신일주	230,373,466				

성별에 따른 육친	172	식상과다해	425	십천간	48
세운	226,598	식상다봉	565		
쇠궁	181,200	식상생재	161		
수다금침	417	식상이 강하면	584	**ㅇ**	
수다부목	417	식신	149,159	안하무인	429
수다토붕	418	식신격	474	암록	241
수목응결	283	식신용겁격	476	암장	102
수액살	269	식신용관격	479	양궁	179,196
수용신의 사주	584	식신용식상격	477	양인격	468
수의 기운	584	식신용인격	475	양인살	273
수의 성정	46	식신용재격	478	양인용겁격	470
숙살지기	57	신금	58,65,107,301,321	양인용관격	473
순별 공망의 구분표	272	신묘일주	368,465,494	양인용식상격	471
술토	66,108,324	신미일주	342,464	양인용인격	469
습목	53	신사일주	356,421,554	양인용재격	472
승재관	301	신약관살해	420	양인합살	468
시간에 따른 간지 구성표	80	신왕관살반희	429	억부용신	453
		신왕식상반희	431	여명의 육친 관계	173
시묘격	556	신왕재약	162	역마살	217,228
시상일위정관격	445, 553	신유일주	400,522,544, 590	염상격	443,538
시상일위정재격	445, 551	신축일주	379,423,429, 479,575	오성	209
				오악	209
시상일위편관격	445, 554	신해일주	238,390	오행구족격	584
		실도	32	오행 직업 구분	583
시상일위편재격	445, 552	십이신살	213	오행의 방위	42
		십이운성	177	오행의 변화와 응용	95
시주로 구성을 이루는 격	445,551	십이지지 순서	49	오행의 상극	92
		십이지지의 성정	50	오행의 상생	88
시주를 세우는 방법	78	십정격	441	오행의 생극제화	416
				오행의 성정	43

오행의 왕상휴수사 407	육친의 위치 97	인수용겁격 515
오행의 응용 47	육친의 응용법 155	인수용관격 518
오행의 이해 48	육친의 이해 145	인수용식상격 516
오화 64,107,318	육친의 작용과 해석 563	인수용인격 514
옹난지토 312	육친의 통변 167	인수용재격 517
왕 406	육친의 표출법 148	인신사해 216
외격 439	육파살 141	일귀격 524
외격의 종류와 구성 522	육합 122	일덕격 525
용 102	육해살 142,220,228	일락서산 362
용신 255,446	윤하격 443,541	일부종사 379
용신정법 447	을목 52,288	일주강약 판단과 생극제
운명 판단법 568	을묘일주 115,170,394	일주로 구성을 이루는 격
원진살 143	491,537	441,522
월덕귀인 243	을미일주 128,372	일주론 329
월률장간 438	을사일주 115,384	일주를 세우는 방법 78
월살 218,225	을유일주 361,483,543	일주의 구성과 해석 331
월주 분석표 76	을축일주 332	일출·일몰 시각 77
월주 표기 방식 75	을해일주 347,489,502	일행득기격 439,537
월주를 세우는 방법 74	음과 양 23	임기용배격 527
유금 66,108,323	음양과 오행 21	임수 59,303
유정지극 92	음양차착살 274	임술일주 401,507
유정지생 89	음욕살 541	임신일주 343
육십갑자 72	이해타산 392	임오일주 126,357
육을서귀격 560	인목 62,105,311	임인일주 276,380,455
육음조양격 560	인사신 137	501,531,545,581
육친 147,584	인성과다해 423	임자일주 391,510
육친 표출법 153	인성다봉 563	임진일주 241,242,369
육친간명법 568	인성이 강하면 584	521,541
육친의 관계 155	인성이 많아 신강 448	입묘 309
육친의 분석 157	인수격 512	입신양명 534

입춘절	72	전왕격	536	제살태과	474
		전재격	445,555	제왕궁	180,200
		전화위복	137	조목	314
ㅈ		절각	594	조후	436
자, 묘	139	절궁	178,195	조후용신	455
자손덕의 유무	578	정관	150,163	종강격	443,534
자수	61,105,308	정관격	498	종격	410,439,528
자시의 구분	81	정관용겁격	500	종관격	443,533
자요사격	558	정관용관격	504	종아격	443,530
자형살	140	정관용식상격	501	종재격	443,531
잡기재관격	519	정관용인격	499	종혁격	443,540
장생궁	179,197	정관용재격	502	중화	32
장성살	216,226	정란차격	549	중화지도	32
장수하는 사주	586	정록	244	지살	216,224
재관쌍미	357	정묘일주	336	지세지형	139
재극인	285	정미일주	278,386	지장간	102
재다신약	162	정사일주	411,396	지지	61,308
재살	217,223	정유일주	101,117,270	지지 암장	102
재살태왕	499		374,414,451,524	지지의 방합	127
재생관	286	정인	151,165	지지의 삼합	124
재생살	286	정재	150,160	지지의 상충	129
재성과다해	427	정재격	486	지지의 상합	122
재성다봉	566	정재용겁격	488	지지의 충과 특징	129
재성이 강하면	584	정재용관격	491	지지의 특징과 해석	110
재성이 많아 신약	449	정재용식상격	489	지지의 합과 충	122,132
쟁합	444	정재용인격	487	지지의 합과 특징	122
전각	592	정재용재격	490	지지의 합화	136
전극	595	정축일주	280,350,467	지지일기격	546
전록격	522	정해일주	363	직업 판단	583
전실	527	정화	55,292	진법무민	474

진신	246	
진진, 오오, 유유, 해해		
	137,140	
진토	63,106,315	

ㅊ

천간	51,282
천간의 상충	119
천간의 상합	112
천간의 합과 충	112,132
천간의 합화	135
천격	134
천귀성	378
천덕귀인	247
천살	219,223
천수성	363
천우신조	339
천원일기격	545
천을귀인	248
천주귀인	388
천지불인	583
천지시종	447
청탁	436
축술미	139
축요사격	559
축토	61,105,310
칠충	120

ㅌ

탈부지명	564
탈처지명	564
탐생망극	505
탐재괴인	303,449
탕화살	276
태과	284
태궁	178,196
태극귀인	249
태극기	34~36
토다매금	302
토다목절	283,418
토다화매	417
토용신의 사주	584
토의 기운	583
토의 성정	45
통관	435
통관용신	456
통근	435
투출	437
투합	444

ㅍ

파격	461
파고	320
편관	150,164
편관격	505
편관용겁격	508
편관용관격	511
편관용식상격	509
편관용인격	507
편관용재격	510
편인	151,166
편재	150,161
편재격	492
편재용겁격	494
편재용관격	497
편재용식상격	495
편재용인격	493
편재용재격	496
피상	409

ㅎ

학당귀인	250
함지살	225
합과 충	111,132
합국	443
합살유관	161
합이불화	118
합화	118,135,436
해수	67,108,325
행운 판단하는 방법	592
허실	436
허자,허충	549
현무당권격	547
현침살	358
협극	488
형살과 파·해·원진	137
형제덕의 유무	574

형충회합	168	화다토조	416	효신살	278
홍염살	277	화왕지절	188	후천수	210
화개살	217, 229	화용신의 사주	584	휴	406
화기	436	화의 성정	44	희기	436
화기격	443, 542	활목	288	희신	255
화다목분	283, 417	황은대사	252		
화다수증	418	횡액	372		

대유학당 출판물 안내

- 자세한 사항은 대유학당으로 문의해 주십시오.
- 전화 : 02-2249-5630 / 010-9727-5630
- 입금계좌 : 국민은행 805901-04-370471 예금주-윤상철
- 블로그 https://blog.naver.com/daeyoudang
- 서적구입 : www.daeyou.or.kr

분류	제목	저자	가격
주역	주역입문(2019)	윤상철 지음	16,000원
	대산주역강의(전3권)	김석진 지음	90,000원
	주역전의대전역해(상/하)	김석진 번역	70,000원
	주역인해	김수길·윤상철 번역	20,000원
주역 시사	시의적절 주역이야기	윤상철 지음	15,000원
	대산석과(대산의 주역인생 60년)	김석진 지음	20,000원
	우리의 미래(대산선생이 바라본)	김석진 지음	10,000원
주역점 운세	황극경세(전5권) 2011년 개정	윤상철 번역	200,000원
	초씨역림(상/하) 2017년	윤상철 번역	180,000원
	하락리수(전3권) 2009개정	김수길·윤상철 번역	90,000원
	하락리수 전문가용 CD	윤상철 총괄	550,000원
	대산주역점해	김석진 지음	35,000원
	매화역수(2014년판)	김수길·윤상철 번역	25,000원
	주역점비결 2019 신간	윤상철 지음	25,000원
	육효 증산복역(전2권)	김선호 지음	50,000원
음양 오행학	오행대의(전2권)	김수길·윤상철 번역	44,000원
	연해자평(번역본)	오청식 번역	50,000원
	작명연의	최인영 편저	22,000원
	운명 사실은 나도 그게 궁금했어	윤여진 지음	20,000원

분류	제목	저자	가격
	▸ 팔자의 시크릿	윤상철 지음	16,000원
	▸ 어디 역학공부 좀 해 볼까?	이연실 지음	20,000원
기문 육임	▸ 기문둔갑신수결(전자책)	류래웅 지음	16,000원
	▸ 이것이 홍국기문이다(전2권)	정혜승 지음	53,000원
	▸ 육임입문123(전3권)	이우산 지음	80,000원
	▸ 육임입문 720과 CD	이우산 감수	150,000원
	▸ 육임필법부	이우산 지음	35,000원
	▸ 대육임직지(전6권)	이우산 지음	192,000원
	▸ 육임을 알면 미래가 보인다	이우산 지음	25,000원
자미 두수	▸ 별자리로 운명 읽기(전5권)	이연실 지음	120,000원
	▸ 자미두수 입문	김선호 번역	25,000원
	▸ 자미두수 전서(상/하)	김선호 지음	100,000원
	▸ 실전 자미두수(전2권)	김선호 지음	50,000원
	▸ 자미두수 전문가용 CD	김선호/김재윤	500,000원
	▸ 중급자미두수(전3권)	김선호 지음	60,000원
	▸ 자미심전 1,2	박상준 지음	55,000원
불교 미학	▸ 마음이 평안해지는 천수경	윤상철 편저	10,000원
	▸ 마음의 달(전2권)	만행스님 지음	20,000원
	▸ 항복기심(전3권) 2018년 신간	만행스님 지음	60,000원
	▸ 선용기심	만행스님 지음	30,000원
	▸ 동양미학과 미적시전	손형우 지음	20,000원
동양고전	▸ 집주완역 대학	김수길 번역	25,000원
	▸ 집주완역 중용(상/하)	김수길 번역	50,000원
	▸ 당시산책	김병각 편저	25,000원
천문	▸ 천문류초	윤상철 지음	30,000원
	▸ 천상열차분야지도 그 비밀을 밝히다	윤상철 지음	25,000원

▶ 태을천문도 9종(개정판)	윤상철 총괄	100,000원
▶ 세종대왕이 만난 우리별자리(전3권)	윤상철 지음	36,000원

손에 잡히는 경전

① 주역점
② 주역인해(원문+정음+해석)
③ 대학 중용(원문+정음+해석)
④ 경전주석 인물사전
⑤ 도덕경/음부경
⑥ 논어(원문+정음+해석)
⑦ 절기체조
⑧~⑨ 맹자(원문+정음+해석)
⑩ 주역신기묘산
⑪ 자미두수
⑫ 관세음보살
⑬ 사자소학 추구
⑭~⑯ 시경(1~3)
각권 288~336p 10,000원

족자 & 블라인드

① 천상열차분야지도
② 태을천문도(라일락/블랙베리)
③ 42수 진언
④ 신묘장구대다라니

족자(가정용) 120,000
족자(사찰용) 150,000
블라인드(120×180cm) 250,000원
블라인드(150×230cm) 300,000원

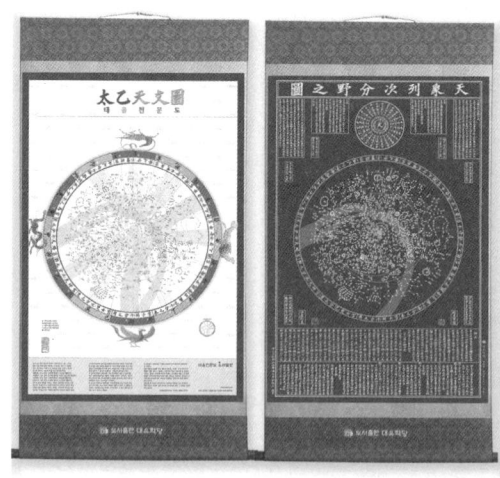

태을천문도   천상열차분야지도

〈 일간 대 천간의 육친 표출법 〉

일간\육친	갑	을	병	정	무	기	경	신	임	계	육친	성정
비견	갑	을	병	정	무	기	경	신	임	계	형제, 자매 친구, 동료	자존심, 불화, 이별
겁재	을	갑	정	병	기	무	신	경	계	임	이복형제, 남편의 첩	불손, 투쟁 파산, 야망
식신	병	정	무	기	경	신	임	계	갑	을	남:조카, 손자 여:자식, 손자	소득, 활동 풍류, 색정
상관	정	병	기	무	신	경	계	임	을	갑	남:조모 여:자식	방해, 경쟁 교만, 비방
편재	무	기	경	신	임	계	갑	을	병	정	남:친부, 첩 여:친부, 시댁	풍류, 착첩
정재	기	무	신	경	계	임	을	갑	정	병	남:정처, 백부 여:시댁	신용, 알뜰 명랑, 지혜
편관	경	신	임	계	갑	을	병	정	무	기	남:자식, 직장 여:직장, 외부	완강, 고집 투쟁, 흉폭
정관	신	경	계	임	을	갑	정	병	기	무	남:직장, 자식 여:직장, 남편	용모, 재주 단정, 명예
편인	임	계	갑	을	병	정	무	기	경	신	남:편모 여:편모	박명, 파재 실권, 질병
정인	계	임	을	갑	정	병	기	무	신	경	남:친모, 손자 여:친모	지혜, 총명 인격, 온후

〈 천간별 십이운성의 순역 및 운영방식 〉

천간\각궁	갑	을	병	정	무	기	경	신	임	계
절궁	신	유	해	자	해	자	인	묘	사	오
태궁	유	신	자	해	자	해	묘	인	오	사
양궁	술	미	축	술	축	술	진	축	미	진
장생궁	해	오	인	유	인	유	사	자	신	묘
목욕궁	자	사	묘	신	묘	신	오	해	유	인
관대궁	축	진	진	미	진	미	미	술	술	축
건록궁	인	묘	사	오	사	오	신	유	해	자
제왕궁	묘	인	오	사	오	사	유	신	자	해
쇠궁	진	축	미	진	미	진	술	미	축	술
병궁	사	자	신	묘	신	묘	해	오	인	유
사궁	오	해	유	인	유	인	자	사	묘	신
묘궁	미	술	술	축	술	축	축	진	진	미